Time's Echo

애도하는 음악

TIME'S ECHO

Time's Echo

애도하는 음악

음악이 역사를 기억하는 방법

제러미 아이클러 지음
장호연 옮김

muJintree
뮤진트리

차례

내 가족을 위하여

고통이 모두 담겨 있고 모순투성이인 진짜 역사만이
음악의 진실을 구성한다.

－테오도어 아도르노

시간은 스스로를 측정할 뿐이다.

－W. G. 제발트

참나무 그늘에서

바이마르에서 북쪽으로 몇 마일 떨어진 독일 중부에 나무들이 우거진 구릉지대가 있다. 에테르스베르크라고 하는 이곳은 18세기부터 왕족들이 사냥을 즐긴 곳이었고, 나중에는 시인들이 찾아와 험준한 언덕을 걸으며 자연의 경이를 음미했다. 그 가운데는 독일 최고의 시인으로 일컬어지는 괴테도 있었다. 에테르스베르크의 숲을 자주 찾았던 그는 광활한 시골 풍경이 내다보이는 공터 근처에 자리한 커다란 참나무 한 그루를 특히 좋아하게 되었다. 1827년 화창한 가을날 아침, 이 거대한 참나무 그늘에 풍성한 아침식사가 차려졌다.[1] 괴테는 위풍당당한 나무 몸통에 기대어 구운 꿩고기를 먹고 황금잔으로 와인을 마시며 굽이치는 풍경을 바라보았다. 그가 말했다. "이곳에 오니 기분이 좋고 자유롭군…. 사람은 항상 이래야 하거늘."[2]

괴테가 죽은 후, 그를 독일의 천재성과 유럽의 인본주의를 상징하는 기수로 숭배하는 분위기가 형성되면서, 그가 사랑했던 나무의 전설도 사람들에게 전해졌다. 한 세기가 훌쩍 지난 어느 여름날까지도 말이다. 1937년 그날, 한 무리의 수감자들이 에테르스베르크의 고지대 숲으로 들어가 바이마르에서 6마일 북쪽에 있는 석회암 산등성이에 멈춰 섰다.[3] 열악한 환경 속에서 최소한의 장비로 그들은 강제수용소를 위한 공간을 마련하기 위해 나무들을 제거했다.

수감자들이 자신들의 수용소를 짓기 위해 매일 힘들게 일하는 동안, 베어서는 안 될 것 같은 참나무 하나가 감시자들 눈에 들어왔다. 그들은 이것이 그 유명한 괴테의 참나무임을 알아보았다.[4] 그래서 특별한 나무는 그대로 남게 되었고, 얼마 뒤에 부헨발트 강제수용소가 나무 주변으로 사방에 세워졌다.

부헨발트를 만든 나치에게 괴테의 참나무는 독일의 가장 영광스러운 역사와 연결되는 유형有形의 연결점이었다.[5] 독일 민족의 문화적 우수성을 입증하면서 아울러 그들이 꿈꾼 천년 제국을 가리킨 역사다. 부헨발트 수감자들에게 그 나무는 다른 의미를 나타냈다.[6] 옛 독일의 어수선한 자취이자 유럽 문화가 약속한 유토피아를 강력하게 환기하는 것이었고, 입에 담지 못할 죄악을 목도한 말 없는 목격자였다. 이후 7년 동안 이 수용소에서 많은 남자와 여자들이 노역에 시달리고 살해되고 일하다가 죽었다. 히틀러의 희생자들이 괴테의 나무에 매달려 교수형 당했다는 이야기도 있다.[7] 그 나무는 결국 잎을 내지 않았다. 한 수감자가 훔친 카메라로 찍은 사진을 보면, 나무가 휑한 가지를 드러낸 모습이 텅 빈 하늘을 향

애도하는 음악

해 팔을 치켜들고 있는 것 같다.

어떤 수감자들은 나무의 운명을 1944년 여름부터 기울고 있던 나치 독일의 운명과 연관시켰다. 1944년 8월 24일 정오 무렵, 129대의 미군 전투기가 부헨발트 수용소 상공에 집결하더니 폭탄과 소이탄을 퍼부어 수용소 옆에 딸린 군수공장을 파괴했다. 공장이 그들의 주요 표적이었지만 부수적인 피해가 있었다.[8] 백 명의 나치 친위대원과 거의 4백 명의 수감자가 죽었고, 괴테의 참나무가 화염에 휩쓸리고 말았다. 수용소 소장은 나무를 베어내고 톱으로 잘라 땔감으로 쓰도록 했다. 브루노 아피츠라는 공산주의자 수감자가 기지를 발휘하여 나무 심재 한 블록 전체를 자신의 막사로 빼돌리는 데 성공했다. 동료들이 망을 보는 가운데 아피츠는 목숨을 걸고 나무토막에 얕은 부조를 새겨 일종의 데스마스크를 만들었고, 거기에 '마지막 얼굴'이라는 이름을 붙였다.[9]

현재 독일 역사박물관이 소장하고 있는 단순하고 거친 이 조각은 나치의 극악무도함을 하나의 얼굴을 통해 형상화한 것이다. 2차 세계대전과 훗날 '쇼아' 혹은 '홀로코스트'라고 명명된 사건을 기리는 초창기 기념물 가운데 하나라고 할 수 있다. 이 마지막 얼굴에 새겨진 슬픔은 부헨발트에서 죽은 모두에 대한 슬픔이다. 비단 그곳에 갇혔던 수감자들만이 아니라 어쩌면 참나무가 나타냈던 모든 것, 그러니까 시·음악·문학이라는 위대한 유럽 고급문화가 약속했던 것, 그리고 언젠가 모든 사람을 평등한 존재로 껴안을 수 있다는 인본주의 이념이 스러진 것을 안타까워하는 슬픔이다.

아피츠가 망치와 끌로 작업하고 있을 때, 독일 문화의 정수에서 영감을 받은 또 하나의 기념물이 300마일 떨어진 곳에서 만들어지고 있었다. 산으로 둘러싸인 가르미슈 마을에 있는 빌라에서 여든 살의 리하르트 슈트라우스는 괴테의 짧은 시 두 편으로 곡을 쓰고 있었다. 첫 번째 시는 이렇게 시작한다. "누구도 자신을 알지 못하네 / 내면의 존재와 멀어지니." 두 번째 시는 이렇다. "세상에서 무슨 일이 벌어지는지를 / 제대로 이해하는 사람이 없네." 자기 인식의 한계에 대한 이런 성찰은 슈트라우스에게 깊은 울림을 주었을 것이다. 그는 1933년에 자신이 한 행동과 자신이 처한 세상을 제대로 이해하지 못했다. 제3제국 시절, 주변 상황을 심각하게 오판하여 독일에 남았던 슈트라우스는 문화정책 분야에서 나치에 협력함으로써 명성에 영원한 오점을 남겼다. 아울러 그는 자신의 유대인 가족(며느리와 손주들)이 고통받는 것을 보았고, 전쟁으로 인해 자신의 정신적 고향인 뮌헨, 드레스덴, 빈의 오페라극장들이 파괴되는 것을 보았다.

1944년 8월, 이제 세상사에 지친 슈트라우스는 괴테의 시에 합창곡을 붙이기 시작했지만 완성하지는 못했다.[10] 그 대신 괴테의 언어가 아직도 유령처럼 아른거리는 악상을 새로운 악곡에 쏟아부었다. 서서히 몰아치는 장중한 애도의 작품 〈메타모르포젠〉이다. 이 곡은 독일 문화에 바치는 비가悲歌가 되었다. 소리로 만든 데스마스크인 셈이다. 슈트라우스의 가장 감동적인 음악적 발언으로 꼽히는 〈메타모르포젠〉은 감정에 강력하게 호소하면서 음악의 말 없는 아름다움으로 그 비밀을 뒤에 감추고 있다. 악보 마지막 페이지에서 슈트라우스는 베토벤의 〈영웅〉 교향곡에 나오는 '장송행진곡'을 한 소절 인용했고, 그 아래에 간결하게 한마디를 써넣었다. **"추모하며!"**

하지만 부헨발트에서 조각한 예술가와는 달리, 슈트라우스는 자신이 음악으로 무엇을 기억하고자 했는지 정확히 명시하지 않았다. 오늘날에도 이 곡이 연주될 때마다 그 질문이 제기된다. 더이상 그가 답할 수 없는 질문이다.

2차 세계대전은 히로시마에서 난징, 진주만, 유럽 동부전선에 이르기까지 전 세계적인 재앙이었다. 그리고 인간성이라고 하는 촘 촘하게 짜인 구조에 균열을 냈다. 이런 암흑의 한가운데 어딘가에 홀로코스트가 있었다. 트라우마 경험이 개인의 기억에 평생 따라 다니듯, 지금도 서구 사회의 역사적 기억을 계속해서 들추고 있는 사건이다.[11] 강력한 지진이 그것을 기록하는 도구들을 산산이 조각 낸 상황이라고 할 수 있다.[12]

이런 도구 가운데 하나가 예술이었고, 전후에는 예술 또한 망가 졌다. 독일 유대인 철학자이자 비평가, 음악의 현자 테오도어 아도 르노는 아우슈비츠 이후에 시를 쓴다는 것은 야만이라는 유명한 말을 했다.[13] 하지만 아도르노는 잔혹한 사건 이후에 예술이 어떠 해야 하는가 하는 문제에 계속 몰두했고, 마침내 자신의 견해를 수 정하여 목격자로서 예술이 갖는 힘을 칭송했다. 1962년에 그가 한 말이다. "아우슈비츠 이후에 문화가 소생한다는 생각은 착각이며 무의미하다. 그런 이유에서 세상에 나오는 모든 예술작품은 가혹 한 대가를 치를 수밖에 없다. 그러나 세상은 스스로의 종말을 견뎌 냈기에, **예술이 무의식적 연대기가 되어야 한다.**"[14]

그중에서도 내가 관심을 가지는 것은 음악의 "무의식적 연대기" 역할이다. 역사를 목격하고 홀로코스트 이후의 세상에 그 기억을 전달한 음악이 이 책의 주제다.

여기에는 이야기들, 소리들, 장소들이 나온다. 주요 등장인물은 네 명의 20세기 거장 작곡가 아르놀트 쇤베르크, 리하르트 슈트라 우스, 벤저민 브리튼, 드미트리 쇼스타코비치다. 전쟁 중에 이들은 서로 다른 창문 앞에 서서 똑같은 재앙을 내다보았다. 그리고 다들 몹시 격양된 소리의 기념물로 세상의 파열에 반응했다. 그렇기에 어떤 정황에서 그 곡들이 만들어지고 수용되었는지 그 역사를 생각하면서 보면, 20세기를 규정하는 윤리적·미적 진술로 길이 남는 작품들이다. 쇤베르크의 〈바르샤바의 생존자〉, 슈트라우스의 〈메타모르포젠〉, 쇼스타코비치의 교향곡 13번 〈바비 야르〉, 브리튼의 〈전쟁 레퀴엠〉이 그중 대표작들이다. 이 책은 바로 이 곡들을 통해, 그것을 만든 사람들의 삶을 통해, 음악의 사회문화적 역사의 개별적인 순간들을 통해 전시戰時의 과거를 들여다보는 새로운 관점을 제시하려고 한다.

나는 이런 추모의 곡들을 각자의 관점에서 살펴보면서 아울러 **만남의 공간**이라는 더 넓은 의미로도 보려고 한다.[15] 시대에 따라 와 닿는 소리와 의미의 집합체가 달라지는 것으로 말이다. 이런 곡들의 역사는 전쟁, 종족 학살, 망명, 문화 파괴라는 지난 세기의 가장 어두운 순간들과 연결되어 있다. 하지만 그 이전으로 거슬러 올라가면 가능성의 세계, 해방의 환상, 희망의 계보학과 이어진다. 양팔을 벌리고 환대하는 베토벤의 교향곡 9번이나 우주를 포괄하는 희열을 담은 말러의 교향곡 8번을 생각해보라. 이런 위대한 음악적 진술에서 구현된 무한한 낙관주의—19세기 음악이 꿈꾸고 염원했던 것—를 파악하고 나서야 비로소 우리는 전쟁 이후 깊은 애도의 레퀴엠에 제대로 다가갈 수 있다. 이런 음악작품들이 명확하게 드러내는 역사와 삶, 풍경이 있다. 이 책에서는 이런 것들을 빠짐없이 곡에 새겨 넣으려고 한다. 그래서 이런 이야기들이, 문화사와 음악의 기억에서 끌어낸 이 순간들이 우리가 이런 음악 자체에서 **듣게 되는** 이야기의 일부가 되기를 바란다. 이런 의미에서 음악은 미래를 위해 과거로 통하는 비범한 통로를 보존할 수 있다. 나는 이것이 다른 예술형태와는 다른 음악의 특징이라고 믿는다.

신화에 나오는 음유시인 오르페우스가 노래가 갖는 마술적인 힘을 발휘하여 사랑하는 에우리디케를 지하세계에서 되찾은 이후로, 음악은 영혼을 소환하고 시간을 잇고 죽은 자를 되살렸다.[16] 1768년에 출간된 《음악 사전》에서 철학자 장자크 루소는 "소리가 인간 마음에 미치는 이런 최고의 효과"를 증명했다. 소리가 갖는 순수한 위력을 입증하고자 그가 예로 든 것은 스위스 민요 "목동의 노래Ranz des Vaches"다. 스위스인들이 워낙 좋아하는 선율이어서 루소에 따르면 집에서 멀리 떠나 임무를 수행하는 스위스 군인들에게 이 곡을 들려주는 것은 "사형에 처할" 금기사항이었다고 한다.[17] 어째서일까? "고국으로 돌아가고 싶다는 생각을 어찌나 강하게 일으키는지" 군인들이 이 곡을 듣자마자 "울음을 터뜨리며 도망쳤기" 때문이다. 루소의 설명은 다소 과장으로 들리겠지만, 기억을 촉발하는 음악의 능력은 지금도 많은 이들이 경험하는 현상이다. 예컨대 자동차 라디오에서 불쑥 튀어나온 노래가 프루스트의 마들렌 과자처럼 몇 해 혹은 심지어 수십 년 전에 있었던 순간이나 경험을 곧바로 떠올리게 한다.

하지만 우리만 음악을 기억하는 것이 아니다. **음악 또한 우리를 기억한다.** 음악은 그것을 만드는 개인과 사회를 반영한다. 음악이 만들어진 시대에 관한 본질적인 뭔가가 그 안에 담겨 있다. 1823년에 어떤 작곡가가 생각과 환상과 감정의 세계를 의식적이든 무의식적이든 일련의 음들로 응축시키면, 한 세기가 지나서 우리는 그 음들이 연주로 실현되는 것을 들으며 과거가 현재 속에서 말하는 것을 듣는다. 이렇게 음악은 과거를 순간적으로 재배열하고, 멀리 있는 것을 가까이 가져오고, 시간의 일방적인 선형성을 뒤흔들 수 있다. 그리고 이런 점에서 음악은 **기억 자체**와 강한 친연성이 있다. 기억 역시 과거의 과거성과 역사의 객관적 거리에 도전한다. 시간을 재배열하고 앞으로 나아가는 세월의 흐름을 비웃는다. 기억에 생채기를 낸 수십 년 전 사건이 어제 있었던 사건보다 훨씬 더 강력하게 마음을 흔들 수 있다. 그리스 신화에서 기억의 여신 므네모시네는 모든 뮤즈의 어머니였지만, 이 책에서는 한 딸이 그 중 최고라고 주장한다. 기억은 출렁이고, 감춰진 뭔가를 드러내고, 불분명하고, 강한 감정을 동반하는 음악에 공명한다.

아울러 이렇게 시간을 뛰어넘는 공명이 일어나면 현재에 비어 있는 곳이 드러나기 마련이다. 오늘날 우리는 과거에 대한 정보를 그 어느 때보다 많이 갖고 있으며, 말도 안 되게 수월하게 여기에 접근할 수 있다. 소파에 누워서도 인터넷에 연결되어 있으면 카이로 게니자(벤 에즈라 유대교 회당 서고에서 발견된 고문서—옮긴이)의 내용을 보거나 폼페이 유적을 둘러볼 수 있다. 이렇게 접할 수 있는 자료가 증가하고 이에 접속하는 속도가 더 빠르고 편해지면서, 반면에 다른 뭔가가 줄어드는 것 같다. 과거에 진정으로 연결되는 경험을 하는 능력, 우리가 사는 세상을 과거에서 계승된 것으로 바라보는 능력, 적극적인 추모나 기념을 행하는 능력이 그렇다. 철학자 한스 마이어호프는 이렇게 말했다. "앞선 세대는 우리보다 과거에 대해 **아는 것이** 훨씬 적었지만, 어쩌면 과거에 대한 정체성과 연속성은 훨씬 더 크게 **느꼈다.**[18] 그래서 이 책은 두 가지 질문에서 시작한다. 첫째, 아우슈비츠로 대표되는 도덕적 실존적 파열을 겪은 지 한참이 지났고, 온갖 디지털 기기로 세상이 어지럽고, 역사의 지식이 역사에 관한 정보로 대체된 지금, 어떻게 하면 우리는 과거와의 연결을 여전히 알고 기리고 추억하고 느끼게 될까, 쉽게 말해 과거의 존재를 껴안고 **살게** 될까?

두 번째 질문은 이것과 밀접하게 연관되는 것이다. 미술과 음악 작품이 자주 주변으로 내몰리거나 떠받들어지는 세상에서, 어떻게 하면 우리는 이런 작품을 역사에 돌려줄 수 있을까? 이는 예술을 위해서가 아니라 우리를 위해서다. 예술을 통해 우리가 무엇을 잃어버렸는지 '기억하고', 먼저 있었던 사람들의 입장에 공감하고, 돌무더기에 묻히면서까지 매달렸던 오래된 희망과 기도와 계몽의 꿈을 찾아내고 소소한 방식으로 되살릴 수 있기 때문이다. 이 책은 특정한 악곡이나 역사의 한 순간을 새롭게 조명하는 것을 넘어 이런 질문들에 깊이 매달려보고자 한다. 역사로 들어가 질문에 활기를 불어넣고 한 명의 청자로서 답을 찾으려고 한다.

아르놀트 쇤베르크의 〈바르샤바의 생존자〉는 유럽의 유대인들을 말살하려 했던 것을 기억하고자 만든 곡들 가운데 시기적으로 맨 앞에 놓인다. 1947년 로스앤젤레스에서 작곡된 곡이니 오늘날 우리가 홀로코스트라고 부르는 사건에 대해 많은 사람이 아직 알지 못했을 뿐만 아니라, 이런 사건을 예술로 어떻게 담아내야 하는지

애도하는 음악

에 관한 관습도 마련되지 않았을 때다. 참으로 대담하게도 쇤베르크는 정공법으로 이 문제에 달려든다. 자신의 기념물 **안에서** 회상의 행위를 펼친다. 제목에 나오는 '생존자'가 해설자로 등장한다. 그는 모든 것을 다 기억하지는 못한다고 고백하면서 강제수용소에서 벌어진 당시로서는 충격적인 장면을 숨김없이 전한다. 수감자들이 기상나팔 소리에 깨어난다. 독일 하사관이 그들을 집합시켜 잔혹하게 매질하고, 가스실에 넣으려고 점호를 시킨다. 해설자가 날카롭게 뱉어내는 말이 세차게 돌아가는 오케스트라 표면을 찢는다. 오케스트라는 해설자가 잊은 모든 것을 기억하는 것 같다. 우리는 트럼펫 팡파르 파편을, 군악대 드럼 연타를, 힘차게 들어왔다가 혼란스럽게 꼬리를 빼는 현악을 듣는다. 수감자들의 수를 세는 점호가 점차 거칠게 내달리는 소리가 되고, 급기야 곡은 말로 하는 해설에서 웅장한 노래로 넘어간다. 남성 합창이 들어와 유대교의 기도문 "셰마 이스라엘"을 반항적으로 노래한다. "들어라, 오 이스라엘아, 우리의 하나님은 한 분이시니."[19] 이 기도문은 전통적으로 매일 아침과 밤에 암송하는 것이지만, 신자가 죽기 전 마지막으로 하는 말로도 사용되었다. 곡은 거대한 오케스트라 굉음으로 끝난다. 어두운 그림자가 드리워진, 아직 누구도 알지 못하는 수감자들의 운명을 나타내는 것이다.

　아도르노에게 〈바르샤바의 생존자〉는 전후 추모 음악의 모범적인 전형이었다.[20] 홀로코스트의 야만성을 예술작품이라는 프레임 속에 곧바로 담은, 그러니까 피카소의 〈게르니카〉에 상응하는 음악이었다. 그가 보기에 이 작품을 "진실한" 예술로 만들고 청중과 처음으로 만난 순간부터 대단한 위력을 발휘하도록 한 것은 음악이 공포와 고통을 껴안고 가짜 위안을 거절했기 때문이다. 쇤베르크의 골치 아픈 음악들은 오랫동안 우려나 노골적인 무시의 반응을 받았는데, 갑자기 〈바르샤바의 생존자〉로 인해 대단히 모던한 양식으로 작곡된 거슬리는 불협화음이 더 많은 청중에게 공감을 얻었다. **이 곡만** 새로이 이해된 것이 아니었다. 쇤베르크의 예술 전체가 소급되어 새로운 의미의 층을 얻게 되었다. 그래서 이전까지 소음으로 치부되었던 음악적 불협화음은 실은 표층 아래에 있는 심오한 사회적 불화를, 현대 사회 자체에 잠재된 폭력적 충동을 드러내는 엑스레이 같은 것이었다는 주장이 나왔다. 홀로코스트가 이런 살인적인 모순을 모두가 보도록 발가벗겼다. 아도르노의 말처럼 쇤베르크의 음악은 마침내 그것이 항상 예언했던 세상을 만난 것이다.[21] 비슷한 맥락에서 작곡가 루이지 노노는 쇤베르크의 곡을 "음악으로 써 내려간 우리 시대의 미적 선언문"[22]이라고 했다. 지휘자 로버트 크래프트는 이 곡의 엔딩을 "20세기 음악에서 가장 감동적인 순간 가운데 하나"[23]로 꼽았다.

어쩌면 당연하게도 〈바르샤바의 생존자〉는 오랫동안 논쟁의 표적이기도 했다. 처음에는 충격적인 내용이 전후戰後 청중에게 부적절하다고 여겨졌고, 나중에는 음악이 키치라며 비웃음을 당했고,[24] 그 예술적 가치 전체가 도마 위에 올랐다. 하지만 〈바르샤바의 생존자〉가 예술작품으로서 어떤 위치에 있는지와 무관하게 기억을 다룬 심오한 작품으로서, 소리로 만든 대단히 개인적인 기념물로서 의미가 있는 것은 분명하다. 곡이 만들어진 과정을 보면 쇤베르

애도하는 음악

크 본인의 수수께끼 같은 정체성이 드러난다. 유럽과 미국, 유대교와 독일 문화, 모더니즘의 문을 연 초창기 관념주의 사상과 전쟁 중 망명 생활을 한 어두운 시기를 이어주는 것이다. 그리고 1948년 뉴멕시코 주 앨버커키의 한 대학교 체육관에서 카우보이 합창단을 동원하여 열린 이 작품의 세계 초연—음악사를 통틀어 가장 이상한 초연 가운데 하나—은 미국의 홀로코스트 추모 역사에 시발점이 되었다. 미국에서 홀로코스트에 바치는 기념비 하나 없던 시절에 쇤베르크 음악은 대중의 기억을 담은 **소리**가 되었다. 처음으로 들은 청자들은 어떻게 이해했을까? 그 의미는 시간이 흐르면서 어떻게 바뀌었을까? 실제로 이 곡은 새로운 윤리적 질문을 촉발했다. 희생자들을 추모 예술의 중심에 두면서도 그들의 죽음을 미적으로 승화시켜 기억을 훼손하지 않는 것이 가능했을까? 종족 학살이 카네기홀 무대에 오르는 주제여도 괜찮을까?

이 책은 이런 질문들을 탐구하고 소리의 기념물을 통해 드러난 미묘한 진실을 파헤침으로써 좁은 의미에서 작곡가가 '말하고자 한 것'을 넘어선다. 세월이 흐르면서 음악작품이 연주의 역사를 통해, 아울러 그로 인해 드러난 다른 텍스트와 다른 삶과 다른 이야기를 통해 의미의 층을 쌓아갈 수 있다는 전제에서 출발한다. 그러니 이 책은 **기억의 음악**에 관한 책이면서 필연적으로 **음악의 기억**에 관한, 예술의 더 깊은 사회적 기억에 관한 책이기도 하다. 전쟁이라는 재앙을 상기하고 아울러 앞선 시대의 낙관적인 약속과 빛, 비평가 발터 벤야민이 적절하고 단순하게 "과거의 희망"이라고 불렀던 것도 상기하는 예술의 능력을 다룬다. 이 책은 실제로 벤야민에게서 영감을 받았다. 그는 역사의 진정한 목적은 앞선 시대의 돌무더기를 들춰 실현되지 않은 희망의 파편들을 찾아내고 되살리고 보완하는 것이라고 했다. 그가 간파했듯이 이것은 더 나은 미래의 기초가 되는 도덕적 정신적 구성요소, 그 이상도 이하도 아니다.

2차 세계대전과 홀로코스트의 시대는 당연히 미지의 영역이 아니다. 이 사건들을 다룬 문헌은 도서관 전체를 채울 만큼 방대하다. 그러나 그토록 많은 정보를 조용히 서가에 쌓아두는 것이 무슨 의미가 있을까? 쇼아 생존자 장 아메리는 양심을 깨끗하게 하여 공포를 잊으려고, 도덕적으로 용납할 수 없는 충격적인 과거를 "역사의 차가운 저장고"에 치워두려고 이에 관한 책들을 출간하는 시대의 경향을 매섭게 공격한 바 있다.[25] 하지만 이 책은 주장한다. 음악이라는 예술에는 사람들이 자주 간과하지만 역사의 차가운 저장고에 불을 지르는 유일무이한 힘이 있다고 말이다. 이런 힘은 직접적으로 감정을 건드리는 소리 자체의 특징에서 기인하는 것 같다. 소리는 우리를 둘러싸고, 우리 몸을 꿰뚫고, 우리 안에서 진동한다. 비평가 존 버거의 말처럼, 노래를 들으면 "우리는 메시지 **안에** 거하게 된다."[26] 그러나 음악이 문화적 기억의 매체로서 갖는 위력은 지성과 감정을 연결하는 신비로운 힘에서, 공연을 통해 '그때'와 '지금'을 짝지어 수백 년의 세월을 건너뛰게 하는 능력에서, 언어의 영역 너머에 있는 깊고 말로는 전할 수 없는 진실을 표현하는 놀라운 방식에서 나오는 것이기도 하다. 토마스 만은 이 마지막 특징을 가리켜 오로지 음악에만 속하는 "무언의 언어"[27]라고 했

애도하는 음악

다. 이 책에서 나는 이런 음악작품들에 담긴 무언의 메시지를 찾고 음악이 이런 메시지를 어떻게 전달하는지 알아보려고 한다.

그 과정에서 의미―기억―가 음악에 있는지, 음악을 듣는 우리에게 있는지 궁금증이 들 수도 있다. 악보는 의미가 둘 사이의 관계에 있다고 말한다. 작곡가는 의도를 갖고 곡을 만든다. 하지만 우리가 이런 의도를 완전하게 알 수 있다고 하더라도 음악이 현재에 갖는 의미의 폭을 다 담을 수는 없다. 작품은 일단 세상에 나오면, 원래의 글을 지우고 그 위에 새로운 글을 쓰는 양피지 비슷한 것이 된다. 매번 연주되고 들을 때마다 음악가와 청자가 또 다른 텍스트, 또 다른 의미를 그 위에 더한다. 시간이 흐르면서 이런 층들이 계속 쌓여, 위대한 음악작품은 그 자체가 대중의 기억을 담은 방대한 보관소가 된다.

하지만 똑같은 문서로도 과거에 대해 여러 다른 이야기를 할 수 있다는 것은 모든 역사가가 인정하는 바이다. 음악작품도 마찬가지다. 그러니 이런 설명들이 모이면 어떤 면에서 대단히 개인적인 책이 된다. 나는 이런 음악에서 고정되거나 보편적인 새 의미를 끌어내거나 부과하지 않을 것이다. 2차 세계대전을 음악적으로 추모한 사례들에 대한 포괄적인 역사나 홀로코스트에 대한 음악적 반응을 폭넓게 다룰 생각도 없다. 이 책은 유럽 고전음악의 주류에 속하는 네 명의 작곡가의 삶을 소환하여 그들의 경로를 따라가며 20세기의 암울한 중심을 돌파한다. 그들이 각자 만들어낸 전쟁의 상흔이 묻은 기념물은 그 자체로도 대단하지만, 과거를 돌아보며 동시에 우리 시대를 향해서도 고개를 돌려 그 음악이 만들어진 세상을 우리가 일별하도록 관점을 열어준다는 점에서도 주목할 만하다. 이 책은 그런 관점이 어디를 비추는지 찾으려고 노력할 것이다. 이런 곡들을 통해 알게 되는 삶과 유산, 상실과 희망의 순간을 되찾고 기억하고 다시 불러내려고 할 것이다.

이런 임무를 수행하고자 나는 비평가의 귀와 역사가의 도구를 활용했다. 또한 이런 악보에 새겨진 역사와 음악에 중심이 되었던 여러 장소를 여행했다. 여기에는 키이우 외곽의 바비 야르 학살 현장, 코번트리 대성당의 폐허, 슈트라우스가 살았던 남부 바이에른의 웅장한 빌라 란트하우스, 부헨발트 정문 안에 깊은 주름의 그루터기만 남은 괴테의 참나무가 포함된다. 음악은 이런 장소에 더이상 없지만, 이런 장소는 음악 속에 영원히 있다. 학자이자 미술가 스베틀라나 보임의 말에 따르면, 과거의 층을 발굴하는 작업은 "기억의 고고학이자 장소의 고고학"[28]이다.

이 책의 발굴 작업은 문학적 목격의 행위도 참고할 것이다. 세상의 살인적인 모순에 삶이 찢기면서—때로는 목숨까지 잃으면서—이를 기술하려 했던 작가들의 증언이 있다. 테오도어 아도르노는 어쩔 수 없이 망명자가 되었다. 발터 벤야민은 나치가 점령한 유럽에서 도피하는 와중에 자살했고, 작가 슈테판 츠바이크는 브라질에서 망명자로 살다가 스스로 목숨을 끊었다. 러시아 시인 안나 아흐마토바는 전쟁과 혁명으로 고초를 겪었다. 소설가 바실리 그로스만은 자신의 최고 역작이 출간되는 것을 보지 못하고 그의 표현에 따르면 KGB에 영원히 "체포"된 채 죽었다. 집단 기억이라는 개념을 만든 사회학자 모리스 알박스는 부헨발트 수용소에서

애도하는 음악

생을 마쳤다.

내게 특별히 깊은 영감을 준 후대의 독일 작가로 W. G. 제발트 (1944~2001)가 있다. 소설 《아우스터리츠》, 《이민자들》, 《토성의 고리》를 통해 제발트는 기억을 남다르게 다루는 독일 전후 세대 작가로 이름을 떨쳤다. 그는 풍경, 예술, 건축이 과거로 들어가는 입구로 활용될 수 있음을 보여준 대가였다. 홀로코스트, 망명, 식민주의, 인간을 조직적으로 부린 파괴의 역사는 그의 작품 여기저기서 등장하는 주제이지만, 그 기억은 제발트 특유의 생략된 산문을 통해 걸러진다. 마치 면포를 씌운 것 같아서, 한때 눈이 멀 정도로 강렬했던 재앙의 불빛은 은은한 빛으로만 보일 뿐이다. 그리고 제발트는 음악에 대해 거의 글을 남기지 않았지만, 점점 사라져가는 과거의 잔여물과 때 이른 상실의 흔적을 대하는 그의 방식은 현존과 부재를 유령처럼 넘나들고 다른 시대의 무언의 진실을 순간적으로 건드리는 음악과 통하는 면이 있다.

제발트의 작품을 접한 사람은 다 아는 사실이지만, 나는 그가 텍스트 중간에 설명 없는 사진 이미지를 집어넣는 방식에서도 영감을 받았다. 그의 책에서 이런 이미지는 그의 산문이 드리우는 음울한 기조를 심화시키면서 시적으로 변형시킨다. 이 책에서는 시각적 기억이 일종의 대위 선율로서 훨씬 소박한 목적으로 작용하지만, 이미지 자체의 비스듬한 각도로 독자의 경험을 넓혀주기를 기대한다. 제발트는 우리가 과거를 돌아볼 때 "항상 시선을 던지면서 동시에 옆으로 돌린다"고 말한다.[29]

이런 주제를 다루는 일반적인 방식은 아니다. 대체로 역사를 기술할 때는 음악 이야기를 거의 하지 않으며, 음악은 역사 바깥에 존재하는 것처럼 들리는 경우가 많다. 그런데 이 책은 서로의 프리즘으로 서로를 응시한다. 소리가 이야기와 뒤얽힐 때, 음악의 귀를 통해 과거를 들을 때[30] 무슨 일이 벌어질 수 있는지 묻는다. 내가 이런 방식을 취한 것은 "어떤 공백을 메우기" 위해서가 아니다. 음악을 문화의 기억으로 들으려고 할 때 열리는 가능성을 조명하고 키우고 싶기 때문이다. 그리고 이런 목표는 근본적으로 생성적이어서 우리가 오늘날 살아가는 방식, 우리가 지금 여기서 예술을 경험하는 방식과 연결되므로 이 책은 애도의 작업에 그치지 않는다. 오히려 무엇보다 음악과 역사가 서로를 매혹적으로 만드는 실험이 된다. 하나가 다른 하나의 존재로 인해 더 충만해지고 더 밝게 빛나면, 비로소 이 실험은 성공한 것이다.

이 실험은 특정한 문화적 역사적 순간에 도달했다. 전쟁이 끝난 지 75년이 지난 지금, 그 시대를 몸소 겪었고 지금도 본인의 이야기를 전할 수 있는 마지막 세대가 빠르게 사라지고 있다. 그러니 머지않아 시대를 넘어 살아남은 이런 예술작품을 접하는 것은 갈수록 멀어지는 과거를 마주 대하고 그 유산을 이해하려고 애쓰고 그 유령들과 함께 사는 새로운 방법을 모색하기 위해[31] 남은 거의 유일한 방법일 것이다. 이런 맥락에서 보자면, 이런 음악작품은 문화적 기억이 담긴 소중한 보고다. 살아 있는 과거가 여전히 남아 있는 대상이다. 프랑스 역사학자 피에르 노라의 이미지를 빌리자면, 이 작품들은 "살아 있는 기억이라는 바다가 물러났을 때 해변에

애도하는 음악

남아 있는 조개"[32] 같은 것이다.

　궁극적으로, 현재 남아 있는 이런 조개와 소리와 이야기들을 모아 과거를 아는 새로운 방법을, 역사를 듣는 새로운 방법을 보여주고자 한다. 이것은 청자에게 수동적인 과정이 아니다. 작곡가 파울 힌데미트가 말했듯이, "음악은… 받아들이는 마음에 닿지 않으면 무의미한 소음일 뿐이다."[33] 이런 의미에서 이 책은 내가 깊은 청취라고 부르는 태도를 옹호하는 것이기도 하다. 음악을 시간의 메아리로 이해하며 듣자는 것이다. 악보에 연주가 필요하듯 음악의 기억에는 깊은 청취가 필요하다. 악보를 소리로 실현하는 음악가가 없다면, 악보는 그저 종이에 적힌 선과 점의 집합일 뿐이다. 마찬가지로, 깊은 청취가 없다면 음악의 역사에 기억은 없다. 슈베르트 교향곡의 단절된 소리들을 아무도 없는 방에 내보내는 셈이다. 우리에게는 "휴식을 위한 클래식"만 남는다. 깊은 청취가 없다면 과거의 목소리는 허공에 대고 속삭이는 것이다.

　음악은 이런 목소리를 표명하는 나름의 특별한 방식을 갖고 있다. 그리고 기억이 과거의 존재를 상연하는 것이 아니라면 대체 뭐란 말인가? 하지만 이 책의 중심에는 기억의 시선이 전적으로 뒤를 돌아보기만 해서는 안 된다는 신념도 있다. 우리가 기억하려고 고른 것은 우리가 보존하는 것이기도 하며, 우리가 보존하는 것은 그것을 기반으로 세워질 수 있다. 그러므로 모든 기념물은 앞을 향하는 것이다. 시인 프리드리히 슐레겔은 "역사가는 뒤를 바라보고 있는 예언자"[34]라는 유명한 말을 남겼다. 같은 의미에서 기념물을 만드는 사람은 미래를 향해 돌아서 있는 역사가이다.

소리와 기억이 교차하는 지점을 살펴보는 이 여행에서 놓쳐서는 안 되는 것은 2차 세계대전과 홀로코스트가 서로 불가분하게 엮여 있지만 그럼에도 결정적으로 구별되는 사건이라는 사실이다. 시간과 공간에서 둘이 겹치는 지점이 있지만, 전자는 전 세계를 무대로 벌어진 지정학적 충돌이었고, 후자는 주로 유럽 대륙에서 일어난 도덕적·이데올로기적·실존적 대재앙이었다. 2차 세계대전은 잔혹한 현대 테크놀로지가 가동되고 군인과 민간인의 구별을 야만적으로 무시한 전쟁이었지만, 근본적으로는 여전히 권력과 영토를 차지하려는 국가 간의 다툼이었다는 점에서 이전 전쟁들과 같은 전통에 놓인다. 이와 대조적으로, 홀로코스트는 특정한 인간 집단을 인간 이하의 존재로 단정하고 체계적으로 말살하려고 했다. 말살이 수단이 아니라 목적 자체였다. 철학자 위르겐 하버마스는 역사의 파열일 뿐만 아니라 "인간의 얼굴을 한 모든 사람들 간 깊은 연대의 층"[35]에 일어난 파열이기도 하다고 했다. 기억의 음악은 이런 중첩과 구별도 반영한다.

전후 수십 년 동안 각 국가는 이런 재앙을 서로 다르게 이야기했으며, 이를 통해 국가의 필요에 맞는 국가의 기억을 만들어냈다. 예컨대 소련은 파시즘과 싸워 이긴 군사적 승리와 소련 전체의 집단적인 희생을 자랑스럽게 여겼다. 하지만 이런 서사에 누락된 것이 있었으니 소련의 유대인을 특정하게 목표로 삼아 절멸시키려 했던 것을 인정하는 일이었다. 실제로 소련은 2차 세계대전의 기억을 기리면서 홀로코스트의 기억은 지우려고 했다. 그것도 지엽적인 사건이 아니라 전체를 다 말이다. 소련 땅에서 벌어진 가장

애도하는 음악

악명 높은 나치 학살이 키이우 외곽의 산골짜기 바비 야르에서 있었다. 1941년 9월, 33,000명 넘는 유대인들이 이틀 동안 그곳에서 학살당했다.[36] 전쟁이 끝나고 소련 정권은 야만적으로 입을 꾹 닫고 이런 학살의 기억을 숨기려고 했다. 1962년에 초연된 드미트리 쇼스타코비치의 교향곡 〈바비 야르〉는 이런 강압적인 기억상실의 정책을 산산조각냈다. 아울러 하나의 비극은 기리면서 다른 비극은 지우려 한 사회의 흉측한 모습을 폭로했다.

영국에서는 **1차** 세계대전이 국가의 거대한 트라우마로 남아서 1960년대까지도 문화적 상상력에 계속 어른거렸다. 대전쟁Great War이라고도 불리는 1차 세계대전의 기억이 2차 세계대전의 기념보다 우위에 있었다. 2차 세계대전을 추억할 때, 홀로코스트는 축소하면서 악명 높은 대공습 당시 영국인들이 보여준 결기와 극기심을 찬양하는 식이었다. 1940년 9월부터 독일군이 영국의 도시들을 폭격한 대공습의 최우선 목표는 런던이었다는 것이 다수의 생각이었다. 융단 폭격을 당한 코번트리는 대단히 드물게만 기억되었다. 1940년 11월 14일 밤, 독일 폭격기들이 베토벤의 유명한 피아노곡에서 가져온 '월광 소나타'라는 코드명의 작전에 따라 코번트리를 파괴했다. 다음 날 아침, 이 도시의 자랑인 14세기 고딕 대성당이 잿더미가 되었다. 1962년에 새로운 성당이 코번트리에 완성되었다. 무너진 옛 성당의 보존된 폐허를 활용하도록 절묘하게 설계되었다. 새로운 교회의 봉헌식을 축하하기 위해 당시 영국에서 가장 유명한 작곡가인 벤저민 브리튼에게 곡을 써달라고 의뢰했다. 그렇게 해서 나온 곡이 〈전쟁 레퀴엠〉이다. 영국이 전쟁에서 치른 희생을 가슴 아파하면서 전쟁 없는 미래를 바라는 평화주의자의 염원을 담은 곡이다. 하지만 가슴 뭉클한 이런 보편주의적 메시지도 드러내는 것만큼 감추는 것이 많다.

브리튼 음악의 깊이를 꿰뚫어 본 사람이 있었으니 바로 쇼스타코비치였다. 슈트라우스와 쇤베르크가 현대 독일 문화를 만들었다는 점에서 하나로 묶인다면, 브리튼과 쇼스타코비치도 서로의 삶과 예술에서 통하는 점이 많았다. 두 사람 다 자국의 음악 문화의 중심점에서 막강한 위세를 누렸으면서도 스스로를 아웃사이더라고 여겼다. 두 작곡가가 기념물이 되는 중요한 음악작품을 만들던 1960년대에 쇼스타코비치는 브리튼에게 가슴 뭉클한 공개편지를 썼다. 철의 장막 너머로 보낸 이 편지는 서로의 비슷한 외로움을 하나로 묶어준 것 같았다. 이 두 명의 예술가의 손을 통해 기억은 안에서부터 선명해졌다.

〈전쟁 레퀴엠〉을 들은 쇼스타코비치는 이에 화답하여 교향곡 14번을 작곡했고 브리튼에게 헌정했다. 릴케, 로르카, 아폴리네르 등의 시에 곡을 붙인 노래들로 이루어진 서늘하게 아름다운 교향곡으로, 전쟁과 인간 갈등에서 가장 본질적인 요소인 삶과 죽음을 예술의 영원불멸성과 대치시킨다. 이 곡은 기억의 소리와 침묵을 둘러보는 이 책의 여행에서 마지막을 이룬다.

학자 제임스 영은 홀로코스트 기념물에 관한 글을 쓰면서 **보이지 않는** 기념물[37]을 제작한 매혹적인 이야기를 한다. 독일 출신의 개념미술가 요헨 게르츠가 아이디어를 내서 1991년 독일 도시 자르

브뤼켄에 설치한 프로젝트다. 그가 고른 장소는 제3제국 시절 게슈타포의 지역본부로 썼던 지방정부 건물 앞의 자갈 깔린 거대한 광장이었다. 대담한 이 프로젝트를 위해 게르츠는 학생들을 시켜 밤에 광장에 들어가 수십 개의 자갈을 몰래 뜯어내고 다른 돌들을 임시로 두도록 했다. 이어 학생들은 뜯어낸 자갈을 작업장으로 가져와 제3제국 때 파괴되거나 버려진 2천 개가 넘는 독일 내 유대인 묘지의 이름과 위치를 새겼다. 작업을 마친 후, 자갈은 광장의 원래 자리에 비밀리에 복원되었다.

게르츠의 발상이 빛나는 것은 바로 이 대목에서다. 그의 팀은 돌들을 원래 자리에 다시 설치할 때 글이 새겨진 면이 아래를 향하도록 둬서 겉에서는 글이 전혀 보이지 않도록 했다. 이런 은밀한 추모 행위의 소식이 퍼지기 시작하자, 시민들이 광장으로 나와 분개하며 훼손된 공공자산을 찾으려고 했다. 물론 그들은 아무것도 찾지 못했다. "그것은 내적인 추모다. 방문객들은 광장에 서 있는

유일한 형태로서, 그들이 찾으려고 했던 바로 그 기념물이 **된다.**[38]
영의 말이다.

공공장소를 이렇게 기념에 활용한 게르츠에게서 영감을 받아 과거의 음악을 자갈이 깔린 거대한 광장이라고 상상해보자. 이어 지는 본문에서 우리는 여러 돌을 마음껏 뜯어내 각자의 관점에서 살펴보고 새로운 의미를 새긴 다음 원래 자리로 돌려보낼 것이다. 음악의 소리(표면)는 물론 그대로이겠지만, 아래에 무엇이 새겨졌 는지 알고 나면 다르게 듣게 될 것이다. 작품 자체도, 음들 사이에 서 메아리치는 문화적 기억의 순간도.

1부

1장

음악을 해방하기

발굴을 성공적으로 하려면 물론 계획이 필요하다. 하지만 그에 못지않게 중요한 것이 있으니 어두운 흙더미 속을 삽으로 조심스럽게 파 내려가는 것이다. 아울러 발굴된 것의 목록만 기록할 뿐 발굴 현장의 이런 어두운 즐거움을 함께 기록하지 않는다면 보존해야 하는 풍요로운 보상을 놓치는 셈이다. 소득 없는 탐색도 성공한 탐색만큼이나 이런 즐거움의 일부다. 그러므로 기억은 이야기를 전하거나 사건을 보도하는 식으로 진행되어서는 안 되며, 자유롭게 감정을 쏟아내는 서사시의 방식으로 계속 새로운 장소로 삽을 파 내려가고, 기존의 장소에서는 점점 더 깊게 파고들어야 한다.[39]

– 발터 벤야민, 《베를린 연대기》

마무리가 아쉬운 이야기에도 크든 작든 영광의 순간이 있으며,

이런 순간은 마무리의 관점이 아니라 자체의 관점으로 바라보는
것이 적절하다. 이런 순간의 현실은 마무리의 현실에 못지않게
위력적이다.[40]

— 토마스 만,《요셉과 그 형제들》

맨 처음 귀에 들리는 것은 지직거리는 낡은 레코드판 소리다. 그러
고 나서 현악 오케스트라 소리가 힘차게 살아난다. 요한 제바스티
안 바흐는 지금 내 헤드폰을 통해 밀려드는 음악인 두 대의 바이
올린을 위한 협주곡 D단조를 지금으로부터 3백 년 전에 구상했다.
현대 기술 덕분에 우리는 유리 화면을 몇 번만 두드리면 바흐의
사라진 세계의 소리를 불러올 수 있다. 너무 익숙해서 시시하게 여
겨지는 이런 마법의 재생 수단은 단순하지만 기적적인 사실을 실
현시키는 마지막 연결고리일 뿐이다. 그것은 감정과 의미, 역사와
기억을 담은 음악작품이 수백 년의 시간을 넘어 고스란히 전해진
다는 사실이다.

　이 음반은 1929년 5월 29일 빈에서 여러 음악가가 녹음한 것이
다.[41] 지직거리는 소리는 기술적으로 말하자면 레코드 홈에 낀 먼
지로 인한 것이지만, 우리는 그것을 시인 오시프 만델슈탐의 표현
처럼 "시간의 소음"으로 생각할 수도 있다. 머나먼 별에서 빛이 날
아오듯,[42] 이 음악이 오늘날 우리에게 닿으려고 넘어온 거대한 시
간의 거리를 기록한 것으로 말이다.

　오케스트라 개시부에 이어 두 명의 독주자가 10도 도약의 과감

　　　　　　　　　　　　　　　　　　　　　애도하는 음악

한 선율을 차례로 연주하며 들어온다. 열의에 찬 연주이지만 아울러 귀족적인 우아함이 있으며 감미로운 톤이 인상적이다. 활기찬 느린 악장에서 두 사람은 긴 호흡의 오르내리는 악절을 주고받으며 그리움과 애틋함이 담긴 아름다운 대화를 나눈다. 하지만 마음은 이런 순간과 함께하지 않을 수도 있다. 이런 애틋함의 어느 정도가 바흐에게서 혹은 연주자들에게서 나오고 우리에게서 나오는지 궁금증이 든다. 우리는 전쟁 전에 녹음된 이런 음반을 들을 때 그들 앞에 놓인 재앙을 알고 듣는 경향이 있다. 이런 지식으로 인해 음악에 비애의 감정이 더해질 수 있다. 마치 우리가 알고 있는 미래를 아직 모르는 사랑하는 사람의 옛 사진을 보는 것처럼. 하지만 연주 자체를 유심히 들어보면 음악은 그렇게 무겁지 않다. 두 명의 독주자는 음악의 그리움에 과하게 몰입하지 않는다. 그들의 악절은 뒤가 아니라 앞을 향하고 있다. 그들은 사실 아버지와 딸—아르놀트 로제와 알마 로제—이며 1929년에 그들은 그리움을 품을 이유가 없었다. 지휘자는 알마의 오빠 알프레트 로제다. 이들 이름은 오늘날 소수의 애호가들 외에는 기억하는 사람이 거의 없지만, 이런 음들 뒤에 놓인 약속의 역사만으로도 살펴볼 가치가 있는 사람들이다.

아르놀트 로제(로젠블룸)[43]는 1863년 루마니아 동부의 유대인 집안에서 태어났다. 4년 뒤인 1867년에 새로운 헌법이 제정되어 제국의 유대인에 대한 많은 법적 제한이 풀리자, 로제 가족은 빈으로 이주했다. 그곳에서 어린 아르놀트는 빈 음악 문화의 창공으로 빠르게 날아올랐다. 열일곱 살에 빈 국립 오페라단 오케스트라의 수

석 자리를 차지했고, 이어 빈 필하모닉의 존경 받는 악장이 되어 오십 년 넘게 그 자리를 지켰다. 왕들과 황제들의 찬사를 받은 그는 비할 데 없는 품격으로 빈 음악계를 대표했다. 망토를 종종 걸치고 왕실 마차를 타고 오페라극장에 연주하러 갔다. 젊은 시절, 그는 작곡가이자 지휘자 구스타프 말러의 여동생 유스티네 말러와 결혼함으로써 음악계의 왕족이 되었다.

빈 필하모닉에 몸담고 있을 때 로제는 당대 최고의 실내악 앙상블 로제 현악 4중주단을 결성하여 유럽에서 명성을 얻기도 했다. 올곧은 음악성으로 그들은 현악 4중주 연주의 새로운 기준을 세웠고 당대 유명 작곡가들 작품의 초연을 맡아서 했다. 브람스의 경우 직접 피아노를 치면서 그들과 곡을 연주했다. 20세기의 첫 십 년에 로제는 말러의 권유로 대담한 젊은 작곡가 아르놀트 쇤베르크"의 급진적인 신작을 연주함으로써 음악계에 한 획을 그었다. 두 명의 아르놀트는 말러를 존경한다는 것 외에도 공통점이 많았다.

1874년 빈에서 구두 가게를 운영하는 유대인의 아들로 태어난 아르놀트 쇤베르크는 자유주의의 황금기('새 시대Neue Zeit')가 끝나 가던 격동의 시기에 성년을 맞았다. 아방가르드 미학에 헌신했던 까닭에 쇤베르크가 독일 문화를 이끈 행보는 그에 못지않게 눈부셨던 로제의 행보에 비해 고초가 많았다. 그는 용감하게도 자신을 음악의 미래를 내다보는 예언자로 여겨 무조無調라고 하는 약속의 땅으로 음악 형식을 데려갔으며, 유대인이 아니라 독일인으로서, 개신교로 개종한 자로서, 게르만족의 모든 것을 열렬히 옹호하는 자로서 이렇게 했다. 그래서 훗날 1921년 자신의 가장 빛나는 이론적 성과인 12음 기법을 발견했을 때, 쇤베르크는 앞으로 100년 동안 독일 음악의 미래를 확보하게 되었다고 자랑스럽게 선언했다.

　　로제와 쇤베르크, 두 명의 아르놀트는 문화를 통한 해방이라고 하는 19세기 유대인들이 품었던 꿈을 각자의 방식으로 완벽하게 구현했다. 결정적으로 이런 꿈은 빌둥Bildung에 대한 믿음으로 나타났다. '교양'이라는 의미의 빌둥은 번역하기가 까다로운데, 인본주의 교육을 통해 개인의 가치를 높이고자 하는 이상을 뜻한다.[45] 문학, 음악, 철학, 시에 자아를 혁신하고 도덕적 감성을 키우고 미적으로 우아한 삶을 살도록 하는 능력이 있음을 믿는 것이다. 두 명의 아르놀트 가족에게—그리고 중세의 법적 구속이 서서히 무너지던 시대에 운 좋게 살았던 다른 수많은 유대인들에게—빌둥은 적어도 이론적으로는 누구든지 문화를 통해 개인의 변혁을 이룰 수 있다는 점에서 기적이었다. 빌둥이 암묵적으로 약속한 품위 있는 삶은 출신과 무관하게(물론 남성이어야 했다) 모두에게 열려 있었다. 이런 꿈이 처음에 어떻게 만들어지고 나중에 고통스럽게 스러져 갔는지 추적하려면 독일 유대인의 해방에서 음악이 행한 역할을, 그리고 독일 음악을 해방함으로써 호의를 갚은 유대인들의 활약을 살펴보아야 한다.

게토(유대인 지구)에서 벗어나 도시의 중산층으로 나아가는 과정에서 중부 유럽의 많은 독일어권 유대인들은 빌둥을 일종의 종교처럼 받아들였다. 그 종교에도 나름의 예언자들과 경전이 있었다. 어떤 가족은 위대한 독일 시인을 기리고자 성을 실러로 바꾸었다.[66] 젊은 유대인 소년들은 바르 미츠바(유대교 성년식)에서 괴테의 전집을 선물로 받는 경우가 흔했다. 마치 여기에 담긴 지식이 핍박받은 과거의 짐을 아주 살짝 덜어줄 수도 있다는 듯이 말이다.

　지금에 와서 돌아보면, 그토록 많은 유대인이 독일 고급문화의 해방적 힘을 열성적으로 믿은 것이 의심스럽게, 심지어 한심하게 보일 수 있다. 그런 관점에서 보자면, 그런 믿음은 잘못된 방향으로 나아갔다. 결국에는 파국적 결과를 낳았으니 고통스러운 망상이었다. 유대인과 독일 문화가 공생했다는 생각을 완전히 일축한 대표적인 인물이 이스라엘 신비주의 학자 게르숌 숄렘이었다. 본인이 베를린에서 태어난 독일 유대인이었다. 전쟁이 끝나고 독일-유대인 대화에 관한 책에 참여해달라는 청탁에 그는 이렇게 말했다. "나는 진정한 의미에서 그와 같은 독일-유대인 대화는 존재하지 않았다고 봅니다. 대화를 하려면 서로의 말을 들어 주어야 하니 두 명이 필요해요. 그런데 이 대화는 시작부터 망가졌고 결코 일어나지 않았어요."[47]

숄렘의 분노는 이해가 간다. 관계가 와해되는 것을 직접 목격한 입장이니 말이다. 어쩌면 그는 친구인 발터 벤야민의 사례를 생각하고 있었는지도 모른다. 벤야민은 재능이 출중했던 독일-유대인 비평가였으며 묘하게 빛나는 산문으로 유럽 역사와 문화를 엑스레이처럼 꿰뚫어 보았다. 나치가 집권하자 벤야민은 유럽 전역에서 쫓기는 신세가 되었고, 결국 1940년에 프랑스와 스페인 국경에서 스스로 목숨을 끊었다. 자주 그렇듯, 이렇게 비극적으로 생을 마감하면 이야기 전체에 거꾸로 영향을 미치기 마련이다.

오늘날 역사가들은 더 넓은 시야로 바라보며, 과거를 그 뒤에 오는 것의 관점으로만 바라보려는 고집을 경계하는 편이다. 벤야민의 저작들은—혹은 아이러니하다고 여기겠지만 숄렘의 저작들도—실은 존재하지 않았다고 하는 이런 독일-유대인 대화를 가장 멋지게 보여주는 사례로 꼽힐 수 있다. 벤야민의 생이 그렇게 끝났다고 해서 이런 사실을 무시하거나 빌둥의 꿈을 믿었던 수많은 다른 사람들에게 비슷한 판단을 들이댄다면, 그것은 독일-유대인의 근대사 2백 년을 아우슈비츠라는 파괴적인 렌즈로 바라보는 것이다. 그런 관점은 유대인들이 중부 유럽에서 오랜 세월을 지낸 복잡한 면면들, 삶의 경험, 꿈, 실제로 이룬 성과들을 기리지 못한다. 한쪽으로 몰아가는 이런 드라마에서 인물들은 사전에 마련된 각본에 따라 움직이는 졸卒에 불과하다. 그저 심연을 향해 터벅터벅 나아갈 뿐이다.

하지만 당시를 살았던 사람들에게는 지평선에 걸린 조짐들이 여러 방향을 가리켰다. 역사가 피터 게이가 적절하게 말했듯이 제3제국은 독일의 과거와 연결되었던 것이 사실이지만, 그것은 독일이라는 나무가 맺을 수 있었던 여러 열매 가운데 하나였을 뿐이다.[48] 이 나무의 다른 열매들은 우리가 다시 살펴볼 두 명의 아르놀트의 이야기에서 나타난다. 쇤베르크는 1933년에 유럽을 떠난 후 쓴 에세이에서 자신의 어린 시절을 돌아보며 후대의 회의적 시각을 이미 내다보았던 것 같다. 그러면서 공감을 당부했다. "모든 젊은 유대인들은 19세기 우리 유대인들이 우리의 삶을 어떻게 **내다보았는지** 마음속에 새겨야 한다. 그래야 (그 삶의 경로를) 어떻게 이해할지 알게 된다."[49]

문화와 문화의 만남에도 시작의 신화가 있다. 이 신화는 1743년 가을 모제스 벤 멘델 데사우라고 하는 유대인 소년[50]으로부터 시작한다. 당시 독일은 하나의 국가가 아니라 각기 통치자가 있는 공국들의 느슨한 연합이었다. 안할트-데사우 공국의 수도 데사우에서 모제스의 아버지는 토라 필경사였고 매일 아침 신자들 집 문을 두드려 기도 시간을 알리는 일을 하기도 했다. 어린 모제스는 전통적인 종교 교육을 받았다. 그러다가 그의 스승인 랍비 다비트 프렝켈이 베를린에서 수석 랍비라는 새로운 직위를 맡게 되었다. 1743년의 어느 날, 어린 모제스는 데사우에서 80마일을 여행하여 베를린에 갔다. 걸어서 갔다는 설명도 있고, 마차를 타고 갔다는 설명도 있다. 어느 쪽이든, 그는 베를린 도시로 들어가려면 가축과 유대인을 위해 특별히 마련된 문을 통과해야 했다.

당시 베를린에는 천 명이 조금 넘는 유대인이 살았는데, 자산 소유 범위와 직업 선택을 포함하여 이들 삶의 모든 면을 규제하는 법 조항들이 있었다. 그러나 프리드리히 대왕 치하에서, 베를린은 곧 독일 계몽주의와 유대 계몽주의(하스칼라Haskalah)라는 두 가지 갈래로 분류되는 사상들이 꽃피는 본거지가 되었다. 두 사상 모두 데사우에서 온 어린 모제스에게 너무도 매혹적이었다. 그는 놀라운 속도로 독일어, 프랑스어, 영어, 라틴어를 습득했다. 마이모니데스가 쓴 중세의 토라 주석서는 그에게 철학의 세계로 들어가는 입구가 되었다. 그는 형이상학에 심취했고, 극작가이자 계몽주의 기수 고트홀트 에프라임 레싱과 체스를 두었으며, 요한 제바스티안 바흐의 한 학생에게서 건반악기 수업을 들었고, 프로이센 왕립 학술원이 주최한 에세이 경연대회에서 쾨니히스베르크의 철학자 임마누엘 칸트보다 더 좋은 점수를 받았다. 이런 모든 변모를 하나의 상징적인 제스처로 나타내기라도 하듯, 모제스 벤 멘델은 이름을 독일식인 모제스 멘델스존으로 바꾸었다.

철학자와 형이상학자로서 멘델스존의 명성이 빠르게 높아지자 1769년 J. K. 라바테르라는 신학자가 그에게 기독교의 우월성에 관한 최근의 논문을 반박하라고 공개적으로 요구했고, 만약 그럴 수 없다면 기독교의 더 높은 진리를 받아들여 개종하라고 했다. 멘델스존은 《예루살렘》이라는 책으로 이에 대응했다. 이 책에서 그는 교회와 국가를 분리하고 종교의 자유를 자연법과 계몽주의 정신에 맞출 것을 분명하게 요구했다. 책을 마무리하는 문단에서 멘델스존은 대담하게 관용을 호소했다.

세속의 통치자들이여! 어떤 교리도 보상하고 처벌하지 말며, 누구에게도 어떤 종교적 의견을 채택하라고 부추기지 마시오! 공공의 행복을 해치지 않고 시민법에 따라 그대와 동료 시민들에게 정직하게 행동하는 한 모두가 자신이 생각하는 바를 말하도록, 자신의 방식이나 선조의 방식에 따라 신을 만나도록, 자신이 찾을 수 있다고 생각하는 곳에서 영원한 구원을 찾도록 허락하시오.[51]

멘델스존 본인의 구원은 전통적인 유대교 세계와 독일 계몽주의의 화해에 있었다. 이것은 평생의 작업이어서 그가 아이들을 키운 방식으로 이어졌다. 첫째 아들의 학업을 위해 성서를 독일어로 번역하고 그의 교육을 위해 영향력 있는 텍스트를 쓴 것이 그런 맥락이었다. 관용을 위한 그의 감동적인 호소는 친구 레싱이 유대인 현인을 모델로 하여 쓴 희곡 《현자 나탄》으로 영원히 남았다. 하지만 그의 생애에서 이런 호소는 종종 가슴 아픈 염원에 머물렀다. 1780년 여름에 가족과 함께 베를린 거리를 산책하고 있을 때 이제 노인이 된 멘델스존에게 젊은이들이 달려들어 돌을 던지며 "유대인! 유대인!" 하고 소리쳤다.[52]

그토록 끈질기고 비이성적인 증오는 그를 혼란에 빠뜨렸다. 어째서 사람들이 쫓아와서 욕을 하는지 아이들이 묻자, 종파를 초월한 이해를 주장했던 그는 아무런 대답을 하지 못하고 그저 "사람들이여, 대체 언제면 이런 짓을 멈추겠소?" 하고 중얼거리기만 했다. 1786년 1월 4일, 멘델스존은 베를린의 슈판다우어 거리에 있는 자택에서 세상을 떠났다. 거의 천 명의 조문객들이 근처 묘지에 모여 '독일의 소크라테스'에게 경의를 표했다. 베를린의 상점들은 그날 하루 문을 닫았다.

멘델스존은 수백 년간 지속된 종교적 편견이 그의 표현을 빌리자면 "정신이라는 날개에 무거운 짐"[53]으로 작용할 수 있음을 직접 목격했다. 그러나 그의 생애 마지막 무렵에는 이에 대항하는 힘이, 정신을 고양할 힘이 모이고 있다는 희망의 징조도 있었다. 멘델스존이 세상을 떠난 지 한 달 후, 〈탈리아〉라고 하는 새로운 잡지의 두 번째 호가 나왔고, 여기 실린 첫 번째 글이 "환희의 송가"라고 하는 실러의 시였다. 시인은 낙원의 딸들로 대표되는 화해와 행복한 평화가 도래하는 유토피아 시대를 경쾌한 리듬의 운으로 알린다. "관습의 검이 엄격하게 갈라놓았던 것을 마술의 힘으로 결합"한다며 경의를 표한다. 1803년 무렵에 실러는 아마도 바이마르의 책상—이 가구에 대해서는 뒤에 가서 다시 얘기하게 된다—에 놓여 있던 텍스트를 다시 집어 들고 "모든 사람이 형제가 되리라"라는 구절을 추가하여 요점을 더욱 분명하게 했다. 레싱도 멘델스존도 이보다 더 잘 표현할 수는 없었을 것이다. 마흔 명이 넘는 작곡가들이 실러의 "환희의 송가"에 곡을 붙였다.[54] 그중 하나가 두드러졌다.

실러의 시로 영원히 남게 된 유토피아 비전은 과거의 황금시대 신화에서 이미지를 가져왔겠지만, 그 시야를 단련시킨 것은 무엇보다 영광스러운 미래, 19세기 초 독자들이 제대로 알아볼 수 있었던 민주적 미래였다. 하지만 진보를 이루려면 종교 문제에서도 예전 방식에 등을 돌리는 것이 필요했다. 베를린 대학에서 위대한 독일 철학자 헤겔은 유서 깊은 세계 종교로서 유대교의 비전을 제시하며 구약성서의 진리는 한때 필수적인 역할을 담당했지만 이제 운명을 다했다고 보았다. 세계정신이 계속 전개됨에 따라 유대교의 이런 진리는 이제 기독교 안으로 포섭되었다. 적어도 고결한 결말이다. "포섭은 사멸이 아니다. 시내가 바다로 흘러들어 그곳에서 계속 살아가는 것과 비슷하다."[55] 철학자를 추종하는 한 유대인의 말이다.

그리고 시내는 빠르게 바다로 흘러들었다. 1816년 3월 21일, 모제스 멘델스존이 세상을 떠난 지 불과 30년 후, 그의 손주 네 명이 세례를 받았다. 그중에는 할아버지보다 더 큰 명성을 얻게 되는 미래의 작곡가 펠릭스 멘델스존, 그리고 마찬가지로 음악 재능이 출중한 펠릭스의 누나 파니도 있었다.

두 세대 사이에 아브라함 멘델스존이 있었다. 그는 저명한 아버지가 세상을 떠날 때 겨우 아홉 살이었다. 아브라함에게는 헤겔의 길이 명확했다. 그래서 파니의 견진성사에 이런 편지를 썼다. "수천 년 전에는 유대교 방식이 최고였지만, 그다음에 이교도 방식이었고, 지금은 기독교 방식이 대세다."[56] 하지만 세례로는 아브라함의 유명한 아들이 할아버지의 세계를 벗어났음을 나타내기에 충분하지 않았다. 펠릭스 멘델스존이 스무 살이 되어 이미 음악계에서 유명한 자리에 올라섰을 때, 아브라함은 아들에게 멘델스존이라는 성을 완전히 버리고 바르톨디라는 가족 농장 이름에서 임의로 따온 새로운 성을 쓰도록 했다.[57] 그의 편지는 그 자체가 역사적 변혁의 한순간을 고스란히 보여주는 매혹적인 자료다. 아브라함은 펠릭스에게 이렇게 썼다.

내 아버지는 모제스 벤 멘델 데사우라는 이름이 더 좋은 교육을 받은 사람들과 어울리는 데 장애가 된다고 느꼈단다. 그래서 자신의 아버지가 어떻게 반응하든 두려워하지 않고 멘델스존이라는 이름을 택했지. 사소할지 모르지만 이런 변화는 결정적이었다. 멘델스존으로 또래들과는 돌이킬 수 없이 다른 길을 가게 되었으니까. 최고의 지식을 자신의 것으로 흡수했지. 그분은 그런 이름으로 살면서 스스로를 다른 집단과 동일시했다. 오늘날까지 이어지는, 오히려 늘어나는 영향력을 통해 멘델스존이라는 이름은 대단한 권위와 영원토록 건재한 의미를 얻었지. 기독교도로 자란 너는 이해하기 어렵겠지만, 기독교도 멘델스존은 불가능해. 세상은 기독교도 멘델스존을 결코 인정하지 않으니까. 내 아버지도 기독교도가 되기를 원치 않았고. '멘델스존'은 지금도 그렇고 앞으로도 항상 과도기의 유대교를 나타낼 거다. 유대교가 영적 변화를 추구한다면서 옛 방식을 더 고집스럽게 완강히 고수한다면 말이다. 새로운 방식에 저항함으로써 자신이 선에 이르는 유일한 길이라고 오만하게 독재적으로 선언하지.[58]

아브라함은 아들의 명함에 '펠릭스 M. 바르톨디'라고 인쇄하기까지 했지만, 실제로 그렇게 되지는 않았다. 펠릭스는 바르톨디라는 이름을 택하긴 했지만 이것을 할아버지의 성과 함께 썼다. 그리고 그의 아버지가 "기독교도 멘델스존은 유대인 공자만큼이나 불가능하다"⁵⁹고 주장했지만, 펠릭스 자신은 조상이 유대인이라는 것과 자신이 세례받은 기독교도라는 정체성 사이에서 어떤 돌이킬 수 없는 모순도 느끼지 않았던 것 같다. 이런 내적 자신감은 바로 19세기 초에 만들어지고 있던 완전히 새로운 정체성의 범주로 인해 생성된 토대에서 비롯된 것으로 보인다. 그것은 **독일인**이라는 관념이다. 학자 셀리아 애플게이트와 파멜라 포터가 주장했듯이, 실제로 펠릭스 멘델스존은 "앞선 시대의 그 어떤 작곡가보다 의식적으로 스스로를 독일인이라고 느꼈다."⁶⁰

얼핏 보면 얼토당토않은 주장 같다. 베토벤보다 바흐보다 더 독일인이라고? 그런데 사실 그보다 전에 살았던 독일어권 예술가들에게 영토적으로 통합된 독일은 존재하지 않았다. 괴테와 실러도 "독일이라고? 하지만 어디 있지? 그런 나라는 찾지 못하겠는데"⁶¹ 하고 말하지 않았던가. 독일은 1871년 비스마르크가 통치하면서 비로소 정치적으로 한 나라가 되었다. 하지만 통일국가를 이루겠다고 결정하기 전에 독일인들은 하나의 나라임을 **느껴야** 했다. 이들을 묶어주는 힘이 있어야 했다. 정치가들의 수사보다 강력한 힘, 부르주아의 자기계발이라는 기획과 빌둥이라는 이상과 이미 합치하는 힘, 모든 부류의 독일인들이 자부심을 느낄 만한 그들만의 유산인 힘이 필요했다. 그리고 때마침 완벽한 쓰임새를 갖추고 준비된 것이 있었으니 바로 '독일 음악'이라는 **관념**이었다.

독일어권에서 만들어진 음악을 존재하지 않는 국가의 과거와 연결해 포장하려는 움직임은 1802년 바흐의 첫 번째 전기가 출간되면서 본격적인 힘을 얻게 되었다.⁶² 1750년에 사망한 바흐는 이 책의 출간 당시 빠르게 잊히고 있었지만, 전기를 쓴 요한 니콜라우스 포르켈은 바흐의 유산을 열렬하게 옹호했다. 여기에는 음악적 이유만 있었던 것이 아니다. 포르켈은 서문에서 그의 작품들은 "값을 매길 수 없는 국가의 유산"으로 칭송되어야 한다고 주장했다. "다른 어떤 나라도 이에 비길 보물을 갖고 있지 않다. 비단 음악에 대한 관심뿐만 아니라 국가적 영예도 독일이 배출한 가장 위대한 아들의 기억을 망각으로부터 구하는 일에 얽혀 있다."[63]

바흐의 유산을 구하는 과정에서 포르켈은 두 가지 노력을 기울였는데, 이런 노력이 오늘날 대단히 낯설게 보인다는 사실은 음악적 사고의 혁명이 제대로 이루어졌음을 말해준다. 첫째, 그는 음악 자체가 그저 궁정 오락이나 마을 무도회의 소재가 아니라 모든 교양인이 배워야 하는 진지한 예술이며 영적 깊이가 있다는 것을 독일어권 청중들에게 확신시켜야 했다. E.T.A. 호프만 같은 작가들이 이런 새로운 풍조가 정착되도록 힘을 썼다. 1810년에 쓴 베토벤 교향곡 5번의 기념비적인 리뷰에서 호프만은 음악이 "모든 예술 가운데 가장 낭만적"이라고 칭송했다. "어쩌면 **순수하게** 낭만적인 유일한 예술이라고 말할 수도 있다. 음악은 인간에게 미지의 영역을 드러낸다. 인간을 둘러싼 외부의 감각적 세계와 구별되는 세계, 표현할 수 없는 것을 포착하려면 지성에 속박되는 모든 감정을 내려놓아야 하는 세계다."[64]

이렇듯 영혼의 깊은 바닥을 탐구하는 음악의 능력을 찬양한 것과는 달리, 음악을 새로운 국가 공동체를 건설하는 힘으로 본 사람도 있었다. 고립된 개인을 청중으로, 집단으로, 나아가 국가로 만드는 힘이 음악에 있다고 믿은 것이다. 이에 따라 새로운 독일 음악은 귀족적일뿐더러 **보편적인** 예술이기도 하다는 것을 내세웠다. 인본주의 사상가인 카를 프리드리히 첼터의 말에 따르면, 음악 연주는 "국가의 모든 성원이 사회의 비본질적인 차이 없이 순수하게 인간으로서 하나로 통합되도록"[65] 해주었다. 음악은 적어도 영혼의 관점에서는 계급이나 종교에 상관없이 모두를 평등하게 대했다.

포르켈의 두 번째 노력은 음악회 레퍼토리가 매번 비슷하다고 비평가들이 끊임없이 푸념하는 오늘날의 시각에서 보자면 명백히 이상할 수도 있다. 하지만 포르켈의 시대에는 예전 음악을 무대에 올리는 관습이, 과거의 걸작을 숭배하는 풍조가 없었다. 작곡가의 작품은 그의 죽음과 함께 사라졌다. 포르켈은 이렇게 호소했다. "음악이 심심풀이 오락이 아니라 진실로 예술이라면, 걸작들이 지금보다 더 널리 알려지고 연주되어야 한다."[66] 독일의 최고 아들인 바흐의 음악도 당시에는 활발하게 유통되는 분위기가 아니었다. 하지만 예기치 않은 곳에서 도움이 왔다. 포르켈의 호소에 응답한 것은 펠릭스 멘델스존이었다.

어린 펠릭스는 유복한 빌둥의 신전에서 자라면서 필수적인 고전 과목을 모두 개인 교사에게서 배웠다. 또한 음악의 역사상 최고의 자질을 보여 열한 살에 괴테로부터 모차르트보다 뛰어나다는 평가를 받았다. 그렇긴 하지만 오랜 편견이 하룻밤에 사라지지는 않았다. 어린 멘델스존의 스승이기도 했던 첼터는 1821년에 괴테에게 소개 편지를 쓰면서 명백하게 압박감을 느껴 조숙한 이 소년이 "유대인의 아들임은 분명하지만 유대인은 아니"[67]라고 그를 안심시켜야 했다. 유대인은 아직 완전하게 인종적인 범주로 굳어지지 않아서, 유대인의 아들이 "유대인이 아닌" 경우가 가능했다. 그럼에도 첼터가 괴테를 안심시키려고 이어서 한 말은 여전히 놀랍다. 처음 출간된 서간집에서는 빠져 있던 내용으로, 자신의 총명한 학생이 할례를 받지 않았다는 언급이었다.

유대인이든 아니든, 열여섯 살이 되자 멘델스존은 기적과도 같은 8중주를 작곡하여 괴테의 판단이 사실임을 입증했다. 젊음의 생동감과 형식의 완숙미가 음악사에서 유례가 없을 만큼 완전하게 공존하는 참으로 즐거운 곡이다. 교향곡, 4중주곡, 미사곡이 이어졌다. 멘델스존은 독일 음악의 최정상에 오르면서 독일 음악이라는 새로운 복음을 널리 전해야 한다는 사명감을 느꼈다. 1825년에 파리에서 공연하면서 가족에게 이런 편지를 썼다. "내가 여기 사람들을 개종시켜야 한다고…, 그들이 베토벤과 제바스티안 바흐를 사랑하도록 가르쳐야 한다고 아버지가 말했죠. 지금 내가 그렇게 하고 있습니다."[68]

바흐의 유산을 되살리려는 19세기 초의 노력은 1829년 3월 11일에 최고의 성과를 거두었다. 이날 멘델스존이 베를린 징아카데미를 지휘하여 바흐의 걸작 〈마태 수난곡〉을 1750년 작곡가가 사망한 후 처음으로 무대에 올렸다. 동시대인의 표현을 빌리자면 "오랫동안 닫혀 있던 신전의 문"[69]을 연 것이다. 6년 뒤에 멘델스존은 라이프치히의 게반트하우스 오케스트라의 지휘자가 되었다. 그로부터 12년 동안 그는 그 자리를 지키면서 오케스트라의 수준과 명성을 높이는 한편, 교향악단이 하는 일의 현대적 기틀을 마련했다. 생존 작곡가나 최근에 타계한 작곡가에 치중하는 대신 현장에서 사라진 지 오래인 위대한 독일 작곡가들에 초점을 맞춘 **역사적** 음악회를 라이프치히에 새로 선보임으로써 고전음악의 정전正典을 확립하는 일에 도움을 주었다. 그는 그것이 아이러니하다는 것을 모르지 않았다. 베를린에서 기념비적인 바흐 연주를 할 때, 함께 참여한 친구인 배우 에두아르트 데프린트에게 자신의 인종적 혈통을 비하하는 용어를 써가며 말했다. "가장 위대한 기독교 음악을 사람들에게 다시 돌려주는 자가 희극 배우와 유대인 소년이라니!"[70]

라이프치히에서 멘델스존은 독일 최초의 음악원을 설립했고 작곡가 로베르트 슈만이 그곳에서 가르치도록 주선했다. 아울러 그는 바흐를 기리는 새 기념물 건립을 주도한 인물이기도 하다. 이것은 한 작곡가가 음악적 선배에게 존경을 바친 이런 제스처로는 최초의 사례였다. 수수한 기둥 위에 바흐가 장식적인 틀 안에서 내다보는 모습이 얹혀 있는 기념물이다. 1843년 제막식 때 머리가 허연 수수께끼의 방문객이 베를린에서 찾아왔는데 그는 바흐의 마지막 생존 손자였다.[71] 이 석조 기념물은 바흐가 25년 넘게 성가대 지휘자로 재직했던 라이프치히의 성 토마스 교회 근처에 지금도 서 있다.

독일에서 가장 유명한 음악가이자 작곡가였던 멘델스존은 유럽 곳곳을 여행하며 통치자들의 환대를 받았다. 바흐와 괴테의 흉상이 어깨 너머로 지켜보는 라이프치히의 서재에서 그는 교향곡과 오라토리오를 작곡했다. 자신이 도움을 줘서 그 개념이 확립된 걸작의 반열에 오른 작품들이다. 그러던 1847년 5월, 멘델스존은 사랑하는 누나 파니를 잃고 슬픔에 젖었다. 두 남매는 평생 매우 가까웠고, 파니는 동생이 자신의 길을 개척하는 과정에서 받아들였던 모순들을 누구보다 잘 이해했다. (그는 언젠가 이런 편지를 썼다. "누나는 내가 어떤 사람인지 항상 잘 알고 있지."[72]) 불과 6개월 뒤에 펠릭스는 연이은 뇌졸중으로 쓰러져 자택에서 숨을 거두었다.

1847년 11월 7일, 그의 장례식은 대규모 시민 행사로 치러졌다. 수천 명의 라이프치히 시민들이 운구 행렬을 따랐다. 검은색 천을 두른 네 필의 말이 상여를 끌었고, 그 옆을 지킨 사람에는 로베르트 슈만도 있었다. 파울리너 교회에서는 합창단이 멘델스존의 오라토리오 〈성 바울〉과 바흐의 〈마태 수난곡〉에 나오는 합창곡을 불렀다. 같은 날 밤, 그의 관은 특별 열차에 실려 베를린으로 향했다. 도중에 쾨텐에서 멈췄고 다른 합창단이 한밤중에 나와 노래를 불렀다. 기차는 데사우에서도 멈췄다. 새벽 1시 반에 또 다른 합창단이 이번에는 새로 작곡된 찬가를 부르며 그를 "신성한 음악의 최고 권위자"[73]라고 찬양했다. 어떻게 보면 이 순간은 세 세대에 걸친 거대한 궤적이 원점으로 돌아왔음을 의미했다. 데사우 연주가 열린 장소는 118년 전에 모제스 벤 멘델 데사우라는 소년이 태어난 곳에서 1마일도 떨어지지 않았다.

멘델스존이 사망한 지 40여 년 지난 1884년, 라이프치히 시에 새로운 게반트하우스 콘서트홀이 마련되었다. 기존 건물은 현대 기준으로 보자면 작아서 소수의 엘리트가 친목을 나누는 장소였

다면, 새로 지어진 콘서트홀은 청중이 곧 국민Volk이고 음악이 독
일 국민 전체를 대표한다는 독일 음악의 거대한 야심에 걸맞게 규
모가 커졌다. 이런 새로운 예술 종교가 마침내 적절한 예배 공간을
갖추자, 전례음악의 상징인 오르간이 무대 뒤편을 아름답게 장식
했다. 그리고 음악회가 열리는 동안은 교회와 같은 정숙한 분위기
가 새로운 규범이 되었다. 실제로 라이프치히 시민들은 지휘자가
무대에 오르기도 전에 경건한 마음으로 침묵에 접어들었다.

한편 멘델스존이 오케스트라와 독일 음악 전체에 기여한 공로
를 기리고자 라이프치히 시는 베르너 슈타인이 설계한 거대한 기

애도하는 음악

념 동상을 새로운 콘서트홀 앞에 세우기로 했다. 1892년에 기념물이 공개되면서 거대한 청동의 멘델스존이 20피트 높이로 우뚝 섰다. 한 시의회 의원의 말에 따르면 "우리 시가 사랑과 존경을 담아 그의 이름을 부르며 그에게 빚진 고마움을 표현한 것"[76]이었다.

작곡가는 한 손에 지휘봉을, 다른 손에 악보를 들고 있다. 창조적 예술가 역할과 이제 눈에 들어오는 일관된 전통의 수호자 역할을 동시에 나타낸 것이다. 아울러 그는 그리스 토가toga를 걸치고 있어서 빌둥의 이상이 고전에 뿌리를 두고 있음을 환기시킨다. 청동상 아래를 보면 천사와 뮤즈 들이 곁에서 노는 거대한 화강암 받침대에 복잡한 혈통을 나타내는 그의 전체 이름 '펠릭스 멘델스존 바르톨디'가 새겨져 있다. 청동상 뒤쪽 받침대에도 비문이 새겨져 있어서 연주를 마치고 홀을 나갈 때 청중이 보도록 했다. "Edles nur Künde die Sprache der Töne(음악의 언어는 고귀한 것만을 담도록 하라)." 어떻게 보면 빌둥의 이상에 완벽하게 어울리는 문구다.

훗날 이 청동상에 닥치는 운명을 생각하면 천만다행으로, 빌둥의 이상은 청동이나 화강암보다 더 견고한 용기에 담겨 보존되었다. 오늘날 멘델스존의 주체할 수 없는 8중주나 열렬한 바이올린 협주곡이 연주될 때마다, 혹은 햇살 가득한 〈이탈리아〉 교향곡이나 오라토리오 〈엘리야〉가 울려 퍼질 때마다 빌둥의 이상은 그 안에 있다. 우리가 귀담아듣는다면 말이다. 실제로 문화사의 격동의 시간이 이런 작품 속에서 넘실댄다. 이런 음들이 종이에 적히는 순간, 여기에 감정과 생기를 불어넣었던 역사가 음악 안에 있다. 책은 나중에 불태워질 수 있고, 기념물은 무너질 수 있다. 하지만 영혼을 고귀하게 만드는 예술에 대한 이런 믿음은, 음악을 영혼의 자유를 표현하는 언어로 바라보는 이런 시각은, 독일인과 유대인의 과거를 탁월하게 완전하게 담아낸 이런 구현은 멘델스존 음악 자체의 맑은 아름다움과 영적 균형 안에 가장 순수하게 보존되고 구체화되어 후대로 전해진다.

아르놀트 로제와 아르놀트 쇤베르크가 성년을 보낸 19세기 말 빈은 지금은 상상하기 어려울 정도로 빌둥의 도시였다. "오늘과 어제, 그리고 그제 사이의 모든 다리가 무너지고 말았다."[75] 오스트리아-유대인 작가 슈테판 츠바이크의 말이다. 자신이 젊음을 보낸 도시를 애정을 담아 묘사한 책《어제의 세계》에서 츠바이크는 그 거리를 좁히고자 했다. 그가 회상한 빈은 대단히 선별적이며 아련한 향수의 어조 때문에 종종 비판을 받지만, 우리가 곧 살펴볼 츠바이크 본인의 삶과 예술 이야기를 알고 나면 이런 결점은 용서하게 된다.

츠바이크가 전하는 바에 따르면, 빈은 이런 황금시대에 문화의 주도권이 왕실에서 일반 시민으로 넘어가는 대대적인 변화를 겪었다. 과거의 황제들은 자식이 당대 최고의 작곡가로부터 음악 수업을 받도록 했고, 본인이 직접 작곡을 하기도 했다. 이와 달리 1848년부터 1916년까지 재위했던 프란츠 요제프 황제는 이런 데 전혀 관심이 없었다. 부르주아 계급이 빈의 문화 전통의 새로운 수호자로 나서게 된 배경이다. 그들은 유럽 역사에서 유례가 없는 열정으로 문화에 매달렸다. 츠바이크가 1888년 가을 어느 밤에 관해 이야기한 것을 보자. 베토벤의 교향곡 1번과 모차르트의 〈피가로의 결혼〉, 〈코지 판 투테〉를 초연했던 오래된 부르크 극장이 철거를 앞두고 마지막 공연을 열었다. 유명한 빈 화가 구스타프 클림트가 극장의 역사적인 영광을 기록하는 일을 맡았고, 빈의 사교계 모든 사람이 마지막 존경을 표하려고 왔다. 하지만 마지막 음이 연주되고 나서 예기치 못한 상황이 벌어졌다. 흥분한 청중이 기념품을 챙기려고 무대 여기저기를 뜯어내기 시작한 것이다. 츠바이크의 말이다. "커튼이 내려가기가 무섭게 모두가 무대로 달려들어 자신이 좋아했던 예술가가 밟고 지나간 판자 조각이라도 유물로 집에 가져가려고 했다. 수십 년이 흐른 뒤에도 이런 평범한 나뭇조각은 많은 부르주아 가정에서 소중한 상자에 보관되어 있었다. 마치 교회에 보관된 성 십자가 조각처럼 말이다."[76]

앞서 보았듯이, 이런 문화의 십자가를 모신 신도들 중에 빈의 유대인들이 있었고, 그들은 모두에게 열려 있던 빌둥의 최고 수혜자로 가장 열렬하게 문화를 옹호한 이들이기도 했다. 전통적인 고전 음악 연주에서는 구스타프 말러가 로제 악장을 데리고 빈 국립 오페라단을 이끈 것이 그 예다. 시각 예술의 후원에서는 유대인 철강 재벌 카를 비트겐슈타인이 자신들을 빈 분리파라고 칭한 선구자적인 예술가 집단의 새로운 전시 공간 마련에 힘을 보탠 것이 그 예다. 그리고 새로운 경로로 예술의 미래를 개척하고자 했던 예지적인 작가들과 예술가들의 모임인 '청년 빈파Jung Wien'도 있었다.

쇤베르크는 바로 이 단체의 핵심 일원이었다. 미하엘러 광장에 위치한 카페 그리엔슈타이들의 쾌적한 분위기에서 유명한 문인들과 자주 어울렸다. 전설적인 풍자가 카를 크라우스, 모더니즘 건축가이자 〈장식과 범죄〉라는 도발적인 소논문을 쓴 아돌프 로스 등 쟁쟁한 사람들이 모인 곳에서도 쇤베르크는 눈에 띄는 존재였다. 비평가 리하르트 슈페히트는 1910년에 쇤베르크에 대해 말하기를 "그의 주변에 전기가 잔뜩 흐르는 분위기가 서려 있다"고 했다. 그리고 이렇게도 덧붙였다.

> 자그마한 체구에 서두르고, 둥근 이마는 휑하고, 이글거리는 커다란 눈망울은 차분한 순간에는 선량해 보여 뭔가에 열중해 있는 엘리트 인상을 준다. 참으로 매혹적인 궤변가이자 언어의 곡예사이다. 상대방의 상상력을 완전히 사로잡을 줄 알며, 가장 역설적인 것도 믿기게 만들고 가장 믿기지 않는 것도 설득력 있게 만드는 재주가 있다. 재능이 비범하다. 그냥 음악가가 아니라 인간 전체가 재능 덩어리다.[77]

체구가 작고 서두르고 이마가 휑한 이 남자는 유대인들이 붐비는 레오폴트슈타트 지역에서 자랐다. 음악이든 뭐든 그는 주로 독학으로 배웠다. 바이올린, 비올라, 첼로를 익혔는데 전하는 말에 따르면 세심한 테크닉보다는 열정이 앞섰다고 한다. 그의 진짜 관심은 작곡에 있었다. 할부로 구입한 알파벳 순서로 된《마이어 백과사전》이 그의 열정에 불을 붙였다. (그는 소나타 형식의 비밀을 알고 싶어서 S권이 도착하기를 이제나저제나 기다렸다고 했다.) 아버지가 1891년에 세상을 떠나자 열일곱 살의 쇤베르크는 어쩔 수 없이 학교를

애도하는 음악

그만두고 은행에 취업했다. 1895년에 그는 음악 경험에 목마른 학생들이 주축이 된 아마추어 실내악단에 가입했다. 지휘를 맡았던 알렉산더 쳄린스키는 훗날 쇤베르크를 "첼로 자리에 혼자 앉아서 불같은 열의로 자신의 악기를 학대하며 잘못된 음을 계속 연주했던 젊은 친구"[78]로 기억했다. 쳄린스키는 나중에 쇤베르크의 유일한 작곡 선생이 되며, 쇤베르크는 1901년에 쳄린스키의 동생 마틸데와 결혼하여 그의 매제가 되었다.

유대인 혈통이었음에도 유대교 의식과 전통적인 기도문은 쇤베르크에게 낯선 것이었다. 그 대신 그가 적어도 60년 동안 숭배한 것이 있었으니 바로 리하르트 바그너였다. 쇤베르크에게 바그너는 말 그대로 종교였다. 바그너의 오페라를, 바그너의 작곡 방식을, 대단히 반음계적인 그의 화성 언어를 사랑하는 것 이상이었다. 바그너**주의**는 쇤베르크에게 세계관이었다. 예술, 신화, 창조자, 독일 민족에 대한 일련의 신념들, 정의하긴 어렵지만 강하게 와 닿는 이런 신념들을 포괄하는 총체적 세계였다. 쇤베르크는 나중에 이렇게 설명했다. "그의 철학을, '사랑을 통한 구원'이라는 개념을 믿지 않으면 진정한 바그네리안이 아니다. '독일정신Deutschtum'을 믿지 않으면 진정한 바그네리안이 아니다. 그리고 그가 쓴 반유대주의 에세이《음악에서의 유대주의》를 신봉하지 않고서는 진정한 바그네리안이 될 수 없다."[79]

마지막으로 인정한 사항은 눈여겨봐야 할 것으로, 그에게는 몹시 고통스러웠을 것이다. 1850년의 악명 높은 이 에세이에서 바그너는 유대인에 대한 악독한 비판을 전개했다. 그에게 유대인이란 독일 땅에 옮겨 심은 외래종, 결코 숨길 수 없는 억양으로 말하는 밉살맞은 침입자, 독일 민족이나 땅과 진정으로 연결된 참된 예술을 만들어내지 못하는 얼치기 예술가였다.

바그너 음악이 독일의 문화적 정체성의 중심을, 나아가 1871년 비스마르크의 독일 통일 이후 새로운 국가적 정체성의 중심을 차지하면서, 이런 사상이 중부 유럽의 문화적 상상력에 깊숙이 치명적으로 스며들었다는 사실은 아무리 강조해도 지나치지 않다. 바그너 예술에 회의적이었던 당대 비평가 루트비히 슈파이델조차 이 무렵이면 이렇게 수긍할 수밖에 없었다.

독일 민족은 바그너의 오페라에서 당대의 음악적 이상이 실현된 것을 본다. 오페라에서 그것을 빼내려는 자는—그것이 가능하다면 말이지만—이들 민족의 몸에서 영혼을 빼내려는 꼴이다. 예술이, 특히나 음악이 독일다움의 본령에 아주 조금이라도 속한다면, 이런 결론을 피할 수 없다. 리하르트 바그너의 본령은 독일의 본령과 더이상 떼놓고 생각할 수 없다.[80]

이로써 쇤베르크와 구스타프 말러 같은 독일-유대인 예술가들은 난감한 상황에 처했다. 그들이 계승하려고 했던 바로 그 전통으로부터 자격을 박탈당했기 때문이다. 쇤베르크는 수십 년 뒤에 글을 통해 자신이 바그너의 세계관의 핵심에 있는 반유대주의 사상을 내면화하려고 애썼다고 밝혔다. "(바그너의) 글이 젊은 예술가들에게 끼친 영향이 지대했음을 이해해야 한다. 예술가는 자신의 창조력에 대한 확신이 없이는 창조할 수 없다."[81] 바그너주의가 아르놀트 쇤베르크에게서 훔쳐 가려고 했던 것이 그런 신념이었다. 1차 세계대전 무렵에 그가 택한 해결책은 바그너의 반유대주의의 근본이 되는 생물학적 결정론을 무시하고 개종을 통해 자신의 유대교 유산이라는 닫힌 방에서 탈출하는 것이었다. 그리고 쇤베르크가 이런 탈출의 가능성이 불가능하다는 것을 알아차렸을 때, 그는 이미 현대 음악의 경로를 바꿔놓았다.

오스트리아의 유대인들은 1867년에 공식적인 법적 해방을 얻었지만, 도시의 자유주의 황금기는 애석하게도 오래가지 못했다. 우아하고 아름다운 낙관적인 문화, 링 슈트라세의 화려한 세계는 1897년 자유주의 성향인 프란츠 요제프 황제의 깊은 우려에도 불구하고 극렬 반유대주의 정치가인 카를 루에거가 빈 시장이 되면서 끝나고 말았다. 아돌프 히틀러에게 선례가 된 루에거의 당선으로 도시의 옛 습속들이 되돌아왔다. 1897년 3월의 어느 밤, 논란이 된 제국의회 선거의 여파로 폭도들이 레오폴트슈타트 지구를 습격하여 유대인 주민들에게 물리적 해를 입히고 벽돌과 돌로 상점을 파손하는 포그롬(유대인 탄압)이 벌어졌다.[82] 150명에 달하는 성난 폭도들은 쇤베르크 가족이 9번지에 살았던 레오폴트가세로 몰려들어 그의 집 바로 맞은편의 식료품점 창문을 박살 내고 약탈했다. 츠바이크가 묘사했던 극장과 음악에 매료된 도시의 또 다른 이면이었다.

'독일-유대인'이라는 정체성에 갈수록 압박을 가한 힘은 그와 같은 노골적인 폭력만이 아니었다. 레오폴트슈타트를 습격한 포그롬이 있기 일주일 전에 훗날 바이마르 공화국의 외무장관이 되는 발터 라테나우는 '들어라, 오 이스라엘아!'라는 제목의 글을 발표하여 전형적인 유대인의 구태를 고집스럽게 이어가려는 동료 유대인들을 꾸짖었다. 그는 "거울을 들여다보라!"면서 "같은 나라에 사는 동포들에게 혐오스럽다고 알려진 부족적 속성들을 벗어던질" 것을 요청했다.[83]

당시 쇤베르크의 편지들은 창문 밖에서 벌어진 직접적인 폭력도, 빈과 베를린의 유대인 공동체에서 불거진 내부의 압박도 언급하지 않는다. 하지만 그의 행동이 말해준다. 포그롬이 일어난 지 1년 후, 그는 도로테르가세에 있는 복음주의 교회에서 개신교로 개종했으며 아르놀트 프란츠 발터 쇤베르크라는 새로운 이름을 받았다. 아르놀트 로제도 같은 교회에서 개종했고 몇 년 뒤에 그는 이곳에서 유스티네 말러와 결혼했다. 이후에 자신의 결정에 대해 쓴 쇤베르크의 글을 보면 젊은 시절 그를 괴롭혔던 바그너의 말을 여전히 의식하고 있다. 개종으로 "굴욕과 수치와 모멸을 당한 수천 년의 세월에서 구원되리라"는 약속을 얻었다고 주장한다.[84] 적어도 처음에는 그렇게 되는 것 같았다. 바흐에 대한 신념을 받아들임으로써 창조력에 거칠 것이 없어진 쇤베르크는 유대인이었을 때는 허락되지 않았던 임무에 전력을 쏟아부었다. 그것은 독일 음악을 찬란한 미래로 이끄는 것이었다.

예술적 결실이 바로 이어졌다. 개종한 이듬해인 1899년에 쇤베르크는 세기말의 분위기를 담은 현악 6중주곡 〈정화된 밤〉을 완성했다. 텍스처와 화성은 철저하게 바그너적이고 현란한 색채 감각은 클림트를 연상시키는 곡이다. 어둠에서 빛으로 나아가는 음악은 리하르트 데멜의 동명의 시에 나오는 이야기를 말없이 따라간다. 한 남자와 여자가 차가운 밤에 숲속을 거닌다. 달빛이 환하게 비치는 가운데 여자가 다른 남자의 아이를 가졌다고 파트너에게 절망적으로 고백한다. 하지만 파트너는 분노가 아니라 사랑으로 대하며, 그 사랑의 깊은 힘이 불가사의하게도 아이를 그의 아이로 바꾼다. 두 사람은 "높고 밝은 밤 속으로" 함께 걷는다.

쇤베르크가 이 시에서 무엇을 보았는지는 우리가 짐작할 뿐이지만, 영혼을 탐구하는 이 작곡가가 아버지(나라)와 부정하게 연결된 아이가 깊고 불가사의한 사랑을 통해 정화된다는 이야기에 깊이 매료되었을 거라고 상상하기란 어렵지 않다. 작곡가가 이 시의 어떤 면에 가장 공감했든, 시의 단어들이 그에게서 황홀하게 빛나고 유려하게 아름다운 실내악곡을 끌어냈다. 밤은 실로 높고 밝았다.

1904년에 쇤베르크는 두 명의 빈 제자를 맞게 되었다. 알반 베르크와 안톤 베베른은 지극히 헌신을 다해 그를 스승으로 모셨고, 그들은 나중에 '제2의 빈 악파'로 함께 불리게 되었다. 한편 쇤베르크 본인의 음악은 갈수록 복잡해지고 바흐 시대 이후로 예술을 지배했던 화성의 구속으로부터 대담하게 벗어났다. 구스타프 말러 같은 거인마저 1905년에 나온 쇤베르크의 첫 번째 현악 4중주곡을 검토하더니 더이상 악보를 봐서는 마음속으로 음악을 들을 수 없다고 털어놓았다. "내가 바그너의 가장 까다로운 악보도 지휘했고, 보표가 서른 개나 되는 복잡한 악곡도 썼던 사람인데, 오선지 보표가 네 개밖에 없는 이 악보를 읽지 못하다니."[85] 그의 당혹스러움이 담긴 말이다.

쇤베르크 본인의 예술적 발전이 조성과 대중의 이해를 한계까지 밀어붙이고 있었다면, 개인적인 삶에서 벌어진 혼란은 그를 격랑 속으로 밀어 넣고 있었다. 1908년 쇤베르크의 부인 마틸데가 자신의 회화 선생인 화가 리하르트 게르스틀과 불륜 관계였음이 드러나 작곡가를 비통함에 빠뜨렸다. 이 무렵 작곡가 본인이 그린 일련의 자화상을 보면 이런 심정이 이글거리는 눈망울의 으스스한 존재감으로 표현되었다. 같은 해에 쇤베르크는 가장 과감한 실험작인 두 번째 현악 4중주곡으로 마침내 조성을 한계점 너머로 밀어붙였다. 마지막 악장에서 음악이 화성의 밧줄을 풀고 자유롭게 날아오르는 가운데, 소프라노가 슈테판 게오르게의 시 "나는 다른 행성의 공기를 느낀다"의 구절을 노래한다.

이런 외계행성의 공기는 빠르게 다른 예술로 확산되었다. 바실리 칸딘스키는 뮌헨에서 초연된 〈현악 4중주 2번〉을 듣고 대담한 노란색의 반추상회화 〈인상 III(음악회)〉를 곧바로 내놓았다. 쇤베르크에게 이런 편지를 보내기도 했다. "그대는 나를 모르겠지만, 우리가 얻고자 노력하는 것과 우리가 생각하고 느끼는 전체적인 방식에는 공통점이 아주 많습니다…. 그대의 악곡에서 개별 성부가 갖는 독자적인 삶은 내가 회화에서 구현하려고 애쓰는 바로 그것입니다."[86] 건축에서는 아돌프 로스가 시대에 뒤떨어진 장식적 전통과 결별하는 중이었다. 빈의 미하엘러 광장에 신축한 건물 디자인이 이런 방향성을 보여주는 대표작이다. 장식이 배제된 창문들을 갖춘 고고하게 현대적인 건물로, 청년 빈파 작곡가들과 시인들이 예전에 어울렸던 카페 바로 맞은편이었고, 웅장한 황궁의 뒤편을 마주 보고 있었다. 로스의 건물이 완공되고 나서 황제는 자신의 침실 창문 커튼을 닫고 다시는 열지 않았다고 한다.

쇤베르크는 훗날 자신의 화성적 혁명을 "불협화음의 해방"이라고 불렀다. 귀에 꽂히는 표현이다. 유대인들의 법적 해방 운동이라는 어깨 위에 올라선 그는 다음 단계로 자신의 신념을 공식적으로 버렸고, 이제는 용인된 좋은 기독교 음악의 경계 너머 울타리에 수백 년간 갇혀 있던 불협화음, 즉 '소음'을 놓아줌으로써 자신이 선택한 예술 형식을 해방했다.[87] 이 표현은 비슷한 시기에 쇤베르크가 남긴 다른 경구의 맥락에서 보면 더 잘 이해된다. "예술은 인류의 운명을 몸소 겪는 사람들이 내는 고통의 울음소리다."[88]

아르놀트 로제와 그의 로제 현악 4중주단은 이 무렵 쇤베르크의 〈정화된 밤〉과 〈현악 4중주 2번〉 모두를 초연하면서 그와 긴밀한 관계를 이어갔다. 하지만 로제는 아방가르드를 굳건하게 지지하는 한편 고전음악 전통의 열렬한 수호자로도 알려졌다. 그의 4중주단은 무엇보다 베토벤 현악 4중주곡들의 해석으로 이름이 높았다.

그래서 1913년 5월, 빈의 유서 깊은 또 하나의 음악 신전 뵈젠도르퍼 홀이 현대적인 건물을 짓기 위해 철거될 예정이었을 때, 로제 현악 4중주단이 뜻깊은 장소에서 마지막으로 연주하며 작별인사를 하게 되었다. 그들은 영원불멸의 숭고한 작품번호 131을 포함하여 베토벤의 4중주곡 세 곡을 연주했다. 객석에는 슈테판 츠바이크가 있었다. 그는 20년이 훨씬 지나서도 그 광경을 잊지 못

했다. 대단한 이 실내악 홀에는

오래된 바이올린의 울림이 남아 있었다. 음악 애호가들에게 신성한 곳이었다. 쇼팽과 브람스, 리스트, 루빈스타인이 이곳에서 음악회를 했고, 여러 유명 4중주단이 여기서 처음으로 연주했다. 이런 곳에 새로운 전용 콘서트홀이 건립된다고 한다. 여기서 잊을 수 없는 시간들을 숱하게 보낸 우리로서는 도무지 이해할 수 없는 일이다. 로제 4중주단이 그 어느 때보다 멋지게 연주한 베토벤의 마지막 마디가 끝났을 때 관객 누구도 자리를 뜨지 못했다. 우리는 함성을 지르고 박수를 쳤다. 감정에 복받쳐 우는 여성도 있었다. 누구도 이것이 마지막임을 차마 받아들이지 못했다. 우리를 내보내려고 홀의 조명이 꺼졌다. 그럼에도 사오백 명의 참석자들은 자리를 뜨지 않았다. 우리는 삼십 분, 한 시간을 계속 앉아 있었다. 마치 그렇게 버티면 신성한 홀이 어쩔 수 없이 보존될 거라는 듯 말이다.[89]

츠바이크는 이런 힘겨루기가 최종적으로 어떻게 끝났는지, 그날 밤 그들이 얼마나 오래 버텼는지 전하지 않는다. 우리는 전통을 숭상하는 빈의 청중, 사라지는 세계의 수호자들이 밤을 새워가며 지키는 모습을 상상할 뿐이다.

오늘날 빈에서 뵈젠도르퍼 홀은 오래전에 사라졌지만, 아르놀트 로제가 유스티네, 알마, 알프레트와 28년을 살았던 집은 빈의 제19구역 되블링의 피르케르가세 23번지에 아직 남아 있다. 나는 화창한 여름 아침에 그곳을 찾으러 나섰다.

우려를 안고 시작한 여행이었다. 이런 식의 성지 순례는 예민한 작업이 될 수 있다. 막상 그곳에 도착해서 일상의 현실이라는 밋밋한 불빛에서 보면 우리의 상상이, 혹은 애초에 그런 여행을 하게 만든 열망이 그 장소에 부여한 광채, 매혹, 기운이 전혀 느껴지지 않아서 실망할 수도 있다. 혹은 유령을 불러냈는데 지낼 곳이 거의 남아 있지 않아서 나타나지 않을 수도 있다.

피르케르가세 23번지에 처음 도착했을 때 내 심정이 이랬다. 3층짜리 회반죽 건물은 한때 유명한 곳이었겠지만 오늘날에는 전면이 얼룩져 있고 위층 창문의 페인트가 벗겨져서 그렇게 인상적인 모습이 아니었다. 구스타프 말러와 지휘자 브루노 발터가 네 손 피아노로 왈츠를 쳤던 로제의 유명한 음악실이 1층 창문 너머에 있는데, 지금은 엄중한 철창으로 막혀있다. 그럼에도 이곳의 역사가 완전히 지워진 것은 아니었다. 정문 옆의 작은 명판에 이렇게 쓰여 있었다.

아르놀트 로제
빈 필하모닉의 잊을 수 없는 악장이자
실내악 연주자로서 출중한 재능을 보인 그가
1911년 4월 18일부터 1939년 5월 2일까지 이 집에서 살다

명판의 정보는 정확하지만, 딱 하나 눈에 거슬리는 것이 있다.

아르놀트 로제가 빈 필하모닉의 리더 자리를 지킨 것은 1938년 오스트리아가 독일에 병합될 때까지였다. 나치가 빈을 접수하자 그는 오십 년 넘게 영예와 품위로 이끌었던 앙상블로부터 곧바로 버림을 받았다. 딸 알마의 도움으로 그는 런던으로 겨우 탈출했고, 전쟁 직후 그곳에서 무일푼으로 생을 마쳤다.

빈의 밝은 햇빛에 눈을 깜빡이며 그가 살았던 집을 쳐다보았다. 건설 인부 한 명이 근처에서 망치로 시끄럽게 소음을 냈다. 그 순간 대중의 기억 속에 비어 있는 틈이 거대하게 느껴졌다. 도시는 로제가 이룬 창조적 업적을 찬양하면서도 그가 나중에 추방되고 망명한 것은 인정하기를 거부하는 듯했다. 훗날 그의 가족이 겪은 운명이야 말할 필요도 없다.

알마 로제에 대해 말하자면, 여성으로 이루어진 인기 있는 카바레 오케스트라를 이끌고 1930년대에도 중부 유럽을 돌며 가벼운 클래식을 연주했다. 1942년 그녀는 게슈타포에 체포되어 아우슈비츠로 보내졌다. 그녀가 맡은 마지막 음악 직책은 수용소 **내에서** 여성 수감자들로 이루어진 오케스트라를 지휘하는 것이었다. 나치 친위대를 위해, 그리고 아침마다 작업장으로 행진하고 저녁에 수가 줄어든 채로 돌아오는 동료 수감자들을 위해 음악을 연주하는 일을 했다.

목격자들의 증언에 따르면, 알마는 그 모든 광기를 대하며 오로지 예술적 수준에만 집착했다고 한다. 악기가 망가지고, 악보가 소실되고, 많은 연주자들의 실력이 초보적이고, 도저히 상상할 수 없는 작업 환경이었음에도 불구하고 탁월함을 요구했다. 그녀의 높

애도하는 음악

은 기대가 충족되는 드문 순간이면 그녀가 할 수 있는 최고의 찬사를 했다. "이 정도면 아버지가 들어도 괜찮은 연주야."[90]

결과적으로, 아르놀드 로제가 그녀에게 제공한 음악 교육과 그의 모범을 통해 그녀가 체득한 예술적 고결함의 감각이 앙상블을 탁월한 수준으로 이끌었고, 그래서 수용소 관리들의 호의를 얻고 살인 기계로부터 거리를 둘 수 있었다. 다시 말하면 알마 로제의 음악적 고결함이, 빌둥의 마지막 불꽃이 많은 오케스트라 단원들의 목숨을 말 그대로 구했다. 하지만 알마 본인은 생존자에 들지 못했다. 아우슈비츠에서 일 년도 채 되지 않은 1944년 4월 5일, 그녀는 수용소에서 사망했다.

로제의 집 바깥의 보도에서 나의 순례는 애석하게도 이렇게 끝나나 싶었다. 전면에 명판이 걸려 있었지만 장소 전체는 말이 없었다. 과거가 현재에 거의 봉쇄되어 침묵만이 느껴졌다. 길 가던 행인이 나를 수상쩍게 살펴보기에, 나는 휴대폰을 들여다보며 중요한 디지털 문제를 처리하는 시늉을 했다. 그 순간 이곳의 잃어버린 역사를 소환하는 열쇠를 내가 계속 갖고 있었다는 것을 깨달았다. 몇 달 전에 여기서 4천 마일 떨어진 캐나다 온타리오 주 런던에 있는 로제 가문의 기록 보관소를 들른 적이 있었다. 알마의 오빠 알프레트가 전쟁이 끝나고 정착했던 도시다. 중성지 상자 속에 단단히 포장된 소장품에는 왕들이 아르놀트 로제에게 수여한 메달, 황제 서명이 들어간 훈장, 구스타프 말러의 머리카락 타래와 함께 가족사진들이 있었다. 나는 몇 장을 스캔하여 내 폰에 이미지를 저장했다.

보도에 걸터앉아 그 사진들 중 두 장을 들여다보다가 내가 지금 앉아 있는 바로 앞 철창 창문 반대편에서 찍은 사진이라는 생각이 들자 전율이 일었다. 한 사진에서 어린 알마가 자신의 바이올린을 들고 피아노 뒤에서 포즈를 취하고 있다. 그 옆에는 아르놀트와 클라리넷을 든 알프레트가 있다. 이미지가 흐릿하고 거친 것이 이십 년 뒤에 바로 이 세 명이 녹음할 바흐의 두 대의 바이올린 협주곡 레코드판의 소리와 닮았다. 창문으로 빛이 들어와 실내가 밝다.

같은 아파트에서 같은 날 촬영한 것으로 보이는 두 번째 가족사진에서 알마와 알프레트는 어머니 유스티네 양쪽에 서 있다. 두 아이 모두 어머니 쪽으로 몸을 기울여 마치 프레임에 다 담기려고 애를 쓴 것처럼 보이는데 그럴 필요가 없었다. 카메라 렌즈의 화각이 워낙 넓어서 짙은 색 나무로 마감된 식당의 모습이 사진에 다 잡혔다. 방 한쪽 모퉁이에 눈길을 끄는 것이 있다. 알마의 어깨 위에서 전체를 내려다보는 베토벤의 흉상이다. 흉상이 이 사진에 등장한 것은 아마 순전히 우연이었겠지만, 작곡가의 모습은 전체 사진의 '푼크툼punctum[91]('찌름'이라는 뜻으로, 사진에서 우발적인 요소가 개인의 경험을 자극하여 강렬한 감정을 일으키는 것을 말한다—옮긴이)이 된다. 여기서 흉상은 관객의 시선을 끌면서 전체의 본질을 드러내

애도하는 음악

는 작은 디테일이다.

　내가 서 있는 곳에서 불과 몇 발짝 떨어진 데서 일어났을 찰나의 가족적인 순간을 담은 이 사진을 다시 들여다보는 동안, 도시의 소음이 가라앉았다. 지금 와서 보면 과거의 소용돌이에서 기적적으로 끄집어낸 순간 같다. 베토벤 흉상은 자체적인 기운을 뿜어내고 있었다. 자랑스럽게 얻은 범세계적 인본주의의 상징인 동시에 애정을 담아 관리되고 있는 국가적 유산이었다. 나는 앞날에 대해 내가 알고 있는 것을 제쳐두고 이 소박한 광경에 그 시대와 장소의 위엄을 돌려주려고 애썼다. 이 가족이 베토벤이 나타낸 모든 것을 지킨 것만이 아니라는 점이 이제 분명하게 보였다. 흉상 자체도 그것을 지키고 있었다. 가족 바로 너머를 응시하는 눈으로, 그리고 그 순간에는 알 수 없었던 미래를, 아마도 음악의 기억을 통해 다시 한번 덧없이 희망으로 밝혀진 미래를.

2장

가시덤불에서 춤추기

"내가 세상 무엇보다 사랑하는 것이 있으니 바로 독일적인 성격
이네. 내 가슴은 독일 노래로 가득한 보고네."[92]

– 1824년, 하인리히 하이네가 친구에게 쓴 편지

"음악… 그대는 모든 언어가 끝나는 곳에 있는 언어입니다."

– 라이너 마리아 릴케, 〈음악에게〉

19세기 초엽에 야코프 그림과 빌헬름 그림 형제는 유명한 동화들
을 발표하기 시작했다. 〈신데렐라〉, 〈헨젤과 그레텔〉, 〈백설 공주〉
는 곧바로 고전이 되었다. 하지만 1815년에 출간된 한 이야기는 오
늘날 화려한 삽화가 들어가는 아동용 책에 자주 실리는 것 같지
않다.

애도하는 음악

〈가시덤불 속의 유대인〉[93]이라는 이야기에는 주인에게 작별을 고하고 세상을 돌아다니게 된 평범한 독일 하인이 나온다. 그에게는 그것의 음악을 들으면 누구든지 춤을 추게 되는 마법의 바이올린이 있다. 하인은 길을 가다가 "염소처럼 긴 수염"을 하고 "아이고, 아이고"를 연발하는 유대인을 만났다. 하인은 다른 마법을 더 부려 유대인을 가시덤불 속으로 들어가게 하고는 장난기가 발동하여 바이올린을 들고 연주하기 시작했다. 유대인은 강제로 춤을 추게 되었다. 그의 간청에도 하인은 음악을 멈추지 않았다. 가시가 유대인의 수염을 할퀴고 그의 옷을 찢고 그의 살갗을 파고드는데도 말이다. 황금이 든 가방을 주겠다고 유대인이 약속하고 나서야 하인은 연주를 그만두었다. 이 이야기는 하인이 저지른 죄로 유대인이 교수형에 처해지면서 끝난다.

이 이상하고 불편한 이야기는 독일인들의 상상력에 반유대주의적 편견이 얼마나 뿌리 깊게 박혀 있는지 여실히 보여주지만, 그 외에 더 거대한 은유, 너무도 적절한 은유로도 작용한다. 쇤베르크, 아르놀트 로제, 그 외의 수많은 사람이 20세기 초반에 독일 문화가 약속하는 손짓을 믿고 가시덤불 속으로 점점 깊숙이 들어갔다고 말이다. 그러는 동안 윤리적·정신적 변혁이라는 독일 음악의 고귀한 이상에는 이미 그림자가 드리워지기 시작했다. 이런 그림자를 가장 먼저 볼 수 있었던 곳은 이상하게 들리겠지만 리하르트 슈트라우스의 첫 번째 오페라였다.

슈트라우스가 교육을 받고 작곡가로 발돋움한 과정에는 전통과 담대함이 동등한 비중으로 작용했다.[94] 1864년 뮌헨의 음악가 집안에서 태어난 그는 바이에른의 수도에서 부족함 없는 중산층으로 자랐다. 아버지 프란츠는 유명한 프렌치호른 연주자로 바그너의 다섯 오페라의 세계 초연에서 연주를 맡았고, 어머니 요제피네는 성공한 양조업자의 딸이었다. 피아니스트로서 재능이 남달랐고 젊은 작곡가로서 지적으로 명민했던 슈트라우스는 당시를 호령한 두 거인 브람스나 바그너가 터놓은 독일 음악의 길을 순종적으로 따르는 사람이 아니었다.

오히려 그는 전통적인 교향곡 장르는 비판적 거리를 두고 대하는 것이 좋은 유산이라고 여겼다. 초연한 현대의 렌즈로 역사를 바라본다는 이런 시각은 그를 가장 가까운 동료이자 유일한 실질적 라이벌인 구스타프 말러와 상충되게 했다. 19세기가 저물어갈 때, 말러는 교향곡을 유연한 음악 형식이자, 독일 음악의 윤리적 이상이라는 희미해져 가는 횃불이 아직도 깜빡이고 있는 보루로 여기고 여기에 매달렸다. 슈트라우스는 그렇게 생각하지 않았다.[95] 그는 교향곡 형식을 "헤라클레스에게 맞도록 만들어져서 마른 재단사가 입으면 우아한 척 굴어야 하는"[96] 구시대의 의복에 비유했다. 이 마른 재단사가 선호한 것은 음악 구조가 (더 나아가 전통 자체가) 표현적 내용에 필요한 것을 충족시키는 더 새롭고 자유로운 형식, 즉 교향시였다. 1880년대와 1890년대에 〈돈 후안〉, 〈돈키호테〉, 〈영웅의 생애〉 같은 뛰어난 교향시를 통해 슈트라우스는 오스트리아-독일 음악의 양식적으로 대립되는 진영을 뒤섞어 독창적인 길을 개척했다. 그 과정에서 그는 놀라운 오케스트레이션 재능을 발휘하여 음악적 묘사를 영화와 같은 수준으로 끌어올렸다. 양의 울음소리,

애도하는 음악

차라투스트라의 거만한 웃음소리도 음악에 담아냈다. 하지만 궁극적으로 슈트라우스는 관현악곡이 아니라 오페라 작곡을 자신의 소명으로 여겼다.

1887년, 스물세 살의 슈트라우스가 이제 첫 번째 오페라를 쓸 준비가 되었다고 여겼을 때, 그의 스승이자 열렬한 바그네리안 작곡가 알렉산더 리터가 중세 오스트리아의 비밀 종파宗派에 관한 지역 신문 기사를 그에게 소개하여 욕망을 부채질했다. 슈트라우스는 여기에 매료되어 13세기 독일을 배경으로 허구적 인물 군트람의 윤리적 고민을 담은 대본을 썼다. 군트람은 초월과 구원의 형식으로서 음악에 헌신하는 독실한 중세 음유시인 미네징거의 일원이다. 오페라 2막에서 군트람은 자신이 사랑하는 여인의 남편인 폭군 공작과 실랑이를 벌이던 중에 그를 살해한다. 3막에서 군트람은 어떤 식으로 자신의 죄를 속죄할지 결정해야 한다. 결국 그는 자신의 형제단에게 판단을 맡기기로 한다. 이로써 집단의 오래된 규범이 재차 힘을 얻고, 음악의 초월적인 정신적 가치 또한 암묵적으로 재확인된다.[77]

1892년 가을에 슈트라우스는 그리스와 이집트에 장기간 머물면서 1막과 2막의 음악 대부분을 작곡했다. 그러고 나서 그의 계획이 바뀌기 시작했다. 집에서 멀리 나와 보수적인 스승의 간섭으로부터 자유로워지자 그는 금서였던 문학과 철학서를 통해 니체의 니힐리즘과 막스 슈티르너의 무정부적 개인주의 사상을 접하기 시작했다. 그러면서 리터와는 구별되는 새로운 시야를 얻었고 그 영향은 곧바로 나타났다. 그는 3막의 음악을 작곡하려고 자리에 앉았지만, 낡은 19세기 음악적 관념주의를 지지하는 오페라의 핵심부를 작곡할 수 없었다. 대본의 밑바탕이 되는 메시지에 더이상 믿음이 가지 않았던 것이다. 그래서 3막을 처음부터 다시 쓰기로 했다. 새로운 대본에서 살해를 저지른 군트람은 형제단 앞에서 심판 받기를 거부한다. 그는 자신이 속한 공동체의 기대를 저버리고 자신의 리라를 부순 다음 자신의 길을 찾아 떠난다. 그는 자신의 속죄가 집단의 규범과는 상관없는 개인적인 일이라고 선언한다. "오로지 내가 선택한 참회만이 내 죄를 씻어줄 것이다. 내 정신이 따르는 법칙이 내 삶을 결정한다. 나의 신은 나를 통해 오로지 나에게만 말을 건다."[98]

새로 쓴 대본을 받아본 리터는 기겁했고 "모든 윤리적 신념을 부도덕하게 조롱"하고 있다고 했다. 그는 슈트라우스에게 3막 전체를 당장 태워버리고 새로 쓰도록 간청했다. "친구여, 제발 정신을 차리게!"[99] 하지만 유감스럽게도 슈트라우스는 이미 정신을 차린 뒤였다. 그는 자신은 군트람이 아니라며 리터를 안심시키려 애썼다. 하지만 이 초창기 오페라는 사람들이 이야기하듯이 막 형성되고 있던 슈트라우스의 세계관을 여실히 보여준다.[100] 그가 니체식 개인주의를 껴안고, 예술을 통해 빌둥의 이상을 답답하게 가르치는 것을 경멸하고, 독일 음악의 유토피아적 염원을 거부하는 모습이 여기서 처음으로 드러난다. 오페라 〈군트람〉은 1894년 바이마르에서 초연되어 그럭저럭 좋은 평가를 받았지만, 1년 뒤 뮌헨에서 열린 공연이 처절하게 실패하여 이후 공연은 취소되었다. 당시 이 작품의 중요한 의미를 꿰뚫어 본 사람은 거의 없었다.[101] 지

애도하는 음악

금도 아주 드물게만 연주되며 그의 방대한 레퍼토리에서 구석을 차지할 뿐이다. 앞으로 보겠지만 슈트라우스는 자신의 첫 오페라에 이상하다 싶을 정도로 강한 애착을 보였다. 그리고 철학적 진술로서, 〈군트람〉은 현대 음악의 거대한 수수께끼 중 한 사람의 길고 화려하고 도덕적으로 논란이 되는 경력에 막을 올린 작품이었다.

슈트라우스는 그런 경력의 대부분 동안 주로 지휘자로 일하며 생계를 꾸렸다. 뮌헨과 이후 베를린에서 빠르게 경력을 쌓아 1898년에는 베를린 국립 오페라단의 수석 지휘자가 되었다. 그리하여 1901년에 베를린으로 온 열 살 아래의 젊은 작곡가 쇤베르크에게 도움을 줄 만한 위치가 되었다. 슈트라우스는 쇤베르크가 교직을 얻도록 도와주었고 리스트 재단의 장학금을 추가로 받도록 힘을 썼다. 그러나 쇤베르크가 가장 절실히 원했던 것은 자신의 곡을 슈트라우스가 지지하는 것이었는데, 슈트라우스는 이 지원을 결국 하지 않았다. 1909년 9월, 쇤베르크의 관현악곡(작품번호 16) 연주를 거절하면서 슈트라우스는 이런 편지를 보냈다. "자네 작품은 맥락과 소리를 너무도 대담하게 실험한 것이어서 당장은 보수적인 베를린 청중에게 소개할 엄두가 나지 않네."[102] 1913년 그가 알마 말러에게 쓴 편지에서는 눈치를 보지 않고, 쇤베르크가 "악보에 음을 끼적이기보다는 삽으로 눈을 치우는 일을 하는 게 낫겠어요"[103] 하고 노골적으로 말했다.

그런 그였지만 자신의 표현적 욕구를 위해서라면 슈트라우스 역시 대담한 실험을 마다하지 않았다. 오스카 와일드의 문제작을 각색한 〈살로메〉(1905)에서 그는 반음계 화성을 벼랑까지 몰아붙였고, 그야말로 현대적인 〈엘렉트라〉(1909)에서는 무조의 혼돈을 끌어들였다. 하지만 쇤베르크가 자신의 실험을 음악의 미래로 나아가는 혁명의 길이라고 여겼던 반면, 슈트라우스는 음악의 진보 따위는 믿지 않았다. 그는 예술 형식에서 혁신을 이루려면 역사적으로 정해진 길을 따라 점차 불협화음을 많이 수용하는 방향으로 가야 한다는 생각을 거부했다. 모더니티는 슈트라우스에게 미리 정해진 하나의 소리가 아니었다.[104] 다양성과 모순을 껴안는 것이었다. 그는 방향을 거칠게 틀어 비평가들을 당황하게 하는 것을 좋아했다. 〈엘렉트라〉로 화성적·심리적 극한을 추구한 뒤에 슈트라우스는 무조의 심연의 벼랑에서 조심스럽게 물러나기만 한 것이 아니라 아예 반대쪽으로 뜀박질했다. 새로운 오페라 〈장미의 기사〉(1911)는 모차르트의 유령과 교신하고 조성을 재차 확인하며 후기 낭만주의의 아름다움을 이전 시대 유물을 둘러보듯 즐긴 유쾌한gemütlich 작품이다.

청중은 이런 최신식 객관성에 열광했다. 이는 음악의 영광스러운 과거에 빠져들되 새롭고 현대적인 초연함을 즐기게 했다. 그러나 슈트라우스의 가장 대담한 행보라면 독일 음악의 정신적 유산을 단호히 거부한 것이었다.[105] 비록 바그너의 작곡 언어를 가져다 쓰긴 했지만, 그는 거기에 따르는 음악 외적 요구, 열망의 형이상학, 구원에의 집착을 참지 못했다. "내가 대체 무엇으로부터 구원을 받아야 하는지 모르겠소." 언젠가 그는 어깨를 으쓱하며 말했다. "아침에 자리에 앉아 악상을 머릿속에 떠올릴 때면 구원 같은 것은 결단코 필요치 않소."[106]

애도하는 음악

실제로 당대의 평자는 말러의 고뇌나 쇤베르크의 혁명 대신, 슈트라우스의 예술이 니체의 귀에 들렸다는 바로 그 소리를 불러냈다고 언급했다. 니체는 미래의 "초超독일적인" 음악을, "더이상 선과 악을 알지 못하는 것이 가장 진귀한 매력"인 예술을, "몰락해가고 이제 거의 이해하기 어려워진 도덕적 세계의 명암이 그 안에서 도피처를 찾고자 하는 것을 멀리서 보는 예술"을 상상한 적이 있다.[107] 슈트라우스는 니체가 꿈꾼 음악을 들었던 모양이다. 1912년이면 슈트라우스는 당대 가장 유명한 작곡가였고, 회의적인 외부자들은 자부심이 지나쳐서 오만해진 독일의 모습을 그에게서 보았다.

　1차 세계대전이 발발했을 때 전쟁이 그토록 장기적이고 전에 없이 잔혹하리라고 예상한 사람은 거의 없었다. 많은 군인들에게 이 전쟁은 현실 경험에서 완전한 파열을 나타냈다. 발터 벤야민은 사악한 새로운 세기가 입을 벌린 앞에서 맨몸으로 겁에 질려 있는 인간의 이미지를 하나의 문장에 담아냈다. "말이 끄는 전차를 타고 학교에 다녔던 세대가 이제 구름 말고는 그대로인 것이 하나도 없는 시골의 하늘 아래 서 있었으며, 그 구름 아래, 파괴적인 격류와 폭발의 힘이 작용하는 장場에 작고 여린 인간의 몸이 있었다."[108]

　하지만 전쟁 초기에 독일인이든 아니든 많은 예술가와 지식인들은 잘 알려졌다시피 그들 사회에 몰아친 전쟁의 열기에 휩싸였다. 전쟁을 일소와 해방으로 은유한 예술가 중에 마르셀 뒤샹이 있었다. 그는 "유럽에는 대대적인 관장제灌腸劑가 필요하다"[109]고 선언했다. 토마스 만은 개인적인 글에서 미래에 대한 "즐거운 호기심"을 표명했다. "이런 심오하고 대대적인 일이 있고 나면 모든 것이 **새로워지게** 되리라는 느낌, 이후에는 독일의 영혼이 더 강하고 더 뿌듯하고 더 자유롭고 더 행복한 모습이 되리라는 느낌"[110]이 든다고 했다. 그는 공적인 글에서는 "예술가 안에 있는 군인"이 "너무도 지긋지긋한 평화로운 세상의 붕괴"를 찬양한다고 적었다.[111] 불과 몇 년 전 〈땅 위의 평화〉라는 제목의 합창곡을 작곡했던 쇤베르크는 이제 알마 말러에게 쓴 이상하리만치 격양된 편지에서 독일 정신을 내세워 자신의 가장 호전적인 민족주의적 사고를 드러냈다. "이제 프랑스인, 영국인, 러시아인, 벨기에인, 미국인, 세르비아인이 어떤 사람인지 알겠소. 야만인들이오! 음악이 오래전에 내게 가르쳐준 것이오…. 이제 우리는 키치나 만들어내는 평범한 이런 무리를 노예로 돌려보낼 것이고, 그들은 독일의 정신을 기리고 독일의 신을 숭배하는 법을 배우게 될 것이오."[112] 지그문트 프로이트도 잠깐이나마 전쟁의 열기에 휩쓸려 동생 알렉산더에게 "나의 모든 리비도는 오스트리아-헝가리에 바쳐졌네"[113] 하고 말했다.

이런 맥락에서 한때 보편적 가치를 나타내는 등불이었던 독일 예술의 걸작들은 이제 국가의 우월을 기리는 견장으로 거듭났다. 음악학자 후고 리만은 "우리 군인들이… 방공호에서 베토벤 피아노 소나타를 분석"[114]한다며 자랑했다. 그리고 1914년 10월, 93명의 저명한 독일 지식인·예술가·과학자 들이 "문명화된 세계에 고함"이라는 성명서를 발표하여 독일은 "괴테·베토벤·칸트의 유산을 자신들의 가정만큼이나 신성하게 여기는 문명국"[115]이라고 옹호했다. (슈트라우스는 음악가는 정치 문제에 끼어들어서는 안 된다며 문서에 서명하기를 거부했다.) 작가이자 음악학자인 로맹 롤랑은 독일이 벨기에를 잔혹하게 침공하고 난 뒤에 쓴 공개편지에서 이런 고귀한 정신적 계보를 내세운 성명서에 맞불을 놓았다. "그대들은 괴테의 자손인가, 아니면 아틸라(5세기에 유럽 전역을 전쟁으로 몰아넣었던 훈족의 왕—옮긴이)의 자손인가?"[116]

군대에 징집되거나 자원한 음악가들이 있었다. 쇤베르크와 베르크는 짧게 복무했다. 아르놀트 로제는 전시 공연을 꾸준하게 돌아 후방을 지원했고, 유스티네 말러는 적십자에서 자원봉사를 했다. 아르놀트의 빈 동료 바이올리니스트 프리츠 크라이슬러는 훗날 털어놓기를, 자신이 뛰어난 청각을 발휘하여 적의 포 발사기 위치를 알아낸 덕분에 자신의 부대가 반격할 수 있었다고 했다.[117] 크라이슬러는 무사히 군 복무를 마쳤지만, 재능 있는 빈 피아니스트 파울 비트겐슈타인은 그만큼 운이 좋지 않았다.

저명한 빈 유대인 집안 후손이며 훗날 20세기를 대표하는 철학자가 되는 루트비히 비트겐슈타인의 형이기도 한 파울은 1914년 8월, 정찰 업무를 수행하던 중 팔꿈치에 총알을 맞았다.[118] 근처의 야전병원으로 후송되어 정신을 잃은 그는 나중에 깨어나 자신의 오른팔이 절단되었다는 것을 알게 되었다. 그럼에도 비트겐슈타인은 음악적 열망을 포기하기보다는 대담하게도 독주자의 경력을 밀어붙이기로 했다. 이제는 **팔이 하나뿐인** 피아니스트였기에 왼손만으로 연주할 수 있는 새로운 레퍼토리를 의뢰해야 했다. 그는 슈트라우스·프로코피예프·브리튼에게 곡을 의뢰하여 받았지만, 지금도 음악회 프로그램으로 사랑을 받는 곡은 라벨에게서 받은 〈왼손을 위한 협주곡〉이다. 1차 세계대전이 "작고 여린 인간의 몸"에 가한 몹쓸 짓을 떠올리게 하는 상징적인 곡이다.

자신의 리비도를 아낌없이 나눠줬던 프로이트였지만 전쟁을 낙관하던 그의 생각은 금세 꺾이고 말았다. 두 아들이 전선에 나가 있는 동안, 그는 1차 세계대전이 너무도 많은 인류의 삶에 폐해를 끼쳤을 뿐만 아니라 인류가 높은 이상을 향해 진보한다는 소중한 관념마저 망가뜨렸음을 훗날 드물게 웅변적으로 기록했다.

[전쟁은] 세상의 아름다움을 앗아갔다. 전쟁이 휩쓸고 지나가면서 시골의 아름다움을 파괴하고 길목에 있던 예술품들을 망가뜨렸을 뿐만 아니라 우리 문명이 일궈낸 성과에 대한 자부심, 많은 철학자와 예술가를 향한 존경심, 국가와 인종의 차이를 결국에는 넘어설 수 있다는 희망마저 물거품이 되게 했다. 과학의 콧대 높은 공명정대함에 흠집을 냈고, 우리의 본능을 노골적으로 드러냈으며, 수 세기 동안 고귀한 정신으로 교육시켜 영원히 길들인 줄로만 알았던 우리 내면의 사악함을 날뛰게 풀어놓았다. 우리의 나라를 다시 작게 만들었고, 나머지 세계와 한층 멀어지게 했다. 우리가 사랑했던 너무도 많은 것들을 빼앗아갔으며, 우리가 불변으로 간주했던 많은 것들이 얼마나 덧없는 것이었는지 깨닫게 했다.[119]

루 안드레아스 살로메에게 쓴 편지에서 프로이트는 이 문제를 훨씬 간단하게 정리했다. "인류가 이 전쟁을 극복할 것이라는 점은 의심하지 않지만, 나와 동년배들은 즐거운 세상을 결코 다시 보지 못할 것이라고 내 확신하는 바요."[120]

쇤베르크가 전쟁에 보였던 흥분도 빠르게 식어갔다. 1915년 1월에 그는 처남이자 한때 자신의 작곡 선생이던 알렉산더 쳄린스키에게 이런 편지를 썼다. "전쟁을 벌인 자들 중 순수하고 이상적인 이유로 끌린 사람은 얼마 없으니… 전쟁은 곧 끝나야 합니다."[121] 작곡가 페루초 부소니에게는 이런 불만을 털어놓았다. "이 전쟁으로 끔찍한 고통을 겪고 있어요. 얼마나 많은 좋은 사람들과의 친밀한 관계가 끊겼는지 모릅니다. 전쟁이 내 마음을 야금야금 갉아먹어, 멀쩡한 부분으로 버티느니 차라리 부패한 마음으로 사는 게 낫겠다는 생각마저 듭니다."[122] 그리고 음악 외 분야에서도 리더십을 발휘하고자 하는 미래의 욕망을 미리 보여주기라도 하듯, 쇤베르크는 특별한 국제 감시 부대를 설립하여 이런 적대 행위를 실질적으로 끝내자는 15개 항의 제안서를 작성했다. 의견을 낼 정도로 열성적이었지만 그만한 외교 수완은 없었던 그는 그것을 출판하지는 못했다.

같은 시기에 쇤베르크의 창작물에는 지향점을 잃고 헤매는 세계의 모습이 반영되어 있었다. 그는 '원칙의 죽음의 무도Totentanz der Prinzipien'라는 제목의 3악장으로 구성된 대규모 교향곡을 작곡할 계획을 세웠다. 여기서 '원칙'은 계몽주의 이성에 바탕을 둔, 그리고 빌둥과 연관되는 오래된 자유주의 이념에 입각한 윤리로 봐도 무방하다. 서로 격돌하는 국가들이 명목상 긍정할 뿐 전장에서 나날이 기괴하게 조롱한 원칙이다. 그와 같은 지향점이 영영 사라지자 쇤베르크로서는 보다 심오하고 영적인 부문에서 예술적 탐구를 펴고 싶다는 개인적인 욕망이 확고해졌던 것 같다. 그는 전쟁 직후의 이 시기를 돌아보며 칸딘스키에게 이런 편지를 썼다. "아이디어가 전부였던 사람에게 (전쟁으로 인해) 모든 것이 완전히 붕괴되었는데, 용케 저 너머에 있는 뭔가를 믿으며… 기댈 곳을 찾게 되었네요."[123] 쇤베르크에게 저 너머란 개인적인 기도의 영역, "조직의 속박이 없는" 그만의 독특한 신념이었다. 그의 기도는 존재가 강력하게 느껴지는, 다만 음악이라는 예술만큼이나 설명하기 까다로운 유일신을 향했다.

이때부터 작곡가가 취한 삶의 선택은 자신이 본인보다 거대한 역사적·음악적·영적 과업을 위해 선택받은 존재라는 믿음에 갈수록 많이 휘둘렸다. 그가 남긴 미완성 오라토리오 〈야곱의 사다리〉에서도 이런 가닥을 찾아볼 수 있다. 1차 세계대전이 한창일 때 그가 구상하기 시작했고 그 뒤로 정신적으로 고통을 받을 때마다(2차 세계대전 무렵을 포함하여) 다시 매달렸던 작품이다. 대본을 보면 여러 사람이 가브리엘 천사 앞에 나타나 더 높은 영적 경지에 오르고자 간구하는 장면이 있다. 한 명씩 탈락하다가, 쇤베르크처럼 보이는 사람이 앞으로 나와 말씀에서 선택받은 사람으로 확인된다. 하지만 그조차 이 시점에서 자신의 소명을 확신하지 못한다. 깨우침을 덜 받은 자들을 언급하며 그가 가브리엘 천사에게 묻는다. "내가 그들에게 때와 시간의 흐름을 보여주는 자입니까? 채찍이자

애도하는 음악

거울, 리라이자 검, 그들의 주인이면서 하인, 그들의 현자이면서 바보인 자입니까?"[124] 오라토리오의 시작 부분에서 가브리엘이 명한 것은 쇤베르크가 스스로에게 던진 궁극적인 답변이자 도전으로 보인다. "오른쪽이든 왼쪽이든, 앞으로든 뒤로든, 위로든 아래로든, 그대는 가야 한다. 앞이나 뒤에 무엇이 놓여 있는지 묻지 말라. 그것은 숨겨져 있어야 한다. 그대는 잊어야 한다. 그래야만 그대 과업을 수행할 수 있다!"

1차 세계대전이 일으킨 거대한 파열을 생각하면, 그 여파로 공적 애도와 추모의 새로운 의식이 등장한 것은 어쩌면 당연했다. 1919년 런던 시가지를 지나는 승전 퍼레이드를 위해 유명한 영국 건축가 에드윈 루티엔스는 전쟁에서 죽은 자들과 특히 시신을 회수하지 못한 전사자들을 기리고자 위령비를 세웠다. 원래는 영구적인 구조물로 의도한 것이 아니어서 나무와 회반죽으로 만들었는데, 임시 기념비로는 대중의 반응을 감당하기에 역부족이었다. 일주일 만에 120만 명의 방문객이 기념비를 보려고 찾았다. 이런 공적인 슬픔의 표명에 부응하고자 1920년 똑같은 화이트홀 자리에 위령비를 영구적으로 다시 건립했다. 포틀랜드산 석회석으로 35피트 높이로 올렸고, 위로 갈수록 좁아지는 직사각형 기둥 맨 위에는 빈 무덤을 두었다. 기념비에 새겨진 것이라고는 로마 숫자로 적은 1914와 1918이라는 연도가 전부여서 유족들은 자신의 처지를 기꺼이 투영할 수 있었다.

음악 또한 공적 애도의 의식을 위해서 필요했지만, 마땅한 전례

가 없었다. 전쟁 당시 귀청이 터질 듯한 폭격 소리—시인 윌프레드 오언이 "소총의 괴물 같은 분노"[125]라고 불렀던 것—로 음악이 들어설 여지가 아예 없어진 것 같았다. 하지만 1919년에 영국 작곡가 존 폴즈는 세상의 모든 유족을 위로하고자 대편성의 〈월드 레퀴엠〉 작곡에 착수했다. 폴즈와 한때 비르투오소 바이올리니스트였던 그의 아내 모드 매카시는 당시 태동하던 신지학 운동에 깊이 관여하고 있었다. 이 운동은 음악을 위대한 치유력을 가진 영적·정신적 힘으로 칭송했다. 그러므로 〈월드 레퀴엠〉은 전쟁의 잔혹한 음향 환경으로 망가진 귀를 달래는 위안 역할도 해야 했다. 이런 난폭한 전쟁의 소리 풍경에는 포효하는 대포 소리뿐만 아니라 동료 군인들이 죽어가면서 내지르는 끔찍한 비명도 포함되었다. (한 군인은

애도하는 음악

이렇게 썼다. "죽어가는 동료들의 절규는 다른 모든 것이 잊힌 후에도 오랫동안 내 귀에 울릴 것이다."[126] 이제 "이런 불협화음이 망가뜨린 자리를 치유"[127]할 수 있는 것은 오로지 음악뿐이었다. 곡이 마지막에 이를 즈음 폴즈와 매카시는 〈성서〉, 존 버니언의 〈천로역정〉, 그리고 힌디어 시의 구절을 등장시킨다. 이에 맞춰 작곡가는 포근하게 감싸는 협화음, 아동 합창단과 오르간 소리, 풍성한 오케스트라 텍스처를 가동하여 거대한 소리의 태피스트리를 짠다. 〈월드 레퀴엠〉은 1923년 11월 11일, 거대한 로열 앨버트 홀에서 열린 첫 번째 "추모의 페스티벌"에서 초연되었다. 프로그램 노트에 엄숙한 십자가와 함께 "소리의 위령비"[128]라는 표현이 등장하는 것으로 봐서 루티엔스의 석조 기념물과 연결하려고 했던 모양이다.

폴즈는 1910년에 있었던 말러의 매머드급 교향곡 8번(일명 '천인의 교향곡')의 세계 초연에 다녀왔으며, 규모에서 이를 능가하고자 했다. 런던 각지의 15개 합창단에 소속된 가수들을 포함하여 자그마치 천이백 명이 넘는 음악가들이 〈월드 레퀴엠〉 초연 무대에 섰다. 5천 명 이상을 수용할 수 있는 로열 앨버트 홀의 표가 매진된 것은 물론이었고, 1871년 개관 이래 이렇게 빠른 속도로 표가 팔린 것은 처음이었다.[129] 한 평자는 "음악작품이 이렇게 요란하게 출범한 적이 있었던가?"[130] 하고 물었다. 화제를 모은 초연에 많은 비평가가 참석하여 정적인 화성이 길게 늘어지고 선율의 발전이 없는, 악상이 극히 빈곤한 음악을 들었다.[131] 그러나 흥미롭게도 청중의 반응은 열광적이었다. 영원 같은 박수가 10분이나 이어졌다. 폴즈에게 편지가 쏟아졌다. 청중 한 명은 이렇게 썼다. "당신의 음악이 내 존재를 훑고 지나가면서 음표 하나하나로 날 치유했어요. 덕분에 내 마음은 평생 잊지 못할 고요한 황홀경을 체험했습니다."[132]

이날 초연에 참석한 청중이 정확히 무엇에 반응했는지 궁금할 것이다. 대다수 청중이 행사의 웅장한 볼거리와 홀에서 들리는 음악을 구별할 수 있었을까? 한 영국 국회의원이 쓴 글을 보면 음악 외적인 뭔가가 활기를 불어넣은 것은 틀림없어 보인다. 그는 놀라움을 감추지 못하며 음악이 "더 깊이 내려가고 더 높이 날아올라 더 크고 넓고 고결했으며, 평소 이해하고 해석한 음악보다 영원에 더 가까이 가닿았다…. 실로 세계 유산이다"[133]라고 기록했다. 이런 세계 유산급 작품이 초연 4년 만에 역사의 뒤안길로 사라졌다는 사실은 처음에 거둔 성공에 시대의 필요가 일정 부분 작용했음을 시사한다. 당시 영국에 살았던 거의 모든 사람들이 돌아오지 못한 군인 한두 명은 알고 있었고, 모든 것을 차분하게 보듬은 폴즈의 음악은 위안에 굶주려 있던 대중의 필요에 부응했다.

하지만 이렇게 충격을 완화하는 것이 전쟁이 끝난 직후 진실로 요구되었던 것일까? 짧은 연례 공연이 끝나기도 전에, 폴즈의 〈월드 레퀴엠〉으로 대표되는 추모 문화에 의문을 가진 이들이 있었다.[134] 비평가들과 저널리스트들은 사회적 애도의 과정에서 예술이 행하는 역할을 재고하기 시작했다. 기념비가 대체 무슨 소용일까? 필요하다면 어떤 식이어야 할까? 추모의 사회적 사용에 관해 처음으로 비판적 검토가 일어났고, 이런 긴장은 훗날 2차 세계대전과 홀로코스트에 대한 응답으로 작곡된 음악의 수용을 둘러싸고 재차 반복되었다. 이런 비판에서 위안은 양면성을 지닌 것으로 인식되었다. 즉 슬픔의 고통을 완화할 수 있지만, 그 과정에서 잘못된 추상화나 새로운 신화를 낳을 수도 있다. 《무기여 잘 있거라》에서 헤밍웨이가 남긴 유명한 말처럼 "영광이니 명예니 용기니 성인이니 하는 말들은 구체적인 마을 이름이나 도로 주소, 강 이름, 연대 번호, 날짜 옆에 놓고 보면 외설스럽게 느껴졌다." 비슷하게 발터 벤야민도 손쉬운 의식을 통해 고통을 지우는 것은 지나치게 서둘러 마무리하고 상실의 쓰라린 트라우마를 말끔하게 치워, 일단 전쟁을 일으키고 보는 사회적·정치적 세력을 계속 주시하는 것을 가로막을 수 있다며 우려했다. 어쩌면 슬픔의 날카로운 모서리는 그냥 무마할 것이 아니라 보존해야 하는지도 모른다. 그리고 쇤베르크가 훗날 입증했듯이, 다른 유형의 음악적 추모로도 이런 일—감정을 휘젓고, 역사를 녹이고, 과거의 상실을 현재가 기억하도록 보존하는—을 어쩌면 석조 기념비보다 훨씬 더 효과적으로 할 수 있었다.

———

1차 세계대전이 끝나고 십 년은 쇤베르크가 극도로 불안에 시달리던 시기였다. 작곡가가 가장 중요한 혁신을 이루고 자신의 경력에서 최고 성공을 누리던 바로 그 순간, 유대인의 역사와 독일 문화를 묶어주고 있던 끈들에 갈수록 많은 압박이 가해지고 있었다.

훗날 중요한 의미를 갖게 되는 사건이 1921년 6월에 있었다. 학생들을 가르치느라 지친 쇤베르크는 오스트리아의 휴양도시 마트제로 떠났다. 그곳에서 가족과 학생들과 여름을 보내면서 〈야곱의 사다리〉를 포함하여 예술적 구상을 이어갈 계획이었다. 하지만 그곳에 도착하고 얼마 지나지 않아 쇤베르크는 "아리안계 휴가객"의 서명이 담긴 엽서를 받았다. 요컨대 유대인은 휴양지에 머물 수 없다는 것이었다. 자신이 세례를 받았음을 증명할 수도 있었던 그는 불같이 화를 내며 동행자들을 모두 데리고 마트제를 떠나 45마일 떨어진 다른 휴양지에서 여름을 지냈다.

앞서 보았듯이, 쇤베르크가 반유대주의를 이때 처음 접한 것은 결코 아니었지만, 마트제 사건은 그 어떤 것보다 그에게 깊은 상처를 안겼고, 그는 마음의 평화를 잃어 그해 여름에 생산적인 작업을 하지 못했다. 그리고 주위의 세상이 안심할 만하지 못하다고 느껴지자, 갈수록 피해망상에 시달리게 되었다. 1차 세계대전의 전장에서 펼쳐졌던 야만성과 생명 경시의 풍조가 이제 군인들을 따라 후방으로 돌아와 시민의 삶과 정치를 잔혹하게 전염시켰다.[135] 독일의 많은 유대인은 다른 독일인들과 어깨를 나란히 하고 조국을 위해 싸우면 독일 사회에서 동등한 대접을 받을 수 있다는 희망을 안고 전장에 나갔다. 하지만 이것은 헛된 희망임이 드러났다. 그것으로도 모자라 유대인들은 독일 패배의 원흉으로 비난을 받았다. 독일군은 실제로 전장에서 진 것이 아니라 후방에서 유대인들과 사회주의자들의 방해 공작을 받아 무너진 것이라는 식의 음흉한 배신자 속설이 사회 곳곳에 퍼졌던 것이다.

쇤베르크가 마트제에서 쫓기다시피 떠난 이듬해에 발터 라테나우가 초기 바이마르 공화국의 외무장관으로 발탁되었다. 유대인이자, 베르사유 조약에 따라 영토 이양을 승인했다는 이유로 독일 민족주의자들의 미움을 산 새 정부의 상징적 인물이었기에 라테나우는 중대한 위험에 시달렸음에도 개방적으로 처신했고 스스로를 과신하여 특별한 보안 조치를 거부했다. 그러던 중 1922년 6월 24일 토요일 아침, 취임한 지 6개월도 채 되지 않은 라테나우는 검은색 컨버터블 자동차를 타고 그루네발트 자택에서 베를린 시내의 외무부 건물로 이동하고 있었다. 그때 다른 차 한 대가 옆으로 다가왔는데 안에는 테러리스트 단체 '콘줄'의 멤버들이 타고 있었다. 그들은 총을 쏘고 수류탄을 던졌다. 그것으로 상황은 끝이었다. 근처를 지나던 간호사가 라테나우의 머리를 자신의 무릎으로 받치고 있는 가운데, 그는 베를린의 한 골목에서 피를 흘리며 죽어갔다.[136]

암살자 중 한 명인 에르빈 케른은 나중에 이 잔혹한 살해를 빌둥이라는 이상에 맞선 일종의 방어행위이자 1차 세계대전의 지옥불을 버티고 일어서는 것을 막으려 한 것이었다고 옹호했다. 그는 라테나우를 이런 이상의 전형적인 예라고, "그의 세대에서 가장 뛰어나고 가장 잘 숙성한 과일"이라고 보았다. 낡은 가치를 이어갈 수 있는 능력이 있는 존재였고, 케른은 이를 용납할 수 없었다. 한 공범자가 몇 년 뒤에 암살 계획을 책으로 출간하면서 케른이 한 말을 인용했다. "나는 이 남자가 또다시 국가에 신념을 불어넣는 것을, 또다시 목적의식을 고취시켜 국가적인 의식으로 삼는 것을 용인하지 않을 것이다."[137]

라테나우를 만난 적이 있고 존경했던 쇤베르크는 이 잔혹한 암살에 크게 흔들렸으며 우주가 보내는 개인적인 경고로 받아들였다. 그는 사위에게 이렇게 말했다. "틀림없이 그들은 나를 염탐하고 있을 거네. 언젠가 나를 쏘겠지."[138] 알마 말러가 바이마르의 새로운 지적 중심지로 떠오르고 있는 바우하우스 주변에 모이는 예술가들이 이런저런 반유대주의 편견을 갖고 있다고 쇤베르크에게 말해 그의 피해망상을 부채질했다. 그녀는 쇤베르크의 오랜 친구이자 미술의 개척자인 바실리 칸딘스키가 했다는 빈정거림을 증거로 들었다. 쇤베르크는 더 알아볼 것도 없었다. 얼마 뒤에 그가 칸딘스키로부터 바우하우스 그룹에 들어오라는 초대를 받으면서 봇물이 터졌다. 비통한 두 장의 편지—지금까지도 고통과 혜안이 문장에서 고스란히 묻어나는 귀중한 자료—에서 쇤베르크는 반유대주의 편견의 독침에 강하게 반대했고 그 뒤에 고집스러운 맹목, 터무니없는 우둔함, 극도의 부당함이 있음을 지적했다. 진심에 찬 호소문에서 그는 자신이 마트제에서 쫓겨난 것은 독일이 동료 시민에게 타인이라는 꼬리표를 달고 집단적으로 처벌하려 하는 한 가지 사례일 뿐이라고 했다. "올해 내게 계속 강요되었던 교훈을 드디어 이해했소. 나는 결단코 잊지 않을 거요. 그것은 내가 독일인도, 유럽인도, 어쩌면 실은 인간도 못 된다는 것이오…. 유대인은 그런 존재요."[139]

편지는 아울러 미래에 벌어질 일에 대한 소름끼치는 통찰도 보여준다. "히틀러라는 사내"를 언급하고 칸딘스키에게 증오로 가득한 생각들이 공중에 나돌 때 세상을 어떻게 좀먹을 수 있는지 살피도록 촉구한다. "얼마나 많은 재앙이 특정한 감정에 휘둘려 일어날 수 있는지 잊었단 말이오? 반유대주의가 폭력적인 행위 말고 달리 어디로 이어지겠소?"[140] 그는 이렇게 썼다. 라테나우와 달리

　　　　　　　　　　　　　애도하는 음악

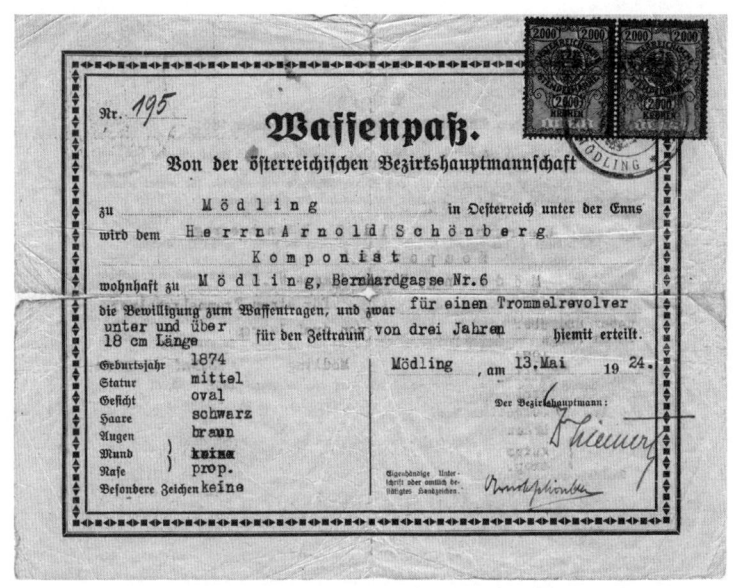

쇤베르크는 가만히 넋 놓고 있지 않았다. 1924년에 작곡가 아르놀트 쇤베르크는 리볼버 권총을 소지할 수 있는 공식 허가증을 발급받았다.

　정치 문제에 대한 쇤베르크의 혜안과 열의는 이후 그가 내린 많은 예술적·개인적 선택에 영향을 미쳤다. 마트제 사건, 칸딘스키의 이른바 배신(화가는 깜짝 놀라며 아니라고 부인했다), 그리고 당연하게도 오랫동안 크고 작은 모욕에 시달리면서 얻은 상처까지 더해지면서 쇤베르크는 공식적으로는 여전히 개신교도였지만 새롭게 등장한 과격한 유대인 정체성을 껴안는 방향으로 나아갔다. 이런 맥락에서 그는 시오니즘에 대해 호전적인 입장을 취했고, 1925년에는 "유대인 국가를 건설하는 문제"를 논의하고자 아인슈타인과 만날 생각을 했다. 얼마 뒤에 그는 〈성서의 길〉이라는 선동적인 극음악을 썼다. 카리스마 넘치는 지도자의 지도하에 유대인 민족이 파벌주의를 극복하고 유럽에서 머나먼 곳에 새로운 조국을 건설한다는 내용이다.

하지만 어떻게 보면 그의 정체성을 이루는 여러 가닥들 간의 긴장이 높아졌다. 쇤베르크가 공격적인 유대인 정치를 점차 껴안던 바로 그 무렵, 그는 현대 독일 문화의 더 큰 프로젝트에도 전력을 기울였다. 1921년 유대인이라는 이유로 마트제에서 쫓겨난 여름, 그는 자신의 토대가 되는 음악적 발견을 했다. 20세기 음악에 이론적으로 기여한 그의 상징과도 같은 것, 바로 12음 기법이었다. 옥타브에 속하는 열두 개 반음을 특정한 순서로 정렬하여 음렬로 만든 다음 그것을 활용하여 음악작품에 통일성을 부여하는 방법이다. 이렇게 하면 장조나 단조 체계로 물러서지 않고도 쇤베르크가 초기의 실험에서 풀어놓았던 불협화음에 완전히 새로운 방식으로 구조를 부여할 수 있었다. 이 기법은 쇤베르크 사후 몇십 년 동안 계속해서 모더니즘 음악의 핵심으로 남았다. 작곡가는 자신의 발견이 중요함을 곧바로 알아보고는 조금의 망설임도 없이 독일 국가에 영광이 있으리라 맹세했다. "나는 독일 음악의 우위를 앞으로 100년 동안 보장할 중요한 발견을 했네."[141] 그가 제자인 요제프 루퍼에게 했다는 유명한 말이다.

이 시기에 쇤베르크는 직업적으로도 독일 음악과의 관계가 돈독해졌다. 1924년 부소니가 사망한 후, 그는 프로이센 예술 아카데미의 작곡과에서 그의 후임으로 마스터클래스 수업을 맡게 되었다. 이것은 중부 유럽에서 대단히 명망 높은 자리였다. 같은 해에 그의 50세 생일을 축하하는 특별한 공연이 빈 시의회 후원으로 열렸다. 그날 시장이 직접 나와 "빈은 쇤베르크 같은 시민을 두게 되어 자랑스럽습니다"[142] 하고 말했다. 그의 작품 역시 점차 세계적인 주목을 받고 있었고, 쇤베르크는 유럽 전역을 돌며 자신의 음악에 대해 강의했다. 예전에 그가 가르쳤던 알반 베르크와 안톤 베베른 역시 이제는 경력의 정점에 올라 여러 나라에서 그들의 곡이 성공리에 연주되었다. 아울러 두 사람은 쇤베르크의 모더니즘 혁신이라는 복음을 열심히 전파했다.

사실 쇤베르크가 유대교에 갈수록 정치적-정신적 애착을 보이는 동안, 그가 새로운 진보적 독일 음악의 선두주자라는 명성도 나날이 높아갔다. 그는 압박이 가중되자 자신의 정체성을 어떻게 분할해야 할지, 자신이 그걸 선택할 수 있기나 한지, 아니면 남들이 결정하는 것인지 개인적으로 고심했다. 베르크에게 쓴 편지에서 그는 자신의 이런 심정을 털어놓았다.

나 자신을 이쪽 아니면 저쪽 진영에 두는 것이 현명한지, 어느 정도로 현명한지, 나의 의지와 결단력, 성향에 달린 것인지, 강압에 의한 것인지 하는 질문에 갈수록 골몰하지 않을 수 없네. 당연히 지난 몇 년 동안 민족주의자 티를 내지 않고도 내가 정확히 어디에 속하는지 아네. 다만 입장을 바꾸는 것이 생각만큼 쉽지 않을 뿐이네…. 오늘은 내가 유대인이라고 자랑스럽게 말하겠네. 하지만 정말로 유대인이 되는 데 따르는 어려움을 실감하네.[143]

이런 편지들은 '독일-유대인'이라는 단어에서 하이픈이 쇤베르크의 경우에 둘을 떼어놓는 것이 아니라 이어주는 힘임을 보여준다. 그의 자아를 구성하는 두 개의 절반을 견고하게 하나로 묶은 것으로, 그 힘은 앞으로 보겠지만 이후 30년 동안 정치나 편견, 전쟁, 망명보다 훨씬 강력했다. 하지만 동년배들과 나중의 전기작가들을 당혹스럽게 만든 것이 있으니, 쇤베르크 안의 뭔가는 하이브리드가 양쪽을 뒤섞어 중화시킨 것이라는 생각에 거부감을 나타냈다. 그는 하이픈의 한쪽 관점에서, 그러니까 독일인이나 유대인으로서 말하기를 선호했고, 거의 무모하리만치 거칠고 기만적일 만큼 명료한 어조로 각각의 열의를 표명했다. 스스로도 이것을 의식했는지 언젠가 이런 경향을 옹호했다. "미안하오만, 나는 하나를 어중간하게 느끼지 않소. 나에게는 이것 아니면 저것이오!"[144] 사실 이 문제와 관련해서는 말로는 부족할 때가 많다. 그는 서로 얽힌 역사를 자신이 확고하게 대변한 두 문화의 진정한 종합을 자신의 예술을 통해, 보다 특정하게 말하면 대작 오페라 〈모세와 아론〉을 통해 표명하고자 했다. 쇤베르크는 생산적이면서 고통스러운 십 년을 이 대단한 작업에 매달리면서 독일 문화의 가시덤불에서 춤을 추었다.

1928년 쇤베르크는 12음 작곡 기법으로 최대한 넓은 캔버스를 채울 준비를 마쳤다. 그것은 3막 대작 오페라를 쓰는 것이었다. 성서의 출애굽기를 바탕으로 본인이 자유롭게 대본을 썼지만, 단순히 성서에 나오는 옛이야기를 오페라로 만든 것이 아니었다. 궁극적으로 이 작품은 지난 십 년 동안 지속되었던 광범위한 개인적·예술적·정치적·정신적 갈등을 표명했고, 점점 좁아지는 문화적 가능성의 자리에 이를 억지로 밀어 넣어 갈등의 힘을 키웠다. 그렇게 평가하는 사람이 거의 없지만, 〈모세와 아론〉은 엄연히 음악적 기념물로 여겨져야 한다.

쇤베르크의 설명을 보면, 모세가 이스라엘 백성을 이끄는 사람으로 선택된 것은 오로지 그만이 가장 순수한 의미의 유일신 개념을, 즉 외적 이미지로는 "파악할 수 없고 형상화할 수 없는" 신을 이해할 수 있기 때문이다. 하지만 모세는 남다른 이해의 깊이에도 불구하고 심각한 한계 또한 있었다. 그는 쇤베르크가 표현한 신의 표상Gedanke의 순수함을 저버리지 않고서는 자신이 파악한 신성神性을 이스라엘 백성들에게 전할 수 없다. 그러므로 모세는 자신의 백성을 이집트에서의 노예생활과 거짓된 우상에 대한 정신적 속박에서 해방시키려면 형 아론에 의지해야 한다. 그를 대변인으로 삼아서 그를 통해 기적을 보여 이스라엘 백성의 신임을 얻고, 그들이 이해할 수 있는 보다 세속적인 언어로 그들과 대화해야 한다.

〈모세와 아론〉은 인물 전개와 플롯을 최소한으로 하되 궁극적으로 서로 중첩되는 긴장들 속에서 표상들을 나타내는 오페라다. 순수한 사고와 표현의 긴장, 종교적 신념과 역사적 행동의 긴장, 자아라고 하는 내면의 영역에서 인식되는 진리와 그런 진리를 언어나 음악을 통해 전달하는 능력 사이의 긴장이 배경에서 벌어진다. 모세와 아론은 서로를 필요로 한다. 형제는 아르놀트 쇤베르크를 이루는 다른 반쪽으로 보인다.

오페라에서 아론이 가진 표현의 재능은 감미로운 테너 음성으로 드러난다. 이와 달리 모세는 전통적인 방식의 노래는 전혀 하지 않고 쇤베르크가 고안해낸 '슈프레히슈티메Sprechstimme'라고 하는 말과 노래가 혼용된 스타일로 자신의 대사를 전한다. 1막에서 이스라엘 백성은 이런 새로운 표상의 신이 자신들을 자유롭게 해방할 수 있다는 생각에 설득된다. 2막은 이스라엘 백성이 자유를 얻었지만 사막에서 헤매는 장면으로 넘어가며 황금송아지 사건을 집중적으로 다룬다. 모세가 신의 계시를 받으러 산으로 가서 돌아오지 않자 백성들은 불안에 떤다. 아론은 그들을 위해 눈에 보이고 쉽게 파악되는 보다 친숙한 신의 형상을 만들어주기로 한다. 황금송아지를 본 이스라엘 백성은 관능적 쾌락이 넘치는 잔치를 요란하게 벌인다. 이 장면은 쇤베르크가 작곡한 가장 만화경 같은 현란한 음악으로 묘사된다. 신의 계율이 새겨진 석판을 들고 산에서 돌아온 모세는 이를 보고 격노한다. 자신의 형이자 표상을 전하는 대변인인 아론조차 그를 배신한 것이다. 하지만 표상의 순수성을 내세워 그를 꾸짖으려는 모세에 맞서 아론이 능수능란하게 반론을 펼치자 모세는 당황한다. 2막 마지막에서 좌절한 모세는 괴로움이 담긴 한마디 말 "O Wort, du Wort, das mir fehlt!"("오, 말이여, 내게 말하는 능력이 있었더라면!")를 외치고는 무대에 쓰러진다.

20세기 오페라를 통틀어 토템의 힘이 최고로 발휘된 순간이다. 원초적인 절망의 외침은 훨씬 거대한 무엇을 드러내는 것처럼 보이며, 외침의 절박함은 쇤베르크의 무언의 음악이 추후의 재난을 통해 새로이 인식되면서 더욱 커졌을 뿐이다. 하지만 쇤베르크가 이 오페라에 집중적으로 매달렸던 1930년대 초에 이미 모세와 그의 창조자는 말의 실패보다 더 큰 것에 반응하고 있었다. 어떻게 보면 쇤베르크는 계몽주의의 핵심적인 약속이, 인류의 어두운 열정보다 이성을 높게 두는 것이, 모제스 멘델스존이 150년 전에 웅변적으로 표명했던 관용의 이상이 실시간으로 와해되고 있는 시대에 살고 있음을 당시의 다른 예술가들보다 더 예민하게 알아차렸다. 작곡가가 창조한 성서의 인물 모세는 유일신 내에 통합이 존재한다는 것을 알지만 표현하지는 못한다. 하지만 한편으로 모세의 고통에 찬 외침은 쇤베르크가 또 다른 종류의 표현적 한계에 다다라 내지르는 외침이기도 했다. 〈모세와 아론〉은 철두철미하게 **유대인**적인 주제를 쇤베르크가 **독일** 음악의 우위를 확보하고자 매달린 엄격한 12음 기법의 언어로 작곡한 작품이다. 그러니 오페라 전체는 쇤베르크가 유대교와 독일 문화의 독보적이고 심오한 통합을 이루고자 온 힘을 쏟았던 마지막 시도로 볼 수도 있다.

결국, 그런 시도 역시 모세의 고통스러운 고백과 함께 끝나고 말았다. 쇤베르크는 〈모세와 아론〉의 3막 대본을 완성했지만 그 마지막 막의 음악은 작곡하지 못했다. 1951년에 세상을 떠나면서 그의 최고 작품은 미완성으로 남고 말았다. 그래서 2막을 끝맺는 실존적 절망의 장면이 사실상 오페라의 마지막 장면이 되었다.

쇤베르크가 이 걸작을 마무리하지 못한 이유를 두고 여러 설명이 있었다. 대부분의 설명은 전기적 이유(그냥 시간이 없었고 완성할 자금이 부족했다)나 형이상학적 이유(그처럼 부서진 음악만이 치명적으로 부서진 시대에 응답할 수 있다)를 들었다. 다른 매체를 통해 기획을 이어가려는 사람도 있었다. 건축가 다니엘 리베스킨트는 베를린에 유대인 박물관을 설계할 때 유대인 역사의 공백을 형식적으로 표현하여 그 건물이 〈모세와 아론〉의 만들어지지 않은 3막 역할을 하기를 기대했다고 밝혔다.[145]

쇤베르크 본인도 나중에 학생들을 가르치는 일이 워낙 힘들어서 작곡에 필요한 집중력을 쏟을 여력이 없다며 불만을 털어놓았다. 1945년, 일흔 살의 노쇠한 몸으로 그는 구겐하임 재단에 애절한 편지를 보내 "나의 평생의 과업"을 마무리할 수 있도록 후원을 부탁했다.[146] 그의 신청은 거절되었다. 설령 그가 원했던 후원을 받았다고 한들 〈모세와 아론〉은 시간의 제약보다 훨씬 깊은 이유로 현재와 같은 형식으로 마무리되지 못했을 것이다. 지속적인 공생, 독일인과 유대인이 함께 창조하는 통합된 문화라는 이상은 그 시점에 이미 역사에 의해 무효가 되었다.

오늘날 〈모세와 아론〉을 접하는 사람들에게 가장 버거운 도전은 이렇게 격렬하게 불협화음을 이루는 음악을 듣는 표면적인 어려움이 아니라, 이 오페라의 음악과 침묵, 즉 완성된 두 막과 만들어지지 않은 한 막의 진실을 동시에 제대로 받아들이는 추모자의 자세다. 만들어지지 않은 마지막 막으로 인해 앞에 나오는 음악의 훌륭함이 부정되어서는 안 된다. 앞의 음악에 폐허라는 지위가 부여되는 것은 어쩔 수 없지만 말이다. 그것은 장엄한 폐허다. 앞선 시대의 진정한 성취를 증언하는 폐허다. 토마스 만의 표현을 가져오자면, 폐허의 현실은 시대의 종말이라는 현실에 못지않게 위력적이다. 근원적인 희망의 불꽃이 여전히 깜빡이는 폐허로, 오늘날

이 작품이 연주될 때마다 소리의 저 아래에서 불꽃이 빛나는 것을 볼 수 있다.

쇤베르크가 〈모세와 아론〉을 작업하고 있을 때, 파시스트 나치 당원들이 새로운 음악의 본거지 밖에서 정기적으로 시위를 벌였다. 이런 반동분자들이 보기에 아방가르드 음악은 문화의 부패를 뜻하는 수기手旗 신호이자, 독일의 가장 신성한 예술 형식이 쇠퇴했다는 살아 있는 증거가 되었으며, '국제주의자들'과 유대인들이 자초한 실패를 정확히 드러냈다. 쇤베르크는 독일 음악의 이런 몹시 논쟁적인 진보 진영을 이끄는 지도자로서 그가 대표하는 모든 것 때문에 비난의 표적이 되었다. 그리고 점차 그의 혁신은 생경하고 '퇴폐적인' 요소로, 독일 음악의 깨끗한 몸에 묻은 병충해로 여겨지게 되었다. 〈음악 잡지Zeitschrift für Musik〉는 그의 "정신세계는 우리의 것과 공통점이 전혀 없다"[147]고 기사에 썼다.

1933년 1월 30일, 히틀러가 독일 총리 자리에 오르면서 쇤베르크에게 상황이 급격하게 바뀌었다. 국회 해산을 위한 명분을 만들기 위해 날조된 사건인 악명 높은 국회의사당 화재가 일어나고 이틀 후, 쇤베르크는 프로이센 예술 아카데미 의사회 회의에 참석했다. 회의에서 아카데미의 학장 막스 폰 실링스는 히틀러가 "서양 음악의 숨통을 죄고 있는 유대인들을 끊어내고자"[148] 한다는 의중을 전했다. 쇤베르크는 이날 회의장을 나가면서 이렇게 소리쳤다고 한다. "이런 말은 내게 두 번 다시 하지 않아도 되오!" 3월 20일, 그는 공식적으로 교수직을 사임하며 자신은 "정치적으로도 도덕적으로도 떳떳한 사람"이라고 했고, 이 일로 "예술가로서 인간으로

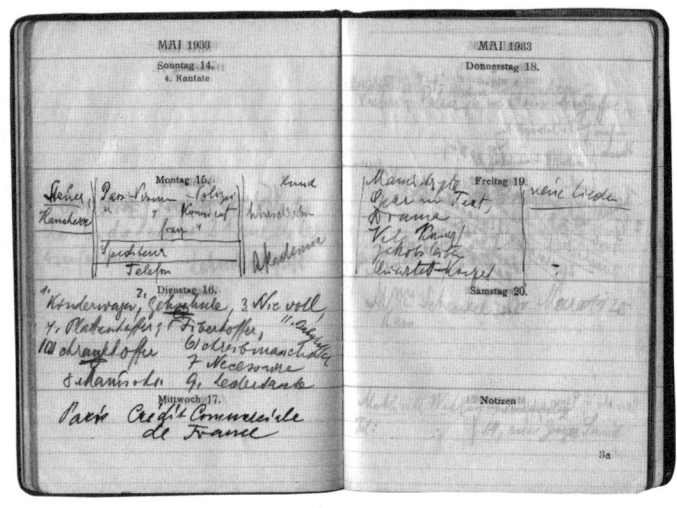

서 [나의] 명예에 깊은 상처"를 입었다고 밝혔다.[149]

바로 그날 밤, 베를린 필하모닉을 지휘하기로 되어 있던 브루노 발터가 물러나고 리하르트 슈트라우스가 대신 지휘대에 올랐다. "〈영웅의 생애〉의 작곡가는 강압적으로 쫓겨난 동료를 대신하여 지휘할 준비가 되었다고 선언한 겁니다."[150] 십 년이 지나서도 여전히 그 사건의 충격에서 헤어나지 못했던 발터의 회상이다. 나중에 주장하기로 슈트라우스는 자신이 요청을 거절하면 베를린 필하모닉이 심각한 재정적 손실을 볼 거라는 말을 듣고서야 대신 나서기로 했다고 한다.[151] 그가 개인적으로 어떻게 생각했든 간에 상황을 바라보는 대중의 시선에는 변함이 없었고, 슈트라우스도 그것을 모를 수 없었다.

4월 초, '공무원 재건을 위한 법'이 새로 채택되어 오케스트라,

오페라극장 할 것 없이 음악과 관련되는 공직에서 모든 유대인을 효과적으로 쫓아낼 수 있게 되었다. 5월 10일, 베를린, 라이프치히, 뮌헨, 그 밖의 31개 독일 도시에서 모닥불이 활활 타올랐다. 하인리히 만, 츠바이크, 프로이트, 카프카, 아인슈타인, 요제프 로트 등의 책들이 불 속에 던져졌다. 로트는 히틀러가 권력을 잡기도 전에 "[나치가] 우리의 책을 불태우고 우리를 겨냥"[152]하리라고 예측했다. 5월 16일, 쇤베르크는 두 번째 부인 게르트루트 콜리슈와 어린 딸 누리아를 데리고 독일을 떠나 프랑스로 갔다. 그날 그의 일기에 기본적인 짐 목록("유모차… 가죽 가방"[153])이 적혀 있는 것으로 봐서 여행이 길지 않으리라 생각했던 모양이다.

그는 다시는 독일과 자신의 조국인 오스트리아 땅을 밟지 못했다. 나중에 편지에 이렇게 썼다. "개인적으로 펄펄 끓는 바닷물 속에 빠진 기분이었소. 피부뿐만 아니라 내 속까지 타버렸소. 게다가 나는 헤엄을 칠 줄도 몰랐소."[154]

3장
찢어진 반쪽

맞아요! 그러면 좋겠어요! 세상이 온통 근심으로 가득할 때 그래
도 어딘가에 좋은 사람이 있다는 것을 알면, 가까운 곳에서 같은
공기를 마시고 같은 생각을 하는 사람이 있다고 생각하면 힘이
날 텐데요.

          − 슈테판 츠바이크가 쓴 슈트라우스의 오페라 〈말 없는 여인〉의 대본

바로 너머에 적의 전선이 있다는 것을 알지 못하는 군인처럼, 펠
릭스 멘델스존의 거대한 라이프치히 청동상은 1936년 11월, 불
확실함의 먹구름이 몰려드는 가운데서도 정신을 고양시키는 음
악의 힘을 표명한 문구가 받침대에 새겨진 채로 게반트하우스 입
구에 여전히 자랑스럽게 서 있었다. 그해 가을 초, 나치와 연계된
〈라이프치히 일간신문〉은 유대인을 기리는 기념물이 그토록 중요

한 공공장소에 남아 있어도 되는지 의문을 제기했다.[155] 글을 쓴 기자는 '유대인 문화 연맹'—독일에 있는 유대인 음악가들이 유대인 청중 앞에서 연주할 수 있도록 주선한 협회—의 지역 지부에 동상을 넘기는 방안도 슬쩍 흘렸다. 라이프치히의 중도 보수파 시장인 카를 괴르델러는 지금까지 당의 술책에 맞서 저항했지만 언제까지 그럴 수는 없었다. 괴르델러가 잠깐 해외로 나갔을 때, 나치 열성파인 부시장 루돌프 하케는 이것을 기회로 보았다. 그리하여 11월 9일 밤에 은밀한 작전을 폈다.[156] 마지막 곡에 "잘 자, 잘 자, 모두가 다시 깨어날 때까지"라는 가사가 있는 슈베르트의 〈아름다운 물방앗간의 아가씨〉 연주가 끝나고 몇 시간 뒤에 청동상을 철거한 것이다. 이에 관해 널리 회자된 일화가 있다. 당시 투어 중이던 영국 지휘자 토머스 비첨과 런던 필하모닉 오케스트라 단원 대표단이 다음 날 아침 청동상에 경의를 표하려고 화환을 들고 건물 밖으로 나섰다가 어리둥절하여 건물 뒤쪽과 양옆을 뒤졌는데 늘어선 꽃들밖에 보지 못했다고 한다.[157]

나치가 독일의 음악적 만신전을 공격했다는 소식이 전 세계로 타전되었고, 그리하여 청동상을 구하려는 일련의 기발한 노력이 일어났다. 뉴욕에서 활동하는 한 예술 행정가는 독일인들이 녹여서 동상을 만들고 덤으로 바그너 동상도 만들 수 있도록 청동상 무게의 1.5배에 달하는 금속을 제공하겠다고 했다.[158] 〈뉴욕 타임스〉에는 미국이 "유명한 이 망명자"를 기리는 기념물을 제작하여 안전한 피난처를 제공하고, 나중에 독일이 정신을 차리면 상자에 담아 조국으로 보내자는 제안이 실렸다.[159] (이 제안은 새로운 받침대에 "미국인들이 독일인에게 몇 년도 몇 월 며칠에 보냄"이라는 문구도 새기자고 했다.) 멘델스존의 청동상은 결국 파괴되었는데 자세한 정황은 알려지지 않았지만 아마도 회수된 청동이 그러하듯 전쟁 물자가 절실했던 독일 군수업체로 들어갔을 가능성이 크다.[160] 그러니 많은 라이프치히 시민들 기억 속에 제막식 모습이 남아 있었고, 훗날 지휘자 프리츠 부슈가 "독일 문화의 정신"[161]에 바치는 헌정물이라고 일컬었던 1892년의 멘델스존 기념물은 총알의 탄피가 되었을 수도 있다.

동상은 한밤중에 몰래 파괴될 수 있었지만, 그리고 뒤셀도르프와 프라하에 있던 멘델스존 청동상도 똑같은 운명을 맞았지만, 멘델스존이 독일 음악에 남긴 유산의 기억은 지우기가 훨씬 어려웠다. 작곡가의 명성을 해제하려는 시도는 히틀러가 권력을 장악하기 수년 전부터 시작되었다. 나치에 경도된 학자들의 작업이 있었다. 그들은 새로운 서사를 지어내 독일이 음악적 과거를 한층 자각하는 데 멘델스존이 행한 역할을 지우고자 했다. 이에 따르면 멘델스존이 1829년에 바흐의 〈마태 수난곡〉을 되살린 역사적인 사건은 "유대인이 독일 최고의 작품을 관리했다는 주장을 펴려고"[162] 일으킨 사악한 작전이 되었다. 이런 식의 주장을 펴는 과정에서 학자들은 당연히 수십 년 전에 바그너와 그의 지지자들이 펼친 악독한 비판으로 돌아갔다.

하지만 학자들이 아무리 열심히 깎아내려도 더 곤혹스러운 문제와 충돌할 수밖에 없었다. 그것은 독일 대중이 멘델스존의 유명한 곡을, 특히 〈한여름 밤의 꿈〉 서곡을 아낀다는 사실이었다. 그러자 인종적으로 용인되는 작곡가의 적절한 곡으로 이를 대체하자는 결정이 내려졌다. 리하르트 슈트라우스는 그의 명예에 걸맞게 요청에 응하지 않았다.[163] 오늘날 역동적인 원시주의 칸타타 〈카르미나 부라나〉의 작곡가로 잘 알려져 있는 카를 오르프는 대체 곡을 작곡했다.[164] 마흔세 명의 다른 작곡가들도 도전했다.[165] 하지만 누구도 받아들일 만한 수준의 곡을 내놓지 못했다. 결국, 나치는 두 번째 안을 가동하여 순전히 문화적 약탈을 하기로 했다. 그리하여 사람들이 좋아하는 멘델스존의 셰익스피어 극음악은 그의 이름을 프로그램에서 지우는 조건으로 계속 연주되었다.[166]

멘델스존을 독일 역사에서 손보는 작업은 더 큰 정책의 일환이었다. 나치 선전부장관 요제프 괴벨스는 이를 "유대인 음악 지성주의의 병적 산물"을 쓸어내고 독일 음악에 남은 "유대인의 오만과 우위의 마지막 흔적"을 지우는 것이라고 했다.[167] 그러나 멘델스존의 예에서 보듯, 독일 문화에서 유대인적 측면은 나치 생각처럼 깨끗한 몸의 정치에 붙은 원치 않은 종양을 제거하듯 손쉽게 제거할수 없었다. 둘을 분리하려는 시도는 비극적이라기보다는 오히려 우스꽝스럽게 보였다. 나치 검열관이 맞닥뜨렸던 문제를 생각해보자.[168] 모차르트의 가장 사랑받는 세 오페라—〈돈 조반니〉, 〈피가로의 결혼〉, 〈코지 판 투테〉—의 대본은 모두 이탈리아에서 유대인으로 태어났고 훗날 가톨릭 신부로 개종한 로렌초 다 폰테가 쓴 것이다. 가장 편한 해결책은 오페라를 독일어로 공연하는 것이겠지만, 독일 전역의 오페라극장에서 이미 사용하고 있던 다 폰테의 독일어판 번역은 독일-유대인 지휘자 헤르만 레비가 작업한 것이다. 그리고 공교롭게도 그는 바이로이트에서 바그너의 〈파르지팔〉 세계 초연을 지휘한 사람이기도 하다. 히틀러가 우상으로 삼았던 음악조차도 서로 얽힌 역사와 떼놓고 볼 수 없었던 것이다. 요컨대 음악 분야뿐 아니라 그 너머에서도 독일 문화는 갈수록 독일-유대인 문화가 되었다. 독일인과 유대인은 아도르노의 구절을 빌려 말하자면, 더이상 합쳐지지 않은 통합적인 전체의 "찢어진 반쪽"이었다.

아울러 멘델스존의 청동상을 제거한 것은 음악과 국가의 관계가 크게 바뀌었음을 반영하는 것이기도 했다. 비스마르크 시대 이후로 독일 음악은 독일 민족주의가 필요로 하는 것을 자주 채워주었지만, 적어도 명목적으로는 여전히 자율적인 영역으로 작동했다. 하지만 히틀러가 권력을 잡으면서 독일 문화는 국가가 마음대로 가져다 쓰는 것이 되었다. 어느덧 둘은 구분하기가 불가능하게 되어 서로가 서로를 비추는 이미지가 되었다. "국가사회주의는 국가의 정치적·사회적 양심만이 아니라 **문화적 양심**이기도 하다."[169] 괴벨스의 말이다. 아울러 그는 정치 자체가 예술 형식이라고 주장했다. "어쩌면 가장 고차적이고 최고로 포괄적인 예술이다. 현대의 독일 정책을 수립하는 우리는 스스로를 예술가라고 느낀다. 대중이라는 원재료로 국가라는 굳건한 구체적인 구조물을 만들어야 하는 책임 있는 과제를 떠맡고 있다."[170]

다시 말해 음악은 독일의 정치적 프로젝트를 지원하는 그저 하나의 요소가 더이상 아니었다. 나치 정치에 안에서부터 힘을 불어넣었다. 나치가 음악의 정신적인 깊이를 갈망한 것도 있지만, 독일 음악이 정치적 힘을 과시하는 행사의 사운드트랙이 된 것에서 보듯 직설적인 의미로도 그러했다. 집회에서, 나중에는 독일군의 진격을 보도하는 라디오 뉴스 방송에 독일 음악을 썼다. 상황이 이렇게 되자 독일 작품은 과거의 것이든 현재의 것이든 인종적으로 정의되는 나치 국가와 독립적일 수가 없었다. 베토벤의 교향곡 9번처럼 상징적이고 신성한 곡조차 나치에 전용되어 기괴하게 정치적으로 왜곡되는 수난을 겪었다. 2차 세계대전이 한창이던 때 히틀러의 53세 생일을 맞아 빌헬름 푸르트벵글러가 지휘봉을 든, 이제는 교향곡 9번의 악명 높은 연주가 된 음악회가 독일 라디오를 통해 방송되었다. 괴벨스는 이 곡을 이렇게 소개했다.

전 국민이 스피커 주위에 둘러앉으면… 모든 독일인의 가슴에서 영웅적이고 거인 같은 음악 소리가 흘러나와 우리의 고백을 엄숙하고 신성한 경지로 끌어올린다. 우리가 찬양을 마치면 남성들 목소리와 악기 소리가 교향곡 9번의 거대한 종결부에서 합세한다. 힘찬 〈환희의 송가〉가 울리고, 이 시대가 위대하고 넓다는 생각이 독일의 가장 외진 오두막까지 전해지고, 그 소리가 독일군이 경계를 서는 머나먼 국가에도 이른다. 우리는 남자든 여자든, 아이든 군인이든, 농부든 노동자든 공무원이든, 지금이 진지한 때임을 알고, 동시에 우리 민족의 역사에서 위대한 이 시대의 증인이자 참여자라는 생각에 기뻐할 것이다.[171]

리하르트 슈트라우스는 멘델스존의 셰익스피어 극음악을 대체

할 곡을 만들어달라는 요청을 거절했던 만큼 멘델스존의 청동상을 없앤 것에 틀림없이 반대했을 것이다. 그의 가족들 중에 유대인이 있었고, 무엇보다 그는 그처럼 어이없는 왜곡을 용납하기에는 예술의 역사를 너무도 잘 이해하고 있었다. 하지만 히틀러가 처음 권력을 잡았을 때 슈트라우스는 나치의 위협을 심각하게 오판했다. 나치가 문화를 힘으로 대하는 것을 보고 독일 음악의 미래를 자신의 비전에 따라 만들 새로운 기회로 여겼다. 그래서 새 정권이 막중한 지위를 제안하자 슈트라우스는 수락했다. 하지만 작곡가가 자기 잇속에 따라 나치에 협력하기로 한 시기는 다소 불편하게도 그의 오페라 경력에서 민감한 순간과 겹쳤다. 재능 있는 오스트리아-유대인 시인이자 이십 년 넘게 그의 오페라 대본(대표적으로 〈엘렉트라〉와 〈장미의 기사〉)을 썼던 극작가 후고 폰 호프만스탈이 1929년에 세상을 떠나자, 슈트라우스는 다시는 오페라를 작곡하지 못할 거라고 진심으로 두려워했다. 그러던 중 그는 마침내 적임자로 보이는 작가를 소개받았다. 1931년에 리하르트 슈트라우스는 슈테판 츠바이크를 만났다.

오늘날에는 1930년대 초가 불길한 황혼에 덮인 시대로 보이겠지만, 당시 많은 사람들 눈에는 그 황혼이 보이지 않았다. 나치가 득세하던 무렵, 쇤베르크는 근심해야 할 이유를 알아봤다는 점에서 예술가 중 예외적인 존재였다. 분명 "히틀러라는 사내"는 정치의 장에서 딱히 무시무시한 존재로 보이지 않았다. 슈트라우스는 1930년에 히틀러를 두고 "범죄자"와 "무식자"라고 했고[172] 나치 전체를 대체로 무시했다. 토마스 만의 아들인 클라우스 만은 1920년 대 초에 "뮌헨의 술집에서 이 보잘것없는 선동가"를 처음 만나 비웃음거리밖에 되지 않는 존재로 여겼다고 회상했다. "그의 목소리는 불쾌하게 거칠었다. 오스트리아 시골 사람이 '교양인'처럼 보이려고 어색하게 꾸며대는 억양으로 독일어를 말했다. 무슨 말을 하는지 도무지 알아듣기 어려웠다."[173] 1930년에 클라우스 만은 히틀러를 다시 만났다. 이번에는 뮌헨의 찻집에서였다. 옆에서 묘하게 멀건 눈을 한 '스펀지'처럼 생긴 사람이 딸기 타르트와 사과 슈트루델을 엄청나게 먹어대며 시끄럽고 지루한 대화를 하는 것을 보며 클라우스 만은 히틀러가 "바로 평범함 때문에 해롭지 않은 사람"[174]이라고 단정했다. 그러므로 히틀러가 실제로 일으킨 위협을 그토록 많은 사람이 알아보지 못한 것은 아이러니하게도 독일인들이 도덕적·미적 자기계발의 윤리로서 빌둥이라는 개념을 대단히 숭배하여 눈이 가려졌기 때문이라고 슈테판 츠바이크가 썼을 때, 그는 많은 사람을 대변하는 것으로 보인다. 츠바이크는 이렇게 썼다. "히틀러처럼 대학은 고사하고 변변한 학교 졸업장도 없고, 쉼터에서 아무렇게나 자고, 그때까지 삶의 행적이 여전히 수상한 자가 슈타인 남작, 비스마르크, 뷜로 후작이 누렸던 지위를 노린다는 것은 독일인으로서는 상상도 할 수 없는 일이었다."[175]

츠바이크의 글에는 뼈아픈 자기비판이 묻어난다. 작가 본인이 빌둥의 이상이 저물어가던 시기에 마지막 꽃을 피운 인물이었기 때문이다. 그는 1881년 여러 언어를 구사하는 유복한 유대인 가정에서 태어났다. 어머니는 성공한 은행가 가문 출신이었고, 기업가인 아버지는 언젠가 바그너가 직접 지휘봉을 잡은 〈로엔그린〉 공연에 갔을 정도로 음악을 사랑했다.

츠바이크는 그 어떤 전통적인 종교의식도 따르지 않았지만, 자신의 인종적 혈통을 감추지 않았다. 독일-유대인의 긴장은 그의 삶과 예술에서 부정되거나 무시되기보다 품위 있게 조화를 이루었다. 전례가 없는 행보는 아니었다. 츠바이크의 영웅인 괴테는 언젠가 유대인의 역사야말로 문화로 통합된 새로운 독일이 나아가야 할 모범적인 길이라고 제안했다.[176] 국가 없는 디아스포라의 삶을 수백 년간 살아온 유대인은 민족이 국가 없이도 존재할 수 있음을 보여준 사례였기 때문이다. 자신만의 독일-유대인 조화를 이루는 과정에서 츠바이크는 유대인 전통을 선별적으로 발굴했고, 신학자 마르틴 부버에게 쓴 편지에서 말한바 "나와 바깥세상을 갈라놓는 개념적 창살을 가진 정신의 감옥"[177]을 만들 수도 있는 편협한 측면은 모두 물리쳤다. 아울러 그는 유대교 신념에서 자신의 인본주의 소명의 전례가 될 만한 장점들을 충분히 발견했다. 그는 "공동체가 나라 없이 가능함을 오랜 세월에 걸쳐 증명한 것이 어쩌면 유대교의 목적"이라고 부버에게 썼다.

츠바이크는 작가로 활동하며 픽션·희곡·시를 썼지만, 그의 장기는 과거 위대한 예술가·과학자·탐험가 들의 삶과 작업을 독자들에게 설명하는 책에서 발휘되었다. 그는 발자크·톨스토이·에라스뮈스·몽테뉴·마젤란 등의 작업이 보여준 아름다움도 좋아했지만, 그것을 윤리 함양의 힘으로서, 범세계적 인본주의로 나아가는 길로서 숭배했다. 그는 범세계적 인본주의야말로 유럽이 물려받은

애도하는 음악

진정한 유산이자 1차 세계대전으로 황폐해진 세상에서 도덕을 다시 세울 수 있는 유일한 희망이라고 여겼다. 당시 그의 이 책들은 독자들 사이에서 선풍적인 인기를 얻었다. 츠바이크는 현대 독일 문학의 앞자리에 그를 앉히는 걸작은 결코 쓰지 못했지만, 그래도 그의 작업은 특정한 이상들의 집합을, 그리고 그것이 소멸되는 것을 그가 직접 목격한 시대를 명확히 보여준다.

1931년에 슈트라우스와 처음 만났을 무렵, 츠바이크는 쉰 살을 막 넘겼고 절정의 명성을 누리던 터였다. 세계에 가장 널리 번역된 독일 작가로 그는 진정한 문학계의 유명인이었다. 언젠가 그가 톨스토이에 대해 강연했을 때 4천 명의 청중이 몰렸다. 그의 생일을 맞아 전 세계에서 보낸 수백 통의 축하 편지가 잘츠부르크의 카푸치너베르크에 있는 그의 집에 쏟아졌다. 두 개의 사무실—하나는 거대한 테라스가 있는—과 과실수 그늘이 우거진 정원이 있는 거대한 저택이었다. 하지만 명예는 사람을 지치게 했다. 가을에 스위스 두 도시를 여행하던 중에 그는 아내에게 편지를 보냈는데 행복하지만 기진맥진한 상태로 이렇게 썼다. "서점 두 곳에서 거의 800권에 달하는 내 책에 서명해야 했소. 챙겨간 만년필(세 개 모두)이 바닥나서 지금 기차에서 연필로 이 글을 쓰는 중이오."[178]

츠바이크가 예술과 문화를 "우리의 진정한 고향"[179]으로 여기며 인본주의에 종교처럼 매달린 것은 그가 쓴 글뿐만 아니라 그가 모은 수집품에서도 드러났다. 그는 위대한 예술적 과거의 물질적 흔적에 이끌려 자필 원고를 끊임없이 모으며, 그 원고에 창조적 행위의 수수께끼를 독보적으로 꿰뚫어 보는 신비로운 힘이 있다고 주장했다. 음악을 좋아했던 그는 바흐, 브람스, 슈베르트 등 위대한 작곡가들의 자필 악보 수백 권을 구입했다(그들 중 상당수가 현재 영국 국립도서관에 있다). 뮤즈에게 보내는 음악의 헌사인 슈베르트의 〈음악에〉 자필 악보도 그가 소유했다. "사랑스러운 예술이여, 내가 고달픈 삶에 얽매여 수많은 암울한 시간을 보낼 때, 그대는 따뜻한 사랑으로 내 마음을 훈훈하게 하고, 나를 더 좋은 세상으로 데려갔지!"[180] 츠바이크는 악보 외에도 작곡가들이 한때 소유했던 일상적인 물품—모차르트의 결혼 계약서, 베토벤의 나침반, 바이올린, 크림 스푼—도 손에 넣었다. 그리고 괴테의 만년필, 나뭇잎 둘이 그려진 〈파우스트〉 2부 자필 원고, 그의 머리카락 한 타래도 소유했다. 하지만 츠바이크가 가장 아꼈고 가능한 마지막 순간까지 곁에 두었던 것은 베토벤의 책상이었다. 그는 이것을 자신의 작업 책상으로 사용했고 "가족의 신전神殿"이라고 했다. 진정한 수집가는 자신이 애지중지하는 물품에 제2의 삶을 허락하지 않는다. 발터 벤야민이 말했듯이 "그는 그 안에서 함께 살았다."[181]

1931년 슈트라우스와 처음 만났을 당시, 츠바이크는 여전히 평화주의자로서 가진 이상을 확고하게 고수했고 평화로운 국제 협력을 낙관적으로 바라보았다. 그해 11월에 출간된 에세이 《여류시인인 역사》에서 츠바이크는 "오늘날 우리가 겪는 모든 혼란과 괴로움은 그저 우리를 새로운 것으로, 미래로 데려가는 파도일 뿐, 어떤 것도 헛된 것은 없다"[182]고 썼다. 반 년 뒤인 1932년 5월에 그는 각각의 호전적 민족주의를 통합하여 "국가를 초월한 인본주의 왕국"[183]을 만들자고 요청했다.

애도하는 음악

츠바이크에게 음악은 다른 어떤 예술보다도 이 자랑스러운 미래의 왕국의 중심에 서 있었으며, 음악의 창작자들은 "민족, 언어, 국가를 초월하며 사는 위대한 범세계적 인종"[184]에 속했다. 그러므로 슈트라우스와 함께 일한다는 생각에 그는 신이 났다. 나중에 이렇게 술회했다. "우리 시대의 창조적 음악가들 중에서 내가 리하르트 슈트라우스보다 더 흔쾌히 손잡고 일할 사람은 없었다. 그는 헨델과 바흐에서 시작하여 베토벤과 브람스를 거쳐 우리 시대로 이어지는 독일의 천재 작곡가 계보에서 마지막에 놓이는 인물이다."[185] 두 사람은 곧바로 작업에 돌입했다. 첫 만남에서 슈트라우스는 자신이 나이가 들어서 더는 아무것도 없는 것에서 시작하는 순수한 기악곡을 만들 힘이 없다고 솔직하게 털어놓았다. 하지만 가사는 아직 그에게 영감을 줄 수 있으니, 그는 순수하게 시적인 대본을 원한다고 했다. 무엇보다 새로운 작품이 희극 오페라였으면 좋겠다고 했다. 츠바이크는 벤 존슨이 1609년에 쓴 희곡 〈에피코에네, 혹은 말 없는 여인〉을 각색하자고 제안했다. 평온하고 조용한 것을 간절히 원하는 노총각 모로스(츠바이크의 대본에서는 모로서스)가 '말없는 여인'과 결혼하게 되었는데 알고 보니 정반대더라는 내용이다. 슈트라우스는 그의 제안을 진심으로 받아들여 새로운 오페라 〈말 없는 여인〉 작업을 바로 시작했다.

남아 있는 둘의 편지로 〈말 없는 여인〉이 얼마나 빠르게 진척되었는지가 드러난다. 츠바이크는 슈트라우스가 본인의 음악적 상상력을 자극하기 위해 무엇을 원하는지 직감적으로 파악했던 것 같다. 초기의 한 편지에서 슈트라우스는 츠바이크의 초고가 역사에 남을 만큼 훌륭하다며 〈피가로의 결혼〉과 〈세비야의 이발사〉보다도 음악에 더 적합한"[186] 대본이라고 했다. 예술의 문제가 둘의 편지에서 주요 관심사였던 만큼, 당대의 정치적 사건은 거의 비현실적인 정도로 한참 동안이나 언급되지 않는다. 일례로 1933년 1월 31일, 츠바이크는 슈트라우스에게 쓴 편지에서 다음 만남에 대해 차분하고 공손하게 이야기하면서 바로 전날 있었던 중대한 사건, 즉 아돌프 히틀러가 독일 총리에 오른 이야기는 꺼내지도 않았다. 4월 3일 자 편지에서야 츠바이크는 "이런 어지러운 시대" 때문에 자신의 작업에 차질이 생겼다고 모호하게 언급하는 정도다. 실제로 몇 주 동안, 악명 높은 국회의사당 화재가 있었고, 나치가 공식적으로 유대인 사업에 대해 불매 운동을 벌였으며, 정권에 반대하는 자들을 위해 다하우에 최초의 강제수용소가 세워졌다. 다음 날 츠바이크에게 보낸 답장에서 슈트라우스는 상관하지 않는다는 투였다. "나는 괜찮소. 일하느라 바쁘오. 1차 세계대전이 발발하고 난 뒤에도 그랬던 것처럼."[187] 츠바이크의 다음 편지는 이런 분위기를 차분하게 이어가고자 애쓴다. "작업이 순조롭게 진행된다니 다행입니다. 정치는 지나가고 예술은 남지요. 그러니 우리는 영원한 것을 얻고자 노력해야 하고, 선전은 거기서 성취감과 만족을 얻는 사람에게 맡깁시다."[188]

두 사람이 편지에서 정치 문제를 멀리한 이유는 비슷하면서도 달랐다. 그들의 공통점은 '내면성Innerlichkeit'이라고 하는 독일 낭만주의 전통에 깊은 애착을 보였다는 점이다. 문자 그대로 번역하면 내면성이 맞지만 진짜 의미는 그보다 포괄적이다. 토마스 만은 이

애도하는 음악

개념을 "여림, 감정의 깊이, 비세속적인 몽상, 자연의 사랑, 사고와 양심에 담긴 그야말로 순수한 진심"[189]이라고 정의했다. 무엇보다 중요한 것은 이런 이념에 어울리는 예술가에게 그토록 고귀한 정신의 특징은 저속하고 불결한 정치, 도시의 삶과 극명하게 대비된다는 것이다. 이런 전통을 만든 사람은 다름 아닌 괴테와 실러였다. 그들은 내면의 수양이라는 이름으로 국가를 건설하는 것을 피하도록 명했다. 니체는 정치적인 것에 대한 공세를 날카롭게 폈다. 그리고 라이너 마리아 릴케는 내면성을 미적으로 승화시켜 시적 황홀의 통화로 삼았다. 1930년대에 이르러 슈트라우스와 츠바이크 같은 사람들이 보기에 음악과 문학의 영역은 내면성의 보존지구가 되었다. 소란스럽고 상스러워진 세계에서 정신이 머무는 피난처였다.[190]

츠바이크는 슈트라우스보다 내면성에 더 순수하고 더 원칙적이고 더 고지식하게, 그러므로 훨씬 더 고통스럽게 매달렸다. 대본 작업을 하면서 동시에 그는 자신의 다음 문학 작업으로 위대한 르네상스 철학자 에라스뮈스 전기를 준비하고 집필했다. 그는 에라스뮈스를 "최초로 자각한 유럽인이자 범세계인"[191]으로 여겼다. 어떻게 보면 빌둥이라는 이념을 창시했고 "종교든 국가든 철학이든 모든 종류의 광신"[192]에 꿋꿋이 반대한 사람으로 보았다. 츠바이크의 에라스뮈스 책은, 나중에 본인도 인정했듯이, 살짝 가린 자신의 이야기였고 그래서 흥미롭게 읽힌다. 책 서문에서 츠바이크는 에라스뮈스가 창조적 행위의 기적에 집중하고 "정신의 귀족정치"[193]를 이루기 위해 세계의 야만에서 단호하게 눈을 돌리고 보지 않았다며 그를 칭찬한다. 그렇다면 에라스뮈스의 신념은 어째서 역사에서 대세가 되지 못했을까? 츠바이크에 따르면, 비이성적인 증오의 힘과 계속적으로 싸우는 일에 몰두해서다. 그는 그와 같은 힘이 얼마나 끈덕진지를 이렇게 설명한다. "광신의 수문이 별안간 열리면, 그 순간 도덕 아래에 잠자코 있던 원초적 본성이 앞으로 밀고 나와 비이성의 급류가 댐을 무너뜨리고 물이 넘치면서 앞을 가로막는 모든 것을 파괴한다. 거의 모든 세대는 그와 같은 퇴보를 겪는다. 재앙이 끝나고 차분함이 회복될 때까지 냉정함을 유지하는 것이 각자의 의무다."[194]

　제3제국 초창기에 나치가 독일-유대인에 대한 공세를 강화하자 츠바이크는 수문이 또다시 열리는 순간임을 분명하게 알아보았지만, 그는 에라스뮈스처럼 '냉정함'을 유지하려고 했다. 그래서 공적 글에서 정치적 싸움에 관여하지 않으려고 한 것이다. ("내 안에는 이른바 영웅적인 면이 없어요." 그는 또 다른 사람에게 쓴 편지에서 이렇게 인정했다. "설명하기 어렵지만, 인류애에 충실하고 한쪽 편을 들려는 유혹을 억누르는 것이 옳은 행동이라는 느낌이 들어요."[195]) 실제로 츠바이크가 나치의 공세에, 결국에는 자신이 그 때문에 고국에서 쫓겨나게 되는 나치의 무법성에 대놓고 반대하기를 꺼리자, 가까운 친구들이 경악하고 격분했다. 그중 한 명이 요제프 로트였다. 그는 단호한 도덕적·정치적 행동이 요구되는 시대라고 생각했다. 그는 츠바이크에게 그렇게 쓴 편지에서 역사의 관람석에서 나오라고 촉구하면서, 편협함에 반대하는 보편주의 예술이라는, 츠바이크가 신봉하는 종교에 호소했다. "우리는 모세와 그의 유대인 조상들만큼이나 볼테르, 헤르더, 괴테, 니체에게도 빚을 지고 있네…. 그들이 짐승에게 위협을 받는다면, 목숨을 구하고 글을 구해야지."[196]

슈트라우스는 어땠는가 하면 짐승을 대단히 다른 관점으로 대했다. 학자 찰스 유먼스가 주목했듯이, 슈트라우스가 독일 음악에서 윤리적 짐을 덜어주고자 스스로에게 부여한 것과 같은 예술적 자유는 너무도 쉽게 음악적-철학적 허무주의로, 간사한 냉소주의로 빠질 수 있었다.[197] 그리고 이것이 그가 초기 나치의 혁명을 심각하게 오판하는 맥락으로 작용했다. 히틀러가 권력을 잡았을 때 산전수전 다 겪은 예순여덟 살의 슈트라우스는 하늘 아래 새로운 것은 없다는 태도로 정권을 대했다. 보수적이고 독재적인 예전 정부로 달갑지 않게 회귀하는 것이 아니라고 보았고, 어쩌면 반유대주의가 깔려 있겠지만 겉으로 고약한 냄새를 풍길 뿐 영속적인 영향은 거의 없다고 보았다. "나는 카이저가 통치할 때도 에베르트(바이마르 공화국 초대 대통령—옮긴이)가 통치할 때도 음악을 만들었소. 그러니 이번에도 잘 버틸 거요."[198] 그가 한 말이다. 하지만 그는 독일 음악을 진전시키는 기회가 될 수 있다는 것을 재빨리 간파하면서 새로운 정권에 대해 지친 체념 이상의 것을 보이기 시작했다. 독일 음악을 전체로 놓고 보면 그는 자신의 오페라가 당연히 그 중심을 차지한다고 여겼다. 그러니 자신의 작품 연주가 늘어날 테고, 아울러 바이마르 공화국이 너무도 짧게 끝난 민주주의 실험을 하는 동안 막막하게만 보였던, 진지한 음악ernste Musik의 작곡가들을 우대하는 방향으로 독일 저작권법을 개정하는 것을 밀어붙일 수 있으리라 희망했다. 그리하여 슈트라우스는 1933년 3월 자신의 친구(이자 츠바이크의 편집자) 안톤 키펜베르크에게 이렇게 썼다. "베를린에서 깊은 감동을 받고 돌아왔네. 혁명의 첫 폭풍이 가라앉고 나면 독일 예술의 미래에 희망이 가득할 것이네."[199]

아울러 슈트라우스는 앞선 시대의 정치 지도자들과 달리, 나치 정권이 자신의 인정을 몹시 얻고 싶어 한다는 것을 알아챘던 것 같다. 황제에게 자기 뜻을 관철시켰던 슈트라우스는 어쩌면 새로 들어선 독일의 정권에서도 비슷한 일을 해낼 수 있었다. 당시 그가 생각했던 내면성은 츠바이크처럼 지조 있게 정치에서 완전히 눈을 돌리도록 명하는 것이 아니라, 설령 거짓이더라도 윤리적으로 불편하지 않게 정치적 술책과 진정한 예술 창작을 분리할 수 있으면 괜찮다고 보았던 듯하다. 슈트라우스는 둘을 동시에 추구하는 것에 조금도 거리낌을 느끼지 않았던 것으로 보인다. 그래서 1933년 그가 전례 없이 정치에 관여하면서, 이 일이 그가 아끼는 유대인 대본작가와 새로운 오페라를 작업하는 것에 어떤 영향을 미칠지는 전혀 생각하지 않았다.

한편 나치 정권은 영리하게도 자신들의 진짜 속셈을 드러내는 속도를 조정하며, 훗날 츠바이크가 말했듯이 독을 서서히 주입했다. 그 결과 많은 독일 시민들과 심지어 유대인들조차 히틀러를 택한 것이 얼마나 심각한 일인지, 그가 얼마나 오랫동안 권력을 유지할지 알지 못했다. 1933년 10월, 독일 정통파 유대교 지도자들은 지난 몇 달 동안 나타난 끔찍한 징후가 거대한 오해에서 비롯된 것이기를 여전히 바랐다. 히틀러에게 직접 보낸 비통한 공개편지에서 그들은 여전히 명확한 해명을 요구할 필요가 있다고 여겼다.

애도하는 음악

독일 정부가 하마터면 독일에 사는 유대인들을 의도적으로 멸하려 한다는 의심을 살 뻔했다는 것을 우리는 알아야 합니다….
[하지만] 정통파 유대교는 독일의 유대인들을 멸하는 것이 독일 정부의 목적이 아니라는 확신을 쉽게 버리지 못합니다…. 그러나 우리가 잘못 생각한 것이라면, 그때는 더이상 착각에 연연하지 않고 차라리 쓰라린 진실을 알려고 할 것입니다.[200]

그러는 동안 슈트라우스는 발 빠르게 일련의 공적 행위들로 정권의 환심을 샀다. 브루노 발터 대신 베를린 필하모닉의 지휘봉을 잡았을 뿐만 아니라 아르투로 토스카니니를 대신하여 바이로이트 페스티벌 무대에 섰다. 이탈리아 지휘자가 새로운 제국에 항의하는 뜻으로 자진해서 물러난 것이다. 당시 이런 행위를 보며 권력을 막 잡은 정권이 가장 유명한 현역 독일 작곡가로부터 축복을 받은 것이라고 추론한 것은 충분히 그럴 법한 일이었다. 츠바이크 본인도 나중에 주목했듯이, 슈트라우스의 인정은 불안정한 정부에 조용하게 힘을 실어준 것이었으므로 나치의 초창기에 대단히 큰 의미가 있었다. 이 무렵 슈트라우스는 괴벨스와 나치 지휘관 헤르만 괴링에게도 아첨을 했고, 뮌헨 대학에서 토마스 만이 했던 바그너 강의를 겨냥한 이데올로기적 공세[201]에 자신의 이름을 빌려주었다. 그해 11월에 슈트라우스의 노력은 보상을 받았다. 그가 제국음악국 총재가 되려고 적극적으로 노력했든 아니면 훗날 술회했듯이 억지로 떠맡게 된 것이든, 그는 독일 음악 분야를 만들고 관리하고자 새로 꾸려진 조직의 수장 자리를 열성적으로 받아들였다. 취임식에서 슈트라우스는 자극적인 연설을 했다. 히틀러와 괴벨스에게 음악국을 마련해줘서 고맙다며 독일의 가장 빛나는 예술 형식에 19세기의 영광을 되돌려주겠다고 약속했다. 그는 조직의 궁극적인 목표가 "독일 국민과 음악의 친밀한 관계를 다시 한번 확고히 하는 것"[202]이라고 밝혔다.

슈트라우스가 "혁명의 첫 폭풍"이라고 칭했던 것은 가라앉지 않았지만, 어쨌든 그는 1934년부터 1935년까지 정권의 공직을 지켰다. 그는 나치 당원에 가입하지도 전체주의적 술책에 따르지도 않았고, 그렇다고 당 정책과 공개적으로 거리를 두거나 영예로운 직에서 물러나지도 않았다. 동시에 그는 나치의 인종 혐오를 받아들이기를 거부했다. 제국 음악국의 유대인 회원들을 몰아내는 법령에 서명하지 않겠다고 해서 나치 문화 관료들의 노여움을 샀다. 무엇보다 당돌했던 것은 그가 츠바이크와의 협업을 몰래 계속 진행하려 했다는 점이었다.

두 사람 모두 놀라운 속도로 작업에 매달려 〈말 없는 여인〉은 1934년 가을에 완성되었다. 나중에 슈트라우스는 이렇게 회상했다. "2막에서 사소하게 잘라낸 대목을 제외하면… 나는 [츠바이크의 대본에] 조금도 손대지 않고 음악을 송두리째 붙일 수 있었소. 그렇게 작곡하기가 쉬웠던, 혹은 그렇게 즐거운 마음으로 곡을 썼던 오페라는 처음이었소."[203] 이제 남은 것은 오페라의 초연이었다. 훨씬 평온한 시대에도 복잡하고 시간이 오래 걸릴 수 있는 작업이었다. 그래서 슈트라우스는 새로운 대본작가와의 기세를 이어가려는 마음에서 나치의 요란한 이데올로기 과시와 밉살맞은 화려한

애도하는 음악

행사는 마다하고 곧바로 두 번째 오페라 작업에 들어갔다. 대단히 현실적이었던 작곡가는 자신이 생각하기에 완벽하게 논리적인 제안을 했다. 츠바이크에게 비밀리에 오페라 대본을 계속 써달라고 했고, 대본은 "안전한 금고에 보관했다가 두 사람 모두 때가 되었다고 판단하면 그때 열자고"[204] 했다.

츠바이크로서는 슈트라우스가 나치 정권과 손잡고 일하는 것에 속으로 경악했고 당황했다. 그는 슈트라우스가 금고를 위한 대본을 써달라는 제안에 진지하게 응할 생각이 전혀 없었던 것 같지만, 반대 의사를 표명하는 과정에서 모르는 척 슈트라우스를 떠보며 그가 현실을 보다 명료하게 인식하도록 자극했다. 문제를 직접적으로 언급하지 않고 듣기 좋은 말을 써가며 요령 있게 했다. 한 편지에서 츠바이크는 이렇게 썼다.

[종종] 당신이 역사에서 얼마나 큰 자리를 차지하는지—당신을 존경해서 하는 말입니다—제대로 인식하지 못한다는 느낌을, 스스로에 대해 너무 대수롭지 않게 생각한다는 느낌을 받곤 합니다. 당신이 행하는 모든 것은 역사적으로 중요한 의미를 갖게 됩니다. 언젠가 당신이 쓴 편지, 당신이 내린 결정은 바그너와 브람스의 경우처럼 모든 인류의 것이 될 것입니다. 그렇기에 당신의 삶, 당신의 예술에서 뭔가가 은밀하게 행해져야 한다는 것은 나로서는 용납하기 어렵네요…. 리하르트 슈트라우스라는 사람은 자신이 옳다고 여기는 것을 공개적으로 할 수 있어요. 비밀 속에 숨어서는 안 됩니다. 아무도 당신이 책임을 저버렸다고 말할 수

없어야 합니다.[205]

특히 마지막 문장은 멋진 수였다. 하지만 슈트라우스는 그저 실망했을 뿐이다. 갈수록 고집을 부리고 심지어 화를 내며 자신의 대본작가에게 애원하고 장황하게 설득했다. 1935년 2월 26일, 슈트라우스는 확고부동한 언어로 자신의 뜻을 전했다. "현재 반유대주의 정부가 들어섰다는 이유만으로 내가 당신을 포기하는 일은 없소."[206] 1935년 4월 13일, 그는 자기연민을 드러냈다. "당신이 우리의 '때'를 비판적으로 보는 것 같아서 슬프오. 우리가 함께 작업하는 것에 상당한 지장이 초래될 것이오…. 나와 함께 해주시오…. 나머지는 저절로 해결될 테니."[207] 1935년 5월 24일, 슈트라우스는 츠바이크가 보기에 이기적인 생각을 내비쳤다. "나의 예술이 당신을 필요로 한다는 것을 부디 생각해주시오."[208] 그리고 1935년 6월 22일, 그는 츠바이크의 높은 예술적 원칙에 호소하려고 했다. "우리가 함께한 작업이 **얼마나** 좋은지 당신이 보고 들을 수 있다면, 나로서는 이해할 수 없을 정도로 당신의 예술적 마음을 불필요하게 짓누르고 있는 인종과 관련된 걱정과 정치적 오해를 모두 내려놓고 나를 위해 마음껏 글을 쓰게 될 것이오."[209]

슈트라우스가 정권에 계속해서 봉사하고 나치 고위 관료들의 환심을 사려고 애쓴 것—일례로 그는 대본작가에게 압력을 가한 바로 그 시기에 자신의 오페라 〈아라벨라〉의 자필 악보를 헤르만 괴링에게 결혼 선물로 주었다[210]—을 스스로 어떻게 합리화하려고 했든 간에, 츠바이크는 이것이 두 사람에게 결코 좋게 끝나지 않

애도하는 음악

을 거라는 것을 알았다. 그 무렵, 츠바이크가 쓴 책들은 이미 독일 각지의 도시에서 불태워졌다. 그의 조국 오스트리아를 나치가 점령하기까지는 아직 3년이 남았지만, 잘츠부르크에서 그는 첫 번째 난민 무리가 산을 넘어오고 관광객으로 가장한 나치 선동가들이 불안을 조성하기 위해 국경을 넘는 것을 보았다.[211] 마지막 결정적인 순간은 1934년 2월, 경찰이 츠바이크의 집에 찾아와 "숨겨진 무기"를 찾겠다고 문을 열라고 한 것이다. 츠바이크는 이런 침입이 어떤 의미인지 알아보았다. 특정 부류를 노린 괴롭힘, 자유의 침해, "도덕적 모욕"[212], 불길한 징조였다. 곧바로 그는 신변을 정리하고, 방대한 수집품을 숨기고, 집을 팔고, 런던에 새로운 거처를 마련하는 복잡한 일들을 실행했다.

그처럼 단호한 조치를 취한 후에도, 츠바이크는 슈트라우스의 자기기만을 깨지 못했다. 나중에 슈트라우스의 대본작가를 맡게 되는 연극학자 요제프 그레고르에게 쓴 편지에서 츠바이크는 불만을 털어놓았다. "나로서는 [슈트라우스가] 이런 경험을 했으니 이제 패배를 순순히 인정하고 자신의 위치를 깨닫기를 바랄 뿐입니다."[213] 얼마 뒤 그레고르에게 다시 이렇게 썼다. "문제의 비극은 이겁니다. 내가 고집스럽게 반복했음에도 슈트라우스는 내가 자신과 계속해서 일하기를 원치 않는다는 것을 이해하려 하지 않는다는 겁니다. 개인적으로야 그를 존경하지만 그의 공적 행동 때문에 내가 그와 공적으로 연결되는 것을 피하려 한다는 점을 그는 받아들이지 않습니다." 어쩌면 츠바이크는 마침내 1935년 6월 15일 슈트라우스에게 직접 쓴 편지에서 이런 입장을 한층 명료하게 전한 것 같지만, 문제의 편지가 살짝 수상쩍게도 남아 있지 않아서 우리는 결코 알 수 없다. 슈트라우스가 격분하여 폐기한 것으로 추정된다.[214] 츠바이크가 그날 뭐라고 썼든 간에 그 편지는 슈트라우스로부터 진심이 담긴 장광설을 끌어냈다. 소실된 츠바이크의 편지에 대한 슈트라우스의 답장(1935년 6월 17일)은 이후 나치 정권에서 슈트라우스의 음악적-정치적 경력에 미친 파장을 생각할 때 길게 인용할 가치가 있다. 그의 말이다.

당신이 15일에 보낸 편지 때문에 몹시 속이 상해 있소! 이런 유대인의 집요함 때문에 누구라도 반유대주의자가 되는 거요! 이런 인종의 자긍심, 이런 연대감 때문에! 당신은 내가 '독일인'(그걸 누가 알겠소?)이라는 생각에 이끌려 처신한다고 생각하오? 모차르트가 '아리아인'이라고 생각하며 작곡했겠소? 나는 두 가지 부류의 사람만 아오. 재능이 있는 자와 없는 자요. 국민은 오로지 청중이 되는 순간에만 내게 의미가 있소. 그들이 중국인이든, 바이에른 사람이든, 뉴질랜드 사람이든, 베를린 사람이든 내 알 바 아니오. 중요한 건 그들이 제값을 내고 들어온다는 거요. 그러니 당신에게 다시 간절히 촉구하겠소. 단막 오페라 대본 두 편을 최대한 빨리 써주시오. 내가 정치적 입장을 드러냈다고 누가 그러던가요? 내가 아첨이나 떠는 비열한 악당 브루노 발터 대신에 음악회를 지휘해서? 그건 오케스트라를 위해서였소. 내가 토스카니니 대신에 나섰다고? 그건 바이로이트를 위해서 한 거요. 정치와는 아무 상관없소. 언론이 내가 하는 일을 뭐라고 떠들든 나

애도하는 음악

는 상관하지 않소. 당신도 신경 쓸 바가 아니오. 내가 제국 음악국 총재라는 허수아비를 맡았다고? 그건 좋은 목적으로 한 거고 더 큰 재앙을 막기 위함이었소! 어떤 정부에서도 이런 성가신 명예직을 제안했다면 맡았을 거요. 다만 빌헬름 황제도 라테나우 씨도 내게 그런 제안을 하지 않았소. 그러니 선량한 시민이 되어, 모세와 사도들은 몇 주 동안 제쳐두고, 당신의 단막극 두 편을 써주시오.[215]

예술의 이기심이 얼마나 맹목적인지 너무도 잘 보여주는 편지다. 작곡가의 분노로 보건대, 이전 편지에서 츠바이크는 박해받는 소수 민족인 유대인 독일인들과 어느 정도 연대감을 표명했던 모양이다. 여기서 주목할 점은 슈트라우스가 이런 생각에 발끈하여 **츠바이크가** 나치(또는 바그너)처럼 인종 본질주의에 빠져 있다고 비난했다는 점이다. 츠바이크가 설마 모차르트가 '아리아인'으로서 작곡했고 슈트라우스가 '독일인'으로서 작곡했다고 믿을 만큼 어리석었을까? 슈트라우스로서는 이런 식으로 판을 뒤엎는 것은 아찔한 일이다. 제3제국의 문화 정책을 책임지는 지위에 있으려면 인종적으로 정의되는 국가라는 전제를 기꺼이 받아들여야 하기 때문이다. 아울러 국민을 돈을 내는 청중으로 여긴 그의 발언은 19세기 초 카를 첼터가 표명한 이상에 냉소라는 차가운 물을 끼얹었다. 마지막으로, 어쩌면 가장 불편할 수도 있는 것은, 그의 편지가 인간적인 수준에서 놀랄 만큼 공감의 결여를 드러냈다는 점이다. 슈트라우스는 역사의 이 순간에 츠바이크가 자신의 유대인 정체성을 주장할지 말지 선택할 수 있는 권한이 없다는 단순한 사실을 이상하리만치 인식하지 못했던 것 같다. 그 정체성은 슈트라우스가 적극적으로 몸담은 바로 그 정부가 잔혹하게 강압적으로 츠바이크에게 떠맡긴 것이었는데 말이다.

우리는 츠바이크가 슈트라우스의 편지에 어떤 반응을 보였는지 결코 알지 못한다. 그가 편지를 받지 못했기 때문이다. 슈트라우스는 몇 달 동안 게슈타포의 감시를 받고 있었고, 그의 편지를 열어 보는 것도 여기에 포함되었다. 편지 내용은 곧바로 히틀러에게 보고되었고, 그로 인해 일련의 조치들이 취해졌다. 슈트라우스가 제국 음악국 총재 '허수아비' 운운한 것은 쉽게 넘어갈 일이 아니었다. 괴벨스도 일기에서 분통을 터뜨렸을 정도였다. "예술가라는 작자들은 정치적으로 기개가 없어. 괴테에서 슈트라우스까지 죄다 똑같아. 저들을 없애버려!"[216] 작곡가는 베르히테스가덴에 있는 나치 본부로 불려가서 건강 악화라는 공개적인 이유로 제국 음악국 자리에서 곧바로 물러나야 했다.[217] 이런 추락에 그는 깊은 모멸감을 느꼈으며 자신의 편지가 개봉된 것에 분개했지만, 결국에는 그에게 잘된 일이었다. 이 일이 아니었다면 그가 나치 정권에서 얼마나 오래 버텼을지 모르겠다. 이 일이 있고 나서 그가 자신의 자리를 되찾고자 열심히 애쓴 것을 보면 말이다. 일례로 그는 히틀러에게 비굴한 편지를 써서 독대를 청하고 "나의 행동을 개인적으로 해명"[218]할 기회를 달라고 했다. 히틀러는 답장하지 않았다. 한 독일 학자가 설득력 있게 주장했듯이, 츠바이크의 "유대인적 집요함"[219]이 슈트라우스의 유산이 더 망가지는 것을 막은 셈이다.

슈트라우스는 훗날 공책에 개인적으로 적은 글에서 이 사건을
돌아보며 자기성찰과 후회의 감정을 살짝 내비쳤다.

처음부터 국가사회주의 운동과 거리를 두지 않음으로써 내가 치
러야 했던 대가가 어땠는지 이제 알겠다. 모든 것의 시작은 필하
모닉 오케스트라에게 호의를 베푼 것이다…. 나는 쫓겨난 브루
노 발터를 대신하여 마지막 예약 연주회에 나섰고, 1,500마르크
의 사례비를 오케스트라에게 주었다. 그러자 외국의 신문, 특히
유대계 빈 신문이 나를 거세게 몰아붙였고, 독일 정부가 내게 줄
수 있는 것보다 그들의 공격으로 내가 입은 피해가 더 컸다는 것
은 웬만한 사람은 다 알아볼 것이다. 나는 굽실거리고 이기적인
반유대주의자로 매도되었다. 하지만 사실 나는 기회가 있을 때
마다 영향력 있는 사람들에게 (불이익을 감수해가며) [나치 언론인
이자 선동가인 율리우스] 슈트라이허와 괴벨스의 유대인 사냥
이 독일의 수치라고, 무능의 증거라고, 재능 없고 게으른 범인凡
人이 지성과 재능이 많은 인재에게 휘두른 저열한 무기라고 생각
한다고 항상 강조해왔다. 나는 유대인으로부터 지지와 헌신적인
우정과 후한 도움과 지적 영감을 너무도 많이 받았기에, 이를 고
마운 마음으로 인정하지 않는 것은 범죄임을 여기서 공개적으로
밝히는 바이다.[220]

슈트라우스의 고백은 여러모로 흥미로운 진실을 담은 자료다.
궁극적으로, 제국 음악국 자리가 어떤 도덕적 대가를 요구하는지

그가 간파하지 못한 것은 내면성 전통이 어쨌든 간에 문화와 정치는 떼려야 뗄 수 없는 것이 되었음을 그가 이해하지 못했기 때문이다. 둘을 별도의 영역으로 나눈 것은 독일 낭만주의 사고의 유혹적인 괴물이자 위험한 도피였고, 나치 시대에 이르러 그 위험이 최고조에 달했다. 토마스 만이 이 무렵에 썼듯이, 독일 지식인들이 "정치가 인간 문제의 일부임을 깨닫기 거부하면서 공포 정치, 권력에의 굴종, 전체주의 국가로 이어졌다."[221] 아울러 츠바이크 사건은 근대 독일 문화가 오랫동안 두 줄기에서 흘러든 하나의 강이었음을 또 한 번 명확히 보여주었다. 그리고 실제든 상상이든 문화와 정치를 분리하는 것으로는, 독일 문화를 이루는 두 줄기를 파괴하는 데 앞장선 정권을 위해 일하겠다면서 츠바이크와의 예술적 협업을 통해 그것을 **지속시키고자** 애쓴 슈트라우스의 난감한 모순을 해결할 수 없다.

〈말 없는 여인〉에 대해 말하자면, 나치가 슈트라우스의 편지를 가로채기 전에도 오페라의 운명은 불확실했다. 가장 명망 높은 독일 현역 작곡가와 유대인 대본작가가 함께 만든 오페라가 나치 국가에서 과연 초연될 수 있을까? 결국, 히틀러가 작곡가의 운명의 편지 이전에 개인적으로 승인한 덕분에, 1935년 6월 24일 드레스덴 오페라극장에서 초연이 예정되었다. 슈트라우스는 나치의 음모를 의심하여 초연 이틀 전에 프로그램을 보여 달라고 요구했고, 츠바이크의 이름이 빠져 있는 것을 확인했다. 슈트라우스는 원래대로 돌려놓지 않으면 초연을 거부하겠다고 으름장을 놓았고, 다소 놀랍게도 그의 주장이 통했다. 대본작가가 굳이 위험을 감수해가

애도하는 음악

며 초연을 보러 독일에 오지는 않았지만, 츠바이크의 이름은 프로그램에 올랐다. 그 여파로 히틀러는 초연에 참석하려는 계획을 접었고, 드레스덴으로 향하던 괴벨스의 비행기는 공중에서 방향을 돌렸다.[222]

공연은 무사히 진행되었고 슈트라우스는 "대단한 성공"이라고 칭했다. 츠바이크의 담당 편집자 부인인 카타리나 키펜베르크는 취리히에 있는 츠바이크에게 서둘러 편지를 써서 공연의 감흥을 전했다. 앞선 시대의 의식과 찬란한 광휘가 찰나일지라도 계속 이어지기를 바라는 벅찬 욕망이 글에서 느껴진다.

극장은 완전히 매진이었어요. 게다가 숙녀들이 최고로 예쁘고 우아하게 보이려고 멋을 잔뜩 내고 와서 무척이나 화려한… 그야말로 축제 분위기였습니다. 〈장미의 기사〉가 생각나기도 했는데 그게 대체 몇 년, 아니 몇십 년 전이었던가요? 〈말 없는 여인〉은 어느 모로 보나 대성공이었습니다. 여기에는 분명 유쾌한 대본도 한몫합니다. 리하르트 슈트라우스는 〈피가로의 결혼〉 이후로 그렇게 훌륭하게 쓰인 대본은 없었다면서 자신이 작업하기 가장 좋았던 글이라고 했습니다.[223]

이렇듯 작곡가가 츠바이크의 대본에 열광한 것과 달리, 독일 언론은 시큰둥했다. 리뷰 기사에서 츠바이크의 이름을 언급하지 않거나 그를 '편집자'로 올렸다. 드레스덴에서 세 차례 공연된 후, 이 오페라는 제3제국에서 영영 들을 수 없었다.[224]

오늘날의 관점에서 보면 〈말 없는 여인〉의 주제들 또한 그 시대와 떼어놓고는 이야기할 수 없다. 극 중 노총각 모로서스가 갈구하는 침묵은 대본작가와 작곡가가 마음속에 품고 있던 도피주의 환상으로, 정치와 유리된 예술적 삶의 마지막 불꽃으로 해석할 수 있다.[225] 이런 맥락에서 보면 슈트라우스가 유독 이 오페라를 작곡하면서 즐거워했고, 그가 만든 음악이 너무도 투명하고 밝고 기분 좋은 따스함을 내보인다는 사실이 놀랍지 않다. 그는 노총각의 우스꽝스러운 실책 너머로 이런 환상의 세계와 내적 평화를, 불안으로부터의 해방을 갈구했다. 유대인 대본작가와 불온하게 손잡고 만든 이 프로젝트는 슈트라우스의 마음속에서 윤리적으로 균형을 잡아주는 역할도 하지 않았을까? 제3제국 초창기에 정부를 위해 일하기로 하면서 그가 가졌을 수 있는 도덕적 가책이 힘을 발휘하지 않도록 예방주사를 맞은 것으로 말이다. 확실히 이 오페라는 슈트라우스가 훗날 갈수록 의존하게 되는 도덕적 회피 전략을 연마하는 계기가 되었다. 〈말 없는 여인〉 이후로 그는 츠바이크 없이 〈평화의 날〉(1936), 〈다프네〉(1937), 〈다나에의 사랑〉(1940), 〈카프리치오〉(1941) 등의 오페라를 쉼 없이 만들었다. 중요한 무대극 여럿을 연이어 작곡한 이 시기는 슈트라우스의 삶에서 예술적으로 가장 생산적인 시기로 꼽힌다.

츠바이크는 모로서스 배역에 깊이 공감하여 슈트라우스에게 보낸 마지막 편지에서 그 노총각 이름으로 서명했을 정도였다. 이 오페라를 작업하는 동안 침묵은 츠바이크에게 "비이성의 급류"로부터 몸을 피하는 피난처로 보였을 것이다. 그는 이런 급류가 에라

애도하는 음악

스뷔스가 말한 정신의 귀족주의를 무너뜨리려고 한다는 것을 충분히 인지했다. 이로써 마지막으로 음악은 정치로부터 불화로부터 행복하게 벗어난 분야가, 현재로부터 도피하는 수단이, 오래전에 시한부 판정을 받은 빌둥의 이상을 여전히 간직하고 있는 예술이 되었다. 비록 본인이 대본을 썼지만 츠바이크는 이런 음악의 힘이 오래가지 않을 것임을 알았다. 그럼에도 그는 석양의 노을빛 속에 머무는 편을 택했다.

주목할 점은 츠바이크와 슈트라우스가 〈말 없는 여인〉을 만들던 때가 바로 쇤베르크가 〈모세와 아론〉의 첫 두 막을 작곡하던 때라는 사실이다. 두 오페라는 예술적 의의로 볼 때 결코 비교 대상이 아니지만, 쇤베르크와 슈트라우스 역시 같은 역사의 찢어진 반쪽으로 볼 수 있다. 쇤베르크에게 윤리와 미학, 음악과 정치를 나누는 가상의 선은 이미 사라진 지 오래였으며, 그가 창안한 불협화음으로 가득한 예술은 이제 독일-유대인 문화에서 이런 중차대한 순간의 긴장과 고통을 자유롭게 구현할 수 있었다.

이런 점에서 모세가 2막 마지막에서 "오, 말이여, 내게 말하는 능력이 있었더라면!"을 외치고 침묵에 빠진 것은 모로서스가 추구하는 침묵과는 정반대다. 모로서스의 침묵은 환상이자 도피다. 모세의 침묵은 도망칠 곳 없는 진리에 거울을 비춘다. 그것은 언어 자체가 완전히 헛됨을 알리는 침묵이요, 예술이 더이상 묘사의 능력을 갖지 못하는 미래의 현실을 가리키는 침묵이다.

1937년 초, 독일에 남아 있던 유대인들에게 더 영구적인 새로운

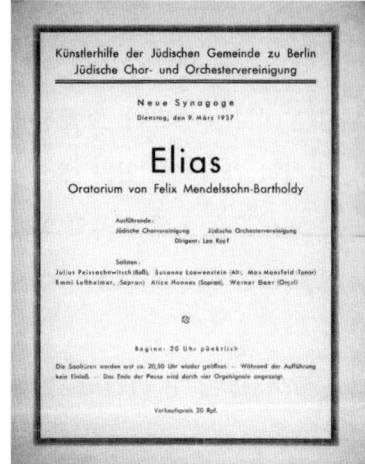

현실이 모습을 드러내기 시작했다. 1936년 베를린 올림픽이 개최되면서 반유대주의 조치들이 살짝 완화되었지만, 새해가 시작하자 아직은 견딜 수 있다는 희망은 사라지고 불길한 예감과 절망감이 몰려왔다. 이런 시대적 배경에서 1937년 3월 9일, 수천 명의 군중이 고대하던 멘델스존의 오라토리오 〈엘리야〉의 공연을 보려고 베를린의 노이에 시나고게에 모여들었다. 역사의 관점에서 보면 각각의 음악회는 스쳐 지나가는 사건일 뿐이어서 관심사가 되기 어렵다. 하지만 가끔 어떤 공연의 기억은 마지막 음과 함께, 혹은 그곳에서 음악을 들었던 사람들의 생명과 함께 사라지지 않고 남는다. 이날 저녁이 그랬다. 한 시대 전체를 마무리하는 일종의 코다였다.

당시 멘델스존의 이미지는 독일의 대중문화에서 예리하게 삭제되고 있었지만, 그의 음악은 독일 유대인들의 마음속에서 새롭게 영예로운 자리를 얻었다. 작곡가의 유대인 혈통도 여기에 작용했겠지만 무엇보다 그가 유대인들이 마음 놓고 받아들일 수 있는 유일한 독일 고전음악 작곡가였다는 이유도 있었다. 유대인 청중만을 모아놓고 유대인 음악가들이 합법적으로 연주하는 음악회에서 나치 검열관이 허락한 레퍼토리는 세월이 흐르면서 계속해서 줄

애도하는 음악

어들었다. 1937년에는 이제 바그너도 슈트라우스도, 바흐, 베토벤, 브람스, 슈만도 더이상 연주할 수 없었다.[226]

의도했든 아니든 이 〈엘리야〉 공연이 열린 장소는 확실한 상징적 메시지를 전했다. 유대인 사회가 현재 처한 곤궁과 앞서 가졌던 위엄과 포용의 꿈 사이의 간극을 베를린에서 여기보다 극명하게 보여주는 장소는 없었다. 노이에 시나고게는 북적이는 오라니엔부르거 거리 위로 우뚝 솟은 환한 금-아연의 양파형 돔이 있는 네오 무어 양식 건축물로[227], 1866년 모습을 공개한 순간부터 베를린 스카이라인을 대표하는 명물로 자리 잡았다. 당시 유럽에서 단연코 가장 규모가 큰 유대교 회당이었다. 베를린 도시공간에서 영속적인 자리를 바라는, 그리고 법 앞에서 평등한 대우를 바라는 유대인 공동체의 열망을 벽돌과 모르타르로 구현했다. 안으로 들어가면 신중하게 숨겨진 오르간과 성가대석, 그리고 3,200명을 위한 좌석이 있었다. 당시 프로이센 수상이었던 오토 폰 비스마르크를 포함하여 여러 정부 관료들이 헌당식에 참석했다.

그로부터 70년이 지나서 열린 이 멘델스존 공연은 사람들로 꽉 들어찬 가운데 베를린의 유명한 합창 지휘자 레오 코프가 이끌었다. 성서에 나오는 예언자의 삶을 극화한 작곡가의 마지막 걸작 〈엘리야〉는 세속적인 극과 장대한 영적 신격화를 모두 음악으로 담아낸다. 이날의 공연은 그냥 사라지지 않았다. 〈유대 동향Jüdische Rundschau〉의 비평가는 예술적으로 성공작이라고 평가했는데, 그의 글은 오늘날에도 울림이 있다.

멘델스존의 천재성이 번뜩이는 이 작품에는 호화로운 아름다움이 넘친다. 방사되는 빛은 여러 차례 굴절되는데 기념비적이거나 강력하다기보다는 다양한 아름다움의 총합에 가깝다. [멘델스존이] 이를 오래오래 자체적으로 지속되는 유기체로 만들었다는 사실, 성서의 사건들의 약동하는 생명의 순환 속에 배치했다는 사실은, 바흐와 헨델이 이루어낸 것, 그러니까 탈인간적인 영원불멸의 거리감을 보여주지 않는다. 오히려 멘델스존의 폴리포니는 오히려… 한 인간이 풍부하게 느끼는 감정이 여러 성부로 나눠지고 증폭된 것이다. 바흐에 대한 공경은 바흐의 형식을 통해 힘을 발휘한다. 즉 멘델스존은 자신의 주관적인 감정의 세계 전체가 그 형식으로 흘러들도록 한다. 그리하여 바흐의 성부들

애도하는 음악

이 주고받음으로써 순수하게 음악적인 흥분을 만드는 것은 그야 말로 극적인 감정의 에너지를 생산한다.[228]

이 리뷰 기사가 말하려는 바는 분명해 보인다. 독일 음악 전통, 나아가 빌둥이라는 이념 자체를 존경하는 마음, 개인적인 것에서 집단적인 것으로 확장된 숭배, 그리고 추상적인 이상을 삶의 경험으로 만들고 그 과정에서 다시 활기를 불어넣고 새로운 관점으로 굴절시키고 안에서부터 끌고 나가는 헌신의 자세가 그것이다. 기자는 알고 했든 아니든 화요일 저녁 베를린에서 있었던 하나의 공연 이상의 것을 서술했다. 그는 역사적 여정의 끝에 다다른 독일 유대인 민족에 바치는 애가를 에둘러 쓴 셈이다.

역사가 만들어지고 있다는 것을 현장에서 바로 알아채는 경우는 드물지만, 이 음악회는 청중이 중요성을 제대로 알아보았던 것 같다. 십대 때 이 공연에 참석했던 음악학자 알렉산더 링거는 60년이 지나 강연을 하면서 그날 저녁의 세세한 상황을 여전히 기억해냈다. 그날의 분위기를 담은 아래의 구절은 그 자체로 기념물이라 할 만하다.

아직 젊은 선창자 율리우스 파이사호피치가 풍성한 바리톤 음성으로 서두의 레치타티보 "살아계신 이스라엘 왕의 이름으로 맹세하노니"를 부르는 순간, 진실로 역사에 남을 사건을 보고 있다는 생각이 모두를 집어삼켰습니다. 그리고 소프라노가 "들어라, 이스라엘아"로 2부를 시작하자 거의 모두가 감정을 주체하지 못했습니다. 마침내 마지막 찬양의 노래에서 "영광스러운 그대의 이름"이 D장조 화음에 맞춰 우렁차게 울리자 아무도 움직이지 않았습니다. 전에는 다양한 배경의 많은 청중이 참지 못하고 자리에서 벌떡 일어났지요. 지휘자 레오 코프, 독창자들, 거대한 합창단과 오케스트라 모두가 자리에 그대로 있었습니다. 영원 같은 완전한 침묵 속에서 가끔 흐느낌을 참지 못하는 소리가 들렸습니다. 마침내 머뭇거리듯 박수 소리가 하나둘 터지면서 기억에 남을 그날 저녁의 긴장과 불안을 해소했습니다. 몹시 충격을 받은 십대 한 명은 펠릭스 멘델스존이 마침내 집으로 돌아왔다고 여겼습니다.[229]

애도하는 음악

4장

파도 아래에서

이 글을 쓰는 지금, 대단한 문명인들이 머리 위를 날아다니며 나를 죽이려고 한다. 그들은 개인적으로 내게 적대감을 갖고 있는 것은 아니며, 그건 나도 마찬가지다. 흔히 말하듯 "자신의 본분을 다할" 뿐이다. 대부분은 친절하고 법을 준수하는 사람들임을 의심하지 않는다. 사생활에서 살인을 저지른다는 것은 꿈도 꾸지 못하는 사람들이다. 하지만 그들 중 한 명이 폭탄을 잘 조준하여 나를 산산조각 내더라도, 그가 그 때문에 잠을 설치는 일은 결코 없을 것이다. 그는 조국에 봉사하고 있으며, 조국이 그를 악에서 사면해준다.

– 조지 오웰, 〈영국, 당신의 영국〉

1943년 10월 2일 저녁, 뮌헨 하늘은 맑았다. 뮌헨이 자랑하는 국립

극장에서 공연이 시작되려고 했다. 19세기 초에 파리의 오데옹 극장을 모델로 하여 신고전주의 양식으로 지어진 이 오페라극장은 바그너의 〈트리스탄과 이졸데〉, 〈뉘른베르크의 명가수〉, 〈라인의 황금〉, 〈발퀴레〉가 세계 초연된 무대다. 이날 저녁 여섯 시에 티롤 출신의 지휘자 마인하르트 폰 찰링거가 오이겐 달베르의 〈티플란트〉를 지휘하려고 무대 아래에 모습을 드러냈다.[230] 바그너풍의 화려함이 더해진 자연주의 멜로드라마로 히틀러가 좋아한 오페라였다.

공연이 끝나고 두 시간 뒤에 공습경보가 밤의 침묵을 갈랐다. 영국 랭커스터 폭격기 263대가 뮌헨의 남쪽 상공에 이미 집결해 있었다.[231] 몇 분 후, 짧지만 강도 높은 공격이 벌어졌다. 분당 4,000파운드의 폭탄 10개를 투하하는 폭격이 25분간 이어졌다.[232] 이 폭격으로 906명이 부상을 입었고, 21,872명이 집을 잃었으며, 229명이 목숨을 잃었다.[233]

　　　　　　　　　　　　　　　　　　　애도하는 음악

하지만 리하르트 슈트라우스의 마음에 가장 큰 충격을 안긴 것은 그날 밤에 있었던 다른 공격이었다. 뮌헨 국립극장에 고성능 폭탄 여러 개가 떨어져 건물이 불길에 휩싸였다. 뜨거운 열기에 무대를 지탱하던 철제 빔이 그냥 녹아내렸다.[234] 벽이 들리고 대들보가 휘어 스파게티처럼 뭉쳤다. 마침내 불길이 잡혔지만 외벽과 입구, 현관홀만이 멀쩡했고, 건물 뼈대가 무너져서 돌무더기만 남았다. 후방의 한 사수는 뮌헨에서 200마일 떨어진 곳에서도 그 불길이 보였다고 했다. 연기는 1마일 이상 하늘 높이 치솟았다고 한다.[235]

이것은 독일의 자랑스러운 예술 신전에 가해진 무수한 공격 가운데 하나였을 뿐이다. 1944년 2월 20일, 라이프치히 게반트하우스가 잿더미가 되어 이후 수십 년을 도시 중심가에 그대로 남아 있었다. 슈트라우스의 수많은 명작이 세계 최초로 공개되었던 아름다운 르네상스 양식의 드레스덴 오페라극장은 1945년 2월 13일 밤에 무너져 내렸다. 슈트라우스가 1920년대에 공동 음악감독을 맡았고 1차 세계대전 전에는 말러가 이끌었던 빈의 오페라극장은 그다음 달에 파괴되었다. 한때 웅장했던 이런 신전들이 돌무더기로 바뀌면서 삶이 예술의 뒤를 이었다는 말이 나왔다. 이런 건물들은 신전보다 먼저 윤리적 이상을 도려냈던 전통의 처지를 음울하고 적나라하게 보여주는 것이었으니 말이다.

연합국의 군사작전이 기세를 이어가자 그처럼 눈에 잘 띄는 장대한 건축 기념물들을 살릴 방도는 없었지만, 다른 문화적 보물은 선제적으로 보호할 수 있다는 것을 나치 관료들이 재빨리 깨달았다. 그리하여 가장 상징적인 보호 시도가 바이마르에서 펼쳐졌다.

도시의 지도자들은 바이마르의 보물인 실러의 책상이 망가질까 우려했다. 실러 하우스 박물관에서 가장 중요한 전시물이었으므로 아무래도 공격에 취약해 보였다. 하지만 박물관을 아예 폐쇄하고 싶지는 않아서 추악하기 이를 데 없는 계획을 생각해냈다.[236] 1942년 봄, 그들은 책상과 실러의 작은 피아노를 포함한 가구들을 실러 하우스에서 조용히 빼내 부헨발트 강제수용소로 옮겼고, 그곳에서 목공 솜씨를 갖춘 수감자들에게 똑같은 복제품을 만들게 했다.[237] 상상할 수 없는 환경에서 노역했고 괴테의 참나무가 서 있는 담장 안에서 이미 살고 있던 이 수감자들은 이제 실러가 마지막 작품들을 썼던 책상과 완전히 똑같은 것을 만들었다. 실러가 1803년에 〈환희의 송가〉를 수정하여 훗날 베토벤이 곡을 붙이게 되는 버전을 만든 것도 아마 이 책상에서였을 것이다.[238]

　복제품을 만드는 작업은 일 년 넘게 걸렸다. 그러는 동안 바이마르에 남아 있던 유대인들은 1942년 5월 10일, 가축 경매장에 소집되고 바이마르 화물역에서 기차에 실려 벨제크와 마이다네크의 수용소로 보내졌다.[239] 1943년 10월 18일, 완성된 복제품이 실러 하우스에 다른 위조 가구들과 나란히 전시되었다. 약은 수를 쓴 덕분에 전시물이 손상될 우려 없이 박물관을 계속 열어둘 수 있었다. 한편 실러의 원래 책상은 지역에 있는 니체 자료보관소의 지하실에 안전하게 두었다.[240] 역사소설에 나왔어도 호들갑스럽게 보였을 법한 허세다.

뮌헨의 오페라극장이 폭격을 받을 때, 슈트라우스는 50마일 떨어진 가르미슈-파르텐키르헨 마을에 살고 있었다. 그는 〈살로메〉의 로열티로 1908년에 그곳에 넓은 빌라를 지었다. 공격 다음 날 불길이 아직 남아 있을 때, 슈트라우스는 누이 요한나에게 짧고 비통한 글("나는 제정신이 아니네")을 썼다.[241] 그들의 아버지가 거의 50년 가까이 수석 호른 주자로 연주했고, 슈트라우스 본인도 경력의 초창기에 그곳에서 수없이 지휘를 맡았던 극장이었다. 그는 나중에 그의 전기를 쓰게 되는 빌리 슈에게도 슬픈 심정을 털어놓으며 73년 전 그곳에서 베버의 오페라 〈마탄의 사수〉를 들었던 기억을 언급했고, 자신의 오페라가 열 번이나 다른 기획으로 무대에 올라 개인적으로 각별한 뿌듯함을 느낀다고 했다. 이런 국립극장이 파괴된 것을 두고 그는 "내 인생에 일어난 최악의 재앙으로, 그 어떤 것으로도 위안이 되지 않으며 이 나이에 아무런 희망이 없네"[242]라고 썼다.

사실 이 무렵 슈트라우스에게는 위안으로 삼고자 매달릴 만한 중요한 명분이 없었다. 대본작가 츠바이크를 잃고 제국 음악국 총재 자리를 그만둔 뒤로 그는 현실과 거리를 두고 그저 작곡에 전념하고자 애썼지만, 조용한 산악 마을 가르미슈에서도 예술에서 피난처를 찾으려는 그의 발목을 잡는 일이 있었다. 그의 직계 가족의 족보에서 대단히 곤란한 사안이 적어도 하나 있었다. 1924년에 그의 아들 프란츠는 유명한 체코-유대인 기업가 집안의 딸인 알리체 폰 그라프와 결혼했다. 히틀러가 권력을 잡았을 때 프란츠와 알리체 사이에는 두 아들이 있었는데, 그들은 나치의 인종법에 따르면 완전한 아리아인이 아니라 일급 혼혈Mischlinge로 간주되었다. 1938년까지 슈트라우스는 자기 가족의 안전을 확보하고 손자들을 위해 아리아인의 특권을 지키려고 나치당 고위 간부들과 어렵게 쌓은 연줄을 모두 가동해야 했다.[243] 그의 이런 노력은 마침내 성과가 있었다. 가족 모두 전쟁에서 살아남았고, 손자들은 다른 유대인들과 달리 완장을 차지 않고 '순혈' 급우들과 함께 학교에 계속 다닐 수 있었다. 그렇긴 해도 나치의 인종 테러는 슈트라우스의 주변 환경에서 모습을 감춘 것이 아니었다.

크리스탈나흐트Kristallnacht(1938년 11월 9일~10일)*에 가르미슈에 남아 있던 44명의 유대인들이 마을 광장에 소집되었다. 폭도들이 옆에서 침을 뱉는 가운데, 그들은 개인 선언서 형식으로 작성된 추방 서류에 강제로 서명을 했다.

나는 다음 기차로 가르미슈-파르텐키르헨을 떠나 다시는 돌아

---

* 1938년 11월 9일 밤부터 10일 새벽 사이 나치당원과 여타 독일인들이 독일 전역의 유대인이 운영하는 상점들을 약탈하고 유대교의 회당인 시나고그에 불을 지른 사건. 당시 깨진 유리창 파편들이 반짝거리며 거리를 가득 메웠던 것에서 '수정의 밤'이라는 이름이 붙었다.

애도하는 음악

오지 않을 것을 맹세한다. 새로운 곳에 자리를 잡으면 내가 가진 땅과 건물, 물건을 곧바로 아리아인에게 매각하기로 맹세한다. 지금부터 기차로 가르미슈-파르텐키르헨을 떠날 때까지 아리아인이 나를 보호하기 위해 동행하는 것에 동의한다.[244]

같은 날 저녁 6시까지 모든 유대인들은 마을에서 도망치거나 강제로 추방되었다.[245] 한 명의 예외가 있었으니, 알리체 슈트라우스는 그녀를 찾으려고 작곡가의 빌라로 찾아온 나치 돌격대원을 가까스로 피해 화를 면했다. 하지만 슈트라우스의 손자들은 그날 광장에 불려나가 혼혈의 지위를 삭막하게 반영하듯 군중의 침 세례를 받았고 또 남들에게 침을 뱉어야 했다.[246] 전쟁의 시기에 갈등은 오히려 높아졌다. 슈트라우스는 빈에서 많은 시간을 보냈는데, 여기서 그는 자신의 음악을 열렬하게 숭배했던 나치의 빈 지부장 발두어 폰 시라흐의 보호를 받았다. 슈트라우스는 상황이 아무리 위험하게 흘러도 사정을 들어줄 수 있는 관료 한 명 정도는 항상 알고 있었던 것 같다. 전쟁 막바지에 알리체의 체포 영장이 발부되었지만 집행되지는 않았다.[247]

슈트라우스가 자신의 가족에게 제공할 수 있었던 믿기지 않는 보호막은 아쉽게도 알리체의 대가족을 보호할 만큼 넓지는 못했다. 그가 열심히 탄원했음에도 알리체의 할머니 파울라 노이만을 포함하여 몇 명의 친척들이 프라하를 거쳐 테레진으로 이송되었다. 나치는 부지런한 선전 활동을 통해 강제수용소의 실체를 은폐했다. 알리체에 따르면, 슈트라우스 가족은 그곳이 유대인들을 모아놓았다가 다른 곳으로 정착시키는 장소로 생각했다.[248] 언젠가, 아마도 1944년 3월에 슈트라우스는 자신이 직접 일을 처리하고자 운전사를 대동하고 테레진으로 찾아갔다고 한다. 정문에 도착하자마자 차에서 내린 그는 자신의 문화적 명성과 자신의 이름이 주는 존경을 확신하여 말했다. "리하르트 슈트라우스요. 노이만 부인을 데려가려고 이렇게 왔소."[249] 감시자들은 어리둥절하여 미친 사람 보듯 했고, 상관과 상의한 뒤에 그를 빠르게 쫓아냈다. 강제수용소 기록에 의하면 노이만 부인은 1944년 5월 9일, 테레진에서 사망했다.[250]

알리체 슈트라우스는 훗날 말하기를, 절멸 수용소의 실체를 전쟁이 끝난 후에야 알았다고 했다.[251] 누군가가 그들에게 경악할 사실을 말했더라도 믿지 않았을 것이라고 했다. 그렇다 해도 슈트라우스라면 쇤베르크와 아르놀트 로제를 포함하여 수많은 동료 음악가들이 강제로 고국을 떠나야 했던 것에 대해 몰랐을 리가 없다. 그의 처지와 가장 극명한 대조를 이룬 것은 슈테판 츠바이크의 곤경이었다. 영국과 뉴욕에서 여러 해를 떠돌며 지낸 츠바이크는 마침내 두 번째 부인 로테와 브라질 페트로폴리스에 정착했다. 카페에서 외국인들이 잡담하는 소리를 들으며 츠바이크는 애틋한 회고록 《어제의 세계》를 완성했다. 하지만 기억이라는 강장제도 점점 깊어지는 절망의 파도를 막아주지는 못했다. 한 친구는 츠바이크가 음악과 음악가들을 계속 가까이 두었다면 그의 정신이 충분히 가벼워져서 그를 구했을지도 모른다고 했다.[252] 하지만 악보 수집을 완전히 접었고("수집이라면 이제 할 만큼 했소"[253]), 아끼던 베토벤 책상을 영국에 두고 와야 했고, 자신이 만든 오페라를 들을 기회를 완전히 봉쇄당한 츠바이크에게 음악은 더이상 안식처가 아니었다. 그는 모로서스가 꿈꾸는 침묵을 비극적으로 뒤집은 듯한 삶을 살았다. 1942년 2월 22일, 츠바이크는 자신의 신변을 꼼꼼하게 정리하고는 로테와 함께 다량의 바르비투르산염을 복용함으로써 삶을 끝냈다. 그는 말끔하게 차려입은 모습으로 발견되었다. 로테가 그에게 팔을 두른 채 그 옆에 누워 있었다. 그의 책상에는 우표를 붙인 편지, 잘 깎은 연필, 반납해야 하는 책들과 함께 자필로 쓴 쪽지("성명서")가 있었다.[254] 츠바이크는 너그럽게 대해준 브라질에게 감사의 마음을 전하고 나서 이렇게 설명했다.

> 예순 살이 넘어 완전히 새로운 삶을 시작하려면 대단한 힘이 든다. 내가 가진 힘은 오랜 세월 정처 없이 떠돌아다니면서 소진되고 말았다. 그러므로 제 때에 확고한 태도로 삶을 마무리하는 것이 낫다고 본다. 나의 삶에서 지적인 노고는 언제나 순수한 기쁨이었으며 개인의 자유는 이 세상에서 가장 높은 선善이었다. 나의 모든 친구들이여, 안녕! 그대들은 부디 긴 밤이 지나고 새벽이 오는 것을 볼 수 있기를. 지나치게 성급한 나는 먼저 떠나네.[255]

츠바이크의 자살에 슈트라우스가 어떤 반응을 보였는지는 알려지지 않았지만, 이 무렵 둘의 삶의 정황으로 짐작할 수 있다. 츠바이크가 브라질에서 생을 마감한 날, 슈트라우스는 니체의 글에서 영감을 받아 작곡한 교향시 〈차라투스트라는 이렇게 말했다〉의 연주회에 참석했다.[256] 빈 필하모닉의 연주가 끝나고 그는 호명되어 열렬한 박수를 받았다.

이 무렵, 슈트라우스와 정권은 껄끄럽지만 어느 정도 안정적인 작업 방식에 합의하여 전쟁이 끝날 때까지 이어갔다. 덕분에 슈트라우스의 음악은 계속 연주되고 갈채를 받았지만, 슈트라우스 개인은 갈수록 고립되었고 결국에는 환영받지 못하는 존재가 되었다. 1944년, 그의 80세 생일은 그냥 넘기면 독일이 국제적으로 난처해질 것이라고 빌헬름 푸르트벵글러가 나서서 한마디 한 후에야 독일에서 공식적으로 기념되었다. 궁극적으로, 제3제국 시절 슈트라우스의 행적을 얼마나 가혹하게 평가해야 하는지는 앞으로도 계속 논쟁이 될 질문이다. 그는 당에 가입한 적이 없고 나치의 인종 정책을 대놓고 묵과한 적도 없지만, 초기에 기회주의적으로 굴고 히틀러와 나치 고위 관료들에게 굽실거린 것은 자료에 명확히 남아 있다. 슈트라우스가 정권의 일부 정책을 경계하면서도—자기 가족을 지키고자 고군분투해야 했고 가까운 동료 여럿이 강제로 쫓겨나는 것을 본 그였으니—계속해서 그들에게 아첨하고 공적인 명예를 누렸다는 사실은 적어도 변명의 여지가 없는 수준의 도덕적 회피를 보여준다.

슈트라우스는 나치와 거리를 두는 데 실패했음을 공개적으로 성찰하지 않았지만, 그의 편지와 일기, 스케치북을 보면 전쟁이 장기화되면서 내면이 지쳐갔고, 정권과 손잡은 것이 얼마나 경솔하고 궁극적으로 헛된 선택이었는지를 너무도 늦었지만 깨달았음을 알게 된다. "제국 음악국 총재를 맡으면서 외국으로부터는 반감과 모욕이 쏟아졌을 뿐이고, 그렇다고 독일 극장과 음악 문화를 위

애도하는 음악

해 결정적인 조치를 행한다는 만족감을 얻은 것도 아니다."[257] 그가 일기에서 털어놓은 말이다. 전쟁이 막바지에 이르자 슈트라우스의 기분은 갈수록 어두워졌다. 그가 쓴 편지를 인용해보자. "산산이 부서진 내 삶에서 가족은 마지막이자 유일한 빛줄기요. 내가 평생을 바친 일은 말살되었고, 독일 오페라는 망가졌으며, 독일 음악은 고통받는 영혼이 비참한 존재로 연명해가는 기계의 불지옥에 잡아먹혔소. 나의 자긍심이었던 아름다운 빈의 고향은 돌무더기와 잿더미로 변해버렸소. 이제 이 세상에서는 내 작품을 더는 듣지도 보지도 못할 거요. 여든 살 생일이 지나고 모차르트와 슈베르트가 나를 낙원으로 데려가기를 바랄 뿐이오."[258]

가족의 불확실한 운명에 애가 탔고, 자신의 목줄을 여전히 쥐고 있는 정권으로부터 소외되어 최고로 어두운 시절을 보내던 슈트라우스는 다른 절박한 시기에 그랬던 것처럼 이번에도 괴테의 글에서 위안을 얻었다. 그는 다른 예술가가 평생 일군 작품에 몰입함으로써 얻게 되는 도피와 대리적 즐거움을 갈망했던 것 같다. 이런 말을 했다. "괴테와 함께 다시 젊어지고, 그러고는 그와 함께 다시 나이가 든다. 그의 방식으로, 그의 눈을 통해."[259] 괴테에 한창 몰입했던 1944년에 그는 "누구도 자신을 알지 못하네Niemand wird sich selber kennen"라는 제목의 짧은 시를 만났다. 한 스케치북 표지에 그대로 적을 만큼 깊이 공감했다. 시의 전문은 이렇다.

누구도 자신을 알지 못하네,
내면의 존재와 멀어지니.

그럼에도 그는 매일 알게 되네,

마침내 바깥에서 명확하게 드러난 것을.

자신이 어떤 존재이고 어떤 존재였는지,

무엇을 할 수 있고 무엇을 해야 했는지.[260]

간결하기 이를 데 없는 이 시는 내면의 공허를 묘사하며, 자신
의 진짜 모습은 주관성이라고 하는 왜곡된 거울만으로는 제대로
파악하기 어렵다고 호소한다. 하지만 마지막 세 행에 보면 어렵게
얻은 명확함으로 나아가는 움직임이 있다. 새로운 지식은 궁극적
으로 자신의 자아와 행동이 "바깥에서" 어떻게 인식되었는지 점차
깨달음으로써 얻어진다.

슈트라우스에게 이 시는 그저 종이에 옮겨 적은 것 이상의 의미
가 있었다. 그래서 전쟁이 끝나갈 때 괴테의 시로 합창곡을 작곡하
기 시작하다가 얼마 뒤에 포기했다. 이유는 알려지지 않았지만 추
정해보자면 시가 숙고하는 기운이 지나치게 투명했던 모양이다.
좀 더 실제적으로 보면, 시가 슈트라우스에게서 끌어낸 감정의 범
위와 깊이가 그가 구사할 수 있는 최대치인 오케스트라를 가동해
야 감당되는 수준이었을 수도 있다. 다행히도 슈트라우스는 괴테
의 작업을 완전히 버리기보다는 악상의 핵심을 취해 후속 작품에
활용하기로 했다.[261] 새로 작곡한 작품은 순수한 기악곡으로 언어
의 의미론적 구체성에서 해방되어 괴테의 텍스트를 훨씬 더 은밀
하게 표현할 수 있었다. 그리하여 인간의 목소리를 위한 음악은 앞
선 슈트라우스 오페라의 주제였던 다프네의 변신처럼 무려 23개

의 현악기를 위한 작품으로 변신하게 되었다.[262]

　이것이 슈트라우스의 '변신 이야기' 〈메타모르포젠〉이다. 작곡가는 제목이 어떤 의미인지 충분히 설명하지 않았다. 아마 괴테의 논문 〈식물변형론〉에서 참고한 것으로 보이며, 그 책에서 변형의 개념은 더 높은 차원으로 진화하는 의미를 담고 있다. 어쩌면 한 학자의 말대로, 슈트라우스는 괴테의 진보적인 개념을 뒤집어 야수의 수준으로 퇴보하는 독일을 반영하려 했는지도 모른다.[263] 아무튼 이 작품은 작곡가가 "자신이 어떤 존재이고 어떤 존재였는지" 숙고하고 괴테의 시에 담긴 본질적인 긴장, 즉 어둠과 계몽, 불투명함과 내적 이해, 본인의 시야로 규정되는 자아와 본인 행동을 남들이 바깥에서 인식하는 것으로 규정되는 자아 사이의 긴장을 음악으로 성찰하려는 마지막 시도로 이해할 수 있다.

　슈트라우스는 오늘날 20세기 음악을 대표하는 걸작으로 평가되는 〈메타모르포젠〉을 1944년 8월부터 1945년 3월까지 작곡했다. 초연은 지휘자 파울 자허의 콜레기움 무지쿰 취리히가 맡았다. 첼로와 베이스가 신비롭게 상승하면서 시작하면, 오래된 애도의 음형을 (무의식적으로라도) 소환하는 하강 반음계 선율이 뒷받침한다. 서두의 이 화음을 시작으로 슈트라우스의 다른 어떤 작품에서도 보기 어려운 애도의 분위기가 묻어난다. 아이러니와 위트로 치장한 반짝거리는 외관은 없다. 초기 교향시에 나오는 해방된 영웅도 없다. 자랑스럽게 드러내는 현대적 객관성, 고결하게도 자신의 음악과 거리를 두는 저자의 초연함도 없다. 그 대신 이 곡에는 거의 혼미할 정도의 진심으로 보이는 감정이 있다. 〈메타모르포젠〉의 음악은 괴테의 시가 끝나는 대목에서 시작하는 것처럼 보인다. 마치 세상과 자신을 위에서부터 살피려는 것 같다. "바깥에서 명확하게" 말이다.

여기서 슈트라우스는 23개의 현악기―바이올린 10대, 비올라 5대, 첼로 5대, 베이스 3대―를 하나씩 개별적으로 취급한다. 능숙한 솜씨로 독립적인 선율들을 엮어서 풍성한 소리의 망으로 만든다. 연주시간 25분 동안 음악은 마치 표현의 내용이 빈약한 형식을 압도하기라도 하듯 거칠게 요동치기도 하고, 가끔은 아름다움과 후회의 감정이 세밀한 안개처럼 청자를 휘감고 돈다. 슈트라우스의 전작 〈다프네〉에서 가져온 대목이 나오는데 유일한 인용은 아니다. 첼로와 베이스가 만가挽歌풍의 제스처로 곡을 시작하고 나서 아홉 번째 마디에서 두 대의 비올라가 등장하여 중간 음역대로 소리를 끌고 간다. 비올라 둘이 함께 연주하는 주제는 강박強拍을 향해 거침없이 나아가는 4분음표 셋과 멈칫거리는(짧고-긴) 리듬으로 엮여 둘씩 떨어지는 네 개 음으로 이루어진다. 슈트라우스는 이 특정 모티프에 매료된 것이 분명하다. 모든 악기를 넘나들며 수십 차례 등장하기 때문이다. 하지만 그의 첫 번째 전기를 쓴 작가에 따르면, 슈트라우스 본인은 악보 거의 마지막에 이를 때까지 이 모티프 안에 베토벤의 〈영웅〉 교향곡의 비극적인 '장송 행진곡' 주제가 들어 있었음을 알아채지 못했다고 한다.[264]

자신의 진짜 모습을 알지 못한다고 하는 시에서 출발한 작품에서 이런 디테일은 참으로 흥미롭다. 슈트라우스가 위대한 전통으로부터 객관적인 거리를 두는 태도를 보였음에도 불구하고, 전통

애도하는 음악

의 형이상학을 해체하는 일에 평생을 몸담았음에도 불구하고, 동시대 삶의 괴리감을 반영하는 대담한 새로운 음악을 작곡하고자 애썼음에도 불구하고, 슈트라우스는 본질적으로 이런 똑같은 역사와 떼어놓을 수 없는 연결고리에 묶여 있었음을 보여주는 대목이 아닐까? 로맹 롤랑은 그를 가리켜 "모든 것에도 불구하고 고전적인 인물"[265]이라고 했다. 슈트라우스도 가끔은 그런 식의 사고에 탐닉하여 자신을 바흐로 거슬러 올라가는 전통의 마지막 남은 화신이라고, 혹은 "거대한 산맥의 마지막 산봉우리"[266]라고 했다. 그리고 마지막 이 탐색적인 걸작에서 슈트라우스가 베토벤 선율을 자신의 것으로 가져오면서 한때 별개였던 봉우리는 서로 합쳐지기 시작했다. 마치 알아볼 수 없을 만큼 비천한 수준으로 떨어진 독일 음악이 이제 자신의 과거에 쫓기는 신세가 된 것 같다. 슈트라우스는 자신의 〈메타모르포젠〉에 〈영웅〉이 내내 함께했음을 알아차리고는 제대로 된 인용을 마지막 순간에 새겨 넣었다. 이미 베토벤의 손에서 이 장송 행진곡은 좌절된 이상에 바치는 기념물이었다. 이제 슈트라우스는 베토벤의 목소리를 자신의 것으로 삼으며 인용된 구절 아래에 **"추모하며!"**라고 적었다.

얼핏 보면 오래전부터 비문으로 쓰인 이 말은 그토록 애절하고 아름다운 작품의 마지막에 더없이 잘 어울리는 것 같다. 하지만 좀 더 자세히 살펴보면 의미가 알쏭달쏭해지기 시작한다. 대체 **누구에게 무엇에** 추모한다는 걸까? 슈트라우스는 결코 말한 바가 없다. 〈메타모르포젠〉 음악처럼 이 문구도 많은 것을 표현하지만 밝히는 것은 거의 없다. 슈트라우스는 마지막으로 솜씨를 발휘하여 완벽한 소리의 기념물을 세우고는 그 뒤로 쏙 사라진 것처럼 보인다.

이 작품의 초연 이후, 연주자, 청자, 비평가, 학자 할 것 없이 상상력을 가동하여 슈트라우스가 정확히 무엇을 추모하고 있는지 추측에 나섰다. 초창기 한 비평가는 당시 아직 살아 있었던 히틀러에 바치는 애가라며 작품을 공격했다.[267] 브루노 발터는 걸작이라고 칭송하면서 "추모하며"는 슈트라우스가 장엄하고 비극적인 고별의 심정으로 본인의 삶을 돌아보는 것이라고 주장했다.[268] 다른 이들은 히틀러를 언급한 것이 맞겠지만, 그것은 베토벤이 나폴레옹을 생각하면서 곡을 쓴 것과 비슷하다고 보았다.[269] 한때 프랑스 지도자를 존경하여 〈영웅〉 교향곡을 바쳤지만 나중에 철회하면서 교향곡 악보를 찢었다는 그 유명한 일화 말이다. 최근에 나온 프로그램 노트들은 대체로 〈메타모르포젠〉을 폭격으로 파괴된 독일의 도시들과 오페라극장들을 애도하는 작품으로 대한다.[270] 하지만 어쩌면 자아의 불투명함에 대한 유감스러운 철학적 성찰이며, 나아가 자신의 고집스러운 맹목을 뒤늦게 여전히 개인적으로 부여잡고 고심하는 것으로 들을 때 가장 설득력이 있다. 독일 음악의 윤리적 책임을 거절하고 나중에는 조롱까지 한 것, 개인을 집단보다 우위에 둔 것, 도덕적으로 용납될 수 없는 정치와 예술의 분리를 통해 자신의 행동을 정당화한 것, 명백한 악의 정권과 손잡고 불과 12년 만에 독일 문화 전체를 망가뜨리고 만 것.

편지에서 몹시 지친 기색을 드러냈음에도, 슈트라우스는 〈메타모르포젠〉를 작곡하고 나서 4년을 더 살면서 자신이 어떤 의도로 곡을 썼는지 결코 드러내지 않았다. 어떻게 보면 이 작품의 추상적인 성격으로 인해 우리는 곡에서 자신이 원하는 것을 듣는다. 그러니 작품은 우리가 작곡가를 어떤 식으로 바라보는지 알아보는 일종의 로르샤흐 테스트*가 되기도 한다. 하지만 설령 슈트라우스가 〈메타모르포젠〉과 관련하여 명쾌하게 입장을 설명했더라도 작품이 오늘날 갖게 되는 의미의 폭이 고갈되는 일은 없을 것이다. 역사적 가치를 갖는 모든 음악작품은 계속 움직이며 의미를 발산하기 때문이다. 과거의 메시지는 유동적이며, 정확한 좌표는 작곡가·연주자·청자의 도움에 힘입어 매번 들을 때마다 새롭게 조정된다. 그런 점에서, 그리고 슈트라우스가 베토벤을 무의식적으로 인용한 것에서 보듯, 더 넓은 시야를 취하는 것도 괜찮다. 자신의 음악이 18세기로 거슬러 올라가는 오래된 독일 전통을 이어받은 것이라는 작곡가의 평가에 일리가 있다고 인정하면, 대단히 개인적인 작품인 〈메타모르포젠〉은 슈트라우스의 개인적 여정을 넘어서는 의미 또한 갖게 된다. 아울러 작품 마지막에 "추모하며"를 새겨 넣은 것은 슈트라우스보다 훨씬 거대한 뭔가를 표명한 것으로 볼 수 있다. 바로 여기 네 마디에서 독일 음악은 자신을 듣는 행위를, 괴테의 용어로 "바깥에서" 자신을 보는 행위를 마침내 재개했다. 그리고 이 전통의 살아 있는 화신이면서 전면적인 몰락에 지울 수 없이 가담한 행위자이기도 한 슈트라우스는 이런 거대한 문화적 자산이 한참 늦었지만 마지막 임무를 수행하고자 본인의 이름으로 마땅히 소환되었음을 마침내 이해했다. 마지막 임무는 스스

• 스위스의 심리학자 헤르만 로르샤흐Hermann Rorschach가 개발한 심층성격검사법.

로에게 바치는 기념물이 되는 것이었다.

〈메타모르포젠〉의 세계 초연은 1946년 1월 25일 취리히에서 열렸
다. 파울 자허가 이끄는 콜레기움 무지쿰의 음악가들이 연주를 맡
았다. 유럽에서 전쟁이 9개월 전에 끝났고, 슈트라우스는 재빨리
새로운 동맹을 맺었다. 히틀러가 베를린의 지하 벙커에서 자살한
바로 그날, 미군들이 작곡가가 사는 가르미슈의 빌라에 들이닥쳤
다.[271] 집주인이 누군지 몰랐던 군인들은 저택을 몰수할 계획이었
는데, 문을 두드리려는 찰나 슈트라우스가 직접 나와서 방문객들
을 맞았다. "리하르트 슈트라우스요. 〈장미의 기사〉와 〈살로메〉를
작곡한 사람." 그러면서 자신의 악보와 미국 도시들의 명예시민 증
서를 내보였다. 군인들은 깜짝 놀랐다. 작곡가는 그들을 안으로 들
여 음식을 대접했고, 〈장미의 기사〉에 나오는 왈츠를 피아노로 연
주했다. 만남이 끝날 무렵에 군인들은 슈트라우스 집을 "출입금지"
구역으로 지정했다.

　그해 10월, 슈트라우스와 부인 파울리네는 숨을 돌리려고 스위
스로 이주했다. 작곡가는 공식적으로는 아직 나치 혐의를 벗지 못
했지만, 어쩌면 뜻밖이라 할 수 있는 곳에서 도움의 손길이 왔다.
로스앤젤레스에 살던 아르놀트 쇤베르크가 "나는 그가 나치였다
고는 믿지 않는다"[272]고 숨김없이 말한 것이다. 그리고 무덤에서 슈
테판 츠바이크가 마지막으로 슈트라우스를 도우려고 나섰다.[273] 그
의 회고록《어제의 세계》가 1944년에 사후 출간되었고, 둘의 오페
라 협업을 묘사한 대목이 작곡가를 옹호하는 쪽으로 사용되었다.

다른 독일 예술가들은 개인적으로 의심의 눈초리를 거두지 않았다. 예컨대 작가 헤르만 헤세는 전쟁 직후 바덴의 같은 호텔에 머물렀을 때 슈트라우스를 피해 다녔다. 헤세는 나중에 한 편지에서 이렇게 설명했다.

> 내가 바덴에 있을 때 슈트라우스도 그곳에 있었소. 그를 만나지 않으려고 조심스럽게 피해 다녔소…. 슈트라우스에게 유대인 친척이 있다는 사실은 당연히 그에게 변명이 되지 않소. 그런 친척 때문에라도 이미 오랫동안 좋은 자리를 차지하며 부를 누려왔던 슈트라우스는 나치가 주는 특권과 명예를 거부했어야 하오…. 우리는 그에게 비난을 쏟을 권리는 없지만, 개인적으로 그를 멀리할 권리는 있다고 믿소.[274]

취리히에서 〈메타모르포젠〉 초연을 한창 준비할 때 슈트라우스는 대단히 이례적인 요구를 했다. 자허에게 콘서트가 아닌 마지막 리허설에서 자신이 지휘봉을 잡도록 허락을 구했다. 슈트라우스가 다른 초연에서는 한 번도 하지 않았던 일이다. 이토록 몹시 개인적인 작품을 그냥 홀에서 듣는 것으로는 충분치 않았던 듯하다. 평생을 지휘했던 슈트라우스는 온몸으로 소리와 직접 접촉하려고 했던 것 같다. 오케스트라를 책임지는 자리에서 소리를 적극적으로 불러내고 만들어감으로써 자신의 음악을, **자신의** 기념물을 실제로 연주하는 경험이 필요했던 것 같다.

하지만 그렇다면 왜 리허설에서 멈추었을까? 초연도 직접 지휘할 수 있었을 텐데 왜 그러지 않았을까? 일반적으로 지휘대에 서면 슈트라우스는 노동자 특유의 무심한 가면을 쓰고 지휘했다. 자랑하듯 현대적이고 객관적인 태도로 음악의 영웅적 과거를 대하는 것과 상통하는 것이다. 하지만 그렇게 거리를 두는 태도는 이처럼 개인적인 감정이 흘러넘치는 곡에는 가능하지 않았을 수도 있다. 이유가 어떻든 자허는 슈트라우스의 소원을 들어주었다. 전기 작가 빌리 슈는 이 리허설을 지켜볼 수 있었던 몇 안 되는 참관자 중 하나였다. 그가 나중에 회상하기를, 서 있기조차 힘들어 특별한 의자를 요청했던 여든한 살의 작곡가는 이런 장대한 비극적 음악을 오케스트라의 깊은 곳에서 끌어내 텅 빈 홀에 울려 퍼지게 했다고 했다. 슈트라우스는 템포를 멋지게 이끌었다. 탈속적인 화음이 가라앉자, 작곡가는 음악가들에게 감사를 표하고 무대에서 내려와 서둘러 홀을 떠났다.[275] 이것은 오케스트라 리허설이라기보다는 한 명의 관객을 위한 사적 음악회였다고 하는 편이 나을지도 모른다.

"언젠가 당신이 쓴 편지, 당신이 내린 결정은 바그너와 브람스의 경우처럼 모든 인류의 것이 될 것입니다."[276] 슈테판 츠바이크가 리하르트 슈트라우스에게 보낸 편지에 나오는 말이다. 〈메타모르포젠〉이 초연된 지도 75년이 지났지만, 그날은 아직 오지 않았다. 악보는 담고 있는 비밀을 아직 내보이지 않았고, 슈트라우스의 유산을 돌보는 역할은 아직 "모든 인류"에게 넘어가지 않았다. 슈트라우스가 생의 마지막 40년을 보낸 바이에른의 작은 산악 마을에 여전히 살고 있는 그의 가족이 그 특권을 움켜쥐고 있다. 내가 보

애도하는 음악

기에는 지금까지도 가르미슈-파르텐키르헨에서 슈트라우스의 영혼은 도무지 떠날 줄 모르는 것 같다. 가끔 남아 있는 것이 또 있으니, 그것은 전쟁기에 대한 어떤 선택적 기억이다. 이는 슈트라우스의 삶에 산재된 침묵, 생략과 맥을 같이한다. 오늘날 가르미슈를 방문하면, 지역에서 행하는 기념의 제스처가 역사적으로 적극적이든 수동적이든 망각과 함께 가는 것이었음을 목격하게 된다. 이 두 가지는 독일의 과거(음악이든 아니든)를 정상으로 돌리는 일에 힘을 모은다. 과거의 유령이 불안하게 어른거리는 것을 몰아내지는 못하지만 말이다.

　1936년 동계 올림픽을 앞두고 나치의 명령으로 통합되기 전까지 가르미슈와 파르텐키르헨은 지방 시장 마을로 수백 년을 이어온 곳이다. 바이에른 남쪽 산으로 에워싸인 로이자흐 계곡에 나란히 위치한 이곳은 독일 남부에서 오스트리아 알프스 산맥을 넘어 이탈리아 북부로 이어지는 교역로의 중간 기착지 역할을 했다. 오늘날에는 스키를 비롯한 겨울 스포츠가 마을의 주요 수입원이지만, 방문객들은 연중 언제라도 여관에 가면 저녁 시간에 디른들dirndl 드레스를 차려입은 웨이트리스들과 레더호젠lederhosen을 입고 전통 춤 슈플라틀러schuhplattler를 추는 소년들을 보며 알프스 지방의 문화를 관광객 친화적인 형태로 즐길 수 있다. 하지만 마을의 중심가를 조금만 벗어나면 과거에 더욱 유기적으로 뿌리를 둔 지역 전통을 여전히 만나게 된다. 10월 초에 해가 지고 살짝 어둑해지는 시간에 나는 조용한 동네를 산책하다가 저 위의 방목지에서 아래의 목장으로 내려오는 젖소들의 행렬을 만났다. 나른하게 쩽그랑거리는 카우벨 소리가 목조 골재가 드러난 집들의 전면에 반사되어 황금빛 계곡의 언덕으로 흘러드는 것을 보고 있자니 마을 전체가 한순간 시간의 소용돌이에서 비켜나 세월의 가차 없는 흐름에서 멈춰선 듯했다.

시간이 정지된 듯한 감각은 가르미슈-파르텐키르헨 사람들이 2차 세계대전에서 전사한 마을의 아들들을 기억하는 친밀한 방식에서도 느낄 수 있다. 독일에는 독일 국방군의 위업을 칭송하는 국가적 기념물이 존재하지 않지만, 이 마을에는 전쟁에서 죽은 개별 군인들을 기리는 추모 공간이 두 곳 있다. 하나는 크라머 고원 위에 세워진 예배당에 있고, 다른 하나는 계곡 반대편 비탈에 있는 프란치스코 수도원 교회에 있다. 나는 여관 주인의 안내를 받아 교회에 갔는데, 나무를 손수 잘라서 만든 수많은 추모 명판들이 벽에 걸려 있었다. 대부분에는 전사자의 사진과 함께 이름이 새겨져 있었다.

애도하는 음악

명판은 똑같은 것이 하나도 없었다. 아버지를 기억하고자 아들과 딸이 만든 것도 있었고, 아들을 기리고자 부모가 가져온 것도 있었다. 명판에는 군인이 언제 어디서 죽었는지 적혀 있었다. 1941년, 1942년, 1943년, 1944년, 1945년이라는 연도와 함께 계속 등장하는 단어가 '러시아Russland'였다.

명판들을 함께 놓고 보면, 군복 차림 젊은이들의 쓸쓸한 얼굴이 과거로부터 고개를 내민 모습에 가슴이 먹먹해진다. 그들의 시선이 계속 아른거린다. 롤랑 바르트가 "말할 수 없지만 말로 표현되고 싶다는 중압감"[277]이라고 부른 것이 생각난다. 추모 명판이 많고 저마다 다른 모습이라는 사실은 전사자 각각이 유일무이한 존재들이었음을 상기시킨다. 압도적인 전사자 통계에 묻혀 잘 드러나지 않는 점이다. 아울러 시대를 포괄적이고 집단적인 관점으로 다루는 서사는 가족을 잃은 사람에게 전쟁이 안겨준 개인적인 충격을 제대로 담아내지 못한다는 것을 깨닫게 한다. 하지만 나는 명판들을 하나씩 살펴보다가, 상상력을 발휘하여 공감하려는 충동이 냉혹한 역사적 사실과 정면으로 충돌했다. 이들 모두가 조국을 위해 명예롭게 싸웠을 뿐 최종적 해결이라는 잔혹함과는 도덕적으로 방어할 수 있는 거리를 유지했던 일반 병사들이었을까? 독일 국방군의 범죄를 들여다본 연구는 그런 추정이 위험하다고 경고한다.[278] 1990년대 독일 사회 전반에 걸쳐 널리 퍼진 학계의 합의에 따르면, 최전선에서 실제로 벌어진 전투와 동부전선 뒤에서 일어난 대학살은 많은 경우에 엄격하게 구분되지 않았다고 한다.[279] 그러니 전쟁과 홀로코스트는 완전히 떼어놓고 볼 수 없다. 나를 쳐다보는 젊은 얼굴들과 작지만 틀림없는 나치 상징의 문양이 달린 그들의 군복을 보면서 이런 평범한 인간들이 어떤 짓을 저질렀는지 상상하지 않기란 불가능했다.[280]

베를린 같은 도시에서 볼 수 있는 웅장한 홀로코스트 추모 공간에, 독일이 일으킨 전쟁을 풍부한 맥락으로 설명하는 박물관 전시에 더 익숙한 방문객들이 보면 히틀러 제국의 이름으로 죽어간 자들에게 바치는 이런 진심 어린 추모는 불편할 수 있다. 아울러 한 국가가 기억하는 2차 세계대전이 결코 획일적이지 않다는 기본적인 사실을 새삼 깨닫게 된다. 장소에 따라 보폭이 달라진다. 오늘날 독일은 과거에 대한 성찰로, 홀로코스트의 교훈을 정치적·문화적 의식의 중심에 두려는 태도로 박수를 받고 있지만,[281] 그렇다고 지역이 이를 깡그리 잊거나 역사의 어두운 모퉁이로부터 눈을 돌

리려는 충동을 막지는 못한다. 가르미슈-파르텐키르헨은 이런 국가적 성찰에 훨씬 미온적인 태도를 보였던 것 같다. 1995년까지 독일 전역에 홀로코스트 기념물이 3,000개 넘게 있었지만,[282] 이 마을에는 하나도 없었다.

2010년이 되어서야 슈트라우스의 마을은 추모 문화의 범위를 국가사회주의의 희생자들도 포괄하도록 넓혔다. 소박한 기념물이 현재 마리엔플라츠 광장에 서 있다.[283] 44개의 수직 막대로 이루어져 있는데, 각각은 추방당한 유대인 주민을 나타내며 그중 8명은 전쟁에서 죽었다. 뮌헨 언론에서 제막식을 호의적으로 보도했지만, 이렇게 늦어진 것을 두고 그냥 넘어가지 않았다. "가르미슈-파르텐키르헨 마을은 항상 하나의 질문을 스스로에게 물어야 한다. 어째서 지금인가? 마을이 1938년에 있었던 잔혹 행위를 공식적으로 기억하기까지 어째서 72년이나 걸렸는가?"[284] 〈뮌헨 메르쿠르

Münchner Merkur〉의 보도다.

하지만 이런 공식적인 추모의 제스처도 지역 주민들의 태도에서 전반적인 변화를 끌어낸 것 같지는 않다. 한 학자의 말처럼 기억은 "켜고 끄는 스위치처럼 작동하지 않는다."[285] 나를 군인들의 추모 공간으로 데려갔던 여관 주인만 하더라도 새로 생긴 기념물의 존재를 알지 못하는 것 같았다. 더 확실한 것으로, 전쟁이 끝나고 한참이 지난 비교적 최근까지도 이 마을은 또 한 명의 음악적 아들의 무덤이 나치에 의해 유린된 것을 그대로 방치했다. 앞서 말했듯이 바그너의 〈파르지팔〉의 세계 초연을 이끌었던 유명한 독일-유대인 지휘자 헤르만 레비다. 1950년대에 도로를 확장하는 과정에서 그 자리에 있던 묘가 철거되면서 그의 무덤 자체가 비바람에 노출되었고, 목재와 건축 자재가 묘석 위에 그냥 쌓였다. 이런 방치는 레비의 유산을 인정하지 않으려는 마음을 보여주는 것 같다. 히틀러를

애도하는 음악

총리로 지명했던 독일 대통령 파울
폰 힌덴부르크 이름을 딴 거리를
개명하여 레비를 공식적으로 기리
려는 움직임이 2013년에 있었다.[286]
지역 주민투표에 이 안을 부쳤는
데 90퍼센트가 반대했다. (2021년,
레비를 위한 새로운 무덤과 추모 공간
이 마침내 세워졌다.[287])

한편 힌덴부르크 거리에서 5분
정도 빠르게 걸으면 리하르트 슈
트라우스 광장이 나온다. 슈트라우스의 세 오페라(〈엘렉트라〉, 〈살로
메〉, 〈다프네〉)에 나오는 인물들을 새긴 근사한 분수가 여기에 있다.
레비는 슈트라우스와 비교하면 당연히 독일 음악에서 차지하는
비중이 떨어지지만, 자신의 고향에서조차 존재가 미미하다는 것은
뜻밖의 일이다. 리하르트 슈트라우스 연구소는 작곡가에 관한 방
대한 문헌을 보유하고 있다. 내가 방문했을 당시 슈트라우스의 두
손자 중 한 명이 근처에 살고 있었고, 수십 년을 의사로 일하여 많
은 사람이 그를 알고 있었다. 작곡가의 증손자도 이곳에 살면서 유
명한 자전거 가게를 운영했다. 그러나 최고의 슈트라우스 기념물
은 작곡가가 살았던 웅장한 흰색 빌라 **란트하우스**다. 그는 나중에
빈에도 빌라를 지었지만, 마을 외곽 산기슭 초입에 위치한 조프프
리츠 거리 42번지의 이 저택이야말로 슈트라우스가 1908년부터
사망할 때까지 지냈던 주요 거처다. 완벽하게 관리되며 일반 대중

에게는 공개되지 않는다. 빈에 있는 알반 베르크의 아파트와 마찬가지로 일종의 순례지이면서 타임캡슐이다.

작곡가의 자료보관소도 이 저택에 있는데, 마을에 오기 전에 예약을 해서 둘러볼 수 있었다. 집에 들어가기 전에 나무 그늘이 우거진 잔디밭을 지나다 보면 다소 신기한 것이 눈에 띈다. 그의 첫 오페라의 주인공 군트람의 마지막 안식처임을 알리는 간판이다. 장식적인 고딕체로 이렇게 쓰여 있다.

여기 덕망 있고 고결한 젊은 군트람이 잠들다.
본인의 아버지의 교향악단에 의해 처참하게 살해된 미네징거.
부디 편히 잠들기를!

언뜻 보기에 본인이 만든 인물에 유쾌한 농담으로 바친 작은 기념비 정도라고 생각되어, 근처에 슈트라우스의 다른 영웅들을 위한 무덤이 또 있나 살피게 된다. 그러나 다른 무덤은 없다. 그러자 흥미가 동한다. 슈트라우스는 어째서 자신의 모든 오페라 중에 사람들이 잘 모르고 잊다시피 한 이 초기 작품을 기리려고 했을까? 의식했든 아니든 이런 선택에는 비평가들에게 인정받지 못한 프로젝트를 개인적으로 아끼는 마음 이상의 것이 작용했을 것이다. 죽음이 채 석 달도 남지 않았을 때, 그는 〈마지막 연대기〉라는 짧은 글을 쓰면서 〈군트람〉으로 돌아갔다. 그는 최근에 자신의 작품을 전체적으로 평가한 글들이 자신의 비전의 진정한 독창성을 간과했다고 불평했다. 그러면서 자신이 그야말로 새롭게 음악에 기여한 첫

번째 사례로 반항적인 니체의 영향이 반영된 〈군트람〉의 3막을 꼽았다. 여기서 주인공은 살해를 저지른 후 공동체의 판단에 따르기를 거부한다. 개인적인 것을 내세우고 "집단적인 것을 거부"[288]했다는 것이다. 그러므로 슈트라우스에게 〈군트람〉은 그저 초기에 새로운 장르를 한 번 실험해본 것이 아니었다. 그것은 모든 것의 시작점이었다.

작곡가의 저택 안으로 들어간다. 과거의 삶의 자취가 수다스럽게 말을 거는 기분이다. 슈트라우스가 열심히 모은 종교화와 바이에른 민속화가 벽에 걸려 있다. 그의 아들 프란츠가 사냥한 동물 박제도 있다. 자료보관소로 가기 전에 슈트라우스의 작업실을 잠시 둘러보았다. 그의 서재와 작업 책상, 체리나무로 만든 이바흐 피아노가 놓인 거대하고 위압적인 공간이다. 모든 것이 세심하게 보존되어 있어서 마치 작곡가가 정원에서 햇빛을 쐬려고 잠시 자리를 비운 것만 같았다. 프로필렌 출판사에서 나온 45권짜리 괴테 전집이 당당하게 책장 네 칸을 채우고 있다. 작업용 책상은 맞춤 제작한 아름다운 가구다. 완벽한 각도로 굽어진 모습이 멋지다. 그 옆의 창문으로 독일에서 가장 높은 추크슈피체 산이 내다보인다. 여기 이 책상에서 슈트라우스가 1909년 〈엘렉트라〉부터 1945년 〈메타모르포젠〉까지 거의 모든 곡을 썼다. 수십 년의 작업이 가죽 매트에 자국을 남겼다. 사진에서 보듯 슈트라우스가 작곡할 때 오른팔을 둔 바로 그 지점에 닳은 흔적이 있다. 그가 쓴 여러 필기도구들은 쟁반 귀퉁이에 삐딱하게 놓여 있다. 마치 작곡가가 잠시 머리를 식히려고 놓아둔 것 같은 인상을 준다. 책상의 달력은 그가 죽은 날짜―1949년 9월 8일―를 여전히 가리키고 있어서 시간이 정지된 묘한 감각을 증폭시킨다. 그 순간 박물관의 느낌이 재빨리 사라지고 과거가 여전히 살아서 안전하게 보호를 받고 있는 피난처에 왔다는 기분이 들었다.

하지만 여기 슈트라우스의 예술이 꽃핀 피난처에서도 어두운 전쟁 시절과 그가 어울렸던 상대를 생각나게 하는 불편한 물건이 보인다. 높은 서랍장 위의 잘 보이는 자리에 작곡가 크리스토프 빌리발트 글루크의 우아한 흉상이 놓여 있다. 18세기 프랑스 조각가 장-앙투안 우동의 작품으로 괴벨스가 선물로 준 것이다. 가장 객관적인 전기작가에 따르면, 전쟁이 끝난 직후에 슈트라우스는 "흉상이 혹시 도난품일지도 몰라 걱정스러운 마음에 어떻게 된 건지 알아보았고…, 독일 정부가 정당한 값을 주고 합법적으로 구입한 것임을 알게 되었다."[289] 그래서 거기에 두게 된 것 같다. 흉상 옆에 슈트라이멜shtreimel 모피 모자를 쓴 유대인 소년의 초상화가 있어

애도하는 음악

서 눈길을 끈다. 파울라 노이만이 소유했던 그림으로, 그녀가 테레진에서 사망한 후 가족에게 보내진 것이다. 슈트라우스의 책상 옆 벽에 걸려 있다.

작곡가의 편지, 악보, 기타 자료들을 방대하게 모아둔 보관소는 저택 2층의 방 두 개를 차지하고 있다. 계단을 오르면서 나는 깜짝 놀랄 새로운 자료를 보게 되리라는 기대는 하지 않았다. 학자들과 저널리스트들이 쓴 전기들이 이미 많이 나와 있다. 나치 정권에 부역했다며 슈트라우스를 공격한 이도 있고, 열렬히 옹호한 이도 있고, 이런 논란이 더이상 무슨 의미가 있는지 의문을 제기한 이도 있다.[290] 하지만 내가 보고 싶었던 물품들은 있었다. 첫 번째는 전쟁 직후에 토마스 만에게 쓴, 보내지 않은 편지였다.[291] 한 번도 공개된 적은 없지만, 슈트라우스가 사망한 지 70년이 지났으니 민감한 사안이 문제가 되지는 않을 거라고 확신했다. 이해를 돕는 자료로서의 가치가 크다고 생각했다. 〈메타모르포젠〉의 사색적인 어조와 맥을 같이하는 편지가 독일인들이 음악에 보이는 과잉 신념에 천착했던 작가 만에게 쓴 것이라면 말이다. 아울러 나는 슈트라우스가 〈메타모르포젠〉를 완성하는 동안 다른 사람에게 쓴 음악적·미적 주제에 관한 편지를 보고 싶다고 요청했다. 마지막으로, 슈트라우스가 테레진을 찾아간 일과 관련되는 편지나 다른 자료가 있으면 보고 싶다고 했다. 이것은 흑역사에 가까워서 날짜조차 정확히 밝혀진 바가 없다.[292] 나를 맞이한 사람은 리하르트 슈트라우스 연구소 소장으로 있는 상냥한 음악 이론가였는데, 나와 이야기를 나누는 동안 공감한다는 듯이 고개를 끄덕였지만, 나의 요청은 서면으로 제출해야 하고 슈트라우스 가족이 동의해야 자신이 자료를 내줄 수 있다고 신속하게 알려주었다.

거의 4개월이 지나서야 소장으로부터 답장을 받았다. 그는 슈트라우스 가족이 요청한 자료를 전부 허락하지 않았다고 했다. 그는 가족이 "오늘날에도 여전히… 이 시절과 관련되는 문제에 대해서는 대단히 말을 아낀다"면서 양해를 구했다.

처음에는 믿기지 않았다. 20세기 가장 중요한 작곡가 한 명의 핵심적인 자료보관소가 공익재단이나 공공기관에서 관리하는 것이 아니라 가족의 손에 잡혀 있다는 것 자체가 놀라웠다. 요청한 자료를 가족이 단호하게 거부한다는 것은 과거를 지나간 것으로 여기지 않는다는 뜻이었다. 시간이 흐르면서, 그들의 결정이 마을이 보인 선택적인 침묵의 역사와, 전쟁 시절 자신이 내렸던 결정에 대해 공개적으로 말하지 않으려는 슈트라우스의 고집과 맥을 같이한다는 생각이 들기 시작했다. 오랫동안 인정하지 않고 넘어간 크리스탈나흐트 당시의 행동처럼, 조국을 위해 명예롭게 싸우다 죽은 가르미슈-파르텐키르헨의 아들들처럼 나치 독일이 가장 칭송한 현대 작곡가는 지금까지도 지역 기억이라는 베일에 싸여 보호받고 있다.

어떻게 보면 군트람은 백 년도 더 전에 이것을 예견했다. 그는 젊은 슈트라우스의 펜을 빌어 이렇게 선언했다. "오로지 내가 선택한 참회만이 내 죄를 씻어줄 것이다. 내 정신의 법칙이 내 삶을 결정한다. 나의 신은 나를 통해 오로지 나에게만 말을 건다." 지금 보면 이 말은 미래에 쏟아질 비판에 대해 미리 예방주사를 놓은 것

애도하는 음악

이다. 그날 슈트라우스의 저택을 떠나 다시 한번 그늘진 무덤을 지날 때, 군트람이 작곡가의 기억을 영원히 옹호하는 감시초소에 서서 지나가는 사람에게 이렇게 묻는 듯했다. "나의 아버지가 참회하는 방식을 선택하려는 **너는** 누구냐?"

저택에서 멀지 않은 곳에 작곡가 본인의 무덤이 지역 묘지의 잘 관리된 장소에 있다. 그는 1949년 9월에 잠든 채 조용히 평화롭게 삶을 마감했다. 이로써 그의 개인적인 세계는 그가 살았던 격동의 시기와 주위의 수많은 사람에게 닥쳤던 비극을 생각하면 놀랄 만큼 온전하게 남았다. 만년에 얻은 이런 만족스러운 체념의 정서는 슈트라우스의 마지막 작품들에 고스란히 반영된다. 〈메타모르포젠〉 이후에 그가 작곡한 곡으로 〈네 개의 마지막 노래〉가 있다. 그가 마지막으로 고른[293] 아름다운 "저녁노을Im Abendrot"은 삶의 슬픔과 기쁨을 함께 헤쳐 온 노부부가 이제 벌겋게 물든 하늘 앞에 쉬러 와서는 "넓고 고요한 평화"를 감상하는 모습을 담고 있다.

1949년 9월 12일, 슈트라우스를 기리는 추도식이 바이에른 주 대통령과 여러 관료가 참석한 가운데 뮌헨에서 열렸다.[294] 이날 연주된 곡은 〈네 개의 마지막 노래〉가 아니라 〈장미의 기사〉 마지막 막에 나오는 유명한 3중창이었다. 게오르그 솔티가 뮌헨 필하모닉을 지휘했는데, 3중창 외에—적절하게도 불가피하게도—〈영웅〉 교향곡의 장송 행진곡도 연주했다. 죽은 자에게 바치는 베토벤의 헌사였고, 유령처럼 다시 돌아와 슈트라우스의 곡에 출몰한 독일 음악의 자유의 이념이었다. 애도와 추억의 이런 고결한 소리가 이제 마지막으로 소환되어 산맥 저 너머로 흘러갔다.

"지금도 내가 기억하려고 하면… 어둠이 걷히는 것이 아니라 오히려 더 짙어진다. 우리가 마음속에 담아둘 수 있는 것이 얼마나 적은지, 모든 것이 모든 소멸된 삶과 함께 어떻게 망각 속으로 계속 빠지는지 생각한다. 그 자체로 기억하는 힘이 없는 수많은 장소와 대상의 역사는 결코 들리지도, 묘사되거나 전해지지도 않으니, 세상이 바닥에서 물이 빠지듯 점점 고갈되어 가는 듯하다."[295] W. G. 제발트의 소설 《아우스터리츠》에 나오는 주인공의 말이다.

기차가 가르미슈-파르텐키르헨을 서서히 빠져나와 뮌헨을 향해 속도를 높이자 하늘빛이 점점 옅어져 갔다. 창밖으로 바이에른의 시골 풍경이 지나갔다. 녹색과 갈색이 어우러진 패치워크처럼 땅이 펼쳐졌고, 멀리 알프스 산기슭이 그 경계를 이루고 있었다. 나는 리하르트 슈트라우스의 집을 보려고 수천 마일을 여행했다. 불과 몇 시간 전에 그의 그늘진 마당을 걸어보고 그의 책상 옆에 서고 창문 밖을 바라보았지만, 그의 삶과 예술을 둘러싼 신비의 분위기는 걷히기는커녕 오히려 깊어졌다. 〈메타모르포젠〉은 과연 슈트라우스가 선택한 참회였을까? 이 작품이, 아니 **어떤** 음악작품이든 그의 죄를 씻어주었을까? 어쩌면 슈트라우스 본인에게는 그랬을 것이다. 하지만 작품의 숨겨진 가사는 이렇게 말하지 않았던가. "누구도 자신을 알지 못하네 / 내면의 존재와 멀어지니." 오늘날 거리를 두고 보면, 균형이 맞지 않아 보인다. 슈트라우스의 친나치적 제스처가 분명했고 마지막 순간까지 정권이 자신의 이미지와 음악을 사용하도록 묵인하여 정당성을 실어주었으니 〈메타모르포젠〉에 담긴 고백이 추상적으로 많은 것을 표현한다고 한들, 그것

애도하는 음악

은 지나치게 적게 말한다. 그리고 너무 늦었다.

하지만 이 음악이 뛰어나다는 것에 반박하는 사람은 거의 없다. 후기 작품으로서 고결한 태도를 보이며 슬픔이 서린 멋진 아름다움을 자랑한다. 이런 이유로 오늘날 〈메타모르포젠〉은 2차 세계대전 때 만들어진 그 어떤 음악적 기념물보다 자주 연주된다. 서로 대립하는 진심과 불가해함, 표현과 생략을 하나로 통합한 것도 매력으로 작용한다. 이 음악에서 제대로 안다는 것과 알 수 없다는 것은 완벽한 균형을 이룬다.

하지만 다르게 보면, 이 음악이 **아는** 것은 슈트라우스가 곡을 만들면서 의도한 바에, 혹은 이 곡이 명료하게 밝히는 동시에 모호하게 남겨두는 삶의 상세한 정황에 더이상 얽매여서는 안 된다. 작곡가가 의도한 목표는 작품을 세상에 내보내는 데 도움을 주고 해석의 틀을 마련할 수 있지만, 음악의 의미를 계속해서 고정되게 묶어둘 수는 없다. 슈트라우스는 〈메타모르포젠〉이 정확히 무엇을 기리는지 밝히지 않음으로써 독특하고 열린 결말의 기념물을 만들었다. 매번 연주될 때마다 청자가 참여하여 세부적인 의미를 새롭게 다듬도록 적극적으로 권한다. 이렇게 늦은 시기에, 전쟁의 마지막 살아 있는 기억이 계속해서 사라지고 있을 때, 슈트라우스의 곡에 할 수 있는 가장 너그러운 제스처는 요헨 게르츠가 몰래 뜯어낸 자갈에 이름을 새겼듯이 이 음악에 적극적으로 이름을 새기는 것이다. 요동치는 소리에 새로운 기억을 불어넣고, 음악이 가리키는 범위를 넓히고, 도덕적 관심사의 폭을 넓히고, 슬픔의 각도를 작곡가 주위에서 벌어졌지만 그는 생전에 겪지 못했을 고통으로

향하게 두고 싶다.

역사에 사라진 두 이름, 미하엘 슈네벨과 에미 슈네벨의 사연이 그 예가 될 수 있다. 그들 역시 슈트라우스로부터 겨우 1마일 떨어진 가르미슈 마을에 살았다. 미하엘은 성격 좋고 품위 있는 학자로 파피루스를 연구했고 고대 이집트 농업 역사의 전문가였다. 에미는 독일 문학 애호가였다.

마을의 다른 유대인들과 함께 그들은 1938년 11월 10일 아침에 광장에 불려가 폭도들의 침 세례를 받으며 마을을 떠나겠다는 의향이 적힌 서류에 강제로 서명했다. 그들은 그날 인스브루크를 향해 출발했지만, 오스트리아 국경 마을 펠트키르히까지만 갈 수 있었다. 스위스 입국이 거부되자, 두 사람은 그곳 호텔 방에서 슈테판과 로테 츠바이크처럼 다량의 바르비투르산염으로 생을 마감했

애도하는 음악

다. 유서에는 이렇게 적혀 있었다. "괴롭게 망명을 이어가느니 조국에서 죽는 편이 낫다."[296]

이들을 기린다.

———

기차가 수평선까지 뻗은 과수원과 농지를 지날 때, 나는 장소 자체는 기억을 못하므로 많은 역사가 사라지고 만다는 제발트의 말을 다시 생각했다. 하지만 그가 평생 써온 작품은 이런 진실에 맞서는 빛나는 무기가 된다. 제발트의 소설에서 잃어버린 기억을 되찾는 행위, 주인공 주위의 폐기되고 잊히고 점차 줄어드는 풍경에서 과거를 읽는 행위는 묘한 아름다움의 행위이자 동시에 일종의 구원의 형이상학이 된다.[297] 하지만 그렇더라도 우리는 조금밖에 되찾지 못한다. 어둠은 거의 걷히지 않는다. 기억은 계속해서 고갈되어 간다. 죽기 바로 전에 제발트는 하이쿠와 비슷한 '짤막한 시micropoem'를 여러 개 썼는데 그중 하나를 인용하자면 이렇다. "말하지 않은 것은 / 시선을 돌린 / 얼굴의 이야기로 / 영원히 남는다."[298]

제발트는 1944년 바이에른 남부에서 태어났다. 가르미슈-파르텐키르헨에서 멀지 않은 곳이다. 기차가 지나는 산맥 반대편에 발헨제라는 크고 깊은 고산 호수가 있다. 제발트가 이곳의 비밀도 알았을지 궁금했다. 발헨제에서 풍경과 역사, 예술과 기억은 나름의 매혹적인 형체를 이룬다.

괴테는 이 호수를 알았다.[299] 이탈리아 여행을 할 때 이곳을 지났고, 1786년 9월 7일 호수 남쪽 기슭에 있는 예배당을 스케치로 그

렸다. 십대 시절 슈트라우스는 여행을 하던 중 배를 타고 발헨제를 건넌 적이 있었다. 그는 나중에 친구에게 말하기를 "아름다운 호수이지만 온통 숲과 높은 산으로 둘러싸여 있어서 우울한 인상을 준다"[300]고 했다. 그러나 뭐니 뭐니 해도 이곳 청록색 물빛의 원시적인 매력을 제대로 알아본 사람은 리하르트 바그너였다. 1865년 여름, 그는 뮌헨 국립극장(80년 뒤에 폐허가 되는)에서 〈트리스탄과 이졸데〉의 세계 초연—슈트라우스의 아버지가 수석 호른 주자였다—을 막 마친 터였다. 8월 22일 자 일기에 바그너는 이렇게 썼다.

어제 배로 발헨제를 건너면서 아름다운 것을 보았다. 얕은 여울이다. 바닥의 모든 것이 어찌나 투명하고 맑게 보이던지. 물은 유리처럼 맑았다. 아름답고 하얀 모래바닥, 여기저기 놓인 각각의

애도하는 음악

돌들, 나무줄기, 모든 것이 뚜렷했다. 그러다 깊은 심연이 나타났다. 여기선 물이 어두워서 맑음은 온데간데없었다. 모두 숨었다. 그러자 갑자기 하늘과 태양, 산이 그 위로 거울처럼 손에 잡힐 듯 환하게 보였다.[301]

이상하게 들리겠지만, 발헨제를 떠올리는 과정에서 바그너는 거의 무시무시하리만치 적절한 은유적 해석을 〈메타모르포젠〉에 선사했다. 이 거북하게 아름다운 음악은 우리의 시선을 끌고 붙잡아둔다. 우리는 음악의 얕은 여울을 들여다보며 각 주제를 뚜렷하게 본다. 하지만 음악의 불투명한 내적 의미는 신비를 그대로 간직한다. 우리가 이 음악의 비밀을 알아내려고 바그너처럼 깊은 심연을 들여다보면, 결국 우리는 자신이 물에 비친 모습을, 음악의 거울에서 춤추고 있는 자신을 볼 뿐이다.

마지막으로, 발헨제는 마지막 비밀 하나를 감추고 있다. 1943년 10월 2일 밤에 뮌헨 도시를 폭격한 후, 랭커스터 한 대가 영국 위켄비의 기지로 돌아가지 못했다. 데릭 버터필드라고 하는 스무 살의 장교를 포함하여 총 일곱 명을 태운 랭커스터 폭격기가 독일의 역공을 받아 엔진 두 개에 불이 붙은 것이다. 버터필드는 발헨제에 비상 착륙을 하려고 시도했지만, 물과 접촉하자마자 비행기는 폭발하여 산산조각 났다. 기체는 일곱 명의 승무원과 함께 어두운 물속 깊은 곳으로 빠르게 가라앉았다.

전쟁이 끝나고 영국은 발헨제의 유령이 된 조종사들의 시신을 회수하려고 했지만 부분적으로만 성과가 있었다.[302] 내가 알기로 80년

이 지난 지금, 이 사건은 지역 주민들의 기억에서 거의 완전히 사라졌다. 호수는 수상 스포츠로 여전히 인기가 많은 곳이다. 하지만 오늘날 윈드서퍼들이 청록색 수면을 유쾌하게 질주할 때 45피트 아래에는 몇몇 승무원의 시신이 여전히 물속 무덤에 누워 있다. 말하지 않은 전쟁의 수많은 비극 가운데 하나이며, 그들의 고통의 사연은 거의 완전한 망각으로 봉인되어 있다.

이들을 기린다.

〈메타모르포젠〉이 완성되기 전날, 패튼 장군이 이끄는 제3군 소속 미군 부대가 부헨발트 수용소에 진입하여 소각로 옆 마당에 수백 구의 시신이 쌓여 있는 것을 발견했다. 지역에서 불과 6마일 떨어진 에테르스부르크 구릉지에서 무슨 일이 있었는지 전혀 알지 못했다는 바이마르 주민들의 주장에 어리둥절했던 패튼은 1,000명

애도하는 음악

의 바이마르 주민들에게 수용소를 방문하여 소각로를 둘러보고, 교수대—그 무렵 마지막 희생자가 아직도 걸려 있었던—를 보도록 명령했다. 방문 당시 찍은 사진을 보면, 스리피스 정장 차림의 남자들이 교수대 옆에 뻣뻣하게 서 있고 핸드백을 움켜쥔 여자들이 고개를 돌리고 있다.

아마도 이날 방문에서 바이마르 주민들은 수감자들이 실러의 책상 복제품을 만드느라 애썼던 낡은 목공소가 있던 자리를 저도 모르게 지나쳤을 것이다. 세탁장 근처에 있는 오래된 나무 그루터기는 틀림없이 지나쳤을 것이다. 오늘날에도 같은 자리에 깊은 주름이 파인 모습으로 여전히 서 있다. 최근에 내가 방문해서 보니 나무의 심재 부분에 돌들이 거의 빼곡하게 놓여 알아보기가 어려웠다. 죽은 자를 잊지 않았음을 알리고자 상징적으로 무덤에 표시하는 유대인 전통에 따른 것이다. 이 그루터기는 괴테의 참나무의 남은 유해다.

결국 〈메타모르포젠〉의 차오르는 비탄과 소용돌이치는 슬픔, 그리고 베토벤의 숭고한 애도의 음악과 연결되는 고리는 이렇게 돌들을 나무 위에 올려놓는 것과 같은 제스처다. 이 또한 고별의 음악이며, 독일 문화의 유토피아적 꿈이 사라진 무덤에 조약돌을 얹은 것이다. 잔물결 치는 이 음악의 수면 저 아래 어딘가에서 지금도 꿈틀거리는 괴테의 언어를 빌리자면, 그것이 어떤 존재이고, 어떤 존재였고, 어떤 존재일 수 있었는지 말한다.

이들을 기린다.

5장

기억의 해방

역사가 무엇을 준비했는지 가장 먼저 아는 사람은 패배한 자들이다.[303]

- 하인리히 만

그대는 공포를 보았고 진실을 알았으니 그대 백성을 자유의 몸이 되게 하라![304]

- 쇤베르크의 〈모세와 아론〉의 대본

1934년 11월 10일, 나치의 최고위급 지도자들이 실러의 탄생 175주년을 기념하는 성대한 행사에 참석하고자 바이마르 국립극장으로 모여들었다. 15년 전에 바이마르 공화국 헌법이 비준되었던 곳을 행사 장소로 잡는 효율적인 계획으로, 나치당은 문학의 아이콘

애도하는 음악

을 자신의 편으로 끌어들이면서 독일 민주주의의 몰락을 즐기는 일을 동시에 했다.[305] 히틀러가 연미복을 차려입고 왔다. 독일 문학 박사학위를 소지한 괴벨스가 이날 기조연설을 맡아서 제3제국이야말로 실러의 유산의 진정한 계승자임을 주장했다. "그는 우리와 같은 사람이었습니다. 우리의 피 중 피요, 우리의 살 중 살이었습니다."[306]

같은 날, 뮌헨에서 아르투어 쇤베르크—작곡가의 사촌—는 자신도 똑같은 피와 살, 영토와 언어의 국가에 살 자격이 있는 "우리와 같은 사람"이라고 호소하는 편지를 뮌헨 시의회에 보냈다. 1874년 빈에서 작곡가보다 몇 달 먼저 태어난 그는 토목 공학에서 뛰어난 경력을 구축했다.[307] 대표적으로 뮌헨의 독일 박물관과 발헨제의 물을 활용하는 발전소 건설을 주도했다. 독일의 자연 경관과 역사적 기억을 만드는 데 말 그대로 기여한 이런 성취는 그에게 루트비히 왕의 십자가 메달과 바이에른 주 정부의 명예 황금 반지를 안겨주었다. 그도 편지에서 이렇게 공로를 인정받은 것을 세심하게 언급하며 자신의 경험, 자격, 평판을 강조했다. 그는 편지 말미에서 겸손한 요청을 했다.

지금까지 내가 품위 있고 올바른 삶을 살았음은 당국에서도 알고 있습니다… [제 경력의] 이런 사실들 때문에 제가 해온 일들과 인격의 가치가 있으니 제 시민권이 취소되어 나이 예순 살에 집 없이 떠돌아다니는 비극은 겪지 않으리라는 희망을 갖습니다. 제 힘이 닿는 한 독일 사회에 봉사하는 일을 계속하고 싶습니다.[308]

편지는 흔들림 없이 당당한 어조와 참을성 있게 성실히 설명하는 모습에서 먹먹한 감정을 자아낸다. 마치 자신의 시민권을 말소하려는 것은 제대로 알아보지 못하고 내리는 결정이니, 사실들을 적절히 소명하면 바로잡을 수 있을 거라고 믿는 듯하다. 다르게 보면, 겉으로 문명의 행세를 하는 야만의 음흉함을 보여주는 예다. 노골적인 범행이 행정법이라는 공정한 옷을 걸치고 있다. 희생자들은 자신의 가치를 내세워 면제를 호소하려면 어쩔 수 없이 이런 터무니없는 연극에 동참해야 한다. 아르투어 쇤베르크의 호소에서 훗날 학자들이 "종족 학살의 관료화"[309]라고 부르는 것으로 나아가는 작은 걸음을 볼 수 있다.

제3제국 초기, 아르놀트 쇤베르크는 곧 국적을 잃게 될 상황에 이런 식으로 순순하게 나오지 않았다. 그에게 이것은 단순히 독일 땅에서 쫓겨나는 것만이 아니라 독일 문화라는 더 큰 프로젝트에서 주도적인 자리를 잃게 된다는 뜻이었기 때문이다. 이런 이중의 추방에 그는 깊이 상심했다. 쇤베르크는 음악이 민족주의의 필요와 자주 맞물렸던 시대의 자식이었으므로, 자신의 예술적 성취가 아무리 급진적이라 해도 항상 독일 음악의 과거, 현재, 미래라는 더 큰 맥락과 연계해서 바라보았다. 히틀러가 권력을 잡기 한참 전에 보수적인 비평가들이 그의 음악을 **비**독일적이라고 계속 공격했을 때, 쇤베르크는 이른바 독일의 민족공동체Volksgemeinschaft에서 자신의 위치가 아슬아슬하다고 여겼다. 한때는 개종을 통해 유대교와 결별하는 것이 이 문제를 해결하는 최고의 방법으로 여겨졌다. 1825년에 시인 하인리히 하이네는 세례가 "유럽 문화로 들어

애도하는 음악

가는 입장권"이라고 하지 않았던가? 그로부터 한 세기가 지난 당시, 빌둥이라는 이상이 몰라볼 정도로 왜곡되고 무기로 활용되면서, 그 입장권은 정문에서 거절당했다.

하지만 하나의 문이 쇤베르크에게 닫힐 때 다른 문이 열리기 시작했다. 1933년 4월, 나치가 유대인 사업에 대한 불매 운동으로 이들 집단을 향한 최초의 조직된 행동을 보이고 사흘이 지났을 때, 독일을 대표하는 시오니즘 신문 〈유대 동향〉에 강력한 제안을 담은 사설이 실렸다. 현 순간을 집단적 재앙으로 보기보다는 "유대인의 각성과 부활"[310]을 촉구하는 계기로 삼아야 한다는 내용이었다. 필자는 전국의 유대인 시민들이 비록 오래전에 교회를 떠났더라도 돌아와 자신의 근본을 받아들이기를 촉구했고, 지금 사업체와 개인에게 낙인을 찍으려고 사용하는 노란색 다윗의 별을 수치심이 아니라 명예의 징표로 여겨야 한다고 주장했다.

아르놀트 쇤베르크가 이 사설을 읽었는지 모르겠지만, 그는 자신의 모태 종교에 대한 이런 대담한 입장을 바로 받아들였다. 1933년 여름, 이미 독일을 떠나 프랑스에 임시로 머물던 그는 파리의 자유주의 유대교 회당에서 의식을 갖고 다시 유대교를 받아들였음을 공식적으로 선언했다.[311] 1921년 마트제에서 반유대주의를 접하고 난 뒤로 계속 생각하던 결심을 마침내 확정한 것이다. 한때 막강한 영적 믿음을 독일 문화를 진전시키는 임무를 위해 미뤄두었던 그는 이때부터 반대쪽을 향해 힘차게 나아갔다. 하지만 새로운 소명은 문화의 영역에만 국한되지 않았다. 독일 유대인에게 중차대한 위험의 순간임을 감지한 쇤베르크는 베베른에게 긴박한 편지를 썼다. "결심이 섰네. 내가 적임자라면 앞으로 다른 것은 하지 않고 오로지 유대인 국가의 대의에 나서는 일만 할 것이네." 그는 대의가 자신의 음악보다 더 중요하다고 덧붙였다. "14년 동안 지금 일어나고 있는 일들에 대비해왔어…. 마침내 나를 서양과 묶어둔 모든 것으로부터, 비록 어렵고 많은 망설임이 있긴 했지만 영원히 갈라섰네."[312]

이 편지를 받고 베베른이 얼마나 놀랐을지 상상이 간다. 그는 서양과 묶인 끈을 잘라냈다는, 그리고 본인의 예술과도 거리를 두겠다는 쇤베르크의 선언에 당황하여 베르크에게 곧바로 편지를 보여주었고, 그 역시 괴로워하며 베베른에게 답했다. "그가 서양과 갈라선다는 결심을 내가 최대한 **인간적으로** 받아들인다 해도(믿기진 않지만), 그의 음악에서 확고부동한 사실이 남는데, 그건 독일적이라는 것이네."[313]

쇤베르크는 나중에 술회하기를 "내가 더이상 독일인이 아니라는 생각을 문득 하자 가슴에서 피가 났다"[314]고 했지만, 앞서도 그랬듯이 자신의 새로운 길도 이전 길과 마찬가지로 자신의 통제 너머에 있는 힘이 이끄는 것이라고 여겼다. 파리에서 유대교를 다시 받아들이고 한 달이 지났을 때, 그는 유대인들을 안전한 곳으로 데려가기 위한 정교한 정치적 계획을 세우고 있었다. 강력한 집단행동을 취하기에 앞서 유대인들은 먼저 자신들이 하나라는 의식을 되찾아야 했다. 조직 내에서의 다툼을 즉각 멈추고, 이데올로기적·종교적 차이를 뛰어넘는 새롭고 급진적인 통합의 인식을 받아들여야 했다. **민족** 중심의 독일 애국주의를 통해 국민의식이 만들어지는 것을 본 쇤베르크는 이제 여기에 대항하는 호전적인 유대 민족주의 이념을 받아들이게 되었다. 자신들 국가가 없는 상황에서 디아스포라의 삶을 사는 유대인들을 하나로 통합하는 것은 전례가 없는 일이었지만, 당면한 상황 역시도 전례가 없는 일이었다. 쇤베르크는 미국의 유대인 지도자 랍비 스티븐 와이즈에게 이런 편지를 썼다. "우리 시대는 엄청난 문제를 우리에게 안깁니다. 우리의 상상력이 도저히 미치지 못할 정도로 엄청난 문제지요." 그렇기에 유대 민족이 생존하려면 "훨씬 더 엄청난 것, 가능할 뿐만 아니라 기필코 이룰 수 있는 것"을 만들어야 한다고 했다.[315]

그렇게 강력한 집단의 노력은 오직 새로운 유대인 지도자만이 끌어낼 수 있다고 쇤베르크는 믿었다. 탁월한 능력과 상상력, 용기, 도덕적 명민함을 갖춰야 했고, 아울러 남아 있는 유대인들을 풀어주도록 독일 정부와 협상해야 하므로 과감한 실행력도 있어야 했다. 쇤베르크는 1933년 8월에 "어쩌면 내가 이 사람일 수도 있다"[316]고 애매하게 말했다. 몇 주 뒤에 그는 모호한 태도를 버리고 작곡가 에른스트 토흐에게 이렇게 썼다. "내가 앞장서겠소. 유대인들을 하나의 민족으로 다시 통합하고 그들의 나라로 이끌어 국가를 세우도록 만들겠소."[317] 현대 음악의 모세는 이제 유대인들의 모세가 되기로 결심했다.

정치 지도자로 나서겠다는 쇤베르크의 의지는 공식적인 경험이 없다고 해서 꺾이지 않았다. 하긴 음악도 독학으로 배웠던 그였다. 사실 기존의 유대인 지도자들은 지식도 많고 의견도 다양하게 접했지만, 쇤베르크는 그들의 전문적 능력이 과감한 행동이 필요한 순간에 미적거리게 했을 뿐이라고 느꼈다. 당면한 목표는 분명했다. 독일에 남아 있는 유대인들을 임박한 재앙으로부터 구하는 것이었다. 그는 누구보다 확실히 비극을 미리 간파했다.

이렇게 결단을 내린 그였지만 게르트루트와 어린 딸 누리아(1932년생)를 부양해야 하는 고충은 사라지지 않았다. 1933년 여름 프랑스에서 일자리를 얻을 가능성이 빠르게 사라지자, 쇤베르크는 보스턴에 새로 설립된 말킨 음악원에서 제안한 교수직을 받아들였다. 나중에 밝혔듯이, "재정적으로 예술적으로 내 명성에 어울리지 않았지만"[318], 그는 그것을 목적을 이루기 위한 수단으로 여겼다. 미국을 거점으로 유럽의 유대인들을 구하는 작전을 펼 생각이었다. 그리고 그는 자신에게 결정적인 이점이 있다고 여겼다. 현대 선전 기술이 수많은 독일인에게 어떤 영향을 미쳤는지 직접 목격했으며, 똑같은 기술을 자신의 구출 임무에도 사용할 수 있다고 믿었다. 어느 시점에 쇤베르크는 이런 목적을 이루기 위해 필요한 것들의 목록을 만들기까지 했다. 임대 비행기, 이동식 주택, 사전 기획 전문가, "가장 중요한 내 연설 녹음", 그가 "유성 영화"라고 부른 것들이다.[319]

10월 마지막 주에 아르놀트, 게르트루트, 어린 누리아는 뉴욕으로 떠나는 일 드 프랑스Île de France 호에 올랐다. 배 위에서 그는 자신의 이름 철자를 미국식으로(Schönberg에서 Schoenberg로) 바꿔 독일과 묶인 끈을 잘라냈음을 상징적으로 표현했다. 이런 과감한 제스처와 당시 그의 글에 나타난 자신감에도 불구하고 "뼈가 뒤틀린다"[320]는 그의 표현에서 보듯 개인적인 괴로움의 순간은 여전히 있

애도하는 음악

었다. 일 드 프랑스 호가 6일간의 항해 끝에 마침내 뉴욕항에 들어섰을 때, 바이올리니스트 프리츠 크라이슬러가 작곡가와 가족을 맞이했다. 음악가이자 저널리스트 리먼 엥겔도 그 자리에 있었다. 짧은 인터뷰를 마치고 쇤베르크가 엥겔의 친절함에 고마움을 표하자 엥겔이 "천만에요You're welcome"라고 답했다. 영어가 서툴렀던 쇤베르크는 말 그대로 미국이 자신을 환영한다는 의미로 받아들이고는 눈물을 글썽였다고 한다.[321]

이후 18년 동안 미국은 그를 환영했다. 아울러 무시와 위압감과 당혹감도 번갈아 선사했다. 쇤베르크는 매사추세츠 주 브루클라인에서 망명 생활을 시작했는데, 이를 두고 지리적 혼동을 일으킨 사람이 적어도 한 명 있었다. (베르크는 편지에 이렇게 썼다. "이 '브루클라인'이 어디죠? 보스턴 근처라고요? 그렇다면 뉴욕 교외인 브루클린과는 다른 곳이죠?"[322]) 쇤베르크는 곧바로 말킨 음악원에서 학생들을 가르치기 시작했고, 유대인 국가의 대의는 시급한 관심사로 남았다. 그는 가칭 유대인 연합당Jewish United Party을 위해 연설문과 제안서를 쓰면서 영어를 익혔다. 아울러 저명한 미국 유대인 지도자들과 서신도 나누었다. 그가 사활을 건 것은 불가해하면서도 명명백백한 것이었다. 1934년 1월, 츠바이크가 에라스뮈스의 인본주의에 여전히 매달리고 있었고 슈트라우스가 "음악의 증진에 새로운 독일 정부가 호의적으로 나선 것"을 칭찬했던 시기에, 쇤베르크는 베베른에게 쓴 편지에서 나치 프로그램의 핵심은 "다름이 아니라 모든 유대인의 절멸!"[323]임을 분명히 밝혔다.

그는 교습과 사회 활동을 이어갔지만 미국 북동부의 겨울을 나면서 건강이 나빠졌다. 눈이 워낙 많이 내려 바짓가랑이에 수건을 쑤셔 넣고 버텼다.[324] 1934년 9월, 쇤베르크는 이런 동부를 떠나 날씨가 더 따뜻한 캘리포니아 남부로 거처를 옮겼다. 게다가 그곳에는 어울릴 사람도 많았다. 놀랄 만큼 많은 유럽 지식인들과 예술계 엘리트들이 점차 야자수 아래를 망명지로 택했다. 이른바 '태평양의 바이마르'에 정착한 주민 중에는 토마스 만과 형 하인리히 만, 아도르노와 동료 막스 호르크하이머, 베르톨트 브레히트, 막스 라인하르트, 올더스 헉슬리, 크리스토퍼 이셔우드가 있었다. 음악가로는 작곡가 이고르 스트라빈스키, 세르게이 라흐마니노프, 에리히 볼프강 코른골트, 한때 쇤베르크의 제자였던 한스 아이슬러, 그리고 지휘자 브루노 발터, 오토 클렘페러가 합류했다. 알마 말러와 새 남편 프란츠 베르펠도 "낡은 샌들을 신고 나머지 돈과 보석류, 브루크너의 교향곡 3번 악보가 담긴 가방을 끌고"[325] 프랑스에서 피레네산맥을 넘어 마침내 그곳으로 왔다.

　로스앤젤레스에서 쇤베르크는 잠시나마 숨을 돌렸던 것 같다. 유럽 친구들에게 이런 편지를 썼다. "창문을 열어놓고 있으니 방 안에 햇빛이 가득하네!" 그는 전에 살았던 빈의 교외에 빗대어 할리우드를 "로스앤젤레스의 뫼들링"이라고 설명했고, "그토록 찬란한 영화들을 만드는 곳"이라고 했다.[326] 이곳에 오고 18개월이 지난 1936년에 쇤베르크, 게르트루트, 누리아는 노스 로킹엄 거리에 위치한 스페인 식민지풍 주택에 정착했다. 나무들이 우거지고 아카시아와 라일락 향이 나는 선셋 대로 옆으로, 그는 이곳에서 남은 15년을 보냈다.[327]

아도르노는 "망명자로 살아가는 모든 지식인은 예외 없이 불구자"[328]라는 말을 했지만, 예순 살의 쉰베르크는 여러 면에서 상당히 잘 적응했다. 그는 서던 캘리포니아 대학에서, 이어 UCLA에서 학생들을 가르쳤다. 그의 두 번째 가족은 아들 로널드가 1937년에 로런스가 1941년에 태어나면서 커졌고, 그는 다들 말하기를 사랑이 넘치는 아버지였다. 장난감과 보드게임을 직접 만드는가 하면, 땅콩버터를 샌드위치에 발라 동물 모양으로 빚었고, 로널드가 테니스 치는 것을 워낙 좋아해서 게임 포인트를 실시간으로 색인 카드에 기록하는 체계를 새로 고안했다.[329] 그가 쓰던 옛 가구와 책들, 그리고 피아노까지 유럽에서 멀쩡하게 도착했다. 가족은 오스트리아 황제의 이름을 따서 토끼에게 프란츠 요제프라는 이름을 붙였다.[330] 그럼에도 망명의 깊은 파열이, 혹은 현실감 없는 부조리한 일상이 가려지지는 않았다. 젊은 시절 빈의 카페 그리엔슈타이들에서 시인·극작가 들과 어울렸던 그는 이제 4번가와 윌셔 대로가 만나는 스리프티에서 미국 국적의 자녀들에게 치킨과 매시드 포테이토, 콜라, 시럽을 끼얹은 아이스크림으로 이루어진 49센트짜리 식사를 사주었다.[331] 음악적인 베를린에서 현대 시대의 여명을 목격했던 그는 이제 집에서 〈호팔롱 캐시디〉, 〈론 레인저〉, UCLA 축구 경기를 보았다.[332] 말러, 프로이트, 클림트의 도시에서 자란 구세계 예술가는 이제 미국의 영화배우 셜리 템플과 같은 동네에 살았다.[333]

쉰베르크는 언젠가 관광버스 가이드가 셜리 템플의 집만 가리키고 자신의 집은 소개도 없이 그냥 지나가자 화를 냈다고 한다.

하지만 미국이 자국에서 나고 자란 예술조차 문화적 상상에서 주변으로 내몬 것을 생각하면 아무것도 아니었다. 유럽인들이 보고 자주 놀랐던 점이다. 츠바이크가 뉴욕에 처음 방문했을 때 곧바로 호텔 리셉션 담당자에게 월트 휘트먼의 무덤을 보려면 어디로 가야 하는지 물었는데, 그 유명한 시인의 이름을 모르더라고 했다. 하지만 이런 문화적 차이는 쇤베르크의 엘리트주의를 오히려 누그러뜨리는 방향으로 작용했다. 청중과의 접점이 적을 수밖에 없는 전위적인 영역에 신념이 있었던 그는 이제 더 많은 청중을 얻고 싶었다. 그는 친구에게 이렇게 썼다. "내가 무엇보다 갈망하는 것은… 차이콥스키보다 나은 작곡가로 인정받는 것이네. 부디 살짝 낫기만 하면 되네. 좀 더 욕심을 낸다면, 사람들이 내가 쓴 곡을 알고 휘파람으로 부는 거네."[334]

아쉽게도 그런 일은 많지 않았다. 쇤베르크의 아들 로런스는 아버지의 차를 함께 타고 저녁 라디오 프로그램 스폰서인 서던 캘리포니아 가스 회사의 지점에 자주 갔다고 한다. 그곳에서 방송 프로그램 가이드북을 얻곤 했는데, 아버지의 곡이 방송에 예정되어 있으면 5센트 동전을 받았다.[335] 그렇게 그가 모은 동전은 많지 않았다. 쇤베르크가 할리우드 스튜디오와 일하기로 이야기된 것도 결국에는 무산되었다.[336] MGM의 제작자 어빙 솔버그가 펄 S. 벅의 《대지》를 영화화하면서 그에게 음악을 맡기고 싶어 했다. 하지만 쇤베르크가 전적인 예술 통제권과 솔버그의 예산을 훨씬 초과하는 작업비를 요구하자 협상이 틀어졌다. 이런 사정은 어느 여름날에 있었던 장면에 애틋함을 더해준다. 그의 가족은 샌타바버라 근처 고속도로 옆 주스 가게에 들렀다. 커다란 산타클로스 인형이 있어서 쇤베르크의 아이들이 좋아했고, 크리스마스캐럴이 일 년 내내 주차장에 울리는 곳이었다. 수십 년이 지나서도 로런스가 생생하게 기억했는데, 이날 나이 지긋한 빈의 거장은 오렌지주스를 사러 차에서 내리다가 근엄한 표정이 순식간에 풀어졌다.[337] 그날따라, 어쩌면 딱 한 번, 도로변 스피커에서 흘러나온 음악은 "징글벨"이나 "아름답게 장식하세"가 아니라 그가 작곡한 〈정화된 밤〉의 어둑하게 빛나는 화음이었다. 밤이 순간적으로 정화되었다.

―――

1930년대가 흘러가면서 많은 망명자들의 마음속에 있던 어둠은 새로운 고국의 투박한 아름다움과 상대적인 안전함을 접하면서 실제로 어느 정도 정화되었다. 하지만 망명자들이 쓴 회고록을 살짝만 봐도, 유럽 대륙에서 전해진 가슴 아픈 소식과 캘리포니아 남부에서 살아가는 일상의 공허한 사치―"염소 처리한 수영장과 거대한 저택을 갖춘"[338]―가 극도로 괴리되어 있음을, 그 간극이 점차 넓어지고 있음을 뼈저리게 인식했다는 것을 알게 된다. 베벌리힐스의 한 파티에서 작가 카를 추크마이어는 다 큰 남녀가 수영복 차림으로 인공 눈이 덮인 미끄럼틀을 타고 내려와 칵테일이 차려진 텐트를 들이받는 모습을 보고 공포에 휩싸였다.[339] 살아남은 자의 죄책감이 엄습했던 것이다. 브레히트는 "내가 어떤 일을 한다 해도 배불리 먹을 자격이 없다"[340]고 썼다. 미국 땅을 밟기 전에 갖고 있던 레닌의 책을 로스앤젤레스 항구에 던져버렸던[341] 이 극작가는 만연한 상업주의에 관한 심경을 일기에 토로했다. "여기서 우리는 사는 사람과 파는 사람을 끊임없이 왔다 갔다 한다. 말하자면 우리는 오줌을 변기에 파는 사람이다."[342] 쇤베르크는 새로운 고국의 사회적 기대, 특히 지나친 칭찬과 쾌활함을 강요하는 분위기가 불편했다. 그는 옛 친구에게 이렇게 설명했다. "우리는 계속해서 웃음을 짓는 것이 어렵네. 침을 뱉고 화를 내고 싶을 때가 있으니까…. 여기서는 무슨 일이 있어도 진실을 말해서는 안 되네. 설령 상대가 진실을 알아도, 알지 못해도, 알고 싶어 해도 말이네. 이것은 게임이야."[343]

하지만 쇤베르크는 진실을 말하겠다는 의지를 잃지 않았다. 다만 원래 계획했던 대로는 아니었다. 가족을 부양하느라 애썼고 조직적인 유대인 공동체의 지지를 끌어내는 데 실패했던 그는 정치 활동과 지도자라는 자신이 상상했던 소명에서 한발 물러날 수밖에 없었다. 비행기, 이동식 주택, 방송 인력 모두 실현되지 못했다. 가르치는 일과 작곡하는 일이 또다시 그의 삶에서 많은 시간을 차지했다. 그러나 유럽의 유대인들이 처한 상황은 무시하기에는 너무도 끔찍했으므로, 쇤베르크는 자신의 가장 강력한 견해들을 논쟁적인 에세이에 담기로 했다. 〈유대인을 위한 네 가지 계획〉은 1938년 크리스탈나흐트 학살이 벌어지기 전에 완성되었다. 유럽 각국이 히틀러에 대해 여전히 유화 정책을 펴던 무렵에 이 글은 당면한 순간을 그야말로 냉철하게 판단하며 시작한다.

독일에서 50만 명, 오스트리아에서 30만 명, 체코슬로바키아에

애도하는 음악

서 40만 명, 헝가리에서 50만 명, 이탈리아에서 6만 명, 모두 합하면 180만 명이 넘는 유대인들이 언제가 될지 모르지만 이주하는 상황이 벌어질 것이다. 폴란드 350만 명, 루마니아 90만 명, 리투아니아 24만 명, 라트비아 16만 명을 합하면 거의 500만 명에 이른다. 여기에 유고슬라비아 6만 4000명, 불가리아 4만 명, 그리스 8만 명도 있다. 아직은 덜 심각한 다른 나라들은 뺀 것이다. 거의 700만 명에 달하는 사람들을 위한 공간이 세계에 있을까? 그들은 불운한 운명을 맞게 될까? 결국에는 멸종될까? 굶어 죽을까? 학살당할까?[344]

이렇게 소름끼치게 앞날을 내다보면서 그는 유대인들의 존재가 그토록 위협받는 상황에서 단합을 촉구하고, 수백만의 망명자들에게 안전한 피난처를 제공할 수 있는 유대인 국가를 건설하자고 긴급히 호소했다. 불행히도 이 문서는 쇤베르크의 정치적 사고에서 다소 불편한 경향도 드러냈다. 예컨대 그는 반유대주의가 지속되는 원인으로 삐딱한 신의 논리가 작용했을 수도 있다고 함으로써 은연중에 유대인들의 운명을 그들 탓으로 돌리는 듯한 이상한 습관이 있었다. "우리 중 많은 이들이 다른 민족에 동화되려고 했을 때, 민족을 지키고자 박해가 일어났다. 마치 우리가 물려받은 신념을 잊을 위험에 처하자 신이 우리를 자극하려고 한 것처럼 말이다." 유대인의 죄에는 동화뿐만 아니라 어떤 까다로운 면, 급격한 개인주의 성향도 포함된다고 여겼던 것 같다. 이것이 시오니즘 역사의 결정적인 분기점에 강력한 집단행동을 취하지 못하게 막은 걸림돌이었다고 그는 보았다.[345] 그리고 이제 바로 그 개인주의가 유대인들이 스스로를 구하기 위해 힘을 모아야 하는 것을 방해하려 한다고 생각했다.

〈유대인을 위한 네 가지 계획〉에서 우리를 한층 더 곤혹스럽게 하는 것은 쇤베르크가 힘의 정치를 노골적으로 받아들인다는 사실이다. 이런 문장이 나온다. "유대인들은 무슨 수를 써서라도 만장일치를 이루어내야 한다." 그는 과거에 빠졌던 함정을 피하려면 강력한 지도자가, 맹종을 요구하고 맹종을 받는 지도자가 유대인의 당을 이끌어야 한다고 보았다. 1938년에도 독재자가 당을 이끈다는 생각에 그는 개의치 않았다. "최근의 역사를 보면 진정하고 자발적인 통합까지는 아니더라도 최소한 비슷한 효과를 내는 것을 어떻게 만드는지 배우게 된다. 설령 우리가 동의하지 않고 그 목적에 반대하는 집단이라 해도 그로부터 배우는 것이 어리석은 일은 아닐 것이다."

쇤베르크가 자신을 억압했던 집단의 수사적·정치적 도구를 기꺼이 빌리려 했다는 것은 이해하기 어렵다. 예술가를 예언자이자 외로운 선지자로 여긴 낭만주의의 수사는 그에게 잘 들어맞았으며, 그가 자신의 신념에 거의 종교적인 믿음을 보인 것에 권위를 실어주고 음악사에서 혁명적인 돌파구를 이루도록 도움을 주었다. 하지만 선택받은 자의 이야기를 정치의 영역으로 가져옴으로써—그것도 그처럼 기만적인 순간에—그는 위험하고 반민주적인 지대에 서게 되었다. 안타까운 것은 당시 남들보다 더 명확하게 위험을 알아보고 경종을 울린 그의 능력마저 방해를 받았다는 점이다.

애도하는 음악

〈유대인을 위한 네 가지 계획〉의 밑바탕에 흐르는 절박함에는 쇤베르크의 가족이 여전히 위험의 한가운데에 있었다는 사실도 당연히 작용했다. 1938년 여름 동안 작곡가가 접한 소식은 나날이 심각해졌다. 히틀러가 3월에 오스트리아를 침공하여 쇤베르크의 딸 트루디(첫 번째 결혼에서 얻은 딸)와 사위 펠릭스 그라이슬레가 몇 주 동안 그곳에 갇혔다가 가까스로 뉴욕으로 탈출했다. 빈에 있을 때 펠릭스는 대낮에 심하게 얻어맞아 턱뼈가 탈골되고 이도 여러 개 빠졌다.[346] 잘츠부르크 시장의 딸과 결혼한 베이스 오페라 가수인 쇤베르크의 동생 하인리히는 추방되어 빈에 숨어 지냈다. 펠릭스는 쇤베르크에게 편지로 이렇게 알렸다. "오스트리아에서 박해는 상상을 초월한 정도로 심각한 상황입니다."[347]

이런 가운데 쇤베르크는 유대인들의 자구책을 열렬하게 주장하는 글을 썼다. 이것을 가능한 한 빨리 세상에 발표하려는 마음에서 그는 토마스 만에게 도움을 청했다. 두 사람은 그해 망명자 모임에서 처음으로 만난 것 같다. 만보다 도움을 주기에 더 적절한 자리에 있는 사람은 없다고 쇤베르크는 생각했을 것이다. 노벨상 수상작가였고 프린스턴 대학에서 가르쳤으며(나중에는 퍼시픽 팰리세이즈로 옮겼다), 높은 국제적 명성에 많은 책들이 번역되어 널리 읽히면서, 그는 미국에 성공적으로 안착한 몇 안 되는 독일 작가였다. 그의 전 비서에 따르면 만은 "망명자들의 무관의 제왕"[348]이었다.

"그대에게 도움을 청합니다." 쇤베르크는 1938년 12월 28일에 보낸 편지를 이렇게 시작했다. "글을 동봉하오니 읽어보시고 글이 발표되도록 힘써주시면 고맙겠습니다…. 그대가 쓴 추천의 말이라면 음악가는 오로지 음악에 관한 글밖에 쓸 줄 모른다는 미신을 뒤집을 수 있으리라 믿습니다."[349] 2주 후, 만은 펜을 들었다. 지지와 항변, 양가적 감정, 상대를 낮춰보는 우월함을 교묘하게 섞은 답장이었다. 하지만 첫 문장에서는 그의 진심이 느껴졌다. "쇤베르크 씨, 그대가 보낸 원고를 받고 나서 한동안 마음의 동요를 겪었습니다." 이어지는 글이다. "따뜻하게 승인하는 마음과 살짝 실망스러운 마음이 왔다 갔다 했습니다. 그대의 개인적인 격론뿐만 아니라 전반적인 지적 입장이 종종 힘을 앞세우는 모습을 보여 명백히 파시스트처럼 여겨졌기 때문입니다." 만은 이 용어가 "테러리즘에 다가가는 성향"을 뜻하는 것이라고 설명했고, "내가 보기에 파시스트의 태도와 같은 수준으로 전락하는 것"이라고 했다. 그러면서 덧붙였다. "잔혹한 압박과 공격에 그런 식으로 반응하는 것은 대단히 인간적이라 할 수 있겠지만, 나는 우리가 그런 유혹에 굴복해서는 안 된다고 봅니다. 특히 힘의 정치를 무조건적으로 택한다면 그대가 근본적으로 종교적이라고 옳게 서술한 유대인 공동체의 특별한 영성이 병들고 맙니다."[350]

만은 쇤베르크의 에세이가 전반적으로 중요한 글임을 알아본 것 같지만, 유대인 지도자들의 부적절함을 공격하는 수위는 낮출 것을 쇤베르크에게 권고했다. 마침내 만은 글을 내줄 곳을 알아보겠다고 약속했다. 그러면서 자신이 개인적으로 몸담고 있는 스위스 잡지 〈중용과 가치Mass und Wert〉는 적합하지 않을 수 있다고 신중하게 일렀다. "지금까지 우리는 잡지에서 유대인만의 문제를 다루는 것을 피해왔으므로, 그런 종류의 글을 싣도록 내가 편집진을 설득할 수 있을지 자신이 없습니다."

독일을 대표하는 자유주의자 지성이 국가가 주도하여 시민을 박해한 것을 두고 "유대인만의" 문제라고 한 것은 다소 충격적이다. 그럼에도 쇤베르크는 답장에서 만의 조건부 지지에 고마움을 표했고, 아울러 자신의 공격적인 입장을 옹호했다. 만은 메시지보다는, 혹은 쇤베르크를 그토록 열 받게 만든 절망적인 상황보다는 전달자의 문체에 더 반응했다. "저의 글이 신랄하다고 보시는군요. 그런데 부당하게 신랄한가요?" 작곡가가 물었다. "나는 누구를 비난하려는 게 아닙니다. 다만 사실 때문에 모욕을 느끼는 것을 막을 수는 없습니다. 사람들이 나를 부당하게 비판했을 때 저는 이런 말을 했습니다. '비명을 지르는 것은 내가 아닙니다. 진실이 비명을 지르는 겁니다' 하고 말입니다."[351]

공정하게 말하자면, 쇤베르크의 정치적 저작에서 비명을 지르는 진실에 머뭇거리며 반응한 사람은 만 혼자가 아니었다. 1930년대에 쇤베르크가 그렇게 노력했음에도 미국의 유대인 공동체는 각성하지 않았고, 그를 중심으로 뭉치지도 않았다. 만은 나중에 가서 반나치 활동을 하게 되지만, 쇤베르크의 에세이를 다시 살펴보았는지는 확실하지 않다. 결국 〈유대인을 위한 네 가지 계획〉은 발표되지 못해 아무도 읽지 않은 예언서가 되고 말았다.[352]

결국 유럽에 남은 쇤베르크의 가족들은 그가 그토록 막아보려고 애썼던 바로 그 운명의 희생양이 되고 말았다. 친동생 하인리히는 1941년 게슈타포에 체포되어 수감 중 감염으로 인한 패혈증으로 사망했다. 조카와 조카딸은 드레스덴 외곽 숲에서 총살되었다.[353] 쇤베르크의 사촌 아르투어도 사정이 다르지 않았다. 미국 이주를 위한 비자를 얻으려고 애썼지만 실패한 그와 아내 에벨리네는 1942년 1월 15일 뮌헨의 리하르트-바그너 거리에 있는 집에서 붙잡혀 6월 5일 테레진으로 이송되었다. 수용소에서 그들이 어떻게 지냈는지는 알려진 바가 거의 없다. 다만 아르투어가 발헨제에 발전소를 건설했던 경험을 되살려 동료 수감자들에게 전기 발전에 관한 강의를 했다는 사실은 확인되었다. 수용소에 도착한 지 9개월 만에 그와 에벨리네는 사망했다. 공식적인 사망 진단서에는 사망 원인이 폐렴으로 기재되어 있다. 아울러 자신의 시민권을 보존해달라고 뮌헨 시의회에 호소한 그의 노력이 카프카 소설처럼 부조리한 결과를 맞았음을 볼 수 있다. 국적 항목에서 '독일 제국Deutsche Reich'이라는 단어가 손으로 지워지고 '무국적staatenlos'이라는 단어로 대체되었다.

1947년에 그는 새로운 과제에 매달렸다. 쇤베르크가 가족에게 털어놓았듯이, 그 이전 30년 동안 겪었던 것보다 더 많은 굴욕을 미국에 와서 겪은 그였다.[354] 모세의 역할과 아론의 역할을 동시에 떠맡은 연로한 작곡가가 된 그는 이제 마침내 자신의 정치, 영성, 사회 활동을 그의 진심과 능력이 잘 조합된 분야로 승화시킬 준비가 되었다. 사실 쇤베르크는 제3제국의 위협을 누구보다 미리 알아챈 예술가였지만, 전쟁이 끝나고서는 헤아릴 수조차 없는 상실을 기리는 신성한 임무를 가장 먼저 떠맡은 주요 작곡가가 되었다. 1947년 8월 11일부터 8월 23일까지 아르놀트 쇤베르크는 신들린 듯이 〈바르샤바의 생존자〉를 작곡했다.

이 곡은 미국에서 활동한 러시아-유대인 무용수 코린 초켐을 만나면서 비롯되었다.[355] 1947년 4월, 그녀는 나치의 손에 죽어간 유대인들을 기리는 작품을 쇤베르크에게 의뢰하면서 바르샤바 게토 봉기에서 영감을 받아 빌나 게토의 투사들이 만든 파르티잔 노래 "그대에게 죽음밖에 없다고 말하지 말라Zog nit keynmol oz du gehst den letzten Weg"의 악보와 가사를 그에게 보냈다. 쇤베르크는 의뢰를 수락했지만 사례비로 1,000달러를 요구했다. 초켐은 감당하기에 벅찬 액수라며 가격 인하를 요청했다. 그는 피곤함이 역력한 답장을 보내 그 요청을 거절했다. "이상주의의 목표를 위해 내 평생 많은 일들을 했으니 (그리고 내게 돌아온 것은 거의 없으니) 내 할 바를 한 것이오."[356] 그리하여 초켐의 의뢰는 더이상 진전되지 않았지만, 곡의 씨앗은 뿌려진 셈이었다.

공교롭게도 몇 달 뒤에 쿠세비츠키 음악 재단에서 쇤베르크에게 "교향악단을 위한 곡"[357] 의뢰를 다시 했다. 1944년에도 그런 제안이 있었는데 당시에는 〈야곱의 사다리〉와 〈모세와 아론〉을 완성하는 것에 집중해야 해서 그가 거절했다. 그러나 1947년 7월, 재단이 재차 제안하자 곧바로 수락했다. 쇤베르크는 "스물네 명 정도의 음악가에 '연사' 한두 명"과 남성 합창단이 들어가는 작품을 생각하고 있다고 했다.[358] 계약을 하고 작업에 바로 들어갔다. 쇤베르크는 대체로 작곡 속도가 빨랐다. 언젠가 작곡이라는 경험을 "세상에 나올 준비가 된 창작물의 내부 압력을 없애기 위해 밸브를 여는 것"[359]이라고 설명하기도 했다. 이 작품은 불과 13일 만에 완성되었다.

〈바르샤바의 생존자〉는 연주시간이 고작 7분이지만, 긴장이 집약되어 있고 극적인 힘이 사납게 몰아치는 음악이다. 1부에서 (생존자 역할을 하는) 해설자가 유대인 수감자들의 참혹한 장면을 설명한다. 죽음의 수용소에서 갑자기 깨어나 모이도록 명령받고, 독일 하사관으로부터 잔혹하게 구타당하고, 마지막으로 가스실에 들어가기에 앞서 점호를 당했다.[360] 2부로 넘어가면 (남성 합창이 맡는) 수감자들이 자리에서 일어나 유대교의 주요 기도문인 "셰마 이스라엘"을 힘차게 노래하며 맞선다. 해설자가 말하는 텍스트는 쇤베르크가 직접 썼다. 작곡가의 모국어가 아닌 영어를 주로 사용하지만, 하사관 말은 프로이센 억양의 독일어로, "셰마"는 히브리어로 되어 있다. 텍스트는 여러 면에서 작품의 이해에 중요하므로 여기에 전문을 인용한다.

애도하는 음악

나는 모든 것을 기억하지는 못한다.

대부분의 시간에 정신을 잃었던 것 같다.

다만 장엄한 순간만큼은 기억한다.

오랫동안 소홀히 했던 옛 기도문을

다들 미리 약속이나 한 것처럼 부르기 시작한 순간을. 잊었던 신앙 고백을!

하지만 내가 바르샤바의 하수관에서 오랜 시간을 어떻게 버텼는지는 기억이 없다.

그날도 평소처럼 시작했다. 아직 날이 어두울 때 기상나팔이 울렸다.

밖으로 나와! 당신이 자고 있었든 걱정으로 밤을 꼬박 새웠든 상관없다.

당신은 자식, 아내, 부모에게서 떨어져 있다.

그들에게 무슨 일이 벌어졌는지 모른다. 그런데 어떻게 잘 수 있겠는가?

트럼펫이 다시 울렸다.

밖으로 나와! 하사관이 화낼라!

그들은 나왔다. 늙은 자들과 병든 자들은 느릿느릿 나왔고, 불안해서 잽싸게 나오는 사람도 있었다.

다들 하사관을 두려워했다. 최선을 다해 서둘렀다.

하지만 소용없었다! 소음이 난무하고, 분주한 움직임이 난무했다. 그럼에도 충분히 빠르지 않았다!

하사관이 소리쳤다. [독일어로] "차려! 서둘러! 내 개머리판의 맛을 보고 싶나? 좋아, 원한다면 해주지."

하사관과 부하들은 모두를 때렸다. 젊었거나 늙었거나 조용하거나 겁을 먹었거나 죄가 있거나 없거나 가리지 않았다. 사람들의 울부짖음과 신음을 듣는 것이 괴로웠다.
들으면서 나도 세게 맞았고
그래서 자리에 쓰러질 수밖에 없었다.
다들 쓰러져서 일어나지 못하자 군인들은 곤봉을 휘둘렀다.

내가 정신을 잃었던 모양이다. 다음으로 기억하는 것은 한 군인의 말이었다. "모두 죽었습니다."
하사관이 우리를 치우라고 명령했다.

나는 정신을 반쯤 잃은 채 옆에 누워 있었다.
주위가 무척 조용해졌다. 두려움과 고통이 밀려왔다.
그 순간 하사관이 소리치는 것이 들렸다. "점호!" 그들은 천천히 불규칙적으로 번호를 셌다. 하나, 둘, 셋, 넷! "차려!" 하사관이 다시 소리쳤다.
[독일어로] "더 빨리! 다시 해! 얼마나 많이 가스실로 보낼 수 있는지 일 분 안에 알아야겠어. 점호!"
그들은 다시 세기 시작했다. 처음에는 천천히, 하나, 둘, 셋, 넷! 그러다가 점점 더 빨라져서 마침내 야생마들이 우르르 달리는

애도하는 음악

소리처럼 들렸다. 갑자기 도중에 수감자들이 "셰마 이스라엘"을
노래하기 시작했다.

여기서 합창단이 처음으로 들어와 "셰마"(신명기 6장 4~7절)를 히
브리어로 노래한다.

들어라, 오 이스라엘아, 우리의 하나님은 한 분이시니.
너는 마음을 다하고 영혼을 다하여
힘을 다하여
너의 하나님을 사랑하라.
그리고 오늘 내가 너에게 명하는 이 말씀을
너의 마음에 새겨라.
그리고 너의 자녀에게 부지런히 가르치고 말하라.
집에 앉아 있을 때도
길을 갈 때도
자리에 눕거나 일어날 때도.[361]

쇤베르크는 〈바르샤바의 생존자〉를 엄격한 12음 기법으로 작곡
했고, 해설자의 텍스트는 말과 노래가 혼용된 슈프레히슈티메 양
식으로 전달된다. 그가 〈달에 홀린 피에로〉를 시작으로 여러 곡에
서 활용한 바 있는 양식이다. 일반적으로 숙달된 바리톤이 해설자
를 맡는데, 이 곡과 관련하여 베테랑 해설자인 셰릴 밀른스에 따르
면 "가수로서 상상할 수 있는 모든 색채"[362]가 요구된다고 한다. 양

식적이고 표현주의적인 이 보컬 작법은 말 자체를 낯설게 만드는 효과가 있다. 마치 악마처럼 끔찍한 장소의 흔적을 여전히 간직하고 있는 것만 같다. 해설자가 열두 번째 마디에서 "나는 모든 것을 기억하지는 못한다"라며 등장하기 전에도, 청자는 음악의 파열된 표층에서 불안정한 기억이 환기하는 트라우마의 흔적을 감지할 수 있다.[363]

분노에 찬 현의 불협화음 위로 트럼펫이 날카롭게 솟구치는 서두의 제스처는 이 곡만의 독특한 소리적 세계를 곧바로 확립한다. 1차 세계대전 이전에 쇤베르크가 작곡한 무조 걸작[364]들을 상기시키는 분위기다. 그리고 나서, 이제 막 시작했을 뿐인 음악은 잘게 쪼개진다. 군악대의 북소리가 등장했다가 사라지고, 첼로와 베이스가 트레몰로로 으르렁거린다. 서두의 트럼펫은 나중에 해설자가 기상나팔을 언급하는 대목에 다시 반복되어 기억과 연상의 내적 연결망을 마련한다. 곡이 진행되면서 섬광처럼 번뜩이는 장면들이 이어진다. 첼로가 활 등으로 현을 내리친다. 고음역의 피콜로가 마치 심연 너머로 말러의 유명한 새소리를 꿈꾸기라도 하듯 불규칙적인 리듬을 내뱉는다.

수십 년 동안 음악학자들은 쇤베르크의 악보 전체를 현미경 보듯 자세히 분석해왔고, 무엇보다 반음계의 열두 개 음을 특정한 순서로 배열한 음렬(이 곡의 경우 F♯ G C A♭ E E♭ B♭ D♭ A D F B)의 윤곽과 치환에 주목했다. 많은 평자들이 지적했듯이, 쇤베르크는 합창단이 마지막에 노래하는 "셰마"에서 가장 극적으로 음렬을 등장시킨다.[365] 해설자가 "다들 함께 부르기 시작한 장엄한 순간"이라고

애도하는 음악

말하는 놀라운 이 유니즌은 템포가 점차 빨라지고 음악의 표현적 긴장이 거의 참을 수 없는 수준으로 고조되는 구성의 정점에 등장한다. 해설자는 이런 점증에 참여하지만, 남성 합창단이 등장하고 나면 그의 목소리는 더이상 들을 수 없다.

훌륭한 실황 연주로 들으면 합창이 등장하는 순간에서는 강력한 힘이 느껴진다. 독창적이고 가장 상징적인 합창의 순간, 즉 베토벤 교향곡 9번의 휘몰아치는 피날레를 부지불식간에 떠올리게 된다. 9번 교향곡 이전에는 그 어떤 작곡가도 교향곡 피날레에 합창을 넣지 않았다. 베토벤은 어떻게 그런 생각을 했을까? 음악학자 메이너드 솔로몬은 고대 그리스 아테네 비극에서 합창이 담당한 기능에 관하여 실러가 쓴 글을 읽고 그가 영감을 받았다고 추정한다.[366] 실러가 설명하기를, 합창은 "장대하게 감각에 호소한다. 사건이 한정된 범위를 넘어 과거와 미래로, 먼 시간과 나라로 확장되도록 한다."[367] 시인의 말은 〈바르샤바의 생존자〉에 나오는 이 합창을 설명하는 말로도 어울린다. 합창의 텍스트가 되는 "셰마 이스라엘"은 유대교의 근본적인 기도문이자 궁극의 신앙 고백이요, 개인의 차원과 공동체의 차원에서 유대인의 정체성을 확인하는 것이다. 전통적으로 매일 세 번 암송하며, 역사적으로는 순교하기 전에 마지막으로 하는 말이었다. 쇤베르크의 곡에서 이는 또 다른 종류의 도착을 나타내기도 한다. 말이 노래로 대체되면서 기억이 마치 역사(사건들의 연속을 담은 이야기)의 영역에서 초월적인 신앙의 확인으로 건너뛰듯 '확장'되는 것이다.[368]

이 곡을 가장 먼저 접한 청자들은 합창의 의미에 대해 생각하기에 앞서 해설자의 존재로 인한 의문에 맞닥뜨렸다. 〈바르샤바의 생존자〉에 나오는 이름 없는 생존자는 누구일까? 이 이야기의 출처는 어디일까? 텍스트는 무엇일까? 쇤베르크는 악보 타이틀 페이지에 "이 텍스트는 내가 직접적으로 간접적으로 접한 보도들을 부분적으로 참고하여 마련했다"라고 다소 알쏭달쏭하게 적어 수수께끼를 부채질했다. 곧이곧대로 보면 이 곡은 살아남은 목격자의 실제 증언이자 공포의 현장에서 보낸 12음 기법의 속보인 셈이다. 그리고 〈바르샤바의 생존자〉가 죽음의 수용소에서 실제로 일어난 사건과 관련된다는 생각은 이 곡을 가장 열심히 지지했던 인물인 폴란드-프랑스 지휘자 르네 라이보비츠(본인이 바르샤바에서 태어났고 홀로코스트의 생존자였다)가 옹호한 초창기 신화가 되었다.

라이보비츠는 쇤베르크가 최종 악보를 준비하는 데 도움을 주었고, 1948년 12월 파리에서 열린 유럽 초연을 지휘하기도 했다. 그러므로 그가 독일 신문에 작품의 설정은 "바르샤바 게토의 **실제** 생존자 이야기에서 착안했다"[369]고 설명하는 글을 실었을 때, 그는 신뢰할 만한 출처로 보였을 것이다. 생존자가 작곡가를 찾아가서 이런 기억을 들려주자, "쇤베르크가 이야기를 그대로 사용했다"고 했다. 초창기 리뷰어들이 비슷한 설명을 하면서 이는 작품의 전설이 되었고 충격적인 효과를 배가했다. 오늘날 생존자 증언[370]은 자료보관소를 꽉 채우고 증인 문학에서 하위장르를 구성할 정도이지만, 이 곡이 초연되었을 당시에는 그와 같은 공포를 직접 겪은 사람이 일반 대중에게 자신의 경험을 증언한다는 발상 자체가 완전히 생소했다.

애도하는 음악

하지만 쇤베르크의 짧은 설명에 담긴 두 표현에 초점을 맞추면 상황이 복잡해진다. 그는 "**직접적으로 간접적으로**" 접한 "보도들을 **부분적으로** 참고"했다고 했다. 작품의 극적인 설정을 만드는 데 작곡가 또한 관여했을 수 있음을 시사하는 표현이다. 실제로 학자들이 해설자가 묘사하는 사건에 해당하는 독립적인 출처를 찾으려고 애썼지만 소득이 없었다. 오히려 쇤베르크가 당시에 읽은 소설, 그의 부인이 쓴 영화 대본, 그가 받은 편지 등 다양한 영향이 있었을 거라는 주장이 제기되었다.[371] 사적인 편지에서 작곡가는 작품에 묘사된 장면은 사실상 자신의 창작물임을 거의 인정했다. "설령 그런 일이 내가 〈바르샤바의 생존자〉에서 묘사한 방식대로 일어나지 않았더라도 그건 중요하지 않소. 중요한 건 그것을 내 상상 속에서 보았다는 점이오."[372] 작곡가이자 비평가 쿠르트 리스트에게 그가 한 말이다.

마지막 문장을 눈여겨봐야 한다. 완전히 다른 방향의 해석을 가리키기 때문이다. 그가 자신의 상상 속에서 이 장면을 보았다는 말은 어느 정도는 본인이 살아온 삶의 재료로 작품의 극적 궤적을 마련했음을 뜻하는 것으로 해석될 수밖에 없다. 쇤베르크 자신도 베르크에게 이렇게 털어놓은 바 있다. "내가 쓴 모든 곡에는 어느 정도 내적으로 나와 닮은 구석이 있네."[373] 쇤베르크가 강제수용소의 공포를 직접 경험하지는 않았지만, 신앙에서 멀어졌던 사람이 죽음이 코앞에 닥친 순간 문득 자신의 정체성을 깨닫고 집단의 일원임을 받아들이게 된다는 작품의 핵심 장면은 작곡가 본인의 삶의 핵심 주제와 통했다. 해설자가 셰마를 "오랫동안 소홀히 했던 옛 기도문, 잊었던 신앙 고백!"이라고 말하는 대목은 작곡가의 자기비판인 동시에 다사다난했던 본인의 영적 여정을 투사한 것으로 확실하게 와 닿는다.

얼마나 다사다난했던 여정인지 잠깐 생각해보자. 성가대 지휘자의 손자로 태어나 젊은 시절 열렬한 바그네리안이었다가 훗날 유대교 신앙을 떠나는 것이 "굴욕과 수치와 모멸을 당한 수천 년의 세월"에서 구원되는 길이라고 생각하여 개신교로 개종했다. 1차 세계대전에서 승리의 전망에 취했던 독일 민족주의자였다가 환멸을 느낀 '현대인'이 되었지만 "기도하는 법을 배우기"를 여전히 희망했다. 자국의 음악을 모더니즘의 약속의 땅으로 이끌기로 결심한 음악적 선지자였다가 유대교와 독일 문화의 긴장이 고조되자 내키지 않지만 둘의 화해자로 나섰다. 독일에서 추방된 망명자였다가 동료 유대인들에게 위험을 알리고자 필사적으로 애쓴 열렬한 유대인 민족주의자가 되었다. 막대한 비극에서 눈 돌리지 않았던 자칭 구세주였다가 홀로코스트라는 이름이 붙여지기도 전에 이를 기리는 의미 있는 예술적 기념물을 최초로 만든 노령의 작곡가가 되었다.

이런 광대한 여정에서, 그가 선조들의 신앙과 떨어져 보낸 시간이 많았다는 것은 종교적 귀의의 극적 궤적을 담고 있는 〈바르샤바의 생존자〉를 작곡하면서 쇤베르크가 의지할 곳이 거의 없었다는 뜻이기도 하다. 내가 작곡가의 자료보관소에서 만난 가장 애처로운 자료가 이를 뒷받침한다. 로스앤젤레스의 랍비 제이콥 손덜링이 쇤베르크의 음악적 기념물 작곡을 돕고자 준비한 '셰마' 보

애도하는 음악

충 안내서다. 명백히 "잊었던 신앙 고백"을 히브리어로, 영어 번역으로, 영어 음역으로 꼼꼼하게 옮겨 놓았다. 쇤베르크가 히브리어 기도문을 어떻게 발음하는지 다시 생각해내기 위해 외부의 도움이 필요했다는 사실은 이해가 간다. 어렸을 때도 율법을 잘 지키는 유대인은 결코 아니었다. 그럼에도 한 가지 사소한 점이 눈길을 끈다. 손덜링은 페이지 상단에 반드시 필요하다는 듯이 간단한 설명을 적어놓았다. "Wir lesen von rechts nach links." 번역하자면 이렇다. "우리는 오른쪽에서 왼쪽으로 읽습니다."

믿기지 않게 초보적인 도움이다. 쇤베르크가 자신의 전통에서 얼마나 멀어졌으면 히브리어를 어느 방향으로 읽는지도 모른다고 생각했겠는가. 이 여섯 단어는 쇤베르크가 독일 문화에 속하려고 줄기차게 노력한 이면으로, 스스로가 자초한 뿌리뽑힘, 즉 영혼이 집을 잃었음을 고스란히 보여준다. 슬픈 사실은 쇤베르크가 당대 다른 많은 유대인들과 마찬가지로 자신의 신앙에 대해 너무도 무지한 채로 자랐다는 것이 아니다. 공동의 현대 사회를 함께 상상할 수 있다는 전망이 너무나 실질적이고 현실적이었기에, 쇤베르크가 박해받은 과거의 유물을 이어갈 필요를 느끼지 못했다는 것이다. 그러므로 그의 무지는 모두가 품위 있는 삶을 살 수 있는 범세계적 사회, 현대 예술이 실제로 현대의 삶을 만들어갈 수 있는 세상을 위해 앞선 시대가 품었던 희망, 즉 급진적인 가능성들이 저 앞에서 희미하게 깜빡일 때에도 쇤베르크가 예리하게 알아챘던 미래의 희망과 정비례했다.

〈바르샤바의 생존자〉의 작곡에 관한 다른 어떤 자료도 이렇게 내밀한 이야기를 하지 않지만, 의미를 더 넓게 보도록 해주는 편지가 하나 있다. 1947년 여름 〈바르샤바의 생존자〉 작곡에 들어가기 불과 닷새 전에 쇤베르크는 로스앤젤레스의 희귀본 중개인에게 연락해서[374] 〈모세와 아론〉의 악보와 대본 원본을 판매할 독점권을 주었다. 이 오페라가 그의 평생의 작업에서 얼마나 큰 자리를 차지했는지, 그리고 그가 미국에서 이 대작의 마지막 3막을 작곡하기 위해 시간을 내려고 얼마나 애썼는지 생각하면, 자신의 자필 악보를 넘기기로 한 결정은 가볍게 볼 일이 아니다. 그가 UCLA에서 은퇴하고 수치스러울 만큼 박한 연금을 받으면서 심각한 재정적 어려움에 처했음을 증명하는 것 외에,[375] 그가 원래 계획했던 형식의 장대한 오페라와 상징적으로 작별하기로 한 것으로 읽을 수도 있다.

사실 1947년 8월 무렵, 쇤베르크는 재정적 문제보다 훨씬 심각한 이유로 자신의 오페라 3막이 결코 완성될 수 없다는 것을 무의식적으로라도 깨달았을 것이다. 오페라가 암묵적으로 이루려 했던, 유대교와 독일 문화의 생산력을 하나로 결합한다는 꿈 자체가 제3제국의 등장으로 묵살되었고, 그러고는 쇼아로 인해 무효화되었기 때문이다. 유럽의 유대인들을 위한 3막은 존재하지 않았다. 작곡되지 못한 모든 음악의 침묵이 이 사실의 영원한 증인으로 남을 것이다. 어쩌면 쇤베르크는 원래의 열망이 역사에 의해 난파되고 말았으니 이런 기획은 오로지 다른 형식으로만 완성될 수 있다는 것을 깨달았을 것이다. 같은 지대를 파고들되 이번에는 기억이 열쇠가 되는 작품으로 말이다.

이렇게 해서 나는 이탈리아 작곡가 루이지 노노(훗날 쇤베르크의 사위가 된다)의 혜안을 이해하게 되었다. 그는 쇤베르크의 〈바르샤바의 생존자〉 초기 연주를 듣고 나서 이 작품이야말로 〈모세와 아론〉의 3막이라고 했다.[376] 이렇게 두 작품을 하나의 성좌星座[377]에, 하나의 역사의 흐름에 두면 곡의 의미가 새롭게 배열된다. 서늘하

게 현대적이고 고통스럽지만 여전히 포부가 있는 〈모세와 아론〉
이 앞을 내다본다면, 〈바르샤바의 생존자〉의 고뇌에 찬 회상은 뒤
를 돌아본다. 이 둘을 짝으로 놓고 보면, 마치 도개교의 하단이 연
결되어 맞은 편 강둑에 닿게 되듯 파열을 가로지르는 다리가 놓인
다. 아울러 이런 시야는 〈바르샤바의 생존자〉의 본질을 더 분명하
게 드러낸다. 이 작품은 홀로코스트에 바치는 역사적 기념물일 뿐
만 아니라 더 깊게 보면 현대 유럽의 심장에서 함께 만든 독일-유
대인 문화의 꿈을 애도하는 레퀴엠이다. 쇤베르크는 그런 꿈이 죽
어가는 것을 목격한 증인이면서 동시에 생존자였다.

———

기이한 우연처럼 보이기도 하고 독일 역사의 흐름에서 어찌어찌
하여 예정된 것처럼 보이기도 하는 동시적 사건으로, 쇤베르크가
〈바르샤바의 생존자〉를 완성한 바로 그해, 토마스 만은 장대한 파
노라마 소설《파우스트 박사》를 출간했다. 그는 이 소설을 "예술가
의 삶의 이야기로 위장했지만 실은 내 시대의 소설 그 자체"[378]라
고 설명했다. 실제로 또 한 명의 망명자가 시기적절하게 유럽의 대
재앙을 성찰하려고 나선 시도였다. 다만 으스스하리만치 익숙한
렌즈로 들여다볼 뿐이다. 만이 자신의 시대 이야기를 구현하고자
선택할 수 있었던 모든 유형의 예술가 중에서 고른 것은 허구의
독일 작곡가였다. 그리고 만의 작곡가가 쓸 수 있었던 모든 종류의
음악 중에서, 만이 독일의 천재성과 몰락의 비밀을 엿보게 하는 창
으로 선택할 수 있었던 모든 예술 양식 중에서 만은 12음 기법의

　　　　　　　　　　　　　　　　　　애도하는 음악

음악을 골랐다. 그러니까《파우스트 박사》에서 허구의 작곡가는 12음 작곡 기법을 발명한다. 소설은 이런 12음 기법에 막연하면서도 거대한 힘을 실어주어 20세기의 꿈과 전조, 악몽을 궁극적으로 표현하는 것으로 삼는다.

만에게는 나름의 이유가 있었다. 그가 훗날 설명했듯이 자신의 파우스트적 인물을 작곡가로 설정한 까닭은 독일이 스스로를 이해하는 데 음악이 가공할 중요성을 갖는다는 것을 간파했기 때문이다. "가장 독일적인 예술"[379]의 역사적 깊이를 파헤치면, 독일의 국가적 정신과 그것이 파시즘의 유혹에 쉽게 휘둘리는 이유에 대해 중요한 통찰을 얻게 되리라는 것이 그의 생각이었다. 그러므로 《파우스트 박사》에서 독일 음악의 역사는 독일 사회의 특징을 나타내는 것으로 읽히며, 종종 둘은 충돌한다. 소설의 가장 유명한 장면에서 만의 작곡가 아드리안 레버퀸은 베토벤의 교향곡 9번을 "철회"하겠다는 의도를 밝힌다. 환희와 자유, 형제애를 약속한 것이 거짓이었음이 역사를 통해 입증되었기 때문이다.

만은 이 소설을 현실과 비슷하게 만들고자 했으므로 이야기 곳곳에 실제 사람, 실제 장소, 실제 사건을 가리키는 대목들이 있다. 만과 비슷한 인물인 소설의 화자 제레누스 차이트블롬은 2차 세계대전 막바지에 일어났던 실제 사건들을 배경으로 레버퀸의 인생 이야기를 전한다. 만은《부덴브로크 가의 사람들》과《마의 산》같은 작품에서 그랬듯이 여기서도 자신이 직접 혹은 간접적으로 알았던 사람들을 참고하여 등장인물들을 만들었다.[380] 레버퀸의 삶의 세부적인 면면들(매독 감염을 포함하여)은 주로 니체의 생애에서 가져왔다. 그리고 레버퀸의 대담하게 새로운 음악은 베르크, 말러, 스트라빈스키, 특히 쇤베르크의 음악에서 영감을 받아 세밀하게 다듬은 것으로 보인다. 텍스트 내에서 이런 차용을 인정하는 것은 불가능했다.[381] 레버퀸의 실제 삶의 모델이 등장하면 이런 문학적 대체 우주의 환상이 깨어지므로 쇤베르크와 니체의 이름은 텍스트 어디에도 나오지 않는다.

소설 거의 마지막에 이르면 레버퀸은 베토벤의 9번에 대항하는 후기 걸작 〈파우스트 박사의 비탄〉을 작곡함으로써 교향곡 9번을 철회하겠다는 의도를 실행한다. 레버퀸이 재료의 형식을 절대적으로 통제하며 작곡한 애도의 비가이지만, 역설적이게도 슬픔의 표현이 종종 거칠고 자유롭고 원초적으로 분출된다고 독자들에게 설명된다. 이런 애도의 예술은 중요한 자리를 차지한다. 우리가 레버퀸의 〈비탄〉에 대해 알게 되는 것이 공포에 질린 신문 〈차이트블롬〉이 부헨발트가 해방되었다고 보도한 직후이기 때문이다. "두꺼운 벽으로 된 우리의 고문실이 벌컥 열리면서 우리가 저지른 치욕스러운 일이 적나라하게 세상에 드러났습니다."[382] 그리고 나서 〈차이트블롬〉은 레버퀸의 악보를 베토벤 9번의, 그리고 원본이 되는 실러의 시의 궁극적인 철회라고 확인한다. 〈환희의 송가〉는 마침내 〈슬픔의 송가〉로 대체된 것이다.

《파우스트 박사》는 전후 많은 사람들이 나치의 이데올로기를 진정한 독일을 파괴한 외래 전염병으로, 혹은 여러 사회적·경제적 요인들로 인해 거의 예정되다시피 했던 결과로 치부하려던 순간에 등장했다. 만은 이런 회피를 용납하지 않았다. 30년 전만 해도 독일의 보수적 민족주의자 편에 섰던 그는 바이마르 공화국 시절에 일종의 정치적 개종을 하면서 너무도 허약한 민주주의의 든든한 옹호자로 나섰다. 전쟁이 일어나자 만은 독일 국민들을 대상으로 매서운 반나치 연설을 했고,[383] 이는 〈BBC〉를 통해 독일 전역에 방송되었다. 전쟁이 끝나자 그는 도덕적 책임을 안일하게 밖으로 떠넘기는 것이 불가능하다는 것을 분명히 알았다. 그가 보기에 나치는 독일 문화의 깊은 우물 어딘가에서 발원한 독이었다. "선한 독일과 사악한 독일, 이렇게 두 개의 독일이 있는 것이 **아닙니다**. 악마의 계략을 통해 선이 악으로 바뀐 겁니다."[384] 그의 말이다.

만은 전후에 정치 연설을 하면서 이런 '하나의 독일' 명제를 강력하게 내세웠지만, 이를 정교한 음악 소설로 승화시키려면 음악의 최근 역사에 정통한 내부자의 도움이 필요했다. 다행히도 그는 멀리서 찾을 필요가 없었다. 이 일의 최고 적임자인 동료 독일 망명자가 불과 몇 마일 떨어진 로스앤젤레스에 이미 살고 있었으니 말이다. 《파우스트 박사》를 집필하기 위해 "추밀 고문관"으로 만이 고른 사람은 테오도어 아도르노였다.

우리는 아우슈비츠 이후 문화에 관한 아도르노의 언명을 이미 만난 바 있지만, 여기서 그를 좀 더 무대로 불러내 보자. 1903년 프랑크푸르트에서 코르시카 태생의 가톨릭교도 오페라 가수 어머니와 유대인 와인 도매상 아버지 사이에서 태어난 아도르노는 철학자·비평가·사회이론가로 활동한 박식가이자 중부 유럽의 지적 거물이었다.[385] 그의 사고는 마르크스주의의 영향을 크게 받았지만, 전체주의의 극단적인 면에 시달리던 시대에 성년이 된 후 그는 인간 사회의 모든 것을 다 설명할 수 있다고 주장하는 그 어떤 사고 체계에도 전적으로 동의하지 않았다. 프롤레타리아 계급을 혁명적 변화의 동력으로 보기보다는 아방가르드 예술의 힘을 막연하게 깊이 믿었다. 이런 태도로 인해 비평가 게오르크 루카치의 유명한 비판이 나왔다. 그는 언젠가 아도르노를 가리켜 "심연이라는 호화로운 호텔" 로비의 장식 술 달린 안락의자에 앉아 세상의 종말을 관조하는 배부른 대재앙의 감식가라고 했다.[386]

그러나 그의 철학과 그의 삶에 어떤 긴장이 벌어졌든, 모두가 눈을 돌리는 시대에 아도르노는 외면하지 않았다고 말할 수 있다. 2차 세계대전과 쇼아가 끝나자 그는 무너진 건물의 잔해를 살피며 왜 무너졌는지 알아보려는 구조공학자처럼 예술의 역사와 예술품의 역사, 심지어 계몽주의의 핵심 전제까지 샅샅이 살피며 그 토대에 갈라진 틈이 있었는지, 미래에 무너진다는 사전경고가 있었는지 알아보았다. "아우슈비츠는 문화가 실패했음을 반박의 여지 없이 보여준다."[387] 그의 말이다. "철학의 전통, 예술의 전통, 계몽 과학의 전통 한가운데서 이런 일이 일어날 수 있었다는 것은 무엇보다 이런 전통과 그 정신에 사람들을 장악하고 변화를 일으킬 힘이 없었다는 말이다. 이런 분야 자체에 허위가 있다." 이런 허위를 찾아내는 것이 선도적 임무가 되었고, 여기에는 예술과 역사, 사회의 비판적 분석이 요구되었다. 그는 보다 먹먹한 글에서는 이렇게 서술했다.

언젠가 메시아의 빛에서 세상이 궁핍하고 왜곡된 모습을 드러내

　　　　　　　　　　　　애도하는 음악

게 되듯, 세상을 전치시키고 이간시켜 갈라진 틈과 균열을 들추는 관점을 만들어야 한다. 자의나 폭력 없이 오로지 대상과의 교감으로만 그런 관점을 얻는 것, 그것만이 사유의 과제다.[388]

아도르노에게는 이것이 예술의 과제라고 말할 수도 있다. 어떤 예술작품은 파멸한 세상의 "갈라진 틈과 균열"을 드러낼 수 있다. 상실의 기억을, 어쩌면 우울한 희망의 씨앗도 함께 이어갈 수 있다.

첫 번째 교수직을 얻은 직후에 나치 독일에서 내쫓긴 아도르노는 1943년 여름에 망명자 모임에서 마침내 만을 만났다.[389] 그로부터 얼마 뒤에 아도르노는 아직 출간되지 않은 《신음악의 철학》 원고를 그에게 건넸다. 대담한 선언문으로 훗날 아도르노의 대표작이 된다. 이 원고에서 만은 나중에 주장했듯이 자신의 생각과 놀랄 만큼 닮은 사유를 발견했고, 그것을 엮어 자신의 소설의 지적 구조로 삼았다. 대표적으로 예술작품은 "숨겨져 있어서 불러내야 모습을 보이는 사회의 본질"[390]이라는 생각이 있다. 하지만 이것은 시작에 불과했다. 학자 로즈 수보트닉이 말했듯이, 아도르노는 음악을 "단순히 소리의 집합체가 아니라 인간의 의식이 파악한 진리의 구현으로" 접근했으며, "그의 음악적 저술의 목표는 그저 음악의 기술적인 작동을 분석하는 것이 아니라 무엇보다 음악을 만든 사회의 인간적인 조건을 비판하는 것이었다."[391]

베토벤은 이런 아도르노에게 중요한 인물이었다. 작품을 통해 유럽 사회의 극적 변화를 구체적으로 표명하고 미리 알린 작곡가였다. 그가 간파했듯이, 베토벤 중기의 어느 시점(대략 19세기의 첫

섭 년)에는 음악이 여전히 '진실'을 담으면서 모나지 않고 긍정적인—심지어 승리에 찬—어조로 들리는 것이 가능했다. 서양 사회의 진보가 위대한 가능성의 순간에 이르렀기 때문이다. 이 무렵 베토벤처럼 진취적인 예술가는 개인의 이해(자유)가 사회의 이해(형식)와 화해할 수 있다고 상상했다. 하지만 이런 약속의 순간은 오래가지 않았다. 베토벤 후기에 작곡된 음악은 시대의 고귀한 전망이, 숭고한 인본주의가 사회가 더는 지킬 수 없는 약속임을 예견했다. 그래서 베토벤의 후기 음악은 (아도르노의 용어로) 보다 "부정적"이 되었다. 한때 매끈했던 표층은 이제 파열되고, 음악의 불협화음 수준이 점차 증가하여 베토벤의 〈대 푸가〉에 이르러서는 불협화음이 음악의 표현적 핵심을 차지하게 된다.

이런 맥락에서 쇤베르크의 예술은 사실상 베토벤의 후기 음악이 떠난 자리를 이어받았다. 쇤베르크가 살았던 19세기 말에 많은 작곡가들은 관습적으로 아름다운 음악을 여전히 쓰고 있었지만, 예술과 사회의 관계는 이제 갈수록 '거짓'이 되었다. 역사가 폭주했음을 우리는 아도르노가 나서지 않아도 안다. 계몽 인본주의의 코앞에서 나폴레옹은 스스로 황제가 되었다. 노예제는 미국에서 계속 존속했다. 벨기에는 식민 통치로 콩고를 약탈했다. 독일은 오늘날의 나미비아에서 헤레로족과 나마족을 대량 학살했다. 그와 같은 세상에서 아름다운 예술은 대중을 위한 일종의 아편인 셈이었고, 사람들을 매혹해 부패, 통치, 억압, 도덕적 타락에 관한 추악한 진실을 보지 못하게 가렸다. 그러니 쇤베르크의 무조 혁명은 가혹한 현대의 불협화음으로 눈을 돌린 음악과 더불어 일종의 교정矯正이었다. 기만적인 아름다움을 제조하는 예술을 실존적 진실을 전하는 예술로 바로잡아 삶에 관한, 인류의 고통에 관한, 역사에 관한, 더 어두운 미래의 가능성에 관한 진실을 보도록 했다. 아도르노는 이렇게 말했다. "불협화음은 화성에 관한 진실이다."[392]

쇤베르크는 아도르노를 깊이 불신했고 난해한 음악 이론이라며 못마땅하게 여겼다. 하지만 쇤베르크 음악의 더 큰 문화적 의미를, 진실을 전하고 예언하는 그의 예술을 간파한 아도르노의 통찰에는 공감할 것이 있다. 아도르노가 무대에 등장하기 한참 전 이미 작곡가의 초기 지지자들 중 이런 똑같은 주제를 알아본 자가 있었다. 1912년에 쇤베르크의 학생이었던 카를 린케는 스승의 음악이 협소한 미적 영역에 국한되지 않고 문화 전반에서 일종의 지진계 역할을 한다고 옹호했다. 한 사람의 혁명이 갑자기 많은 사람을 대변하게 된 것이다. 린케의 말이다.

이것은 꿈이 아니다. 쇤베르크는 더이상 혼자가 아니다. 이 음악을 처음으로 들었을 때 단 하나의 감정만 느꼈던 사람들이 있다. 우리가 애타게 갈구했던 음악이라는 감정, **우리의 진짜 모습이 이렇다**는 감정이다. 유령처럼 스산하고 부단한 움직임들이 우리 안과 위를 헤집어놓는다. 무기력한 감상성은 발을 붙이지 못한다…. 이것은 이해하려고 애쓰는 자들에게 저항하는 작품이다…. 우리의 두려움이 여기에 실현되어 있기 때문이다. 우리의 무의식적인 경련이 표현되었고, 우리의 믿음을 사지 못했을 수도 있는 예감이 신뢰할 만한 것이 되었다. 대낮에 우리가 조롱하

는 유령에 대한 두려움이 이런 작품에서 되살아나 음악을 듣는
동안 우리를 압도한다.[393]

　하지만 쇤베르크의 예술이 양차 세계대전을 목전에 두고 유령
에 홀린 현대성의 본질을 실제로 포착했다면, 어떻게 그럴 수 있었
을까? 그리고 왜 하필이면 쇤베르크가 이런 일을 해낸 사람이었을
까? 아도르노는 여기서 도움이 되지 않는다. 그는 음악의 형식이
발전해 나간 서사를 설명하는 데 주력한 나머지 쇤베르크를 보편
적인 힘의 요청에 불려 나온 그렇고 그런 존재로 치부하는 느낌을
줄 때가 많다. 쇤베르크가 혁명적 예술가이면서 동시에 유럽 유대
인 역사의 파고에 휩쓸린 인물이라는 너무도 확고한 정체성을 아
도르노는 의도적이든 무의식적이든 계속 모른 체한다. 그는 쇤베
르크를 "출신이 없는 사람, 하늘에서 떨어진 사람"[394]에 비유했다.
그러나 쇤베르크의 출신은 그가 이룬 업적과 떼려야 뗄 수 없다.
알렉산더 링거―십대 시절에 멘델스존의 〈엘리야〉의 기념비적인
베를린 공연에 참석했던 바로 그 학자―는 핵심적인 질문을 던졌
다. 그 시대에 재능이 출중했던 음악가들 중에서 얼마나 많은 후기
낭만주의 작곡가들이 유럽 예술이 200년을 지나는 동안 표층 아래
에 억눌려 있던 불협화음을 해방시키려고 문화적으로 역사적으로
준비를 하고 있었는가?[395]
　카를 린케는 말했다. "죽은 시대의 우상들은 우리 시대를 자기
안에 완전하게 느껴 그것을 표현하고 마음을 바칠 수 있었던 누군
가에게 짓밟혀야 했다."[396] 마치 링거의 질문을 한 세기 전에 미리

알고 답한 것 같다. 그러나 쇤베르크의 경우 "우리 시대를 자기 안에 느꼈다"는 것은 개인적이면서 실존적인 고독을 겪었고, 환멸에찬 현대 세계의 모습을, 그리고 그 안에서 자신이 차지하는 자리를받아들였다는 뜻이었다. 쇤베르크는 히브리어를 어느 방향으로 읽는지 몰랐을 수 있지만, 그가 해방시킨 불협화음 아래에서 세차게뛴 고통은 무엇보다 대단히 특정한 인종, 특정한 사회, 특정한 세대의 고통이었다. 아울러 음악적 불협화음의 해방은 유대인 해방의 실패를 반영하는 것이기도 했다.

다소 슬프게도, 쇤베르크의 삶과 예술이 이렇게 밀접하게 얽혀있음을 아도르노가 간파하지 못했듯이, 만의 설명에도 이런 몰이해를 드러내는 빈칸이 있었다. 다른 이들이 지적한 사실인데, 500페이지가 넘는 《파우스트 박사》에서 장대하게 묘사되는 독일의 문화사를 살펴보면, 유대인 인물은 극히 드물게 나오며 거의 모두가 부정적으로 그려진다.[397] 반유대주의는 문화적 영향력으로 살짝 드러나는 정도다. 1947년에 소설이 출간되고 나서 쇤베르크는 만이 12음기법을 허락도 없이 썼다며 화를 냈다. 자신의 지적 재산을 노골적으로 훔친 것으로 여겼다.[398] 〈새터데이 리뷰 오브 리터러처〉에서공개적인 논쟁이 벌어지고 나서 《파우스트 박사》의 영문판 말미에12음 기법을 발명한 사람은 (아드리안 레버퀸이 아니라) 아르놀트 쇤베르크라는 짧은 문구가 추가되었다. 하지만 학자 루스 하코헨이지적했듯이, 쇤베르크의 음악적 발명을 제대로 인정하는 것보다소설에서 더 심각하게 누락된 것이 있었으니, 바로 유대인들이 역사적·문화적 주체로서 현대 독일 문화를 함께 만들어갔다는 사실

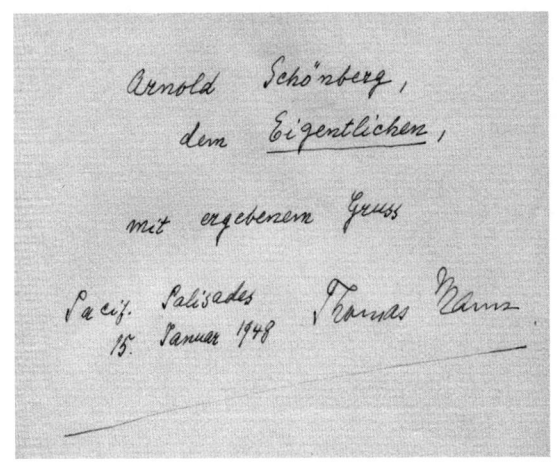

이다.[399]

만 본인은 이런 심각한 누락을 인식했을까? 우리로서는 알 길이 없다. 만은 쇤베르크에게 《파우스트 박사》를 선물하면서 특별한 헌사를 적어 상황을 더 알쏭달쏭하게 만들었다. "아르놀트 쇤베르크, dem Eigentlichen." **참된** 사람이라는 뜻이다.

그냥 화해의 제스처가 아니라 진심이 담긴 헌사라면, 쇤베르크의 망명 생활의 비극적인 아이러니가 여기서 다시 드러난다. 독일의 고문실에서 3천 마일 떨어진 타국에서도 독일인과 유대인의 협업의 희망은 결국 실현되지 못했다. 만과 쇤베르크는 《파우스트 박사》 논쟁 이후에 마침내 화해했지만, 그럼에도 대체로 서로 어긋났다. 정치에서 공통된 대의를 충분히 찾지 못했고, 적어도 쇤베르크가 보기에 만은 독일 음악의 역사에서 작곡가를 배제했다. 나치가 똑같은 일을 하고 얼마 지나지 않아서 말이다. 작곡가는 한스

애도하는 음악

아이슬러가 언젠가 말했듯 "외로움의 망토"[400] 아래에 이 모든 것을 짊어졌다. 그래서 쇤베르크 본인의 〈슬픔의 송가〉가 더더욱 애처롭게 들린다.

아도르노는 나중에 〈바르샤바의 생존자〉가 무엇보다 진실을 말한다는 점에서 높게 평가했다. "완전한 부정성"에 맞서며 "이렇게 하여 현실의 전체적인 양상이 명백해진다"고 했다.[401] 하지만 이 작품이 서양 사회 전반에 대해 어떤 더 깊은 진실을 드러내든 간에, 몹시도 개인적인 이 작품은 쇤베르크가 태어나기 한 세기도 더 전에 모제스 멘델스존이 베를린의 문으로 처음 들어갔을 때부터 시작된 역사의 궤적 없이는 작곡은 고사하고 구상되지도 못했을 것이다. 그것은 유대인의 해방에서 불협화음의 해방으로, 기억의 해방으로 이어지는 궤적이다.

6장

앨버커키의 모세

지휘자가 오케스트라를 이끌듯이 현재가 과거를 이끈다. 현재가
원하는 소리들이 따로 있다.[402]

— 이탈로 스베보, 〈죽음〉

어떤 진실은 오로지 여러 명이 목소리를 낼 때에만 드러난다.[403]

— 프란츠 카프카, 《유고집 2권》

1947년 10월 19일 아침, 이슬비가 내리는 가운데 만오천 명의 사
람이 맨해튼 83번가와 95번가 사이에 있는 리버사이드 드라이브
에 모였다. 미국 최초의 홀로코스트 기념물을 건립하기 위한 부지
헌납식이 엄숙하게 열리고 있었다. 유럽에서 전투가 끝난 지 2년
이 넘은 가운데, 마침내 작업을 맡을 조각가가 선정되었고 예산이

애도하는 음악

확정되어 이날 주춧돌을 놓을 예정이었다. 네 개의 미국 국기가 계양되었고 뉴욕 시장 윌리엄 오드와이어, 미국 상원의원 어빙 아이브스 등 관료들이 참석했다. 외국 고위관리들의 연설이 단파 라디오로 유럽에 방송되었다.

이날 행사의 모든 면은 상징적 의미를 잘 살릴 수 있도록 세심하게 준비했다.[404] 기념물이 세워질 주춧돌 아래에는 팔레스타인 위임통치령의 수석 랍비가 히브리어로 쓴 두루마리를 놓았으며, 그 옆에는 체코슬로바키아의 외무장관이 보낸 테레진과 세레티 강제수용소의 흙을 묻었다. 부헨발트와 다하우에서 살아남은 생존자 100명이 행사에 참석하여 맨해튼 자치구장이 앞으로 세워질 기념물을 자유의 여신상에 비교하는 연설을 지켜보았다.

다른 진영에서도 고결한 분위기에 동참했다. 알베르트 아인슈타인은 참석은 못 했지만 대신 메시지를 보냈다. "이 기념물 헌납은 모든 사람이 잠자코 공포를 받아들일 생각은 아니라는 것을 보여줍니다." 한편 〈뉴욕 타임스〉 사설은 이틀 뒤에 자체적인 축사를 냈다. "이 땅에서, 그리고 세상 모든 사람들에게 선의와 이해의 마음이 확산되는 영원한 기초가 되기를 희망한다."

하지만 〈뉴욕 타임스〉 필자들이 상상했던 영원한 기초와는 멀어지고 말았다. 지금도 현장에 가면 주춧돌을 만날 수 있지만 기념물은 없다. 세워지지 않았다.[405] 모금의 어려움, 관료주의의 득장, 미적 설계에 대한 논쟁으로 발목이 잡히더니 프로젝트가 폐기된 것이다. 홀로 남은 주춧돌만이 바르샤바 게토 봉기와 "인간의 자유라는 명목으로 희생된" 6백만 명의 유럽의 유대인들에게 바치는

"미국의 기념물"이 들어설 곳임을 대담하게 부르짖는 가운데, 부지 전체는 대중의 기억의 허약함을 기리는 곳이 되었다. 추모의 필요를 둘러싸고 공동체 내, 국가 내, 국가 간에 벌어지는 긴장을 보여주는 동시에, 전쟁이 끝난 직후에는 예술을 통해 비극을 기리는 것은 고사하고 비극의 엄청난 규모를 가늠하는 것조차 어려웠음을 상기시킨다. 오늘날 수많은 보행자들이 스마트폰에서 눈을 떼지도 않고 이곳을 지나간다.

석조 기념물만 이런 곤란을 겪은 것은 아니었다. 1956년, 이디시어로 쓰인 8백쪽짜리 도발적인 회고록《그리고 세상은 계속해서 침묵했다》[406]는 아르헨티나의 폴란드 유대인 협회가 운영하는 소규모 출판사에서만 출간될 수 있었다. 이 회고록은 프랑스어로 번역되어 분량을 대폭 줄이고 노벨상을 수상한 가톨릭 작가 프랑수아 모리아크의 서문을 받아 온화한 제목을 단《밤》으로 출간되었다. 이제는 증인 문학의 상징인 엘리 위젤의 이 책은 미국에서

애도하는 음악

열다섯 개가 넘는 출판사로부터 퇴짜를 맞았다.[407] 비슷한 예로, 프리모 레비의 《이것이 인간인가》—나중에 보다 긍정적인 기운을 살려 《아우슈비츠의 생존자》로 제목이 바뀌었다—는 처음에 명망 있는 이탈리아 출판사 에이나우디로부터 거절당해 1947년 훨씬 작은 이탈리아 출판사에서 2,500권만 찍었다. 그중 상당수는 팔리지 않았고, 레비가 말했듯이 나중에 창고에 물이 들어차 "젖었다."[408] 조용하게 참상을 전하는 이 책의 영어 판권은 십 년 넘게 팔리지 않았다. 레비의 원고를 읽은 보스턴의 랍비 조슈아 로스 리브만이 보낸 답장이 시대의 전반적인 반응을 전형적으로 보여준다. "이런 일에 대해 듣고 싶어 하는 사람은 아무도 없소."[409]

그와 같은 반응은 도덕적으로 문제가 있다고 여겨지지 않았다. 결국 나라마다 망각할 만한 사정이 있었다. 서독을 예로 들자면, 나치 당원이었던 많은 자들이 신속하게 복귀했던 까닭은 연합국이 그들의 전문적·관료적 능력을 국가 재건과 새롭게 떠오르는 냉전 시대의 지정학적 동맹국으로 편입하는 데 필수적인 것이라고 판단했기 때문이다. 망각이 국가의 이해관계와 맞아떨어진 경우도 많다. 특히 나치의 잔혹 행위가 지역 주민들의 부분적이거나 상당한 협조 없이는 일어날 수 없었던 나라들에서 그러했다. 프랑스도 이러한 국가 중 하나이다. 필리프 페탱의 비시 정부는 실제로 자발적으로 "유대인 법"을 제정하고 자국 내 유대인을 추방했다. 그 결과 역사학자 토니 주트가 지적했듯이 "프랑스에서 강제로 추방된 유대인들 대부분은 아우슈비츠행 열차에 오르려고 독일군에 넘겨질 때까지 외국 군복을 한 번도 본 적이 없었다."[410] 전쟁이 끝나고 이른바 '비시 신드롬'(비시 정부의 행태에 대해 프랑스인들이 보이는 왜곡된 감정을 가리키는 말—옮긴이)의 일환으로 비시에 대한 국가적 기억이 억압되었다.[411] 프랑스 레지스탕스의 영웅적 활약을 강조하면서 전시에 정부가 최종적 해결에 적극적으로 가담한 것은 잽싸게 망각했다. 영국의 윈스턴 처칠은 1946년 취리히 대학 연설에서 국가적 망각을 유럽을 치유하기 위한 **필요 요건**이라고 옹호하고 나섰다.

> 우리 모두는 과거에 일어난 참사에 등을 돌리고 미래를 바라보아야 합니다. 과거의 상흔에서 생겨난 분노와 복수를 앞으로도 계속 끌고 갈 여유가 없습니다. 유럽이 영원한 고통을, 최종적인 파멸을 면하려면, 유럽이 가족임을 믿는 이런 신념의 행위가, 과거의 모든 범죄와 어리석음을 잊는 이런 망각의 행위가 있어야 합니다.[412]

기억의 행위가 필요하다고 판단한 경우, 전쟁으로 인한 손실은 주로 국가적 관점에서 계산되었지만, 많은 지역에서는 나치 학살의 희생자들을 유대인으로 특정하는 것을 암묵적으로 금기시했다. 이 두 가지 모두를 보여주는 전형적인 예는 1947년 폴란드 의회가 살해된 희생자의 90퍼센트 이상이 유대인이었던 아우슈비츠-비르케나우의 남은 땅을 "폴란드 국민과 다른 민족들이 희생된 것을 기리는 기념물로 영원토록 보존"하겠다고 선언한 것이었다.[413]

아르놀트 쇤베르크가 〈바르샤바의 생존자〉 자필 악보를 세르게

이 쿠세비츠키와 그의 재단에 보낸 1947년 8월 24일은 이런 국가적 기억상실, 정치적 편의에 따른 망각, 제대로 실행되지 못한 추모, 고의적인 왜곡이 만연하던 때였다. 쇤베르크는 원래의 합의 조건을 거론하며 거의 사과하다시피 말했다. "원래는 교향시로 쓰려고 했는데 그러지 못했소…. 그랬다면 내가 표현하려고 했던 것을 제대로 담지 못했을 것이오." 타자로 친 편지 말미에 사례비를 곧바로 지급해달라는 요청이 손 글씨로 적혀 있었다. "내가 출판업자니 음반사니 하는 끔찍한 사기꾼들에게 워낙 시달려서 말이오."[414]

그러나 사례비 지급도 초연도 신속하게 진행되지 못했다.[415] 특히 초연이 바로 이루어지지 않은 것은 이해되지 않을 수도 있다. 쿠세비츠키[416]는 동시대 작곡가들을 굳건하게 옹호하고 자신의 재단을 통해 많은 작품을 의뢰한 인물이었다. 아주 일부를 예외로 하면, 그는 신작들을 자신이 이끌던 명망 있는 악단 보스턴 심포니 오케스트라와 초연했다.[417] 하지만 〈바르샤바의 생존자〉의 경우, 그는 몇 주 몇 달이 지나도록 언제 연주하겠다는 약속도 없이 서두르지 않았다.

쿠세비츠키는 이렇게 침묵으로 일관한 반응을 속 시원히 설명하지 않았지만, 몇 가지 요인들이 작용했음을 추정할 수 있다. 우선 지휘자가 쇤베르크에게서 악보를 받아보고 당황했을 가능성이 있다. 남아 있는 편지 어디에도 작곡가가 쿠세비츠키나 재단에 홀로코스트를 기리는 음악을, 그것도 충격적인 죽음의 수용소가 서사의 중심이 되는 음악을 작곡하겠다는 의향을 밝힌 흔적이 없다. 앞서 보았듯이 쇤베르크의 작품은 홀로코스트를 단호하게 직시했을 뿐만 아니라 유대인 민족을 표적으로 삼고 절멸시키려 한 역사적 사건으로 특정했다는 점에서도 획기적이었다. 하지만 쿠세비츠키의 생을 보면 그가 이렇게 시대를 앞서간 작품을 옹호했을 인물로 보이지 않는다. 쇤베르크와 같은 해인 1874년에 모스크바에서 북서쪽으로 190마일 떨어진 비시니 볼로초크에서 태어난 쿠세비츠키도 유대인 혈통이었다. 두 사람 모두 경력을 일구는 과정에서 개신교로 개종했다(쇤베르크는 나중에 모태 종교를 다시 받아들였지만 말이다). 미국에서 쿠세비츠키는 종파에 따른 파벌과 대체로 거리를 두었고, 다른 유대계 유명 음악가들에게도 자신처럼 처신하도록 적극적으로 권유했다. 일례로 그는 제자인 레너드 번스타인에게 이름을 소수 민족의 느낌이 덜한 레너드 S. 번스로 바꾸도록 조용히 조언했다.[418]

그러니 수용소 수감자들이 유대인 정체성을 과감하게 주장하는 〈바르샤바의 생존자〉의 극적 이야기에 쿠세비츠키는 주저했을 것이고, 곡이 추모하는 방식 또한 그의 마음에 들지 않았을 것이다. 야만성을 있는 그대로 묘사하여 이 곡은 초창기에 아도르노 같은 비평가들의 호평을 받았지만, 바로 그런 특징 때문에 쿠세비츠키는 연주할 수 없었을 것이다. 양차 세계대전에도 빌둥에 입각하여 음악이 영적으로 도덕적으로 고양시키는 힘이 있다는 그의 믿음은 흔들리지 않았다. 전쟁 후 재개관한 버크셔 뮤직 센터에서 열린 자신의 여름 아카데미에서 쿠세비츠키는 학생들에게 이렇게 말했다.

음악이라는 빛을 받으면 영혼은 좋은 것과 아름다운 것을 내보

애도하는 음악

이고, 마음은 인간과 더 나은 미래의 믿음을 일깨웁니다. 인간에게 이런 음악을 박탈하면 명예, 존중, 인권, 양심, 신념, 자유를 박탈했을 때와 마찬가지로 세상이 잔혹하고 야만적인 상태로 퇴보하는 것을 보게 됩니다. 오로지 음악만이 인간 속의 야수를 길들일 수 있습니다. 음악은 우리에게 위안이자 희망입니다.[419]

당연한 말이지만, 〈바르샤바의 생존자〉에서는 위안도 "좋은 것과 아름다운 것"도 찾을 수 없다. 오히려 위안이나 손쉽게 마무리하려는 생각을 적극적으로 부인하는 추모곡이다. 그러니 이 곡은 지휘자가 자신의 혈통의 과거에 보이는 태도와도, 아름다움이 일종의 도덕적 위안이라는 그의 믿음과도 통하지 않는다. 그의 생각을 짧게 표현한 한마디에서 그 속뜻을 읽을 수 있다. 그의 부인 올가가 제3자로부터 전해 들었다며 말하기를 쿠세비츠키는 "[〈바르샤바의 생존자〉가] 너무도 우울하다고 보았고 가사를 좋아하지 않았다"고 한다.[420] 그가 초연에 적극성을 보이지 않자 〈바르샤바의 생존자〉는 미국에서 불확실한 미래에 놓이게 되었다. 도움은 전혀 뜻밖의 곳에서 찾아왔다.

참으로 절묘한 시점에, 쿠르트 프레데릭이라는 지휘자가 1948년 3월 쇤베르크에게 편지를 썼다. "남성 합창단과 소규모 오케스트라를 위한 곡을 작곡했다는 것을 얼마 전에야 들었습니다." 그 곡이 아직 연주되지 않았다는 사실을 몰랐던 그는 태평스럽게 부탁했다. "곡이 지나치게 까다롭지만 않다면… 우리가 그 곡을 연주해도 좋을지 알고 싶습니다."[421] 이런 겸허한 질문이 쇤베르크의 삶을

통틀어 가장 이상하고 놀라운 초연으로 이어지게 되었다. 작곡가는 훗날 이 사건이 거의 기적이나 마찬가지였다고 술회했다.[422]

프레데릭은 말할 때 억양이 경쾌하고 미소짓는 눈에는 슬픔이 서려 있는 온화한 성품의 사람이었다.[423] 이사크 바벨의 유명한 표현을 빌리자면, 코에 안경을 걸치고 마음에 가을을 담은[424](유대인의 이미지를 묘사한 표현—옮긴이) 음악가였다. 1907년 빈에서 태어난 프레데릭[425]은 종합적인 음악 교육을 받았으며, 슈타트템펠 회당의 음악감독을 맡으면서 19세기 위대한 성가대 지휘자 잘로몬 줄처의 혁신을 지키려고 애썼다. 프레데릭의 가족은 빈의 유대인들에게 진정한 하이브리드 정체성의 표본이 되었다. 국가에 대한 의무와 믿음 사이에서 갈등하지 않았다. 예컨대 그의 아버지는 제1차 세계대전 때 카이저의 군대로 나가 싸웠고, 나중에 유대인 공동체를 위한 빈의 공식 기관 쿨투스게마인데Kultusgemeinde에서 총무부장을 맡았다. 이런 가정에서 빌둥의 세례를 받은 프레데릭은

애도하는 음악

음악 활동에 열성을 보였다. 바이올린과 비올라, 지휘를 배웠으며 빈 음악원[426]의 최고 교수진과 함께 작곡을 공부했다. 슈타트템펠에서 일하는 동안 전임자인 줄처처럼 그 역시도 빈에서 벌어지는 음악 활동에 몸담으면서 현대성의 감각을 체득했다. 베베른의 지휘하에 연주했으며, 1929년 빈의 음악계 전설들이 대거 참석한 가운데 열린 기념비적인 학생 공연 〈달에 홀린 피에로〉에 바이올리니스트로 참여했다. 반세기가 지나서도 그는 이 사건을 떠올리며 경이감과 자부심이 뒤섞인 감정을 보였다.

1938년 나치가 오스트리아를 병합하자, 당시 서른한 살의 프레데릭은 뉴욕으로 건너갔다. 할머니를 보살피려고 우선 남았던 그의 어머니는 운이 좋지 못했다. 고국을 떠나기로 계획한 날을 이틀 앞두고 붙잡혀 테레진으로 이송되었고, 결국에는 아우슈비츠에서 목숨을 잃었다. 겸손하고 과묵한 사람인 프레데릭은 어머니의 죽음을 다른 가족에게조차 알리지 않았지만,[427] 빈의 신문에 보도된 어머니의 부고를 평생 갖고 있었다. 결국 프레데릭은 홀로코스트 기억에 진 빚이 있었다.

뉴욕에서 프리랜서 음악가로 4년을 힘겹게 버티고 나서 프레데릭은 부인과 함께 서해안으로 향했다. 그들은 캘리포니아 남부에서 독일 이민자 집단에 합류할 생각이었겠지만, 콜로라도 주 볼더에 도착하자마자 일본군이 해안을 곧 공습할지 모른다는 소식을 들었다. 그들은 계획을 바꿔 결국 뉴멕시코 주 앨버커키에 정착했다. 프레데릭은 교직을 얻었고 앨버커키 시민 교향악단의 지휘자가 되었다. 고향에서 머나먼 곳이었다.

시민 교향악단은 비서, 의사, 변호사, 재단사, 플로리스트, 고등학생, 대학생, 철도 엔지니어로 이루어진 아마추어 악단이었다.[428] 그들은 뉴멕시코 대학의 칼라일 체육관에서 땀에 젖은 채로 리허설과 공연을 했다.[429] 동굴처럼 소리가 울리고 빛이 잘 들어오지 않는 곳이었고, 특유의 악취와 운동하는 학생들이 오가는 소리가 끊임없이 들렸다. 하지만 음악을 본고장에서 제대로 배웠고 초인적인 인내력까지 갖춘 프레데릭은 이런 상황에서도 연주자들을 독려하여 바흐·모차르트·헨델의 주요 작품들을 연주시켰고, 지역 오케스트라 수준을 훌쩍 넘어서는 연주력을 끌어냈다. 한편 그는 동시대 음악에도 관심을 계속 이어갔다.

쇤베르크가 합창단과 오케스트라를 위한 흥미로운 제목의 신작을 작곡했다는 소식을 듣고 그는 곧장 편지를 썼다. 두 사람은 만난 적이 없었지만 전에 편지를 주고받기는 했다. 쇤베르크는 프레데릭이 "최고 전통을 따르면서 동시에 모더니즘의 정신을 갖춘 진짜 빈 음악가"라고 확신했다. 그의 질의가 담긴 편지가 쇤베르크에게 도착했을 때는 작곡가가 〈바르샤바의 생존자〉를 쿠세비츠키에게 보내고 7개월이 지난 터였다. 미국 공연에 대한 어떤 말도 아직 듣지 못했던 쇤베르크는 프레데릭의 제안에 점차 관심을 보였다. 그래서 처음에 지휘자에게 전하기를, 숙독을 위해 악보 한 부를 보내줄 수 있지만 파트보는 아직 준비되지 않았다고 했다. 사실 그는 프레데릭이 연주 사례비를 내는 대신 파트보를 손수 만들어 자신에게 줄 수 있을까 하는 생각도 했다. 프레데릭은 쇤베르크의 편지를 받고 상황이 묘하다는 것을 알아차렸던 모양이다. 곧바로 답

애도하는 음악

장을 보냈고, 다시 받은 편지에 그는 경악했다. 그 곡이 아직 한 번도 연주되지 않은 것이다. 게다가 쇤베르크는 쿠르트 프레데릭과 앨버커키 시민 교향악단에게 〈바르샤바의 생존자〉의 세계 초연을 허락한다고 했다.

소식은 빠르게 퍼졌다. "앨버커키의 쇤베르크"는 〈뉴욕 타임스〉와 〈뉴스위크〉 양쪽에서 헤드라인이 되어[430] 무조 음악의 위대한 개척자가 미국 남서부의 황막한 거리를 떠도는 기이한 이미지를, 로데오 경기와 자허 토르테(초콜릿과 살구 잼이 들어간 빈을 대표하는 케이크—옮긴이)만큼이나 어색한 조합을 선사했다. 〈뉴스위크〉는 연간 예산이 15,000달러에 불과한 이 아마추어 오케스트라가 "50만 달러가 넘는 예산의 교향악단도 부러워했을" 초연을 맡았다며 기대감을 부추겼다. 하지만 초연을 감당하기란 쉬운 일이 아니었다.[431] 오케스트라 단원들은 자신의 파트를 해내려고 개인 코치까지 받았고, 가수들은 히브리어 가사를 이해하느라 고생했다. 발음과 관련하여 랍비 손딜링의 세세한 도움을 받아 "셰마"를 마련한 쇤베르크였지만, 슈타트템펠에서 일한 덕분에 작곡가보다 이런 자료에 훨씬 더 정통했던 프레데릭은 억양과 철자 오류를 여럿 찾아냈다.[432]

실로 다양한 사람들이 연주자로 참여했다. 현지에서 충분한 합창단원을 확보하지 못하자 프레데릭은 에스탄시아 농촌 마을로 눈을 돌렸다. 당시 주민이 천 명가량 되었는데 그럼에도 자체적인 합창 협회를 자랑하는 곳이었다. 카우보이와 목장주들이 포함된 이곳의 아마추어 가수 열네 명이 정기적으로 리허설을 하러 앨버커키까지 120마일을 오가기 시작했다. 대학의 화학과 학장으로 지역에 알려진 셔먼 스미스가 너무도 중요한 해설자 역을 맡았다. 전하는 말에 따르면, 곡 자체에 대한 반응이든, 프레데릭의 열의에 대한 반응이든, 그들에게 부여된 책임감이 멋지게 작용한 것이든, 음악가들은 한껏 높아진 목적의식을 갖고 연주에 임했다. "[이런 음악가들이] 당신의 곡을 익힌 헌신적인 자세는 내가 이전에 본 적이 없습니다."[43] 프레데릭이 나중에 작곡가에게 한 말이다. 그는 결국 예정했던 리허설이 얼마나 남았는지 세기를 포기했고, 연습이 아직 충분치 않다고 여겨 초연을 한 달 뒤로 미루었다.

마침내 1948년 11월 4일, 약 1,600명의 사람들이 칼라일 체육관에 모여들었다. 쇤베르크는 건강이 좋지 않아 뉴멕시코까지 공연을 보러 오지 못했지만, 전국의 언론들은 특파원을 보냈다. 에스탄시아의 카우보이와 목장주들은 티헤라스 협곡을 넘다가 거센 눈보라를 만나는 우여곡절 끝에 용케 제시간에 도착했다. 쿠세비츠키 재단은 자신들이 의뢰한 작품이 다소 이례적인 세계 초연을 앞두고 있다는 것을 알고는 프레데릭에게 편지를 보내 공연 결과에 "대단히 관심이 많다"고 전했다.

그날 밤 체육관에서 프레데릭은 폭발의 위험이 있는 화물의 충격을 완화하기라도 하듯 바흐의 "오라, 달콤한 죽음이여"로 공연을 시작했다. 앨버커키의 프로그램 노트에서는 "죽음을 장엄함의 극치로 묘사한" 작품이라고 하여 청중을 안심시켰다. 바흐가 끝나고 115명의 음악가가 지정된 자리에 앉았고, 청중이 해설자의 텍스트 인쇄본을 눈으로 따라가도록 체육관의 불빛이 켜졌다. 쿠르트 프레데릭이 〈바르샤바의 생존자〉에 맞춰 지휘봉을 들었다.

애도하는 음악

7분 뒤에 "박수 소리가 강당을 뒤흔들었다"[434]고 〈타임〉지가 보도했다. 초연은 대성공이었다. 청중의 열광과 받아들이려는 마음을 알아챈 프레데릭은 한 번 듣고는 이 음악을 파악하기 어렵다는 것을 알았기에 그 자리에서 다시 연주했다. "쇤베르크의 불협화음이 앨버커키에서 어떻게 전달될지 걱정했던 목소리는 〈바르샤바의 생존자〉가 연주되면서 말끔히 사라졌다. 사실은 쇤베르크를 한 차례 연주하는 것으로는 충분하지 않았다."[435] 〈뉴스위크〉의 보도다. 〈앨버커키 저널〉은 연주가 끝나고 나온 "우레 같은 박수 소리가 전적으로 진심이었다"[436]고 했다.

자정 직후에 프레데릭은 작곡가에게 전보를 쳤다. "〈바르샤바의 생존자〉는 연주자와 청중에게 대단한 인상을 남겼음." 같은 날 편지도 보내 자세한 정황을 전했다. "1,600명의 청중이 곡에 매료되어 계속 박수를 쳐서 결국 우리는 연주를 다시 했습니다. 몇 년 전만 해도 작은 '철도 마을'로 여겨졌던 곳에서 이런 일이라니요."[437] 음악회의 한 청중은 작곡가에게 직접 이런 편지를 보냈다.

흉한 체육관의 불편한 의자에 앉아 있던… 청중 전체가 당신이 작곡한 음악에 마음이 움직여 전율했습니다…. 우리처럼 콧대 높고 잘 먹고 잘 보호받은 미국인들에게도, 다른 민족들이 알았던 공포가, 영적 표현에서 나오는 한결같은 감정이 일부 전해졌습니다. 나는 절망에 찬 남성들의 목소리가, 공포의 한가운데서도 그들이 기운을 차려 살아가도록 힘을 주는 한 민족의 고귀한 말씀이 안겨준 충격을 결코 잊지 않을 것입니다.[438]

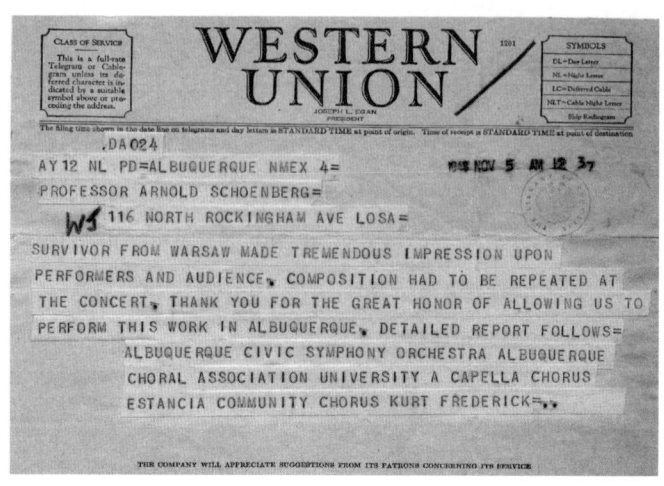

쇤베르크는 결과를 전혀 예상치 못했던 모양이다. 프레데릭에게 (그들의 모국어인 독일어를 살짝 섞어가며) 이런 편지를 쓴 걸 보면 말이다. "당신의 열정과 자질이 기적을 만든 것 같소. 앨버커키뿐만 아니라 어쩌면 미국 전체가 '열광할 거요Kopfstehen wird.'"[439] 지난 사십 년 동안 자신의 도전적인 작품들이 대체로 냉랭한 평가를 받았던 것에 훨씬 익숙했던 쇤베르크는 〈바르샤바의 생존자〉 초연과 연주자들의 헌신, 십분 발휘한 그들의 능력이 "연주의 역사에서 의미 있는 순간"[440]을 만들었다며 치켜세웠다. 아울러 앨버커키 청중이 "새로운 작품에 보여준 놀라운 태도"도 칭찬하며 "다른 많은 곳에 귀감"이 될 것이라고 했다. 74세의 작곡가는 뒤늦은 해빙의 첫 번째 징후라고, 미국이 마침내 자신의 12음 음악을 알아보기 시작했다고 생각한 것 같다.

쇤베르크는 자신의 음악이 새롭게 인정받은 것에 연주자들의 헌신이나 놀랍도록 개방적인 청중의 태도 외에 다른 뭔가가 작용했을 수 있다는 생각은 한 번도 하지 않았던 듯하다. 그런데 〈바르샤바의 생존자〉 초연의 프로그램 노트에 보면 다른 중요한 요인이 있었음을 암시하는 대목이 있다. "곡은… 쇤베르크가 창안한 무조 기법으로 되어 있다. 극단적인 불협화음, 불연속적인 선형적 양식, 그리고 전반적으로 신랄한 음악 분위기는 텍스트의 정신에 딱 들어맞는다."[441] 여기서 우리는 음악 양식과 역사적 지시 대상이, 사회적 불협화음과 음악적 불협화음이 하나로 결속된 것을 본다. 이런 합일체가 어쩌면 역사상 처음으로 일반 청중에게 전달된 것이다. 〈바르샤바의 생존자〉는 이렇게 급진적으로 새로운 매체와 메시지의 통합을 통해 쇤베르크의 12음 기법 언어를 이해할 수 있도록 만들었다. 전문가 청자뿐만 아니라 앨버커키의 훌륭한 시민들도 말이다.

뉴멕시코에서 공개된 후, 〈바르샤바의 생존자〉는 빠르게 파리로 건너가서 한 달 뒤에 유럽 초연을 했다. 전쟁의 고통을 직접 겪었던 도시에서 곡이 처음 소개된 것이니만큼 반응은 보다 직접적으로 감정을 쏟아내는 식이었다. 이날 지휘를 맡았던 르네 라이보비츠는 나중에 이렇게 술회했다.

내 청중을 꽉 움켜잡은 것은 작품의 비범한 새로움이었습니다. 많은 사람들이 눈물을 흘리며 나를 찾아왔고, 어떤 이들은 너무 충격을 받아 말을 못 하고 한참 뒤에야 그들이 받은 인상을 내게 겨우 털어놓더군요. 그러나 청중만이 이런 식으로 반응한 게 아니었습니다. 첫 리허설부터 합창단과 오케스트라 전체가 곡에 완전히 사로잡혀 보통 이처럼 어려운 신작을 연습할 때 따르기 마련인 저항이 전혀 없었습니다. 이토록 차분하게 진지한 마음으로 진행된 리허설은 거의 유례가 없다고 하겠습니다.[442]

라이보비츠가 말한 "비범한 새로움"은 물론 양방향으로 작용할 수 있었다. 폭력적인 면을 충격적으로 묘사하고(가스실에 대한 언급 포함) 수용소 희생자들을 유대인으로 특정하여 금기를 깨뜨렸다는 점에서 작품은 대중의 기억을 충분히 앞서갔지만, 전후 초기에 악보의 어떤 면은 무대에서 제대로 전달되지 못했다. 일례로 앨버커키에서 합창단이 "셰마" 기도문을 히브리어로 노래했음에도 불구하고 〈앨버커키 저널〉의 평론가는 여기 나오는 불운한 집단의 인종적 정체성을 착각하여(혹은 일부러 모호하게 하여) 초연 기사에서 그들을 "폴란드 포로"라고 지칭했다.

〈바르샤바의 생존자〉가 미국 남서부에서 열심히 매달려 이해해야 하는 새로운 경험이었다면, 1950년 서독에서의 초연을 앞두고 우려되었던 점은 지나치게 잘 이해될지도 모른다는 것이었다. 전쟁이 끝난 지 겨우 5년이 지난 이곳에서는 제3제국의 악몽을 어떻게 기억해야 할지, 일반 독일인들이 나치의 범죄에 책임을 져야 하는지, 진다면 어떻게 해야 하는지, 이런 국가적 트라우마를 감당한다는 것이 어떤 의미인지에 대해 아직 합의가 이루어지지 않았다. 훗날 《애도의 불가능성》이라는 획기적인 책에서 주장하기를, 독일인들은 국가를 물리적으로 경제적으로 재건하는 데 에너지를 열

애도하는 음악

심히 쏟음으로써 과거를 돌아보는 것을 피할 수 있었다.[443] 예민하고 속죄가 필요한 과거와의 대면에서 눈을 돌리고자 '조증躁症 방어'를 보인 것이다. 정신분석학자 멜라니 클라인의 용어를 빌리자면, '조증 방어'는 불편한 감정을 피하려고 반대되는 생각이나 행동을 동원하는 것을 말한다.

이런 방어적 입장에 발맞춰, 다름슈타트에서 헤르만 셰르헨이 지휘를 맡은 〈바르샤바의 생존자〉 서독 초연[444]에서는 해설자가 말하는 영어 부분과 히브리어 부분을 독일어로 번역하지 않고 그대로 두었다. 학자 조이 칼리코는 "텍스트를 이해하지 못하게 돼서 청중을 보호하려는"[445] 술책이었다고 짐작했다. 하지만 독일어 부분까지 그런 술책을 쓸 수는 없었다. 이런 딜레마에는 보다 직접적인 개입이 효과적이었다. 그래서 홀로코스트를 기리는 음악적 기념물을 무대에 올리면서 가스실을 언급한 대목을 그냥 지웠다.[446]

하지만 이렇게 양보를 했음에도 연주에 참여한 독일 음악가들 모두의 마음을 달래지는 못했다. 합창 감독은 이토록 불쾌한 곡을 연주하게 해서 미안하다고 가수들에게 사과했다. 오케스트라 단원 중에서도 반대한 이들이 많아서 공연 가부를 두고 투표에 부쳐 가까스로 통과했다. 이날 해설자였던 바리톤 한스-올라프 후데만은 공연 직후 "이렇게 스스로를 먹칠할 수는 없습니다"[447] 하고 불편한 심기를 공개적으로 드러냈다. 칼리코가 지적하듯이, 서독에서 〈바르샤바의 생존자〉가 겪은 일은 나치 이데올로기의 흔적이 국가적 정신에 오랫동안 남아 있었음을 보여준다. 초창기 나치 당원이었고 다른 많은 이들처럼 아무렇지 않게 활동하던 음악 비평가 한스 슈노어는 1956년 공연을 앞두고 공개적인 자리에서 이 곡이 "혐오의 노래"라면서 베토벤의 음악과 나란히 프로그램에 배치된 것은 "도발적인 처사"라고 비난했다.[448]

〈바르샤바의 생존자〉가 연주된 초창기에는 늘 음악 외적 드라마가 따랐던 것 같다. 1950년 4월, 음악감독 디미트리 미트로풀로스가 이끄는 뉴욕 필하모닉[449]은 미국에서 이 곡을 연주한 첫 번째 직업적 오케스트라가 되었다. 4월 13일과 14일 두 차례 실황 공연이 주간 구독 프로그램의 일환으로 예정되어 있었는데, 이 프로그램은 보통 일요일 오후에 명망 있는 CBS 전국 라디오 방송으로 나갔다. 하지만 4월 16일 일요일, 그 주의 라디오 방송이 진행되었을 때 다른 프로그램은 그대로였지만, 〈바르샤바의 생존자〉를 들으려고 라디오를 켠 사람은 황당한 일을 겪었다. 그 자리를 바그너의 〈탄호이저〉 서곡이 차지한 것이다. 쇤베르크의 지지자들은 필하모닉 관리자에게 항의했고, 오케스트라는 작곡가에게 직접 편지를 써서 "합창단이 그날 일요일 프로그램에 참석할 수 없었다"[450]고 설명했다. 하지만 이런 설명은 제대로 알지 못했거나 솔직하지 못한 것이었다. 문제의 합창단은 대학생들로 이루어진 프린스턴 대학 채플 합창단이었는데, 음악을 이미 다 준비한 그들이 뉴욕 필하모닉과 함께하는 일요일 전국 방송 초연의 기회를 포기했다는 것은 상상하기 어렵다. 실제로 자료보관소 기록을 보면 프린스턴 합창단은 라디오 방송 연주에 대해 애초에 요청을 받지도 않았던 듯하다.[451] 오케스트라가 시즌 기획을 할 때 〈바르샤바의 생존자〉를 방송 프로그램에 포함시킬 의도가 아예 없었기 때문이다.

애도하는 음악

뉴욕 초연에 대한 평가들은 엇갈렸다. 현장에서 공연을 본 청중은 작곡가 헨리 카웰의 표현에 따르면 "함성 섞인 박수"[452]를 보냈다. 그토록 열렬하게 환호하자 미트로폴로스도 앞서 프레데릭이 그랬듯이 선례를 깨고 그 자리에서 곡을 다시 연주했다. 한 평론가는 "[쇤베르크의] 가장 효과가 뛰어난 곡 중 하나"라고 치켜세웠고, 〈뉴욕 포스트〉는 "통렬한 음악적 기록물"이라면서 미트로폴로스 본인도 "확연히 감동 받은 모습"이었다고 했다.[453] 다른 비평가는 곡의 양식과 본질 간의 깊은 결속을 다시 언급했다. "우리는 12음 체계에 이토록 공감한 적이 없지만, 곡의 목적에 완벽하게 어울리는 쓰임새를 여기서 보게 된다. 장면의 긴장감, 잔혹함, 비애감을 몰라보게 강화한다."[454] 한편 〈뉴욕 타임스〉의 비평가 올린 다운스는 전혀 흥미를 느끼지 못하여 그저 "빈곤하고 공허한 음악"[455]이라고 했다. 가장 진지한 수준의 비판은 뉴욕에서 발행되는 독일어 신문 〈아우프바우Aufbau〉에 실렸다. 본인이 독일-유대인 망명자인 아르투어 홀데는 기획 자체를 솔직하게 문제 삼으며 글을 시작했다. "세상에는 너무도 끔찍하여 아마도 역사소설의 형식을 제외하면 어떤 예술적 재현도 거부하는 사건들이 있다. 내가 볼 때는 바르샤바 유대인들이 나치에 맞서 필사적으로 대항한 마지막 단계에서 벌어진 소름 끼치는 절멸도 여기에 포함된다."[456] 그는 말할 수 없이 끔찍한 사건을 예술적으로 이용한 것은 작품의 다른 어떤 장점으로도 정당화할 수 없다고 썼다.

이런 세세한 디테일은 앞으로 초창기의 많은 홀로코스트 기념물—소리로 만든 것이든 돌을 깎아서 만든 것이든—에 대해 갈수록 공세를 높여 갈 불만들이었다. 대체로 재현적인 성격을 띠는 이런 기념물은 묘사할 수 없는 것을 묘사하고 말할 수 없는 것을 말하려 한다는 함정을 피하기 어려웠다. 게다가 단순히 예술작품으로만 고려하면 전쟁의 공포를 미적 대상으로 만들 우려가 있었다. 1962년에는 초창기에 〈바르샤바의 생존자〉의 가장 열렬한 옹호자 중 한 명이었던 아도르노조차 마음을 바꿔 〈헌신〉이라는 제목의 에세이에서 바로 이런 이유로 이 작품을 공격했다.

쇤베르크의 작품에는 불편하고 당혹스러운 면이 있다. 나는 독일인들이 어떻게든 억누르려 했던 것을 억누르지 못하게 하여 그들을 화나게 만든 것을 말하는 것이 아니다. 아무리 거칠고 불협화음이 있더라도, 일단 이미지가 되면, 희생자들을 침해하고 있다는 데서 오는 당혹감이 느껴진다. 희생자들은 예술작품이 된다. 그들을 죽인 세상에 의해 내던져지고 잡아먹힌다. 개머리판으로 얻어맞은 사람들의 생생한 물리적 고통이 예술로 만들어지면, 아무리 희박하다 해도 거기서 즐거움을 쥐어 짜낼 가능성이 있다…. 미적 양식의 원칙에 의해, 심지어 합창단의 엄숙한 기도문으로 인해 상상도 할 수 없는 것이 의미가 있는 것처럼 보인다. 공포가 제거되면서 정화가 일어나는 것이다. 이것만으로도 희생자들은 부당한 일을 당하는 것이다. 희생자들을 회피하는 그 어떤 예술도 정의의 요구를 만족시킬 수 없다.[457]

아도르노는 여기서 모든 홀로코스트 기념물에 내재한 핵심적인 모순—그가 '아포리아aporia'(난관이나 교착 상태를 가리키는 철학 용어—옮긴이)라고 부르는—을 말하고 있다. 아우슈비츠 이후 적법한 예술은 희생자들에게 가해진 폭력을 후대가 알아볼 수 있는 형식으로 재현하거나 옮기거나 어떻게든 환기해야 한다. 그러나 희생자들의 기억을 수단으로 삼거나 미적 대상으로 만들려면 반드시 이를 침해할 수밖에 없다. 이렇게 보자면 '진정한' 기념물은 불가능한 일을 해내야 한다. 사건의 불가해함을 그대로 보존하면서 사건을 전달해야 하고, 의미를 부여하는 일을 일체 거절하면서 희생자들을 기려야 한다.

〈바르샤바의 생존자〉와 관련하여 아도르노의 비판은 중요한 질문을 제기한다. 이 작품이 갈채와 함성 섞인 기립박수를 받았다는 초기의 설명에는 뭔가 불편한 점이 있다. 청중들은 정확히 무엇을 축하했을까? 마지막에 "셰마"를 한목소리로 부르는 합창에서 반항의 기운을 느꼈는지도 모른다. 신앙이 죽음의 두려움을 이겨내고 승리했다고 말이다.[458] 하지만 엔딩은 그렇게 단순하지 않다. 합창의 등장이 어떤 반항의 뜻을 담고 있든지 간에 그것은 찰나의 것이다. 결국 "셰마" 암송은 기도문이 끝나기 전에 중단된다. 수감자들의 미래는 해설자의 묘사가, 마지막에 강력하게 울리는 불협화음이 어둡게 암시하지만, 궁극적으로는 그들의 운명을 밝히지 않는다. 마지막 소리가 공기 중에서 사라지면, 희생자들은 삶과 죽음 사이 어딘가 경계 지대에 걸린 채로 남는다.

그러므로 실황 연주에서 바로 이 순간에 나오는 박수는 일종의 침해로 볼 수 있다. 이런 딜레마를 피하고자 〈바르샤바의 생존자〉

를 연주하기 전에 청중에게 박수를 치지 말도록 요청하거나, 지휘자가 잠시 멈추지 않고 세심하게 준비한 다음 곡으로 바로 넘어가기도 한다. 예를 들어 〈바르샤바의 생존자〉 다음에 베토벤의 교향곡 9번을 곧바로 연주하여 마지막에 합창이 나오는 두 곡을 강력한 묶음으로 만드는 것이다. 그러나 이렇게 한다 해도 무분별한 폭력을 미적 대상으로 만든다는 아도르노의 우려는 지워지지 않는다. 나는 어떤 지점을 넘어서면, 이것은 작곡가나 연주자가 해결해야 하는 도전이 아니라 음악을 듣는 우리의 도전이라고 본다. 우리가 무엇을 듣고 **어떻게** 듣는가 하는 질문과 연계되는 도전이다.

실제로 〈바르샤바의 생존자〉와 같은 음악적 기념물을 제대로 경험하려면 평소와 다른 청취 방식이 필요하다. 우리는 즐기려고 듣는 것이 아니라 음악의 증언을 목격하려고 듣는 것이다. 이 경우 생존자의 증언을, 작곡가의 증언을, 죽임을 당할 집단의 증언을 듣는 것이다. 이 예술이 짊어지고 가려는 역사의 트라우마가 있다. 하지만 그것을 기억하려면 우리의 청취를 증인의 행위로 맞춰야 한다.

이런 역학 관계는 희생자들이 경험한 트라우마에 관한 문헌을 살펴봄으로써 더 깊이 이해할 수 있다. 홀로코스트 생존자이기도 한 정신분석학자 도리 라우브에 따르면, 진짜 트라우마를 접했을 때 "인간의 마음에서 기록을 담당하는 기제가 일시적으로 무너진다."[459] 즉 트라우마 당사자의 뇌는 트라우마 사건을 평소와 같은 인지적 경로가 아니라 훨씬 연약한 경로를 통해 처리한다. 그가 견뎌낸 현실은 수많은 외적 기록들을 통해 실체를 입증할 수 있지만,

애도하는 음악

본인이 내적으로 이해하는 트라우마는 말을 통해 진정한 증인을 얻을 때 비로소 아물게 된다. 그러니까 생존자의 말을 깊이 들어주는 사람이 있어야 한다. 이렇게 들어주는 사람은 이야기의 수동적인 수취인이 결코 아니라 라우브의 말처럼 "지식을 새로이 만드는 데 일조하는 관계자"가 된다. 지식이 진정 존재한다고 말하려면 이렇듯 **양쪽**이 필요하다. 그리고 그런 증인의 행위가 일어나기 전까지는 트라우마는 "아직 만들어지지 않은 기록"으로 남는다.

전쟁이 끝나고 75년이 지나면서 그 시대에 관한 우리의 역사와 기억은 중대한 시점에 접어들었다. 자료들과 역사적 정보의 양이 엄청난 속도로 급증하여 이제는 마우스 클릭 몇 번으로 손쉽게 접근할 수 있다. 하지만 동시에 우리는 살아 있는 기억의 마지막 지평선에 빠르게 다가가고 있다. 조만간 이런 트라우마를 직접 겪은 사람이 한 명도 남지 않은 세상이 될 것이다. 살아 있는 기억이 사라지면, 디지털 정보나 기록된 증언이 아무리 많다 하더라도 이런 간극을 제대로 메울 수 없다. 과거를 이해하는 이런 두 가지 방법은 서로 호환되지 않기 때문이다. 사건 자체가 시간적으로 멀어지고 우리가 기억의 짐을 공적 추모의 공식적인 문서에 떠넘길수록, 그 시대가 우리에게 개인적으로 가하는 충격의 힘은 불가피하게 약해질 것이다.[460] 벌써부터 그런 증거가 나날이 목격되고 있다. 역사에 대한 무지가 심각한 수준이라는 설문 조사가 있고, 홀로코스트를 하찮게 여기는 경향이 대중문화 영역에 꾸준히 스며들고 있다.[461] 정치인들은 기반시설 투자부터 마스크 착용 의무화에 이르기까지 논쟁적인 주제를 공격하는 데 히틀러 제국의 야만을 수사적으로 사용한다.

하지만 이런 위기의 순간에 문화적 기억이 우군으로 나선다. 시대를 새겨 시대보다 오래 살아남은 예술작품이 그것이다. 예술은 사회가 잊고자 하는 것을 기억한다. 그리고 과거의 중계국 역할을 하여 전쟁과 쇼아의 본질적인 기억을, 과거에 대한 사실적 정보와는 완전히 구별되는 기억을 이어간다. 마음과 정신, 영혼이 하나로 연결되어 기억하는 것이다. 생존자의 증언을 들어주는 것과 관련하여 라우브가 한 말은 이런 문화적 전파의 과정에도 적용된다. 결국, 사건에 대한 예술의 지식이 진정으로 존재하려면 세대마다 새로이 만들어져야 한다. 트라우마 당사자는 유심히 들어주는 증인을 얻어야 하고, 그런 증인은 결국 그들의 진실에 동참하게 된다. 음악 연주의 반대편에는 기다리면서 과거로부터 오는 신호를 받고 기록이 새로 만들어지는 것을 도우려는 사람이 필요하다. 기꺼이 들으려는 사람이 있어야 한다. 히브리어 '셰마'의 사전적인 정의로 돌아가 **들어야** 한다.

들어라! 바로 이것이 쇤베르크의 〈바르샤바의 생존자〉는 물론이요 모든 음악적 기념물의 필수적인 명령이자 윤리적 책무다. 이것은 음악이 기억의 매체로서 발휘하는 은밀한 힘과도 연결된다. 소리의 찰나적 속성을 생각하면, 이를 기억의 용도로 사용하는 것은 돌과 같은 보다 견고하고 영속적인 매체로 기억을 이어가는 것에 비해 허약해 보일 수 있다. 하지만 석조 기념물은 음악만큼 우리의 온전한 주목을, 우리의 헌신적인 증인 역할을 끌어내지 못할 때가 많다. 오스트리아 작가 로베르트 무질이 언젠가 말했듯이,

"기념물만큼 눈에 보이지 않는 것도 없다."[462] 다시 말해 건축 기념물은 도시의 풍경 속으로 녹아들고, 그 효과 또한 과다하게 노출되면서 자주 무력해진다. 우리는 매일 그 옆을 지나가며 눈길도 주지 않고, 우리의 시선은 무질의 말마따나 "기름막 입힌 천에 떨어지는 물방울처럼" 그 기념물에서 흘러내린다. 게다가 이러한 음악들은 예술가 개인의 의지를 훨씬 뛰어넘는 것을 요구한다. 이 장 앞에서 본 뉴욕의 예처럼, 때로는 프로젝트 자체가 실현되지 못하는 경우도 발생한다.

음악적 기념물은 몇 년, 심지어 몇십 년을 악보가 선반에서 잠자고 있을 수도 있지만, 마침내 곡이 연주되면 배경으로 물러날 수 없다. 소리는 몸을 일깨우고 감각을 꿰뚫는 매체다. 그래서 돌처럼 자연스럽거나 쉽게 적응되지 않는다. 게다가 음악회라는 사건의 성격이 우리의 주목을 요구한다. 리허설을 거쳐 무대에서 연주되고 청중에 의해 실시간으로 경험된다. 작곡가 머리 샤퍼는 이렇게 말한다. "눈은 밖을 향하고 귀는 **안으로** 당긴다."[463] 소리는 우리를 감쌀 뿐만 아니라 우리의 몸속으로 들어가 우리 안에서 진동한다. 음악이 방에 밀어닥치면 숨을 곳이 없다.

물론 기념물에도 유행이 있다. 최근 들어 〈바르샤바의 생존자〉에 대해서는 계속해서 찬반이 나뉜다. 여전히 신비로운 힘을 자주 인정받지만 신파나 키치라는 비판도 드물지 않게 제기된다. 〈바르샤바의 생존자〉는 앞서 우리가 보았듯이 시대를 앞선 작품이 틀림없지만, 그 이후로 미국과 유럽의 홀로코스트 추모가 이 음악을 따라잡거나 능가했다. 이러한 사실은 이 작품이 현대인들에게는 시대에 뒤떨어진 느낌을 줄 수 있다. 하지만 우리는 추모 문화가 포화 상태에 이른 지금의 관점으로 최초의 홀로코스트 추모 예술 작품을 평가하는 일을 삼가야 한다. 다른 음악적 기념물과 마찬가지로 〈바르샤바의 생존자〉도 미적 가치로만 평가할 것이 아니라 과거를 조명하고 추모 음악이 마련되는 역사적 장을 열었다는 점에서 평가해야 한다. 이런 관점에서 보면 여전히 강력하고 대단히 효과적인 작품이다.

음이 정확하게 표현될 뿐만 아니라 생동감이 느껴지는 좋은 연주에서, 청중이 열린 마음으로 그 열기를 감지하고 **들으려고** 하면, 이 곡은 장 아메리의 은유를 빌리자면, 여전히 역사의 차가운 저장고를 불태울 수 있다. 고작 7분 동안 이어질 뿐이지만 우리는 증인의 행위를 목격하게 되고, 사라지는 세대의 과거는 인류의 과거, **우리의** 과거가 된다. 이것은 머리로 이해하는 과정이 아니라 우선적으로 몸으로 느끼는 과정이다. 서두의 트럼펫이 울리면 곡에 주목하게 된다. 음악은 우리의 몸 **안에서** 공명한다. 시간이 점점 줄어든다는 인식이 들면서 맥박이 빨라진다. 오로지 음악만이 줄 수 있는 경험이다. 그리고 발터 벤야민의 구절을 가져오자면, 갑자기 시간 자체가 "지금의 존재로 채워졌음을"[464] 알게 된다.

아르놀트 쇤베르크는 1946년에 거의 치명적인 심근경색을 겪었고, 그 이후 〈바르샤바의 생존자〉 초연이 끝나고도 계속 건강이 안 좋았다. 그의 얼굴이 갈수록 수척하고 횃해져서—"이글거리는 커다란 눈동자만 그대로였다"[465]고 한 친구가 회상했다—그 모습이

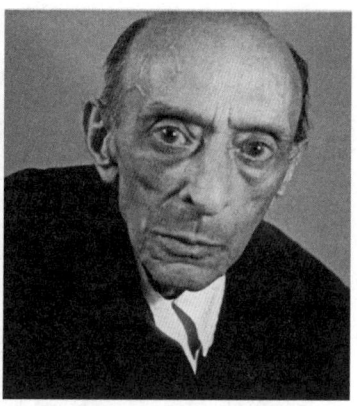

그가 빈에서 젊은 표현주의 작곡가로 활동할 때 그렸던 예언자의 '응시'를 닮아가기 시작했다. 삶을 모방한 예술을 삶이 모방하게 된 것이다.

이렇게 건강이 안 좋고 이제 시력까지 심각하게 나빠졌지만 쇤베르크는 76세가 될 때까지 작곡에서 손을 놓지 않았다.[466] 다만 걱정도 늘어갔고 오랫동안 숫자 13의 공포에 시달렸던 그는 특히 그해(76세, 7+6=13)를 두려워했다. 그럼에도 "현대 시편"이라는 짧은 합창곡 작곡에 몰입했다. "시편, 기도, 신과의, 신에 관한 다른 대화"라는 제목으로 묶어서 발표할 생각이었다. 그는 1951년 7월, 세상을 떠나기 열흘 전까지 이렇게 시편 작곡에 매달리며 자신의 신과 소통했다. 그의 나이 76세, 사망일은 13일이었다.

쇤베르크가 읽은, 혹은 누군가 그에게 읽어준 마지막 편지 중에 지휘자 헤르만 셰르헨이 보낸 것이 있었다. 1951년 7월 2일, 다름슈타트에서 셰르헨은 〈모세와 아론〉 2막의 황금송아지 장면을 세계 최초로 초연했다. 쇤베르크 생전에 오페라가 일부라도 공연된 것은 이것이 유일했다. 셰르헨은 이날의 공연을 감동적으로 설명하면서 하나도 빠뜨리지 않았다. 그토록 과감하게 새로운 곡을 초연하는 것은 자신의 평생을 통틀어 최고 업적이었다고 했다. 홀을 가득 메운 청중의 환호성은 그칠 줄 몰랐다. 셰르헨을 무려 스무 번이나 무대로 다시 불러냈다고 한다. 연주력은 그냥 평범한 수준이었지만, 그럼에도 많은 청중이 음악에 집중했고 모두가 격정적으로 반응했다. 그들이 "당신의 예술적 표현력이 무제한적임을, 당신의 예술적 토대가 확고함을, 당신의 예술적 존재가 순수함"[467]을 알아보았다는 것이다. 셰르헨은 그 자리에 모인 모든 사람이 이 작품을 쇤베르크의 기념비적인 작품으로 여겼다고 했다.

그의 삶이 끝나가던 이 무렵에, 어쩌면 이 공연이 있던 날에 쇤베르크는 "어째서 아이들을 위하는가?"라는 제목의 번호가 없는 현대 시편 텍스트를 썼다. 여기서 그는 영원과 무한의 법을 의심 없이 받아들이는 아이들의 아름다운 능력을 말한다. 어른이 되면 우리는 이런 순수한 믿음을 잃어버리므로 "마음을 흔드는 사례와 이야기를 통해" 영혼의 힘에 활기를 다시 불어넣어야 한다. 이렇게 신성한 것을 되찾도록 감흥을 주는 것, 어쩌면 이것이 예술의 의미이자 목표의 전부일 수도 있다고 텍스트는 암시한다. 그러고 나서 쇤베르크는 이렇게 마무리한다.

[어른의] 언어로, 그들이 그토록 자랑하는 계몽주의의 언어로 그런 계몽주의가 불충분함을 그들에게 보여야 한다. 그 안에 빛이

충분히 가득한 계몽주의가 어두워지고 있음을 보여야 한다.[468]

구체적인 설명이 없어서 요약문처럼 읽힌다. 공교롭게도 〈바르샤바의 생존자〉를 묘사하는 말이기도 하다. 계몽주의까지 거슬러 가는 베토벤의 전통에 놓이는 곡이면서 계몽주의의 불충분함을, 빛이 충분히 가득한 것이 어두워지고 있음을 보여주는 음악이니 말이다. 쇤베르크 본인의 삶이 그런 불충분함을 목격한 증인이지만, 어쨌든 말이 실패로 끝났음에도 앞서 가졌던 희망의 불빛이 그의 음악 언어 안에서 여전히 빛났다.

쇤베르크가 마지막으로 곡을 붙인 것은 다른 현대 시편으로, 여기에는 "모두를 위해 기도한다. 살아 있는 모두를 위해 자비와 기적, 성취가 내리기를"이라는 구절이 있다. 하지만 이런 자비와 기적과 성취의 음악은 성취되지 못한 채로 남겨졌다. "모두를 위해 기도한다"라는 대목에서 쇤베르크가 붙인 음악이 끝난다. 그는 계몽주의의 불충분함을 이야기하는 현대 시편을 더이상 작곡하지 못했다. 어쩌면 마지막 기도의 가사, 빛과 어둠의 가사는 침묵의 운율에 맞춰졌다고 말할 수도 있다.

"나는 과거가 돌아오는 법칙을 우리가 이해하고 있다고 보지 않는다. 차라리 시간이 아예 존재하지 않으면 오로지 여러 공간들만이 체적의 법칙에 따라 서로 맞물리고, 이런 공간들 사이를 산 자와 죽은 자가 원하는 대로 오갈 수 있을 거라는 생각이 점점 더 든다. 이런 생각을 할수록, 아직까지 살아 있는 우리는 죽은 자의 눈에 비현실적인 존재이며, 특정한 빛과 대기 상태에서만 가끔씩 그들 시야에 드러난다는 생각이 맞아 보인다."[469] 제발트의 소설에서 아우스터리츠가 한 말이다.

2018년 여름날 아침에 빈의 중앙묘지[470]에 끝도 없이 늘어선 무덤들 사이를 살피다가 제발트의 문장이 생각났다. 1874년에 처음 조성되었고 빈 외곽 지구 짐머링에서 거의 1제곱마일의 땅을 차지하는 거대한 공동묘지다. 지금 그곳에는 빈의 현 인구수를 가볍게 뛰어넘는 거의 300만 명이 잠들어 있다. 그러므로 여기서는 아우스터리츠가 그랬듯이, 산 자가 영원토록 벌어지는 넓은 교제의 장에 일시적으로 침입한 존재로 느껴질 수도 있다.

중앙묘지는 오늘날에도 여전히 묘지로 사용되지만, 살짝 이례적인 각종 편의시설들, 예컨대 야외 좌석이 있는 카페, 현금자동인출기, 자체 버스노선 등이 갖춰져 있다. 빈 사람들이 죽은 자들과 스스럼없이 지낸다는 것을 보여준다.[471] 아울러 중앙묘지는 지역의 역사를, 도시가 스스로를 어떻게 여겼는지를 엿보게 하는 창이기도 하다. 1870년대 초 처음 계획하면서 방대한 면적을 마련한 것은 한 세기 넘어 미래까지 죽은 자들을 받아들이면서 그들의 마지막 안식처에 제국의 위엄에 어울리는 문화적 품격을 부여하겠다는 뜻이었다. 그것은 내일의 기억을 꿈꾸는 어제의 세계였다.

지금이야 수많은 방문객이 매년 이곳을 찾지만, 처음 개장했을 때는 도시 중심가에서 멀었고 살짝 황량한 풍광이어서 빈 사람들이 쉽게 가지 못하는 곳이었다. 하지만 해결책이 금세 나왔다. "명예의 전당"을 특별하게 마련하여 중앙묘지의 명성을 높이는 데 도움이 되는 문화계 인사들의 안식처로 삼는 것이었다. 이런 유명한 자들이 당시에 다른 곳에 묻혀 있었다 해도 장애가 되지 않았다. 그리하여 1888년에 베토벤과 슈베르트의 유해가 10마일 떨어진 베링 공동묘지에서 이곳으로 이장되었다.

스물네 대의 마차가 베토벤의 유해 뒤를 따랐고, 이장식이 대대적으로 거행되어 베토벤은 또 한 번 새로운 세대에게, 혹은 그날의 연설자가 말했듯이 "그와 같은 시대를 살았고 왕의 시신 앞에서처럼 경외의 마음으로 고개를 숙였던 자들의 손자들과 외손자들"[472]에게 칭송을 받았다. 그 무덤들은 결국 특별한 음악적 "명예의 숲"으로 자리를 잡았다. 베토벤과 슈베르트의 뒤를 이어 브람스, 글루크, 요한 슈트라우스가 중앙묘지에 묻혔고, 모차르트를 기리는 특별한 기념비도 세워졌다.[473]

1974년 6월 5일 오후 세 시, 빈의 중앙묘지에 묻힌 음악가들은 뒤늦게 또 한 명을 맞이할 준비를 했다.[474] 합창단이 시편 130편 —"내가 깊은 곳에서 그대에게 부르짖나이다"—을 노래하려고 열린 무덤 앞에 모였다. 히브리어 가사에 붙인 음악은 쇤베르크가 마지막으로 완성한 작품인 〈심연으로부터〉에서 가져왔다. 합창단 앞에 놓인 무덤은 곧 그가 누울 자리였다.

그가 태어나고 100년, 그가 죽고 23년이 지나서 작곡가와 부인의 재가 빈 시의회의 요청으로 로스앤젤레스에서 빈으로 왔다. 그들은 묘지에 있는 유대인 지구가 아니라 쇤베르크가 처음에 정신적 아버지로 여겼던 이들 곁에 묻혔다. 결코 패배한 적 없는 신들, 그가 한결같은 신념을 보였던 위대한 독일 전통을 잇는 세 연결고

리, 바로 베토벤·슈베르트·브람스다. 쇤베르크의 처남인 바이올리니스트 루돌프 콜리슈가 무덤 앞에서 말했다. "그는 이곳에 **속하는** 사람입니다. 마침내 집으로 돌아왔습니다."[475]

쇤베르크의 묘석은 얼핏 보면 단순한 흰색 정육면체 대리석 같지만, 가까이서 보면 흥미로운 점이 있다. 변의 길이가 같지 않고, 덩어리가 묘한 각도로 기울어져 있으면서 동시에 점차 아래로 내려앉는 듯한 착각을 일으킨다. 기념물과 폐허의 경계를 허무는 모양새다.

과거가 돌아오는 법칙에 대해 아우스터리츠가 한 말은 확실히 옳았다. 수수께끼에 가려져 있으며 과거를 기리는 음악작품은 이를 부추길 뿐이다. 음악이 연주되면 역사와 기억은 눈부시게 모습을 드러내고 다시 한번 현재 시제로 말하고는 원래의 침묵으로 돌아

애도하는 음악

간다. 그날 아침 나는 작곡가의 묘석 앞 잔디를 쳐다보다가 그의 재가 묻히던 날에 똑같은 땅을 찍은 초점이 살짝 맞지 않는 사진을 기억해냈다. 재가 담긴 유골함이 열린 무덤 안에 있는 사진이었다. 꽃으로 뒤덮여 유골함 뚜껑이 거의 보이지 않았지만 딱 한 부분, 사진 아래 근처의 작은 부분은 다행히 남아 꿈에서처럼, 쇤베르크의 삶과 예술에서처럼, 옛날 빈의 하늘의 반영이 순간적으로 비쳤다.

2부

7장

다른 해안에서

내 귀에 들리는 저 목소리는 잠잠해지지 않을 거네.[476]

– 〈피터 그라임스〉

올드버러의 바위 해변에서 바라보는 풍경에는 정제되고 적막한 아름다움이 있다. 어떤 각도에서 보면 수평선을 따라 넓게 띠를 이루며 뻗은 바다, 하늘, 조약돌, 이 세 가지가 세상의 전부인 것 같다. 북해가 내다보이는 잉글랜드 동쪽 끄트머리에 위치한 올드버러는 언제부터인가 런던 사람들이 주말에 즐겨 찾는 곳이 되었지만, 어촌 마을의 뿌리가 완전히 사라지지는 않았다. 다양한 종류의 보트와 트롤선이 조약돌 해변에 여전히 정박해 있다. 보이지 않는 바람에 휘둘린 듯 묘한 각도로 기울어진 배들이 눈에 띈다. 마을에서 보낸 첫날 새벽에 트롤선 한 대가 희부연 안개 사이로 미끄러

져 가는 것을 보았다. 뱃머리에 걸린 불빛이 아직 남아 있는 어둠
을 뚫고 꾸준히 길을 내어 갔다.

2차 세계대전 때 해상 침략을 막고자 이 해안선을 따라 지뢰를
매설하고 포대를 배치하고 작은 콘크리트 요새를 쌓고 대對전차
및 상륙 방어용 참호를 팠다. 그러나 오랜 세월에 걸쳐 가장 무시
무시한 적으로 판명된 것은 실은 북해였다. 예전에 독일해로 불렸
던 이 바다는 올드버러처럼 서퍽 해안에 매달려 있는 마을들을 종
종 집어삼켰다. 이곳에서 10마일가량 북쪽에 한때 던위치라는 중
세 마을이 있었다. 잉글랜드에서 가장 분주한 항구 중 하나와 교
구 교회가 최소한 여섯 개 있었다. 수 세기 동안 마을이 위치한 절
벽에 파도가 끝도 없이 거세게 몰아치면서 교회와 그 주변 마을이
하나씩 바다로 쓸려갔다. 16세기의 기록을 보면 한때 교회가 있던
자리에는 "파도에 의해 바닥이 벗겨지면서 웅장한 구조물의 너덜
너덜한 조각, 죽은 자의 유해, 밖으로 노출된 벽"[477]만 남았다.

수백 년 동안 시인·작가·어부 들이 바다 밑으로 가라앉은 교회

애도하는 음악

첨탑과 파도 아래에서 울리는 종鐘 소리에 대해 이야기하며 사라진 도시의 전설을 음미했다. 근처에 살았던 제발트는 《토성의 고리》에서 14세기에 파멸적인 폭풍이 몰아치고 나서 마을 주민들이 새벽에 심연을 들여다보는 장면을 그렸다.[478] 대니얼 디포는 던위치에서 "마을, 왕, 나라, 가족, 개인 모두가 시간의 자궁과 자연의 흐름 속에서 저마다 상승과 중간, 하락, 심지어 멸망을 겪는"[479] 운명의 법칙을 감동적으로 확인했다. 남아 있는 폐허조차 매혹적이다. 헨리 제임스는 그곳을 방문하고 나서 "사라진 것에 존재가 있다"고 했다.[480]

20세기 초가 되자 마지막 교구 교회인 올 세인츠 교회가 운명에 굴복했다. 신도석이 한 번에 한 칸씩 절벽 너머로 떨어진 것을 보면 이런 운명이 내키지 않았던 모양이다. 1차 세계대전 직전에는 교회의 탑과 기둥 하나만 아직 서 있었다.[481] 구시대와 상징적으로 연결되는 이런 마지막 잔여물은 1919년과 1922년에 절벽이 무너지면서 마침내 바다로 떨어졌다.[482] 이런 극적인 소식은 겨우 20마일 거리에 있었던 벤저민 브리튼의 집에도 틀림없이 전해졌을 것이다. 열 살도 채 되지 않았지만 예리한 눈과 빠른 손가락을 가졌고 작곡가가 되는 것이 꿈인 소년이었다. 훗날 그는 고풍스러운 울림과 유령 같은 현대적 아름다움을 가진 예술작품을, 시간의 파도 아래에서 소리치는 그만의 침몰한 도시를 만들었다.

한 작곡가의 예술을 그의 시선을 처음으로 사로잡았거나 그의 상상력을 키운 풍경으로 환원하는 것은 당연히 안 될 말이지만, 그런 풍경의 의미를 쉽게 무시해서는 안 된다. 특히 여기서는 말이

다. 1913년생인 브리튼은 해안가 마을 로스토프트에서 자랐고, 성인이 된 후 대부분을 근처의 올드버러에서 보냈으며, 지역 교구 교회의 소박한 묘지에 묻혔다. 그는 평소에 이 바위 해안을 산책했고, 이 바다에서 수영했고, 태곳적부터 계속된 파도의 오스티나토를 들으며 음악을 구상했다. 그리고 그가 작곡한 음악의 대부분은 1948년 그가 이곳에서 공동으로 창설한 올드버러 페스티벌에서 연주되었다. 그의 가장 잘 알려진 오페라 〈피터 그라임스〉는 1830년경 올드버러를 참고하여 살짝 신비롭게 만든 어촌을 무대로 펼쳐진다. 주인공인 어부는 젊은 조수의 수상한 죽음에 연루되어 있다. 그로 인해 마을 사람들의 분노를 사지만 그라임스는 다른 곳으로 가서 일하라는 제안을 거부한다. "나는 이곳 사람이오. 여기에, 익숙한 들판, 습지와 모래, 평범한 거리와 계절풍에 뿌리를 두고 있소."

이 대사에는 한 예술가가 젊은 시절의 풍경과 소리에 애정을 드러내는 것을 넘어서는 울림이 있다. 브리튼은 뿌리의 개념을 믿었

애도하는 음악

다. 19세기 낭만주의 민족주의자들이 보인 자민족의 우월감을 그가 공유했다는 뜻이 아니라, 특정 장소와 공동체와의 진정한 교감을 바탕으로 예술을 만들고자 했다는 뜻이다. 이런 믿음은 이상주의적인 신념이자 운 좋게 태어난 특권이기도 했다. 수많은 작곡가들의 삶과 경력이 전쟁과 혁명, 망명으로 파탄 났던 시대에 브리튼은 고향에 머물 수 있는 호사를 누렸다.

뿌리에 집착하는 이런 윤리는 그가 음악을 작곡할 때 버팀목이 되었다. 그 결과 그가 평생 작곡한 열여섯 편의 오페라, 수십 곡의 관현악곡과 실내악곡, 다양한 성악곡은 대중을 외면하지 않는 20세기 모더니즘의 좋은 예로 여겨지게 되었다. 문법은 낯설었지만 그럼에도 여전히 폭넓게 이해되는 음악 언어였다. 아울러 소리의 표층, 성긴 화음, 삐죽삐죽 날이 선 선율과 확고하게 연계되는 모종의 윤리적 관점을 포용했다. 마치 금이 간 거울만이 망가진 세상을 정확하게 비출 수 있다는 듯이 말이다. 일평생 평화주의자였고 동성애가 공식적으로 불법이던 시대에 동성애자였던 브리튼은 자신의 예술에서 인간의 고통, 아웃사이더의 곤경, 문명화된 현대적 삶의 번지르르한 모습 뒤에 감춰진 폭력성에 주목했다. 레너드 번스타인은 언젠가 브리튼에 대해 이렇게 말했다. "그는 세상과 불화한 사람이었어요. 이상해요. 브리튼의 음악은 표면적으로는 장식적이고 긍정적이고 매력적으로 보일 수 있지만, 훨씬 많은 것이 담겨 있거든요. 그의 음악을 들으면, 그러니까 피상적이 아니라 제대로 들으면, 대단히 어두운 구석을 깨닫게 됩니다. 기어의 톱니가 제대로 맞물리지 않고 삐걱거리면서 돌아가 크나큰 고통을 일으키죠."[483]

브리튼은 네 남매 중 막내로 자랐다. 아버지는 치과의사였고 어머니는 아마추어 가수이자 피아니스트였다. 1차 세계대전이 발발했을 때 훗날 작곡가가 되는 아이는 겨우 8개월밖에 되지 않아서 사건을 의식적으로 기억하기에는 너무 어렸지만, 그럼에도 전쟁은 그의 어린 상상력에 신비로운 힘을 행사했다. 1916년, 어머니의 막내 동생이었던 브리튼의 외삼촌이 솜 전투에서 전사한 후, 그의 핏자국이 묻은 공책이 브리튼의 집으로 돌아왔고,[484] 아이는 여기에 크게 매혹되었다. 전쟁은 순전히 먼 곳에서만 벌어지는 사건이 아니었다. 해안가에 위치한 로스토프트는 독일 함대의 포격과 체펠린 비행선의 폭격에 취약했다. 이런 거대한 비행선이 영국군의 방어 공격에 격추되면 땅이나 바다로 추락하기 전에 하늘에서 불의 줄무늬를 그렸다. 저녁이면 브리튼 가족은 비상식량과 도끼, 삽이 갖춰진 지하실로 피신했다. "벤은 솜이불에 싸서 곱슬곱슬한 머리만 밖으로 내놓은 채 안고 내려갔습니다."[485] 그의 누나의 회상이다. 집은 직접적인 공격은 면했지만, 1916년 4월 25일 독일 함대가 쏜 포탄이 집 건너편 들판에서 터지면서 거대한 구멍이 파였고, 큰 파편이 가족이 식사하는 방 창문 바로 아래 외벽에 박혔다.

브리튼이 훗날 음악계를 대표하는 평화주의자가 된 것을 보면 어린 시절 이런 전쟁의 기억이 그에게 짐으로 남았던 모양이다.[486] 1차 세계대전과 특별하게 연관된 〈전쟁 레퀴엠〉이 1962년에 초연되면서 그의 이런 면모는 절정에 달했다. 하지만 이 대작은 인간의 잔혹함에, 사회가 타자로 낙인찍힌 구성원들에게 가하는 폭력에 일평생 다양한 방식으로 반응한 그의 예술적 표현의 정점일 뿐이다.

애도하는 음악

평화를 사랑한 브리튼의 태도는 그의 스승이던 작곡가 프랭크 브리지의 역할도 컸지만, 그 기원은 아마도 어린 시절로 거슬러 올라갈 것이다. 브리튼은 사우스 로지라고 하는 사립학교에 다녔는데, 그곳의 훈육에는 가혹한 체벌이 포함되었고, 나쁜 짓을 하면 벌을 받기 전에 전교생 앞에서 걸어가야 했다.[487] 어렸을 때 브리튼은 이렇게 사회적으로 용인되고 관료주의적으로 집행되는 잔혹함을 보고 기겁했다. 거의 반세기가 지나서도 그는 교장이 한 아이를 매질한 사건에 대해 여전히 이야기했다("아이를 도우려고 곧바로 나선 사람이 아무도 없었다는 사실에 내가 경악했던 기억이 납니다"[488]).

이런 트라우마는 평생 브리튼을 따라다녔다. 어린 시절의 다른 많은 기억도 그랬는데, 긍정적인 것을 떠올리게 하는 기억도 많았다. 실제로 브리튼은 이십 대가 되고 나서도 학창 시절의 습관과 태도, 말투를 이례적으로 고수했다. 젊음의 순수함은 그가 음악에서 계속 다루는 중심적인 주제가 되었으며, 젊은 자아에 대한 애착은 보다 단순했던 시절의 기억을 놓치지 않으려는 방안이었을 수도 있다. 나중에 그는 아동용 작품을 즐겨 작곡했다. 아이들과 있으면 진지한 어른의 문제를 처리할 때 자주 보이던 근엄하고 찌푸린 표정 대신 활기를 띠곤 했다.[489] 언젠가 그는 이런 말을 했다. "예술가가 예술가인 까닭은 남달리 예민하기 때문이다. 다른 사람들보다 피부가 한 꺼풀 덜 있다고 할까."[490] 아이들에 대해서도 똑같이 말할 수 있다.

하지만 브리튼이 젊음에 애착을 보인 데는 복잡한 측면도 있었다. 테너 피터 피어스와 오랜 세월 헌신적인 관계를 유지하면서도 브리튼은 자신의 충동과 욕망과 씨름했다. 가장 가까운 사람들은 다 아는 사실이었다. 한번은 시인 W. H. 오든이 "비쩍 마른 청소년들, 그러니까 중성적이고 순결한 이들에게 끌리는" 그의 성향을 두고 브리튼을 공개적으로 비판하기도 했다. 브리튼은 평생 이런 어두운 충동과 맞서 싸웠고, 완전히는 아니더라도 대체로 억눌렀다. 이 주제는 오랫동안 세간의 관심을 끌었다. '브리튼의 아이들'이라는 제목의 다큐멘터리와 책에서 영화제작자 존 브리드컷은 어렸을 때 브리튼이 친하게 지낸 많은 남자들을 인터뷰했다. 거의 모두가 그를 알게 된 것을 좋아했다. 결국 브리드컷은 브리튼이 선을 넘었다는 증거를 찾지 못하자 "브리튼의 마음속에 어떤 그림자가 숨어 있었든 간에"[491] 그가 그것을 바람직한 방향으로 승화시켰다고 결론지었다.

실제로 브리튼의 음악에서 돋보이는 특징 중 하나는 영혼의 상반되는 끌림, 모순되는 감정, 이쪽도 저쪽도 아닌 상황에 예민하게 주목한다는 것이다. 그의 유명한 연가곡들은 욕망의 표면 바로 아래에 있는 불투명한 영역을 탐사한다. 브리튼의 다른 주요 주제들과 연관된다고 볼 수 있는 점이다. 전체적으로 그의 예술은 어둠의 지도를 우리에게 선사한다. 20세기의 많은 파괴적 충동들, 즉 사회적 충동, 정치적 충동, 자아라고 하는 내면의 구역에 자리한 충동을 그의 음악에서 볼 수 있다.

브리튼이 자란 부르주아 사회는 다른 사람들보다 피부가 한 꺼풀 덜 있는 예술가가 되기에 그리 수월한 환경은 아니었을 것이다. 특히 그의 예술이 음악이었으므로 더더욱 그랬을 것이다. 학창 시

애도하는 음악

절 정원 파티에서 브리튼은 장차 무엇을 할 것인지 묻는 질문에 "작곡가가 되고 싶어요"라고 답했고, 그러자 그 외에 다른 것은 없느냐는 질문을 들었다.[492] 영국에 대해 '음악 없는 땅'[493]이라는 제목의 책을 쓴 독일 작가는 이 질문에 놀라지 않았을 것이다. 그가 설명한 바에 따르면, 영국  은 기껏 신사들이 아마추어로 곡을 쓰는 전통이 있었을 뿐이어서 20세기 초에는 유럽 대륙 건너편의 조용한 음악 변두리라는 지위로 밀려났다.[494] 이런 낮은 평가는 영국인들도 인정했다. 브리튼이 두각을 나타내기 전까지는 영국에서 1695년 헨리 퍼셀이 사망한 뒤로 괜찮은 작곡가가 없었다는 것이 일반적인 관념이었다.

이런 평가를 만회하려고 브리튼은 열아홉 살에 음악이 **있는** 나라 오스트리아로 가서 살아 있는 거장 알반 베르크에게 배우려고 했지만, 그 계획은 실행되지 못했다. 하지만 성장기에 영국에 남아 있었던 것도 나름의 장점은 있었다. 그의 일기로 짐작하건대, 그가 깊은 관심을 보인 빈 모더니즘의 음악을 하나의 스타일에 치우침 없이 마음껏 들을 수 있었다. 결과적으로 그는 음악적-극적 상황에 적절한 수단으로 대처할 줄 아는 대단히 유연한 예술을 발전시킬 수 있었다.

세상과 타협하지 않고 떠도는 외로운 예지적 예술가라는 끈질긴 낭만주의 신화에 브리튼이 공감하지 않았다는 것도 도움이 되었다. 이런 점에서 그는 T. S. 엘리엇과 비슷한 입장이었다. 엘리엇은 예술—그의 경우에는 시—이 "개성의 표현이 아니라 개성으로부터의 도피"[495]가 되어야 한다고 주장했다. 브리튼도 음악에서 같은 길을 옹호했다. 내면세계의 동요에 강하게 몰입하는 자의식적이고 독창적인 목소리를 숭상하는 풍조에서 벗어나고자 했다. 그의 말을 직접 들어보자.

> 베토벤 이전에는 음악이 자신보다 거대한 것에 봉사했다. 신의 영광이나 국가의 영광이 그것이었다. 베토벤 이후로 작곡가는 자신의 우주를 거느린 중심이었다. 낭만주의 작곡가들은 어찌나 개인적이었는지, 그의 음악을 이해할 수 있는 사람은 세상에 작곡가 본인밖에 없는 것처럼 보일 지경이었다. 그러고 나서 피카소와 스트라빈스키가 등장하여 회화와 음악의 숨통을 터주었다. 순수하게 개인적인 것이 휘두르는 폭정에서 예술을 해방시켰다. 마치 벌이 꽃에서 꽃으로 옮겨 다니듯, 그들은 한 양식에서 다른 양식으로 옮겨갔다.[496]

브리튼은 당연히 이런 벌과 같은 입장이었다. 그의 음악은 귀를 잡아 늘리되 완전히 멀어지게 하지는 않았다. 이것은 의도적으로 균형을 취한 것이었다. "대부분의 사람들을 즐겁게 하면서 미적 기준을 해치지 않는 방법이 있다. 나는 그것이야말로 작곡가의 목

애도하는 음악

표여야 한다고 생각한다."[497] 그의 말이다. 두 마리의 토끼를 다 잡기 위한 브리튼의 전략은 대체로 이런 식이었다. 급격하게 단출한 질감, 창의적인 악기 편성, 일반적인 조성 화음에 '잘못된' 음을 끼워 넣어 현대적이면서도 고풍스러운 느낌을 자아내는 화성. 그러나 음악을 대중에게 이해시키려는 이런 헌신과 짝을 이루는 것이 있었다. 음악을 바라보는 통합된 사회적 시야, 자신의 예술 형식을 산꼭대기에서 끌어내리려는 간절한 욕망도 그에게 있었다. 독일을 중심으로 하는 모더니즘과 아방가르드 음악이 미적 자율성과 예술의 진보라는 이름을 내세워 더 넓은 사회로부터 고립되는 상황에 위험하리만치 다가가자, 브리튼은 사회 참여적인 예술가-시민으로서의 작곡가라는 대안적 모델을 찾아 나섰다. 영국 문화에는 당연히 선례가 있었다. 일례로 비평가 매슈 아널드는 한 세기 전에 예술가는 "자신의 발전이 저해되고 약화되는 것을 각오하고라도… 다른 사람들을 함께 데리고 완벽으로 향하는 길에 나서야 한다"고 공개적으로 밝혔다.[498] 브리튼은 이런 철학을 자신만의 방법으로 실행했다. 그는 아동용 곡을 쓰거나 줄에 머그잔들을 매달아 악기로 사용하는 등 모더니즘과 대단히 상반되는 일들을 했다. 그의 말이다. "나는 내 음악이 사람들에게 쓸모가 있기를 바란다. 그들을 즐겁게 하고 '그들의 삶을 향상'시키기를 원한다. 나는 후대를 위해 곡을 쓰지 않는다…. 지금 올드버러에서 그곳에 사는 사람들을 위해, 훨씬 더 나아가 곡을 연주하거나 듣기를 원하는 모두를 위해 음악을 작곡한다. 하지만 내 음악은 지금 내가 살아가고 작업하는 곳에 뿌리를 둔다."[499]

브리튼의 거의 모든 음악은 서퍽에서 만들어졌지만, 1939년 5월부터 거의 3년을 미국에서 위태롭게 체류했던 시절은 예외다. 전운이 감돌고 고향에서 활동할 기회가 드물다는 것을 알아차린 브리튼은 피터 피어스와 함께 유럽을 떠났다. 피어스는 브리튼의 친구이자 예술적 파트너로 여행을 시작했고, 돌아왔을 때는 그의 삶의 파트너가 되어 평생 그의 곁에 남았다.

결국 2차 세계대전이 발발했을 때 브리튼은 고국에서 먼 곳에 있었다. 이 사실은 훗날 그가 작곡한 음악적 기념물에 계속해서 무언의 그림자를 드리웠다. 영국에서는 2차 세계대전을 "인민의 전쟁"이라고 불렀다. 이전의 전쟁들이 사병들을 중심으로 치러졌다면, 2차 세계대전에서는 수많은 민간인들이 무차별적인 목표물이 되었다. 전선과 후방의 구분이 이렇게 모호해진 것을 가장 상징적으로 보여준 사건은 1940년 5월에 시작된 됭케르크 철수 작전이었다.[500] 영국 해군과 공군이 나섰을 뿐만 아니라 수많은 민간인들까지 작은 어선을 동원하여 힘을 보태면서 프랑스 북부 해변에서 33만 6천 명의 영국군, 프랑스군, 벨기에군을 탈출시켰다. 하지만 됭케르크를 계기로 서부전선은 오히려 격화되었다. 노르웨이, 덴마크, 벨기에, 네덜란드, 프랑스가 10주 만에 독일군에게 넘어갔고, 곧이어 장대한 영국 본토 항공전이 시작되었기 때문이다. 9월부터 거의 두 달 내내 런던은 나치의 끝없는 폭격을 받았다. 매일밤 폭탄이 하늘에서 비 오듯 쏟아졌다.

악명 높은 대공습은 대중의 기억에서도 신화적인 위치를 얻었지만, 가장 인기 있는 이야기들은 런던 공습에 치중하는 경향을 보

애도하는 음악

였다.[501] 1940년 11월 14일 밤, 코번트리가 폭격당한 것은 그렇게 널리 기억되지 않았다. 그 무렵 브리튼은 달갑지는 않았지만 보헤미안의 삶을 실험하고 있었다.[502] 브루클린에서 피어스, 오든, 소설가 카슨 매컬러스, (토마스 만의 아들) 골로 만과 함께 살았고, 크리스토퍼 이셔우드와 스트리퍼 집시 로즈 리가 그들 집을 자주 방문했다. 하지만 그날 밤의 사건으로 브리튼의 행로는 바뀌고 말았다. 아울러 그가 20세기의 손꼽히는 음악적 기념물을 작곡하는 계기가 되었다.

나무로 벽을 댄 블레츨리 파크의 방에서는 이미 긴장이 고조되고 있었다. 암호 해독 작전을 수행 중이던 영국 엘리트 기술자들이 독일 공군에서 나온 흥미로운 전파를 포착한 것이다. 1940년 11월 9일 오후 2시, 나치가 점령한 프랑스에서 암호로 발신된 성명문을 살펴보니 "월광 소나타"를 언급하는 것 같았는데, 베토벤에 관한 의견을 전하는 것이 아님은 분명했다. 실은 "목표 지점"과 "항공기 편대"가 가동되는 "작전"을 말하는 것이었다. 암호분석가들은 공습에 관한 논의가 이루어지고 있다는 것을 알아차렸지만, 정확히 언제 어디서 진행될지는 몰랐다.[503]

　그런데 적어도 공습의 시점과 관련해서는 작전명 자체에 결정적인 단서가 들어 있었다. 11월 14일 목요일 밤에 보름달이 코번트리 도시 위로 떴다. 영국 웨스트미들랜즈 주의 이 산업 중심지에는 많은 군수품 공장들이 중세부터 조성된 도심에 밀집되어 있었고, 주민들은 야간 등화관제와 사이렌이 울리면 방공호로 대피하는 전시 체제에 이미 울적하게 적응했다. 도시의 자랑거리인 성 미카엘에 봉헌된 중세 대성당이 폭격에 취약하다는 것은 처음부터 심각한 걱정거리였다. 수직적인 건축 양식으로 지어진 성당의 탑과 첨탑은 납판으로 덮은 거대하고 평평한 나무 지붕 위로 90미터 높게 치솟았다. 그해 여름부터 소규모 폭격이 종종 일어나자, 지붕 위에 교회를 뜻하는 독일어 KIRCHE를 큼지막하게 표시하자는 의견이 있었지만, 공격을 막기에는 역부족이라고 판단되어 결국 철회되었다.

성당 지붕에 내린 서리가 달빛으로 반짝이던 11월 14일 오후 6시 반, 공습 사이렌이 고요한 공기를 갈랐다. 몇 분 만에 509대의 독일 폭격기가 코번트리 상공에 모여들더니 여태까지의 전쟁에서 보지 못했던 격렬하고 집중적인 공격을 개시했다. 몇 시간 동안 독일 공군은 3만에서 4만 개의 소이탄과 500톤이 넘는 만6천 개의 폭탄을 퍼부었다.[504] 그러고 나서 낙하산이 장착된 어뢰들이 쏟아졌다. 한 민간인에 따르면 마치 쓰레기통이 떠다니는 것처럼 보였다고 한다.[505] 공습은 밤새 장장 12시간이나 이어졌다.

이날 공격으로 총 568명이 죽고 863명이 다쳤다. 중세 도시 코번트리는 절반 넘게 파괴되었다. 대성당도 화를 면치 못했다. 오후 8시 무렵, 여러 개의 소이탄이 이곳에 떨어졌다. 하나는 성당 내부로 곧장 들어와 예배당 좌석 옆에 박혔다. 또 하나는 납판 지붕을 뚫고 오르간 바로 위 거대한 참나무 천장 위에 박혔다. 이런 소이탄 공격이 두 차례 더 있었다. 사제 R. T. 하워드는 그날 밤 현장을 지켜본 네 명 중 한 명으로 상황을 냉철하게 기록으로 남겼다. 오후 11시까지 많은 귀중품과 책, 가구를 구하고 나서 그는 어쩔 수 없이 그곳을 떠나 근처에 머물며 "내부 전체가 화염 덩어리가 되어 들끓고, 무너져 내린 들보가 자욱한 구릿빛 연기를 내뿜으며 활활 타오르는" 모습을 지켜보았다.[506] 그는 잔해에서 유독 맹렬하게 불탄 특정 구역을 보았다. 불길을 부추긴 것은 대성당의 유서 깊은 오르간이었다. 다음 날 아침이 되자 성당 외벽만이 덩그러니 남아 하늘에 그대로 드러났다. 그 안에는 검게 그을린 돌과 망가진 대들보와 들보가 바다를 이루었다. 그 와중에 첨탑이 솟은 중세 시대 탑이 한쪽 끝에서 마치 반항하듯 온전한 모습으로 서 있었다. 하워드 사제가 훗날 회고하기를, 그날 밤 종소리가 매시간 정각을 알리며 불길 너머로 울렸다고 한다.

폭격은 순식간에 나치의 만행을 상징하는 사건이 되었다. 귀가 예민한 사람들에게 소식이 전해지면서 전 세계로 빠르게 퍼졌다.[507] 런던의 〈타임스〉는 "주로 파괴의 즐거움을 위해 살상하면서 문명인의 행세를 하는 민족이 자행한 무분별한 학살"이라고 날을 세웠다. 〈버밍엄 가제트〉는 "코번트리, 우리의 게르니카"를 헤드라인으로 내걸었다. 미국 언론도 여기에 가세했다. "삭막한 폐허가 사진 속에서 응시하고 있다. 서양 문명에 풀어놓은 불가해한 광기의 잔혹함을 말없이 보여주는 상징이다."[508] 〈뉴욕 헤럴드 트리뷴〉의 보도다. 사진으로는 사건을 포착하기에 충분하지 않았던 모양이다. 당시 영국 전쟁예술가 자문위원회에서 활동하던 저명한 예술가 존 파이퍼가 공격 다음 날 그곳에 와서 파괴된 대성당의 모습을 유화로 남겼다. 〈코번트리 성당, 1940년 11월 15일〉은 후진apse(교회 건물 동쪽 끝의 반원형 공간으로 제단이 놓이는 부분—옮긴이)의 아랫벽이 벌겋게 달아오른 모습을 화폭에 담아 마치 안에서 계속 불타고 있는 인상을 준다.

그로부터 거의 1년 반이 지난 1942년 4월, 브리튼과 피어스는 대서양을 건너는 위험한 여행길에 올라 고국으로 돌아왔다. 두 사람은 군에 징집되기 전에 양심적 병역거부 위원회에 출석했다. 1942년 5월 4일에 제출된 브리튼의 공식 지원서를 보면 평화주의가 그의 예술의 든든한 우군임을 알게 된다.

나는 모든 사람에게는 신의 영혼이 있다고 믿으므로 누군가의 행동이나 사고를 얼마나 못마땅하게 여기든 간에 인간의 생명을 파괴할 수 없으며 어떻게든 그런 일을 돕지 않는 것이 내 임무라고 여깁니다. 이제까지 내 삶을 온통 (작곡가를 업으로 삼아) 창조의 행위에 바친 나로서는 파괴의 행위에 가담할 수 없습니다…. 나는 타고난 재능과 훈련으로 인해 내가 가장 적격인 일, 그러니까 음악을 만들거나 널리 알리는 일을 계속함으로써 내 동료 인류를 가장 잘 도울 수 있다고 진심으로 믿습니다.[509]

브리튼은, 그리고 별도로 피어스도 각자 바라던 지위를 마침내 얻었지만, 전시의 영국 사회에서 양심적 병역거부자로 살아가는 것은 그 직함을 얻는 것보다 훨씬 어려운 일이었다. 1942년이 되자 고결한 원칙으로는 히틀러를 저지할 수 없다는 것이 확실해졌

애도하는 음악

다. 이미 그 전에 평화주의자를 자처한 많은 사람들은 스페인 내전을 보며 무기를 드는 것이 불가피하다고, 도덕적으로 무너지지 않는 것이 궁극적으로 비폭력의 신념보다 중요하다고 깨달았다. 브리튼과 피어스는 자신들의 입장을 고수했지만 쉽지는 않았다. 그들이 느낀 아웃사이더의 정체성은 전쟁 시절 브리튼이 심혈을 기울여 작곡한 오페라 〈피터 그라임스〉의 표층 아래에 흐른다. 1945년 6월에 놀라운 성공을 거두면서 브리튼의 이름을 해외에 알렸고 그를 영국 음악의 위대한 부흥자로 소개한 작품이다. 그는 오페라를 작곡하는 동안 들었던 감정을 훗날 이렇게 돌아보았다. "우리가 주되게 느낀 것은 군중에 맞서는 개인이라는 감정이었어요. 우리가 처한 상황이 아이러니하게 겹치더군요. 양심적 병역거부자로서 우리는 소외되었습니다. 신체적으로 힘들었다고 말할 수는 없겠지만, 당연히 극심한 긴장을 겪었습니다."[510]

이런 긴장은 브리튼이 〈피터 그라임스〉가 성공을 거둔 다음 달에 내린 즉흥적이지만 결과적으로 대단히 큰 의미를 가진 결정에 작용했을 것이다. 1945년 7월 런던의 한 파티에서 그는 바이올리니스트 예후디 메뉴인을 만났다. 메뉴인은 "보잘것없지만 내가 할 수 있는 음악으로 인류애를 되찾고 싶다"면서 "너무도 서글프게 폐허가 되어버린 제3제국"을 도는 리사이틀 투어를 떠날 참이라고 했다.[511] 그는 석 달 전에 영국군에 의해 해방된 베르겐-벨젠 수용소를 포함하여 독일 곳곳에 세워진 난민들을 위한 수용소에서 연주할 계획이었다. 브리튼은 이런 계획을 듣더니 피아노 반주자로 함께 공연에 참여하겠다고 단호하게 나섰다. 피아니스트 제럴드 무어가 이미 동행하겠다는 의사를 밝혔는데도 말이다. 작곡가의 고집은 결국 통했다. 런던을 떠나기 전에 가진 리허설에서 브리튼과 메뉴인은 음악에 대한 깊은 직관적인 이해를 서로에게서 확인했다. 그리하여 1945년 7월, 메뉴인은 별도의 여행가방에 "대표적인 바이올린 악보"[512]— 대다수가 오스트리아-독일 작품이었다—를 잔뜩 챙겨 떠났다.

그들을 맞이한 독일은 혼돈의 땅이었다. 한때 도시가 있던 곳에 돌무더기가 산을 이뤄 깊은 상흔을 드러냈다. 독일이 항복하고 몇 주 동안, 베를린의 황폐해진 오페라극장 앞에서 소들이 풀을 뜯었고, 베를린 필하모닉이 사용하던 공연장이 무너져 내린 곳에는 죽은 말이 누워 있었다.[513] 오케스트라의 베이시스트 한 명은 시신들과 말의 사체들 사이를 돌아다니다가 "폐허가 된 공연장의 4층 기둥 뒤에 그랜드피아노가 위태롭게 매달려 있는 것"을 보았다고 했다.[514] 스티븐 스펜더는 쾰른에서 이렇게 보도했다. "거대한 도시가 시체처럼 보이며 치우지 않은 쓰레기의 악취까지 난다. 시신들이 돌덩이와 쇳덩이가 쌓인 곳 아래에 아직 그대로 있다."[515]

유엔 구호 및 재건기구에서 후원한 리사이틀 투어는 1945년 7월 27일 벨젠 난민 수용소에서 시작하여 닷새 동안 총 9회 공연을 했다. 두 사람은 그곳에 도착하자마자 수용소를 둘러보았는데 수많은 포로들이 병상에서 아직도 사경을 헤매고 있었다. 옛 독일군 막사에 임시변통으로 만든 극장으로 사람들이 모였다.[516] 메뉴인은 난민들이 수척하고 완전히 넋이 나가 감정이 거세된 듯했다고 했다.[517] 다들 갈색 군용 담요를 조잡하게 잘라서 만든 옷을 입고 있었다. 메뉴인과 브리튼이 셔츠 차림으로 마침내 무대에 올랐을 때, 그들은 환영의 박수를 치거나 기대감으로 침묵할 기력조차 없었다. 음악가들은 어수선한 분위기에서 그냥 연주를 시작했다.

마치 역사를 바로잡으려는 작은 제스처처럼, 그들은 오랫동안 억압받았던 멘델스존의 음악과 함께 바흐의 음악을 연주했다.[518] 두 작곡가의 깊은 역사적 인연으로 인해 둘은 의도했든 아니든 강력한 한 쌍을 이루어 독일 음악의 갈라진 기억을 잇는 다리가 되었다. 그리고 그들의 연주 소리가 서서히 마법을 발휘하여 군중에게서 무기력함을 걷어냈다. 메뉴인은 음악의 효과를 "불에 그을린 사람에게 처음으로 건네는 음식, 친구, 친절, 물"[519]에 비유했다.

브리튼은 자신이 왜 그렇게 메뉴인과 동행하겠다고 고집을 부렸는지 아무런 설명도 남기지 않았고, 그래서 이런저런 추측을 낳았다. 브리튼이 죽고 난 뒤에 가진 인터뷰에서 메뉴인은 "고통 받는 세상과 연대하려는"[520] 작곡가의 신념이 확장된 것이라고 보았다. 전쟁의 많은 부분을 놓쳤던 서른한 살의 브리튼은 가장 취약한 희생자들, 더 넓게는 시대를 규정하는 역사적인 경험과 어떤 식으로든 직접 대면하기를 열렬히 갈망했던 것 같다. 그랬기에 그 충격 또한 어마어마했다. 그는 투어에서 말문이 막힌 채로 돌아왔다. 피어스는 나중에 말하기를 특히 벨젠이 "그를 완전히 충격으로 얼어붙게 만들었고, 대단히 깊은 상처를 남겨… 평생 남는 기억이 되었다"고 했다.[521] 브리튼이 사망한 후, 피어스는 좀 더 자세한 설명을 내놓았다. 작곡가는 실제로 1945년 7월 사건에 대해 한마디도 하지 않다가 생의 마지막이 되어서야 "너무도 충격적인 경험이어서

이후에 작곡한 모든 것에 영향을 미쳤다"고 말했다고 한다.[522]

언론 보도로는 현장의 분위기가 어땠는지 짐작하기 어렵지만, 벨젠 공연에 관한 유명한 '리뷰기사'가 있다. 청중으로 그 자리에 있었던 사람이 편지 형식으로 게재한 것이다. 주인공은 스무 살의 첼리스트이자 난민 수용소 수감자 아니타 라스커였다. 그녀는 스타 바이올리니스트보다는 넓은 이마에 곱슬머리인 젊은 피아니스트가 더 인상적이었다고 했다. 당시 벤저민 브리튼이 누구인지 몰랐던 라스커는 이모에게 이런 편지를 썼다. "반주자에 대해 말하자면, 이보다 더 아름다운(멋진) 것은 상상할 수 없어요. 사람들은 반주가 있다는 것을 결코 알아채지 못했겠지만, 나는 의자와 건반 사이에 매달린 것처럼 앉아서는 그토록 아름답게 연주하는 그에게서 도저히 눈을 뗄 수가 없더군요."[523]

라스커는 이날 현장에 있었던 누구보다 이 공연이 갖는 의미를, 그리고 폐허로 무너진 독일에서 멘델스존과 바흐를 다시 듣는다는 것의 의미를 제대로 간파한 사람이었을 것이다. 벨젠으로 보내지기 전 아우슈비츠에 수감되어 있으면서 빌둥 이상의 맨 마지막 불꽃을 직접 목격한 사람이었으니 말이다.[524]

애도하는 음악

라스커는 독일 도시 브레슬라우(현재는 폴란드 도시 브로츠와프)에서 태어난 유대인으로 언니와 함께 1943년 12월 아우슈비츠로 보내졌다. 그곳에 도착했을 때 그들은 도저히 이해하기 어려운 두 가지를 목격했다. 하나는 그곳이 산업적인 살해가 행해지는 죽음의 공장이었다는 것이고, 또 하나는 그런 곳에 오케스트라가 있었다는 사실이다.

폴란드-유대인 바이올리니스트 시몬 락스는 아우슈비츠에 와서 보면대를 처음 보고는 자신이 환각에 빠진 것이 틀림없다고 생각했다.[525] 라스커도 기적과도 같은 일련의 반전을 겪으면서 여성 수용소에 오케스트라가 있다는 것을 알았고 자신이 곧 그 오케스트라의 첼리스트가 되었다는 것이 도무지 믿어지지 않았다. 3년 전에 발터 벤야민은 이런 말을 했다. "모든 문명의 기록은 동시에 야만의 기록이기도 하다."[526] 이제 둘의 차이로 보이는 것이 마침내 사라졌다. 두 기록은 명백히 하나였다.

여성 오케스트라는 대략 40명의 수감자로 구성되어 있었으며, 그들의 임무는 아침에 동료들이 강제 노역을 나갈 때와 저녁에 돌아올 때 수용소 정문에서 행진곡을 연주하는 것이었다. 일요일에는 더 다양하게 가벼운 클래식과 오페레타의 음악, 대중적인 곡들을 연주했다. 나치 친위대와 수용소 지도자도 그들의 연주를 자주 즐겼다. 라스커는 언젠가 악명 높은 요제프 멩겔레의 명령으로 슈만의 초현실적인 〈트로이메라이〉를 그의 앞에서 연주했다고 한다. 수감자들은 음악이 때로는 개인적인 기억을 불러일으킨다는 이유에서 경멸했다. 한 생존자는 "지워진 과거에 다른 곳에서 들었던 왈츠"[527]를 그런 곳에서 다시 듣자 참을 수 없었다고 말했다. 프리모 레비는 수용소에서 들었던 음악은 맨 마지막에야 잊게 될 것이라고 했다. 그의 표현에 따르면 그것은 "수용소의 목소리, 그 기하학적 광기를 뚜렷하게 표현한 것"[528]이었다.

라스커는 앙상블에 합류한 것이 구원이었음을 곧바로 알아차렸다. 단원들은 추가 배급을 받았고 연습을 해야 하므로 가혹한 노역에서 면제되었다. 그러나 음악가들이 살아남을 수 있었던 진짜 비결은 따로 있었다. 구스타프 말러의 조카이자 아르놀트 로제의 딸인 알마 로제가 그들의 지휘자였던 것이다. 내가 이 책을 시작하면서 이야기했던 바흐의 두 대의 바이올린을 위한 협주곡 음반의 주인공이다. 아버지와 함께 빈을 탈출해 런던으로 향하면서 알마는 유럽의 다른 곳에서 경력을 이어가려고 했다. 그녀는 결국 프랑스에서 붙잡혀 라스커보다 불과 다섯 달 먼저 아우슈비츠에 도착했다.

아우슈비츠에서 알마가 헌신한 빌둥의 이상은 연주자들의 목숨을 말 그대로 살렸다. 그들 중 다수는 수년간 악기를 만져보지 않은 아마추어였지만, 그럼에도 그녀는 강박적일 정도로 음악의 질에 집착했고, 그런 상황에서는 도저히 상상할 수 없는 수준의 예술적 고결함을 요구했다. 하루 여덟 시간씩 연습시키며 단호하게 높은 수준으로 내몬 덕분에 오케스트라는 수용소 내에서 뛰어난 연주 실력으로 명성을 얻었고, 그래서 연주자들은 목숨을 부지할 수 있었다. 라스커는 자신이 살아남은 것이 알마 덕분이라고 했다. 하지만 한때 자부심 많던 음악계 왕족의 딸은 자신의 목숨은 지키지

애도하는 음악

못했다. 1944년 4월에 수용소에서 사망했는데,[529] 아마 자살이거나 병 때문이었을 것이다.

그녀의 부재로 오케스트라는 사실상 와해되었고, 러시아 군대가 동쪽에서 진격해오자 수용소는 급하게 철수했다. 라스커와 나머지 단원들은 벨젠으로 이송되었다. 음악가들은 정신을 잃지 않으려고 때때로 레퍼토리에서 자신이 맡았던 파트를 노래로 불러가며 고된 여행을 버텼다. 벨젠에서 라스커는 해방될 때까지 어떻게든 살아남았고, 난민 수용소에서는 통역가로 일했다. 브리튼-메뉴인의 공연이 끝나고도 그녀는 독일에 8개월을 더 머물렀다. 뉘른베르크 재판이 열리기 바로 전인 1945년 9월부터 뤼네부르크에서 영국 주도로 벨젠 재판이 진행되었는데, 여기서 라스커는 자신들을 붙잡아 두었던 사람들에 대해 증언을 했고, 그 결과 11명의 피고가 교수형을 받았다.

브리튼은 1945년 8월 초 독일 공연을 마치고 영국에 돌아왔다. 오자마자 고열에 시달렸는데 여행 전에 예방접종을 받은 것이 뒤늦게 반응을 보인 데다 여행의 피로가 겹친 것이다. 그는 병상에 누워있는 동안 존 던의 시를 바탕으로 하는 테너와 피아노를 위한 연가곡을 작곡하기 시작했다. 브리튼이 이런 상황에서 1572년에 태어난 엘리자베스 시대 거장의 소네트에 곡을 붙이기로 한 것을 두고 시대로부터의 도피였다고 추정하는 것도 무리는 아니다. 그럴 수도 있겠지만, 그렇더라도 그가 이런 시에 강렬한 감정과 영혼의 동요가 느껴지는 음악을 붙인 것을 보면, 그는 분명 자신의 시대와 최근의 경험을 잊지 않았다.

존 던의 예술은 20세기로 접어들면서 일종의 부흥을 맞았다. 여기에 부분적으로 공헌한 사람이 그의 시에서 "육중한 음악"과 형이상학적 활력을 본 T. S. 엘리엇이다. 그는 이렇게 썼다. "테니슨과 브라우닝은 사색하는 시인들이지만, 그들은 자신의 생각을 장미 향처럼 즉각적으로 느끼지 못한다."[530] 독일에 가기 전부터 브리튼은 던의 시에 음악을 붙이려고 생각했지만, 돌아오자마자 〈존 던의 신성한 소네트〉의 악장들을 연달아 내놓았다. 총 25분에 달하는 연가곡 전체를 단 17일만에 만들었다. 작곡가가 그의 시에서 무엇을 보았는지 직접적으로 말하지는 않지만, 죽음과 죄를 소박하게 다룬 던의 엘리자베스 시대 시는 브리튼이 어둡게 휘몰아치는 음악을 담기에 적절한 그릇이었다. 열변과 격정적인 선율이 뒤섞인 이 작품은 인간성이 무너진 바닥을 보고 충격에 빠진 브리튼이 궁극적으로 죽음 자체가 겸허해지기를 바라고 재앙을 넘어 삶의 비전에 대한 어린아이 같은 희망을 놓지 않으려는 모습을 담아낸 것 같다.

브리튼은 던이 쓴 19편의 소네트 가운데 9편을 골랐고, "오, 나의 검은 영혼이여!"를 시작으로 본인이 정한 순서로 곡들을 배열했다. 테너는 이 네 단어를 포르티시모의 하강하는 네 음으로 힘차게 뱉어 청자를 놀라게 한다. 이는 연가곡의 전형적인 시작이라기보다는 마치 폐허에서 돌아온 브리튼의 소회를 담은 영혼의 외침처럼 들린다. 한 학자가 설명했듯이, 참혹한 이 연주 여행에서 유대인 바이올리니스트와 함께 동성애자로서 무대에 섰던 브리튼은 "상황이 달랐다면 그와 메뉴인이 수용소에 있었을 수도 있다고 생

애도하는 음악

각했을" 것이다.[531] 이 연가곡에 거의 항시적으로 긴장감이 흐르는 것은 어쩌면 이런 경험이 평화주의 철학에 대한 브리튼의 믿음에 모종의 균열을 일으켰음을 가리키는 것이 아닐까? 유명한 비평가 한스 켈러는 언젠가 브리튼을 두고 "인류가 본 가장 심오하고 가장 진심이고 가장 이것저것 재지 않는 평화주의 신념을 가진 사람 중 하나"라고 했다.[532] 여기서 핵심적인 단어는 "이것저것 재지 않는uncomplicated"이다. 그토록 순수한 믿음을 가진 사람이 파시스트 독일이 일으킨 비이성적인 파괴의 내밀한 증거를 직접 목격했으니, 게다가 자신의 조국이 이런 살인 정권을 막고자 벌인 전쟁에 자신은 반대했으니, 브리튼으로서는 미처 대처할 준비가 안 된 복잡한 심정complication이 일었을 수도 있다. 어쩌면 이런 내적 갈등이 이 음악의 표면 아래에 흐르는 감정에 깊이를 더하는지도 모른다.

연가곡은 던의 유명한 "죽음이여, 자만하지 말라"로 끝난다.[533] 저음에서 다섯 마디의 선율이 반복되는 파사칼리아 형식으로 작곡되어 느리게 제자리를 도는 느낌과 불가피함의 감정을 선사한다. 이 소네트에서 던은 죽음을 굴복시키고 왕좌에서 끌어내고, 죽음에 대한 우리의 경외감을 낮추고, 죽음이 일으키는 공포를 끊어내고자 한다. 결국에는 죽음 또한 "운명, 우연, 왕, 절망적인 사람들"의 노예가 아니냐고 시인은 묻는다. 그리고 영혼의 불멸 앞에서 지상의 삶이 끝나는 것이 무슨 소용이냐고 묻는다. 소네트와 노래 둘 다 "죽음이여, 그대는 죽게 될 것이다"는 유명한 구절로 끝난다. 브리튼은 여기에 승리의 음악을 붙여, 테너가 긍정적인 제스처로 힘차게 이 구절을 노래한다. 여태까지 연가곡이 음울한 분위기로 진행되었으니 이 순간은 마치 데우스 엑스 마키나(극의 갈등을 해결하고자 뜬금없이 상황을 마무리하는 것—옮긴이)처럼 인위적으로 낙관을 집어넣은 느낌을 준다. 영혼의 황량한 면만 다룬 음악을 반박하려고, 위로하려고, 의구심을 지우려고, 어둠으로부터 단호하게 고개를 돌리려고 하는 것 같다. 이 음악의 마지막 위안은 누구를 겨냥한 것일까? 어쩌면 충격으로 심란한 작곡가 본인을 안심시키려는 것인지도 모른다.

　"노래는 연결하고 모으고 힘을 합쳐… 선형적인 시간의 흐름에서 벗어나는 안식처를 제공한다. 미래·현재·과거가 그 안에서 서로를 위로하고 자극하고 비꼬고 영감을 주기도 하는 안식처 말이다."[534] 비평가 존 버거의 말이다. 오늘날 던의 연가곡을 귀 기울여 듣는 것은 전쟁이 막 끝난 시대가 우리에게 보내는 전파를 받는 것이요, 파괴와 대면한 브리튼의 일기장을 들여다보는 것이다. 하지만 다른 기념물이 그렇듯이, 오늘날 음악이 갖는 의미의 폭은 작곡가의 의도—그게 무엇이든—나 연주자의 의도에 전적으로 제한되지 않는다. 노래가 버거의 말처럼 시간을 거슬러 연결하고 모으는 힘이 있다면, 던의 이 연가곡은 대단했던 벨젠 공연의 기억 또한 후대에 전할 수 있으며, 그 안에 담긴 아니타 라스커의 이야기도 함께 전한다. 그리고 그녀는 아우슈비츠에 있었던 여성 오케스트라의 기억과 알마 로제의 기억을, 사람들 목숨을 구했고 조국이 버리고 한참이 지날 때까지 빌둥의 꿈을 지켰던 그녀의 기억을 간직하고 있다.

　라스커는 마침내 영국으로 갔고, 거기서 역시 브레슬라우 출신인 피아니스트이자 망명자였던 페터 발피슈와 결혼했다. 그녀는 잉글리시 체임버 오케스트라의 창립 멤버로 빛나는 활동을 이어 갔다. 이 역할로 인해 벤저민 브리튼과 자주 협업했으니 참으로 대단한 운명의 장난이었다.

라스커는 알마의 소원에 따라 런던에 처음 도착했을 때 아르놀트 로제를 찾았다. 빈 필하모닉의 존경 받는 악장이던 그는 무일푼에 영어도 할 줄 몰랐다. 블랙히스에서 친구들 집에 얹혀살았는데, 알마가 돌아올 때를 대비하여 방 하나를 따로 마련해 두었다. 라스커는 그에게 알마에 대해, 오케스트라에 대해, 그리고 그의 딸이 어떻게 그의 높은 예술적 기준과 화강암 같은 고결한 음악성을 어둠 속에서 이어갔는지 이야기했다.[535]

아르놀트 로제는 1946년 8월에 런던에서 사망했고, 그의 재는 나중에 오스트리아로 돌아와 빈의 그린칭 묘지의 아내 곁에 묻혔다. 1911년 로제가 운구에 참여하여 구스타프 말러의 관을 묻은 무덤에서 조금만 걸으면 되는 곳이다. 불과 35년 전 일이지만 세상은 벌써 몰라보게 바뀌었다. 아르놀트 로제가 사망한 지 4개월 후, 그를 추모하는 음악회가 런던의 첼시 타운홀에서 열렸다.[536] 실내악곡이 연주되었고 그의 옛 친구 브루노 발터의 추도 연설이 있었다. 연설문은 남아 있지 않지만, 바이올리니스트의 "가장 멋진 톤"을, "황금처럼 빛나고 순수하고 오류가 없는" 그의 연주를, 음악에 "최고로 충실한" 그의 윤리를 칭찬한 발터의 옛 편지를 보건대,[537] 그가 로제를 높게 평가했음을 짐작할 수 있다. 연설을 마친 발터는 피아노 앞에 앉아 소프라노 마르가레테 크라우스와 함께 말러의 가곡 세 곡을 연주했다. 그날 밤 마지막으로 연주된 곡은 말러의 〈나는 세상에서 잊혔네〉였다. 선형적인 시간의 흐름에서 벗어나는 안식처가 되는 아름다운 노래로, 천상의 이상에 집착하는 극단적인 외로움을 나타내는 가사로 끝난다. "나는 사랑과 헌신과 노래가 있는 나만의 천국에서 혼자 살고 있네."

애도하는 음악

대격변이 일어나면… 시간의 시작 지점에서 현재까지 단숨에 이어질 수 있다. 떨어진 거리를 몇 분의 인치까지 정확하게 계산한 것에 만족하여, 달이 지구에 미치는 영향력이 태양보다 훨씬 크다고 결론짓는 지구물리학자가 있다면 사람들은 어떻게 생각하겠는가? 우주에서도 시간에서도 힘의 효력은 단순히 거리만으로 잴 수 없다.[538]

– 마르크 블로크,《역사를 위한 변명》

1946년 11월 10일 아침, 수천 명의 조문객이 대영제국의 전사자에게 공식적으로 조의를 표하려고 센트럴 런던에 나왔다. 11개월 뒤 뉴욕에서는 아직 세워지지 않은 기념물이 들어설 부지에 사람들이 모여들지만, 런던의 군중은 이미 기념물을 준비하고 있었다.

사실 새로운 구조물이 필요하지도 않았다. 그날 아침 시민 행사의 중심에는 1차 세계대전에서 싸운 "영광스러운 전사자들"을 위해 1919년에 건립된 간소하고 당당한 위령비가 있었기 때문이다. 조문객들이 자리에 앉자 회색빛 포틀랜드석이 가을날의 햇빛에 환하게 빛났다.[539]

11월 둘째 일요일, 휴전 기념일 전통에 따라 빅벤이 열한 시에 종을 울리자 기마 근위대에서 예포를 쏘아 2분간 묵념이 이어졌다. 그해 화이트홀은 참으로 고요했다. 서쪽 멀리서 비행기가 내는 희미한 소음과 플라타너스 잎들이 부스럭거리는 소리가 침묵을 깼을 뿐이다. 묵념이 끝나자 예포가 또 한 번 발사되었고 공군 트럼펫 연주자들이 취침 점호에 부는 구슬픈 "마지막 나팔 소리"를 연주했다. 그런 다음 지난 몇 년간 늘 그랬듯이 조지 국왕과 엘리자베스 왕비가 화환을 기념물 아래에 엄숙하게 바쳤다. 다른 왕족들은 검은색 옷에 붉은 양귀비 핀을 착용하고 그 광경을 지켜보았다.

양귀비는 당연히 1차 세계대전 추모의 상징물로 자리를 잡은 것이며 원래는 존 맥크레의 시 "플랜더스 들판에서"에서 유래했다. 하지만 2차 세계대전을 겪으면서 최근 목숨을 잃은 사람들이 추모의 명부에 들어오자 이런 예전의 추모 의식이 놀랄 만큼 융통성 있다는 것이 밝혀졌다. 사실 바로 이날 서로 다른 전쟁에서 목숨을 잃은 사람들의 새로운 연합이 공식적으로 승인되었다. 1차 세계대전에 국한되는 의미를 가졌던 '휴전 기념일Armistice Day'에서 더 일반적인 '현충일Remembrance Day'로 명칭이 바뀐 것이다. 더불어 추모의 상징물도 재빠르게 조정되었다. 이날부터 양귀비는 제국의 전사자 **모두**를 추모하는 자리에 등장했고, 가장 중요한 전쟁 기념물도 나름의 손질을 받았다. 2분간의 묵념이 시작되기 바로 전에 해군 원수 제복을 차려입은 왕이 앞으로 나와 술이 달린 끈을 잡아당기자 새롭게 새긴 글자가 모습을 드러냈다. 전쟁 연도를 나타내는 로마숫자 1939와 1945가 위령비에 새로 추가되어 앞서 있었던 1914와 1918에 합류했다. 한 신문 사설은 이렇게 추모를 통합하는 것이 "마땅히 해야 하는 일"이라며 "두 전쟁의 '영광스러운 전사자들'은 국가적 추모와 영예에서는 이미 하나"라고 했다.[540]

또 다른 기자는 이날 해가 눈부시게 빛나서 위령비—"거대한 해시계 바늘 같은"[541]—가 길고 짙은 그림자를 드리웠다고 했다. 이 이미지를 밀고 나가자면, 1차 세계대전의 추모가 드리운 그림자는 그날 화이트홀에 모인 군중에게만 드리운 것이 아니라, 영국의 20세기 전체를 어둡게 했다고 말할 수 있다.[542] 서유럽 국가 중에서 다소 독특하게도 1차 세계대전은 영국에서 최소 50년 동안 국가적 기억이라는 복도에 어른거리며 많은 곳에, 특히 이후의 추모에 대한 태도에 자취를 남겼다. 1920년대에 영국의 거의 모든 도시와 마을이 전사자들을 기리는 기념물을 자체적으로 만들었다. 하긴 '대전쟁'은 "모든 전쟁을 끝내기 위한 전쟁"이라고 했으니 말이다. 도처에 추모를 표현하는 것이 세워지면서 이런 결단을 기렸다. 그런데 이런 기념물은 죽은 자들을 기억하는 데는 도움이 되었지만 미래의 갈등을 막는 데는 전적으로 무력했다. 그런 막대한 대가를 치르고 얻은 평화는 고작 20년 유지되었을 뿐이다.

1944년, 보다 최근인 2차 세계대전 전사자들을 기리는 방식으

IN MEMORY OF ALL
FROM THIS CHURCH AND PARISH,
WHO LOST THEIR LIVES
WHILST SERVING WITH H.M. FORCES,
AND THE MERCHANT NAVY,
OR THROUGH ENEMY ACTION AT HOME
DURING THE WAR
1939 ~ 1945

THE CHURCHYARD BOUNDARY RAILINGS
WERE REPLACED IN THE YEAR 1949.

로 어떤 것이 좋은지 묻는 전국적인 여론 조사를 실시했을 때, 다소 놀랍게도 익명의 응답자들이 "쓸모없는 기념물", "모든 거리 모퉁이와 마을 녹지에 들어서 있는 흉물스러운 돌덩어리"라고 부른 것에 대해 여론이 싸늘하게 돌아섰음이 확인되었다.[543] 결국, 기존의 기념물이 이중의 임무를 수행해야 했다. 그래서 위령비와 마찬가지로, 전국의 마을 중심가에 있는 기념물에도 비슷한 개조가 이루어졌다.[544] 당연히 2차 세계대전을 자체적인 의미에서 명백히 기리는 장소들이 존재했지만, 이런 곳에서는 추모의 제스처가 일반적으로 기념 도서관이나 공원, 기타 녹지 공간의 형태로 훨씬 더 실용적인 모습을 띠었다.[545] 오늘날 감성에서 보자면, 이런 추모의 제스처는 거의 충격적일 정도로 수수해 보인다.[546] 어떤 교회에서는 2차 세계대전 전사자들을 기리는 의미로 새로운 조명을 설치했다. 랭커셔의 한 교회는 추모 책장을 마련했다. 햄프셔의 교회는 2차 세계대

애도하는 음악

전 추모 게시판을 공개했다. 솔퍼드의 하이어 브로턴에 있는 세인트 제임스 교회에서 추모 철책을 새로 설치했음을 알리는 명판[547]은 이런 추모의 제스처가 얼마나 반기념물적이고 실용적이 되었는지 보여준다.

영국에서 2차 세계대전이 이런 교회 철책을 새로 만든 계기가 되었지만, 1차 세계대전은 한정되기를 거부하고 수십 년이 지나서까지도 대중의 기억에서 지배적인 위치를 계속 차지했다. 1965년이 되어서도 시인 테드 휴즈는 〈리스너〉에 게재한 글에서 이 전쟁을 "우리의 첫 번째 국가적 유령"이라고 일컬었다. "1차 세계대전은 갈수록 힘을 더 얻고 있다…. 여전히 도처에 있으면서 모두를 괴롭힌다…. 그리고 모든 생존자의 신경계 어딘가에서 영원한 솜 전투의 지옥이 날뛴다."[548] 그의 아버지는 랭커셔 화승총 연대 소속으로 참전했고, 프랑스에서 돌아왔을 때는 귀신 들린 사람의 상태였다. 휴즈가 언젠가 이런 글을 쓴 것을 보면 그도 이 사실을 알았던 모양이다. "우리는 유령의 자식이고 / 이곳은 유령의 마을이다."[549]

1차 세계대전이 영국인들의 문화적 기억에서 압도적 위치를 차지하는 것은 어느 정도는 그들만의 독특한 현상이었다. 미국에서 "가장 위대한 세대"가 싸운 "정의로운 전쟁"이라는 신화적 지위를 빠르게 차지한 것은 2차 세계대전이었다. 마찬가지로 소련에서도 2차 세계대전은 "위대한 애국 전쟁", 파시즘에 맞선 장대한 승리의 투쟁으로 여겨졌다. 역사학자들은 영국의 국가적 유령이 끈질기게 따라다니는 이유를 이해하려는 과정에서 두 전쟁의 사상자 수의 현격한 차이에 주목했다. 1차 세계대전에서 영국인 사망자는 그야말로 어마어마해서(886,000명의 군인[550]), 거의 모든 가정이 돌아오지 못한 군인을 적어도 한 명 이상 알고 있었다. 2차 세계대전에서 목숨을 잃은 영국인은 대공습 때 희생된 민간인들을 포함해도 그 전 대전의 절반 정도다. 게다가 1차 세계대전에서는 영국 고위 계층이 큰 타격을 입어 그 결과 전성기에 있던 한 세대의 미래 지도자들을 많이 잃었다. 또한, 그 전쟁에서의 전례 없는 잔혹함과 대량 학살은 엄청난 문화적 충격을 안겨주었다. 한 역사학자가 말했듯이 1914년에 전쟁이 발발했을 때만 해도 "혈기왕성한 젊은이들은 전쟁이 어떤 건지 몰랐다. 다들 대규모 진격과 대규모 전투가 신속하게 결정되는 일이라고 상상했다."[551] 전쟁 전에 품었던 이렇게 신사다운 기대와 전장에서 벌어진 살육의 충격적인 현실은 엄청난 괴리를 보였고, 이는 군인들의 일기와 편지에 고스란히 기록되었다. 그것은 오늘날 영화에서 가장 생생하게 묘사한 것도 과소평가되고 순화된 것처럼 보이게 만드는 수준의 잔혹함을 증명한다. 이 모든 것이 합쳐져 도저히 받아들일 수 없는 집단적인 트라우마가 되었다. 휴즈는 이를 이렇게 웅변적으로 설명했다. "기관총과 수백만 명의 군대가 안겨준 충격, 갑자기 처음으로 아담의 자손들이 자신들이 무가치하다는 것을 깨닫게 된 새로운 상황으로 추락한 것, 이것을 제대로 받아들이기에 4년은 충분히 길지 않았고, 에드워드 시대와 조지 시대(1901년~1910년의 왕조와 1714년~1830년의 왕조를 각각 가리킨다—옮긴이) 영국에서 받은 훈련도, 경악하고 몽유병자처럼 기진맥진한 상태도 적절하지 않았다."[552]

애도하는 음악

이런 것들을 생각하면, 벤저민 브리튼의 〈전쟁 레퀴엠〉에 끈질기게 따라붙은 수수께끼 하나가 실은 그렇게 수수께끼처럼 보이지 않게 된다. 작품의 중심에는 1차 세계대전 참전 용사 시인 월프레드 오언(1893~1918)의 목소리가 있다. 브리튼은 오언의 텍스트를 죽은 자를 위한 전통 라틴어 미사곡인 레퀴엠(〈미사 프로 데푼크티스〉)에 엮어 넣는다. 이것은 우발적인 결정이 아니었다. 오언의 시와 그가 싸우고 목숨을 바친 전쟁은 브리튼의 걸작에서 표현의 핵심을 이루기 때문이다. 하지만 오언이 그 세대의 뛰어난 시인 중 하나임은 분명하다 해도 그가 왜 이 작품에 있는가 하는 질문은 남는다. 1961년 브리튼이 나치의 폭격으로 무너진 교회의 재건을 축하하고, 작곡가 본인의 말에 따르면 "지난 전쟁에서 죽은 모든 국가의 사람들"[553]을 기리고자 곡을 쓰려고 했을 때, 그는 왜 '엉뚱한' 전쟁의 시를 가져왔을까? 이 질문의 답은 역사에서 찾을 수 있다. 방금 보았듯이 〈전쟁 레퀴엠〉에서 브리튼이 취한 방식에는 그 시대에 영국인들의 집단적 기억의 중요한 경향 하나가 담겨 있다. 그것은 1차 세계대전을 추모함으로써 2차 세계대전을 추모한다는 것이다.

1940년 11월 15일, 폭격이 코번트리 대성당을 파괴한 다음 날 아침, 하워드 사제는 아직도 연기를 뿜어내는 잔해 옆에 서서 돌무더기를 손으로 가리키며 〈코번트리 스탠더드〉의 기자에게 선언했다. "우리는 교회를 다시 지을 겁니다."[554] 영국에 대한 이 성당의 상징적 중요성은 다음 날 조지 국왕이 폐허를 찾은 것에서 여실히 드러났다. 다음 달 크리스마스에, 하워드 사제는 대영제국 전체에 송출되는 연례 방송에서 "폐허에서의 메시지"를 전했다. 그는 전 세계 청자들을 이렇게 안심시켰다. "폐허가 된 성당은 지금도 파괴에 굴하지 않고 예전의 당당함과 아름다움을 대부분 간직하고 있습니다."[555]

하지만 재건의 결의를 모으는 것은 차라리 쉬운 일이었다. 온갖 관료주의 절차와 의견 충돌로 재건 과정은 금세 발목이 잡혔다. 몇 차례 실수를 겪고 거의 10년이 지난 1950년에야 새로운 성당 설계에 대한 최종 제안이 건축가들 손에 넘어갔다.[556] 그 사이 기간에, 실은 전쟁이 끝나기 전에도 폭격을 맞은 영국의 교회들을 어떻게 할지를 두고 국가적인 차원에서 논의가 있었다. 일례로 1944년 8월, 존 메이너드 케인스, T. S. 엘리엇, 케네스 클라크가 포함된 유명인들이 공동 탄원서를 냈다. 그들은 〈타임스〉에 공개편지를 보내 폐허가 된 교회 일부를 남겨서 그 자체를 전쟁 기념물로 삼는 것을

애도하는 음악

지지한다고 했다. 그렇게 되면 2차 세계대전의 기억이 도시 경관의 중심지에 확고하게 남을 것이라고 했다. 그들은 그토록 대담하게 최근의 공포를 되새기지 않으면 문화적 기억상실이 빈틈을 재빨리 메우게 된다고 경고했다.

오늘날 우리 대부분이 상상하는 것보다 훨씬 빨리, 폭격으로 인한 죽음의 흔적이 재건된 런던의 거리에 하나도 남지 않게 되는 순간이 올 것입니다. 그때가 되면 대공습의 이야기는 관광객들은 물론이요, 새로운 세대의 런던 주민들에게도 비현실적으로 보이게 될 것입니다. 전쟁 기념물의 목적은 안전해 보이는 현재가 어떤 희생을 토대로 세워졌는지 후세에게 상기시키는 것입니다. 교회의 폐허라면 이런 일을 생생하고 성실하게 해내리라고 봅니다.[557]

스코틀랜드 건축가 바실 스펜스는 이 편지가 신문에 게재되었을 당시 아직 군인이었으므로 읽지 못했을 가능성이 크지만, 아무튼 그도 비슷한 결론에 도달했다. 1950년 6월에 코번트리 설계 공모전이 발표되었고, "성당 지하실과 코번트리 교구에서 그대와 함께 기도하겠다"며 미래의 건축가를 응원하는 대주교와 하워드 사제의 극적인 편지가 포함되어 있었다.[558] 스펜스는 이에 흥미를 느껴 몇 달 뒤인 흐린 가을 오후에 그곳을 직접 보려고 에든버러에서 300마일을 달려 코번트리를 찾았다. 그는 그곳에서 본 것에 충격을 받았다.

폐허가 된 성당을 처음 방문한 날은 내 인생을 통틀어 가장 복잡한 심경과 감동을 느낀 날이었다…. 무너진 본당에 발을 디딘 순간 세심하게 담을 두른 곳의 위압감을 느꼈다. **여전히 성당이구나 싶었다.** 아름다운 나무 천장 대신에 하늘이 둥근 지붕 역할을 했다. 성스러운 곳이었다. 계약 조건은 첨탑이 있는 탑과 두 개의 지하 예배당만 보존하면 된다고 했지만, 나는 아름다운 이곳을 파괴해서는 안 된다고 느꼈다. 어떻게 해서라도 성당의 많은 부분을 보존하고 싶었다.[559]

이듬해인 1951년에 스펜스는 모더니즘 양식으로 된 새 건물 설계안을 제출했다. 새 건물은 남은 옛 성당과 직각을 이루도록 했고, 인접한 세인트 마이클 애비뉴 위로 현관을 만들어 두 건물을 구조적으로 연결하도록 했다. 외관은 말끔하고 아무런 장식이 없는 반면, 내부는 영국에서 가장 유명한 장인들의 종교 예술을 선보일 예정이었다. 그해 8월에 스펜스의 설계안이 200개의 경쟁작 중에서 선정되었다. 그리하여 세계에서 가장 독특한 외양을 가진 현대적인 성당 하나가 될 건물의 공사가 시작되었다.

7년 뒤, 스펜스의 대담한 새 건물의 개관을 축하하는 예술 축제를 준비할 때, 기획자들은 새로운 음악 작품을 의뢰하여 뭔가 의미를 나타내기로 했다. 그 무렵 브리튼은 여러 면에서 자연스러운 선택지였다. 지난 십 년 동안 그의 명성이 국내외로 높아져 있었다. "모차르트 이후 최고의 종합주의자"[560]라는 평을 들은 그는 오랫동안 사라진 것처럼 보였던 영국 오페라의 전통을 되살렸고, 영국 음

애도하는 음악

악계의 최고 정점에 올랐다.

하지만 명성은 브리튼에게 양날의 검이기도 했다. 많은 점에서 그는 테니스를 치고, 스카프를 목에 두르고, 차를 마시고, 젠센 컨버터블을 모는 영국 신사의 삶을 잘 받아들였다. 하지만 그의 전기를 쓴 폴 킬데아가 강조하듯이, 이런 페르소나는 여러 가면 중 하나의 가면을 항상 남겨놓았다. 마침내 그는 귀족 작위를 받아 올드버러의 브리튼 남작이 되었지만, 1963년 피어스가 그에게 보낸 편지 또한 핵심적인 진실로 남아 있다. "우리는 결국 퀴어이고 좌파이자 양심적 병역거부자네. 그것만으로도 우리는 충분히 상궤를 벗어났어. 게다가 예술가이기도 하잖아."[561]

그것은 영혼을 얽어매는 긴장이었지만, 이로 인해 브리튼의 창조력도 타오르게 된 것 같다. 그는 어느덧 영국 음악계를 대표하는 인물이 되었지만 그의 예술의 중심에 있는 사회 비판은 타협하지 않았다. 음악을 통해 타자로 낙인찍힌 사람들의 곤경에 연민을 보였고, 도덕적 위선이 인간에게 가한 잔혹함을 폭로했고, 잃어버린 어린 시절의 순수함을 그리는 백조의 노래가 되었으며, 평화주의에 맹렬하게 헌신했다. 학자 필립 브렛이 간명하게 표현했듯이, 그의 예술은 "변방을 표현함으로써 자신이 서 있는 중심을 교란시키려는 시도"[562]가 되었다. 〈전쟁 레퀴엠〉에서 브리튼은 자신의 경력에서 가장 빛나는 스포트라이트를 활용하여 제도화된 종교가 된 교회에 대한, 그리고 전쟁의 한복판에서 헤아릴 수 없는 고통을 겪은 인간의 비극을 숨기는 신화들의 공모에 대한 비판적 메시지를 전하고자 했다.

작곡가는 오래전부터 죽은 자를 위한 라틴어 미사곡인 레퀴엠을 작곡할 기회를 기다려 왔기에, 1958년에 제안을 받자 곧바로 수락했다. 하지만 1961년에야 작곡에 집중할 수 있었고, 그 무렵에는 오언의 시를 라틴어 미사곡에 넣겠다는 중대한 결정을 이미 내렸다. 당대의 것을 반영하는 이런 방식은 그가 확실하게 참고했던 베르디의 〈레퀴엠〉을 포함하여 기존 작품들과 브리튼의 레퀴엠을 즉각 구별시켜 주었다.

1960년대 영국에서 오언의 명성은 대단했다. 그는 브리튼과 마찬가지로 확고한 평화주의자(그리고 동성애자)였지만, 전투와 관련해서는 입장이 달랐다. 그는 자유를 지키기 위한 전쟁을 받아들였고, 공허한 민족주의 허영심이 부추긴 폭력에는 일체 반대했다. 1893년생인 오언은 1915년에 입대하여 착실하게 진급했다. 1917년 1월에는 솜 전투에서 소대를 이끌고 싸웠다. 그해 4월, 9일간의 고된 전투 끝에 그는 거의 죽다 살아났다. 포탄이 그의 머리 부근에서 터져 몸 전체가 땅에서 붕 뜬 것이다. 그는 며칠 동안 밀실공포증에 떨면서 충격에서 회복했다. "겨우 누울 정도인 구덩이 안에서 골함석을 덮고 있었다."[563] 구덩이에는 그만 있었던 것이 아니었다. 팔다리가 잘린 동료의 시신도 "근처뿐만 아니라 곳곳에 널린 채로 있었다."[564] 2주 뒤에 오언은 회복을 위해 후방의 군병원으로 후송되었고, 거기서 운 좋게도 시인 지크프리트 사순을 만났다. 그는 전쟁, 평화주의, 시에 대한 오언의 견해에 크나큰 영향을 미쳤다. 회복 후 오언은 1918년 9월에 전쟁터로 돌아갔다. 어머니에게 쓴 편지(그는 암호를 사용하여 자신의 부대 위치를 나타냈다)에서 그는 어째

애도하는 음악

서 자신이 전선으로 복귀했는지 감동적으로 서술했다. "이 젊은이들을 도우려고 왔어요. 직접적으로는 장교로서 그들을 이끌고, 간접적으로는 변론자로서 그들의 고통을 지켜보고 이를 대변하는 것이죠. 첫 번째 일은 했습니다."[565]

한 달 뒤에 오언은 사망했다. 그의 부대가 프랑스 북부 오르 근처 상브르 운하를 건너려고 할 때 기관총에 맞았다. 그의 죽음을 알리는 전보가 슈루즈버리에 있는 그의 집에 도착했을 때 휴전을 축하하는 종소리가 울렸다고 한다.[566]

젊은이들을 대신하여 변론하겠다는 오언의 소망은 그의 시들을 통해 여러 차례 실현되었다. 대부분이 사후에 출간되었는데, 멀쩡하거나 불구가 된 군인들 몸의 세밀한 디테일에 주목했다는 점에서 관능적이며, 아울러 허비된 생명의 정수, "헛된 세월"에 대한 깊은 연민도 담고 있다. 전장에서 매일 목격한 비극에 자극을 받은 오언은 후방에서 본 심각한 무지에 맞서 싸우기로 했다. 의사 결정자들을 각성시키고, 인간의 몸들을 "녹여 정치가들의 동상을 세우는"[567] 상황으로 내몬 애국자들의 광기를 폭로하겠다고 결심했다. 오언에게는 교회가 이런 단절의 일부였다. 종교적 집안에서 자랐고 한때 성직자가 되려고 했던 그였지만 전쟁과 진정한 기독교의 가르침이 양립할 수 있다는 생각을 버리게 되었고, 신념을 국기의 색으로 포장하여 왜곡한 "직업적 설교자들"을 비방했다. 이런 모든 생각은 1917년에 그가 병원에서 어머니에게 쓴 편지에 고스란히 드러난다(브리튼은 수십 년 뒤에 자신이 소유한 오언의 시집에서 이 구절에 표시를 해놓았다).

이미 나는 국교회의 교리에 절대로 스며들 일이 없는 빛을 깨달았습니다. 그것은 바로 그리스도의 본질적인 명령 가운데 하나였습니다. 어떤 대가를 치르더라도 수동적이 되라! 불명예와 굴욕을 견디되 절대로 무력에 의지하지 말라! 협박받고 폭행을 당하고 살해되더라도 남을 살해하지 말라! 터무니없고 수치스러운 원칙일 수 있지만, 분명히 존재합니다. 그러나 무시될 뿐입니다. 나는 직업적 설교자들이 대단히 능숙하게 성공적으로 무시하고 있다고 생각합니다…. 그리스도는 말 그대로 "무인지대"에 계십니다. 그곳에서 그의 목소리를 자주 듣습니다. "친구를 위해 자신의 목숨을 내놓는 것, 이것보다 더 큰 사랑은 없다." 이것은 오로지 영어로, 프랑스어로만 말할 수 있는 것일까요? 나는 그렇게 보지 않습니다. 그러니 순수한 기독교는 순수한 애국주의에 들어맞지 않는다는 겁니다.[568]

〈전쟁 레퀴엠〉에서 브리튼은 오언의 시를 레퀴엠 텍스트에서 버팀목이 되는 핵심 지점에 마치 작은 폭발물처럼 배치했다. 이로 인해, 전통에 입각한 장중한 어조로 죽은 자를 기리면서 동시에 그들의 죽음을 순화시키거나, 전쟁의 잔혹함을 붓질로 지우거나, 전쟁을 가능하게 한 가부장적 권력 구조와 제도적인 종교를 거짓으로 분리하지 않는 작품을 만들어냈다. 결과적으로 〈전쟁 레퀴엠〉은 청자가 안이하게 명복을 빌고 위안에 빠지게 허용하지 않는다. 브리튼은 쇤베르크의 〈바르샤바의 생존자〉가 그랬듯이 죽은 자에게 평화로운 고별인사를 전하는 것은 그들을 잊는 것이라고 믿는

애도하는 음악

듯하다. 역으로 말하면, 니체의 말처럼 "계속해서 아픔을 주는 것만이 기억에 남는다"[569]고 생각하는 듯하다.

작품 자체는 연주시간이 90분이며 거대하고 복합적인 앙상블이 가동되는 방대한 규모다. 전통 미사곡은 주로 혼성 합창단이 맡아서 노래하고 결정적인 순간에 소프라노 독창과 전체 오케스트라가 나서서 힘을 더한다. 그 사이에 놓인 오언의 시는 테너와 바리톤이 번갈아 노래하고 별도의 실내악단이 반주한다. 마지막으로, 보통 무대 뒤편에 위치하는 소년 합창단이 옛 양식으로 된 라틴어 미사곡 일부를 노래한다. 고풍스러우면서 동시에 천상의 분위기를 자아내서 마치 오래되고 부패되지 않았던 신념을 나타내는 것 같다. 브리튼은 소년 합창단을 "인격을 초월한 순수의 목소리"[570]라고 설명한 바 있다.

작품은 영원한 안식을 갈구하는 "레퀴엠 에테르남" 기도문을 겉으로는 차분하지만 속으로는 긴장이 느껴지는 엄숙한 분위기로 시작한다. 여기서 브리튼의 힘과 작곡 양식은 위대한 레퀴엠 전통의 어깨 위에 서 있지만, 한때 "혁명적 보수주의자"[571]로 불렸던 작곡가답게 이 전통을 현대적으로 재해석한다. 오케스트라 깊은 곳에서 울리는 종소리가 3온음의 불협화음을 만들면, 합창단이 이것을 곧바로 이어받아 분위기를 불안하게 만든다. 불규칙적인 박자가 허를 찌른다. 현악의 선율은 휘청거리는 느낌을 준다. 브리튼은 소년 합창단의 고풍스럽고 천상적인 목소리를 끌어온다. 처음 등장할 때 마디마다 박자가 바뀌며, 합창단이 "영원한 안식을 저들에게 주소서, 주여" 하고 조용히 노래한다. 그러나 악장이 시작된 지약 6분쯤 되면 템포가 갑자기 빨라지고 곡의 질감이 얇아지고 격렬해지면서 테너가 등장하여 이미 긴장감이 도는 음악을 산산이 부순다. "가축처럼 죽어가는 자들에게 무슨 조종弔鐘이란 말인가?" 오언의 시 "죽어가는 청춘을 위한 송가"에 나오는 구절이다. 독창자는 청중과 함께 음악을 듣다가 이제 자리에서 일어나 방금 들은 음악을 추궁하는 위치가 된다. 경건함, 신념, 전통을 나타내는 조종은 전쟁터에서 무의미한 죽음에 내몰린 이들의 잔혹한 죽음을 조롱할 뿐이다.

오직 총포의 괴물 같은 분노만 있을 뿐.
오직 더듬거리며 갈겨대는 소총 소리만이
그들의 황급한 기도문으로 어울리네.
기도나 종소리에서 오는 조롱도 없고
합창 말고는 애도의 목소리도 없으니
울부짖는 포탄의 날카로운 광란의 합창과
슬퍼하는 마을에서 그들을 위해 부르는 나팔소리만 애도를 하네.

테너의 해설은 또한 이 음악과 오언의 다른 모든 삽입된 어구들을 그 자체의 음향적 세계뿐만 아니라 그 자체의 시간적 현실과도 연결시킨다. 시는 미사의 흐름을 교란시키고 이간시키고 그 바깥에 서 있다. 라틴어 가사가 고대적이고 시간을 초월한다면, 오언의 시는 시간에 얽혀 있고 문화적 파열의 순간과 연결되므로, 그 이후에 오는 미사는 똑같이 들릴 수 없고 그래서도 안 된다. 처음부터

애도하는 음악

〈미사 프로 데푼크티스〉와 결합된 오언의 텍스트는 청자에게 이중의 자각을 촉발한다. 첫 악장이 마무리되기도 전에 우리는 이 곡이 다른 어떤 레퀴엠과도 다르다는 것을, 오래된 전통에 연결되어 있으면서 그 의미를 영원히 바꾸고 있다는 것을 알게 된다.

정밀한 키츠의 서정성 속에 사그라들지 않는 도덕적 격분을 숨겨두고 있는 오언의 시는 〈전쟁 레퀴엠〉의 여섯 악장 모두에 끼어든다. 넓게 아우르고 때로는 천둥처럼 요란한 "진노의 날"에는 이런 시가 총 네 번 끼어드는데, 그중 가장 애틋한 것은 "허망"이라는 시에서 가져온 구절이다. 목관이 으스스하게 떠는 트릴을 연주하는 가운데 제정신이 아닌 군인은 쓰러진 동료를 해가 마지막으로 깨워주기를 청한다.

그를 햇빛이 드는 곳으로 옮기자—
전에도 부드러운 손길로 그를 깨웠었지,
고향에 씨 뿌리지 않은 들판이 있다고 속삭이며.
항상 그를 깨웠지, 여기 프랑스에서도,
오늘 아침 이 눈이 오기 전까지도.
지금 무엇이 그를 일으켜줄 수 있는지는
친절한 오랜 태양이 알겠지.
해가 씨를 어떻게 깨우는지 생각해봐—
한때 차가운 별의 흙을 깨웠지.
그토록 잘 만들어진 팔다리가, 신경이 온전하고 아직도 따뜻한 옆구리가 너무 딱딱해서 움직이지 못한다고?

이러려고 저 흙이 크게 자란 것이었나?

—오 어리석은 햇살은 무엇 때문에 고생해가며

대지의 잠을 깨웠단 말인가?

브리튼은 테너가 노래하는 마지막 구절을 내성적이고 가슴 아픈 톤으로, 오언의 궁극적인 절망에 어울리는 톤으로 만든다. 스스로를 파괴하기를 고집하는 인류를 생각할 때, 대지의 잠을 굳이 깨워야 했을까? 전곡을 통틀어 가장 내밀한 순간인 이 노래를 위해 브리튼은 합창과 소프라노를 기악의 반주에서 끌어내 테너의 음악 세계에 넣는다. 그들은 깊은 연민의 샘에서 흘러나오는 듯 자비를 구하는 '라크리모사'로 화자를 위로한다.

"봉헌송"에서 브리튼은 또 한 번 충격적인 텍스트 병치를 시도한다. "아브라함과 그의 후손에게" 약속했음을 합창단이 라틴어로 노래하고 난 직후에, 테너와 바리톤이 오언의 시 "노인과 젊은이의 우화"로 음악의 흐름을 퉁명스럽게 바꾼다. 싸우기에는 너무 나이가 많아 아들을 양처럼 대신 도살장에 보내는 세대를 씁쓸하게 비판하는 내용이다. 오언의 시는 성서에 나오는 이삭의 번제燔祭 이야기로 진행하다가 클라이맥스에서 아브라함이 칼을 들어 자신의 아들을 희생하려 할 때 뜻밖의 참혹한 반전이 일어난다.

그때, 보아라! 하늘에서 천사가 그를 불러

말하기를, 아이에게 손대지 말라,

애도하는 음악

그에게 어떤 것도 하지 말라, 보거라,

뿔이 덤불에 걸린 양이 있으니

아이 대신에 거만한 양을 바쳐라.

그러나 노인은 그렇게 하지 않고, 아들을 쳤고—

유럽의 후손 절반을 하나씩 죽였다.

이 곡에서 가장 유명한 대목은 마지막 악장 "나를 구하소서"에 나온다. 합창단과 소프라노가 구원을 갈구하고 나서, 테너가 "느리고 조용하게"(브리튼의 표기) 등장하여 우울하게 반음을 올리고 내리며 노래를 시작한다. 그는 오언의 시 "기묘한 조우"에서 전장 아래에 있는 묘한 터널로 내려간 이야기를 한다. 죽은 자들이 그곳에 요동 없이 있었는데, 한 군인이 일어나더니 "시선을 고정한 채 애처롭게 알아보겠다는 표정으로" 본인의 정체를 밝힌다.

나는 그대가 죽인 적이네, 친구여

이 어둠 속에서도 그대를 알아보겠어,

어제 나를 찔러 죽이면서 그렇게 찡그렸으니까.

쳐내려고 했으나, 내 손이 말을 듣지 않았고 차갑게 얼었었지.

두 군인은 서로가 비슷한 운명임을 알아보았고 "헛된 세월 / 사라진 희망… 말 못 한 진실 / 전쟁의 가여움, 전쟁이 자아낸 가여움"에 대한 깊은 후회의 순간을 나누었다.

브리튼이 멋지게 음악으로 만든 오언의 텍스트는 같은 희망과 같은 꿈을 가진 사람들끼리 서로 증오하도록 만든 체제가 파탄에 이르렀음을 적나라하게 보여준다. 그리고 많은 사람이 오언의 문장의 사려 깊은 연민 아래에서 동성애의 기류를 보았지만,[572] 이 시는 전쟁터의 아군과 적군 사이에서 벌어진 다른 종류의 예기치 못한 친밀한 연대도 담고 있다. 오언은 전투 중에 도망친 독일군이 버리고 간 손대지 않은 음식을 허겁지겁 먹은 경험이 있었다.[573] 그는 적의 손가락이 쓰다 만 편지를 읽었다. 이런 경험은 인류는 하나라는 생각을 심어주었고, 시인의 평화주의 신념을 부추겼다. 저널리스트 필립 깁스가 나중에 말했듯이, 운 좋게 목숨을 건진 영국 군인들은 "같은 신에게 기도하고, 같은 삶의 즐거움을 좋아하고, 통치자·철학자·신문이 앞장서서 선동하지 않았다면 증오할 일이 없었던"[574] 인류의 학살극에서 자신들이 꼭두각시 졸卒이었음을 깨달았다.

그러나 오언의 시의 터널에서 서로를 발견한 두 사람에게는 너무 늦었다. 오언의 "기묘한 조우"에는 그들이 이미 지옥에 있다는 사실을 분명히 하는 네 행이 들어 있다. 하지만 흥미롭게도 브리튼은 이런 대목을 자신의 곡에 포함하지 않았다. 아마도 그의 내면의 자제하는 영국 신사가 자신을 후원한 성직자들에게 최고의 모욕만은 주지 않으려고 전략적으로 택한 것일 수 있다. 혹은 죄 없는 자들이 궁극적인 대가를 치렀다는 시의 공박을 신학적 관점으로 흐리게 하고 싶지 않았는지도 모른다. 아무튼 이 대목은 테너와 바리톤이 "이제 우리도 잠에 들지"라고 노래하며 끝난다. 소년 합창단과 나머지 가수들이 곡을 마무리한다.

애도하는 음악

천사들이 그들을 천국으로 인도하기를

…

그들이 평화롭게 잠들기를. 아멘.

마지막에 이르러 먹먹한 3온음의 종소리가 다시 들린다. 정신없이 몰아치는 음악의 여정에도 이 불협화음은 살아남은 것이다. 마찬가지로, 악보에서 따로 나뉜 악기군은 종종 공동의 극적 대의를 찾아 힘을 모으기도 하지만, 라틴어 미사의 공적 표명과 시인의 사적 증언은 궁극적으로 화해에 이르지 않는다. 이 작품은 아름다운 음악과 몹시 불안한 음악이 교차하는 식으로 이런 긴장을 보존하여 기념물의 역할을 확실하게 수행한다.[575] 국가들이 무분별한 전쟁을 멈추지 않는 한, 죽은 자들이 안식하는 평화는 얄팍하고 임시적이고 계속해서 불협화음을 낼 것이라고 브리튼의 음악은 말하고 있다.

브리튼은 〈전쟁 레퀴엠〉을 작곡하면서 이 작품이 결국에는 자신의 가장 중요한 예술적 증언이 되리라 확신했다.[576] 그의 신실한 평화주의뿐만 아니라 작곡가는 자신의 사회에 "쓸모"가 있어야 한다는 그의 믿음도 담아냈다. 그리고 그 과정에서 의식적이든 아니든, 내부자이면서 외부자라는 브리튼의 쌍둥이 지위도 여기에 반영되었다. 코번트리 대성당의 파괴와 재건이 영국 국가의 서사에서 갖는 상징적 중요성을 생각하면 작품 의뢰는 가장 유명한 생존 작곡가에게 가는 것이 마땅했다. 하지만 곡을 면밀히 들어보면, 전쟁 추모곡이 대체로 강화하기 마련인 시민의 덕목과 애국적 덕목,

예컨대 국가의 미래를 위해 고귀한 희생은 불가피하다는 생각, 국기 아래에서 모두가 단합해야 한다는 생각, 보수적인 사회 질서가 으뜸이라는 생각(설령 국가를 전쟁으로 내몬 것이 바로 그런 사회 질서라 하더라도)에 도전하는 곡임을 알게 된다.[577]

최초의 청자들은 당시에 이런 메시지를 제대로 알아들었을까? 초기 리뷰기사들은 작품의 독창적인 발상과 힘이 누적되는 소리적 세계에 훨씬 더 집중했다. 당연히 모든 예술 작품은 청자가 어떤 시기를 사는지, 세월의 거리가 어떻게 되는지에 따라 다른 진실을 드러낸다. 독일의 일기작가 해리 케슬러가 언젠가 말했듯이, 그 모습은 "중세 대성당처럼 하루 시시각각"[578] 바뀐다. 그리고 음악적 기념물은 시간이 흐름에 따라 더 명료하게 인식되는 관점—개인적·문화적·정치적·역사적 정보를 통해—이 더해지므로 더더욱 그러하다. 요컨대 동시대 사람들은 기념물을 지면에서 만나는 수밖에 없지만, 후대 사람들은 위에서 내려다보는 호사를 누린다.

1962년 5월 30일, 새로 건립된 코번트리 성당에서 열린 〈전쟁 레퀴엠〉의 세계 초연을 앞두고 브리튼은 2차 세계대전에 참전한 세 교전국에서 독창자를 선정하여 청중에게 화해의 정신을 강조하려고 했다. 피터 피어스가 당연히 영국을 대표하여 테너 역을 노래하고, 유명한 독일 가수 디트리히 피셔-디스카우가 바리톤 역을 맡기로 했다. 브리튼은 소프라노 갈리나 비슈네브스카야를 러시아 독창자로 무대에 세우려고 했지만, 소련 정부에서 그녀의 참가를 단호하게 불허했다. 그녀의 요청을 접한 소련 문화부장관 에카테리나 푸르체바는 "소비에트 여성인 당신이 어떻게 [서]독일인과 영국인 옆에 서서 정치적 작품을 공연할 수 있겠소?"[579]라고 답했다. 당시 끓어오르던 냉전의 긴장을 보여주는 사례이기도 했다. 실제로 브리튼이 국가 간의 장벽을 허물기를 기대하며 작품을 작곡하던 바로 그 시기에 베를린 장벽이 세워지고 있었다.

영국인 소프라노 히더 하퍼가 마침내 비슈네브스카야 대신 맡기로 하면서 기대감으로 분위기가 달아올랐다. 공연이 아직 한 주나 남았을 때 비평가 윌리엄 만은 〈타임스〉에서 이 곡을 이미 "브리튼의 걸작"[580]이라고 선언했다. 초연 때 브리튼은 보조 지휘자로 멜로스 앙상블을 지휘했고, 메러디스 데이비스가 페스티벌 합창단과 버밍엄 시립 교향악단을 지휘했다.[581] 반응은 압도적이었다. 초연 당일 밤, 같은 비평가는 다음과 같이 자세한 상황을 전했다.

세계 모든 사람이 이 〈레퀴엠〉을 듣고 분별 있는 기독교도의 삶을 살자는 위대하고 설득력 있는 요청을 내적으로 이해하고 외적으로 인정했으면 좋겠다. 탁월한 균형감과 계산이 돋보이는 작품이며 듣는 이에게 굴욕감과 불편한 심경을 안겨준다. 실로 대단한 작품이므로, 앞으로 이 곡의 모든 연주는 중대한 행사가 되어야 한다.[582]

다른 이들도 비슷하게 과장된 반응을 보였다. 훗날 〈아마데우스〉를 쓰게 되는 젊은 극작가 피터 셰퍼도 그중 한 명이다. 한 달 뒤에 그는 〈타임 앤 타이드〉라는 저널에 이렇게 썼다.

이 나라에서 작곡된 가장 인상적이고 감동적인 종교 음악이며 아울러 20세기 최고의 음악 반열에 든다고 믿는다…. 이 곡의 위대함을 어떻게 칭찬해야 할지 모르겠다…. 〈전쟁 레퀴엠〉의 클라이맥스는 최고로 헌신적인 이 천재가 지금까지 이룬 것 가운데 가장 심오하고 감동적인 성과다. 이런 작품에 비평은 무례한 일이다.[583]

청중들도 몹시 감동을 받았던 모양이다. 다만 박수를 자제해달라는 요청을 프로그램 노트에 미리 해놓았다. 마지막 음이 스펜스가 세운 그물 모양의 천장으로 떠오르자, 깊은 침묵이 군중 위로 내려앉아 몇 분이나 이어졌다. 청자들은 서서히 성당을 차례로 빠져나왔고, 당연히 폐허 옆을 지나게 되었다.

그날 독창자 중에 군대 경험이 실제로 있었던 사람은 디트리히 피셔-디스카우가 유일했다. 그는 독일군에 징집되어 전쟁 때 러시아에서 말들을 돌보았고, 장애가 있는 형을 나치의 우생학 정책으로 잃었으며, 이탈리아에서 미군에게 포로로 잡혔다. 이런 경험이 있었기에 〈전쟁 레퀴엠〉 초연은 그에게 개인적으로 의미가 큰 사건이 되었다. "나는 완전히 헤어나지 못했습니다." 그의 회상이다. 피어스도 떠날 때가 되었을 때 그를 합창석에서 끌어내지 못했을 정도였다. "내 얼굴을 어디에 감춰야 할지 몰랐어요. 죽은 친구들과 과거의 고통이 마음속에 떠올라 힘들었습니다."[584]

초연 이후로 〈전쟁 레퀴엠〉은 전 세계에서 대규모 오케스트라가 도전하는 레퍼토리로 자리를 잡았고, 방대한 규모와 표현의 무게로 인해 공연이 열릴 때마다 시민의 행사가 되었다. 그렇게 지속적인 성공을 이어갔지만, 그럼에도 한 가지 비판이 늘 따라다닌다.[585] 1차 세계대전을 다룬 오언의 텍스트를 브리튼이 곡으로 만든 것은 당시 영국 사회의 맥락에서 충분히 이해할 수 있는 일이며, 작곡가 본인은 2차 세계대전에서 싸우다 죽은 친구들에게 곡을 바침으로써, 아울러 초연 전에 글과 편지로 2차 세계대전을 기린다는 것을 공식적으로 인정했다. 하지만 홀로코스트는 지나가는 말로도 인정하지 않는다. 눈길을 끄는 부재다. 오늘날 관점에서 보면 이는 작품의 윤리적 시야를 좁힌다. 정확히 20세기의 야만에 대해서는 아무 말도 하지 않으므로 "슬퍼하는 마을에서 그들을 위해 부르는 나팔소리"라는 오언의 이야기는 다른 세상의 소리 같다. 사실 오언의 텍스트는 수천 명의 민간인을 죽이고 코번트리 대성당을 파괴하고(도쿄, 히로시마, 나가사키 폭격까지 가지 않더라도) 런던을 공포로 몰아넣은 폭격 작전과는 아이러니하게도 딱히 관계가 없어 보인다. 오언의 "기묘한 조우"에 나오는 적국의 두 보병은 대략 비슷한 점이 있다. 둘 다 파탄에 이른 정치 체제와 신념에 비극적으로 (그리고 동등하게) 희생된 사람들이다. 그러나 2차 세계대전에는 그런 것이 없었다. 오언의 시의 윤리적 시야는 25년 뒤에 전투기 조종사와 무차별적인 폭격의 희생자가 만나는 장면으로 확장될까? 한쪽이 파시즘을 대표하여 싸운다면 어떻게 될까? 더 근본적인 의미에서 평화주의 철학은 국가가 앞장선 종족 학살에 어떻게 접근해야 할까?

브리튼이 이런 질문들을 진지하게 생각했다면 분명 자신의 평화주의 신념을 굽혔을 것이다. 그는 예컨대 벨젠 여행을 통해 나치 정권이 어떤 고통을 초래했는지 목격하고자 했고, 존 던의 시를 바탕으로 하는 연가곡으로 이런 마음을 간접적으로 전했다.[586] 하지만 〈전쟁 레퀴엠〉 작곡과 관련해서는 어떤 복잡한 이유에서인지 곡을 보편적인 진술로 만들려고 했다.[587] 그렇게 함으로써 브리튼은 더욱 최근에 있었던 역사의 어두움은 그냥 묻어두었고, 이런 포괄적인 질문들은 아예 묻지도 않았다.

하지만 어떻게 보면 이런 부재도 뭔가를 말한다고 할 수 있다. "사라진 것에 존재가 있다"는 헨리 제임스의 말처럼 말이다. 음악적 기념물은 작곡가가 기리고자 했던 사건의 기억을 후대에 전하겠지만, 슈트라우스와 쇤베르크의 예에서 보듯, 음악이 만들어진 시대를 들여다보는 창문이 되기도 한다. 브리튼의 경우 〈전쟁 레퀴엠〉의 이야기는 실제로 2차 세계대전의 추모를 1차 세계대전의 추모에 끼워 넣으려는 영국 사회의 경향에만 초점을 맞추지 않는다. 영국에서 홀로코스트의 인정이 뒤늦게 이루어진 역사도 나타내는 것으로 볼 수 있다. 역사학자 토니 커슈너가 전반적인 이런 현상에 관해 많은 글을 썼다. 그에 따르면 1980년대까지도 "영국 사회 전체는 유대인이 나치의 특정한 목표였음을 인정하는 것에 대체로 무관심했고 나쁘게 보면 반감을 보였다."[588] 이런 인식은 1990년대에 결정적으로 달라졌지만, 런던의 제국 전쟁 박물관은 2000년이 되어서야 영구적인 홀로코스트 전시관을 마련했다.

이런 기억의 공백은 순전히 수동적인 현상만은 아니었다. 커슈너는 그 뿌리를 무엇보다 전쟁 시절에 정부가 편 억제 정책에서 찾았다. 그는 전쟁 당시 유대인은 믿을 수 없는 사람이라는 영국인들의 부정적 고정관념이 그들을 희생자로 인식하는 데 전반적으로 걸림돌이 되었다고 설명한다. 동시에, 영국의 자유주의 이데올로기도 민족의 차이를 강조하는 것을 방해했다. 정부 정책 강령에는 유대인은 "기존 국가에 속한 국민으로 대해야지, 독자적인 유대인 민족으로 여겨서는 안 된다"[589]고 명시되어 있었다. 아이러니하게도, 이는 유대인에 차이를 두는 나치 이데올로기에 대항하는 입장으로 정당화되었다. 현실정치 문제도 있었다. 팔레스타인 위임통치령의 미래를 두고 영국과 유대인 사이에 긴장이 커지고 있던 1940년대에 유대인이 수난 받는 소식이 전해지면 시오니즘에 대한 동정 여론이 생길 수 있다는 우려였다.

영국 정부가 결의를 다지고 자국에서 전쟁 지지를 얻고자 나치의 만행에 대한 진실을 알리는 데 애썼을 거라고 상상할 수 있다. 그러나 커슈너가 밝혔듯이, 정부는 1차 세계대전 때 잔혹한 실상을 보도한 것과 관련하여 대중의 신뢰를 잃었음을 인지하고 있었다. 그래서 이번에는 그와 같은 보도에 각별히 신중해야 했다. 1941년 7월에 작성된 정보부의 기록을 보면 잔혹한 만행이나 "호러물" 같은 소식은 "절제해서" 사용하고, "명백히 죄 없는 사람들을 다루어야 한다. 폭력적인 정치적 적수[즉, 사회주의자와 공산주의자]를 다루어서는 안 된다. 그리고 유대인도 안 된다."[590]

영국군이 벨젠을 해방하고 나자 이런 정부 정책은 수용소 담장 안에서 발견한 충격적인 실상과 맞닥뜨리게 되었다. 영국 언론이 이 경악할 소식을 전하기 시작하자, 사람들이 믿지 않을 거라는 우려가 여러 진영에서 있었다. 단순한 서사가 필요했다. 그래서 희생자의 인종적 정체성은 부각하지 않았고, "비공식적 검열과 자기 검열"을 적절히 섞어가며 효과적으로 붓질을 했다. 일례로 영국 촬영 기사들이 벨젠에서 찍은 영상에 표시해둔 라벨은 이런 불편한 세부사항에 주목하게 했는데, 대중에 공개할 때는 많은 경우 이런 라벨을 제거한 것으로 드러났다.[591] 해방된 벨젠의 천인공노할 광경을 전한 리처드 딤블비(〈BBC〉 최초의 방송기자이자 종군 특파원—옮긴이)의 전설적인 라디오 방송도 원본이 아니었다. 〈BBC〉 직원이 믿을 수 없다며 스물네 시간 동안 딤블비의 보도를 내보내지 않았고, 결국 충격적인 묘사를 순화하고 삭제한 것이다.[592] 1945년에 방송된 버전에 유대인을 언급한 대목은 하나도 없었다.

전시와 그 이후의 이런 노력들이 복합적으로 작용하여 희생자들을 고립시켰고 나치가 저지른 악행의 본질을 잘못 전했다. 그리고 이는 영국 사회에서 홀로코스트 이해가 더디게 이루어진 이유로 작용했을 수 있다. 이런 배경에서 보면 〈전쟁 레퀴엠〉은 개인의 예술인 동시에 시대의 소산으로 보이게 된다. 앞서 보았듯이 영국만 이런 문제로 고심한 것이 아니었다. 실은 홀로코스트 생존자들 본인이 자신이 당한 일에 대해 말하고 싶어 하지 않는다는 낭설이 여러 국가에서 퍼지면서 상황을 복잡하게 만들었다.[593] 이런 생각은 생존자에게 말할 기회를 충분히 주지 않아서 생긴 집단적 죄책감을 덜어주는 데는 도움이 되었겠지만, 최근 연구로 침묵의 실상이 낱낱이 드러났다. 브리튼이 개인적으로 알았던 유일한 생존자

애도하는 음악

이자 누구보다 잘 알았던 인물인 첼리스트 아니타 라스커-발피슈
는 전후 초기에 생존자들의 이야기에 대한 이러한 무관심이 얼마
나 믿기지 않았는지를 회상했다. "나는 우리의 경험으로 세상이 바
뀔 거라고 생각했어요. 하지만 아무도 우리에게 묻지 않았어요."[594]

"텅 빈 예배당, 바람의 집만이 있을 뿐." 엘리엇의 〈황무지〉에 나오
는 음울한 구절을 읽을 때마다 차가운 비가 내리는 미로 같은 거리
를 한참 헤맨 후 마침내 코번트리의 장대한 폐허를 만났던 10월 그
날의 순간이 자동적으로 불려나온다. 나는 횅하게 뼈대만 남은 옛
성당 사진을 수없이 보았지만, 직접 보는 것은 전혀 다른 경험이었
다. 그 규모, 그 삭막함, 그 영험한 기운에 전혀 대처하지 못했다.

외벽은 이제 벤치 몇 개와 기념 조각물들을 놓아 마치 거대한 마당처럼 조성해놓은 공간을 둘러싸고 있었고, 원래부터 있던 탑과 첨탑이 저 높은 곳에 보였다. 한때 스테인드글라스로 가득했던 후진의 넓은 틈은 거대한 구멍이 되어 그 너머로 어두운 잿빛 구름이 보였다. 비가 내린 탓인지 다른 방문객들이 보이지 않았다. 덕분에 넓은 공간에 나 혼자 서서 돌바닥의 웅덩이에 빗방울이 튀는 모습을 바라보았다.

수백 년 동안 이곳 교구민들에게 옛 성당은 틀림없이 난공불락의 요새로 보였을 것이다. 한때 잉글랜드에서 가장 큰 교구 교회였다. 그런 곳이 이제 빗방울 하나도 물리치지 못했다. 한때 영원할 것처럼 보였던 구조물의 이런 급격한 쇠퇴를 보며 불편한 마음이 드는 것은 예전부터 폐허가 갖는 힘이었다. "우리의 시선이 잔해로 남은 아치 구조물에, 현관 지붕에, …궁전에 머문다. 우리는 내면으로 물러난다." 1767년에 디드로는 폐허를 그린 그림을 보고 나서 이렇게 썼다. "시간의 참화를 생각한다. 우리가 땅 위에서 살아가는 바로 그 건물들의 잔해를 흩트리는 상상을 한다. 그 순간 고독과 침묵이 주위에 감돈다. 세상에 아무도 없고 국가 전체에서 우리가 유일한 생존자이다."[595]

건축가 바실 스펜스가 처음 이곳을 방문하여 바로 이 자리에 서서 디드로가 묘사하는 폐허의 힘에 반응하는 모습이 머릿속에 그려진다. 폐허는 영원인 척하는 겉모습에 가려진 현재의 깊은 취약함을 나름의 방식으로 드러낸다. 스펜스는 어쨌든 양차 세계대전을 겪었고 한 전쟁에서 싸웠던 사람이다. 그러니 코번트리의 폐허

애도하는 음악

가 보존되어야 한다고 인식했을 정도의 분별력이 있었다. 하지만 어떻게 그는 히로시마와 나가사키에 폭탄이 떨어지고 겨우 십 년이 지났고 냉전이 절정이던 때에 그가 만드는 후계 건물 역시 결국에는 똑같은 폐허 상태가 되리라 두려워하지 않을 수 있었을까? 전쟁 후에 인기가 많았던 모더니즘 양식인 브루탈리즘('노출 콘크리트'를 뜻하는 프랑스어 베통 브뤼트Béton brut에서 유래됐으며, 거친 질감과 힘이 느껴지는 소재, 기하학적 형태를 사용하여 실용성을 강조하는 건축 양식을 말한다—옮긴이)의 시멘트 요새와 벙커는 사실 의식했든 아니든 어느 정도는 폭격의 불안, 죽음과 위로부터의 파괴의 두려움에 대한 반응이었다.[596]

이런 불안의 자취를 스펜스가 설계한 성당에서 찾아볼 수 있다. 덩어리와 견고함에서, 장식 없는 외관(그는 "안에 보석이 많이 들어 있

는 수수한 보석함"[597]에 비유했다)에서, 비스듬한 스테인드글라스 창문이 쭉 이어지고 외벽이 마치 중세의 성에서처럼 측면을 호위하는 모습에서 볼 수 있다. 이런 특징들은 스펜스의 건물에 당대의 느낌을 부여하며, 그럼으로써 모더니즘이 역사와 단절했다고 스스로 상상하는 것을 허세로 만든다. 새로 지은 성당은 오늘날 1950년대 모더니즘 건축의 기념비처럼 서 있다. 미래를 상상하면서 과거를 놓지 않는다. 이를 강조하듯, 이런 미드센추리 모던 스타일의 디자인도 이제 나이가 들어 향수를 자아내게 되었다. 미술사학자 T. J. 클라크는 "모더니즘은 우리의 골동품, 우리가 가진 유일한 골동품"[598]이라고 했다.

스펜스가 설계한 성당 외관이 보석함의 모습이라면, 안에 든 보

애도하는 음악

석은 실로 찬란하다. 가장 먼저 눈길을 사로잡는 것은 제단 뒤에 걸린 높이 72피트의 거대한 태피스트리다. 부활한 그리스도가 보좌에 앉아 있는 모습을 묘사한 그레이엄 서덜랜드의 작품이다. 활 모양으로 구부러진 세례당 창문에 존 파이퍼가 추상적인 격자구조로 놓은 스테인드글라스는 흐린 날에도 원색이 혼합된 아름다운 풍경을 만든다. 하지만 스펜스의 가장 놀라운 시도는 신도석 뒤쪽에 위치하고 있는 거대한 그레이트 웨스트 스크린일 것이다. 바닥에서 천장까지 뻗어있는 유리벽으로 너비가 45피트에 이르러 새 성당 안에서 옛 성당의 폐허를 바라보게 되어 있다. 이 유리벽에 존 허튼이 성인과 천사와 구약성서의 인물들로 66개의 이미지를 만들어 새겨 넣었다.

내가 방문한 날에 이런 길쭉한 이미지들은 옛 성당의 어둑한 실루엣과 옅은 잿빛 하늘을 배경으로 포개져서 반투명한 유령의 느낌으로 다가왔다. 흥미롭게도 허튼이 작업한 성인들은 성화聖畫 속 모습처럼 경직된 자세를 취하며 각각 하나의 직사각형 칸 안에 들어있다. 이와 대조적으로 천사들은 날개와 팔다리가 비스듬히 배치되어 스크린의 정교한 격자 무늬를 가로지르며 소용돌이치는 듯한 움직임을 보여준다. 많은 천사들이 나팔을 격정적으로 마치 신들린 듯이 불고 있다.

천사들의 노래가 향하는 방향은 명백히 교회 안, 보좌에 앉은 영광의 그리스도가 놓인 제단 쪽이다. 스펜스는 바깥의 폐허가 끄는 반대쪽의 힘을 두려워하는 듯, 그의 장소가 이런 방향성을 유지하도록 각별히 신경을 썼다. 그레이트 웨스트 스크린이 처음 설치되었을 때, 그는 교회 밖에서 안을 들여다보면 유리에 새겨진 성인과 천사 때문에 영광의 그리스도가 놓인 제단의 시야가 가려진다는 것을 알고는 당황했다.[599] 그래서 허튼에게 다시 한번 비계 위에서서 힘들지만 에칭을 더 투명하게 처리해달라고 요청했다. 시종일관 스펜스 옆에서 긴밀하게 작업했던 하워드 사제에게는 폐허와 부활의 관계에 신학적 의미가 컸지만 마찬가지로 앞을 바라보는 방향도 중요했다. "성당이 불타는 것을 지켜봐야만 했을 때, 마치 십자가에 매달린 예수를 보는 것 같았다."[600] 그의 말이다. 그러므로 재에서 일어선 새 성당은 말 그대로 그리스도의 부활이었다.

하지만 새로 지은 코번트리 성당과 영원히 하나로 묶이는 음악 작품을 만들 때가 되자, 벤저민 브리튼은 용기를 내서 음악을 뒤로 돌렸다. 회고적 관점을 취해 그의 예술이 무너진 잔해를 향하도록 했다. 〈전쟁 레퀴엠〉에서 오언의 시는 옛 성당의 폐허가 스펜스의 모던한 건물에 따라다니듯 레퀴엠 미사에 따라다닌다. 둘 다 번지르르한 문명의 얄팍함을, 자멸로 치닫는 인간의 속성을 계속 환기하는 역할을 한다. 두 번의 세계대전을 겪고 난 1962년에 작곡가는 전통 라틴어 레퀴엠 미사를 본래의 형식대로 진정성 있게 해석하는 것이 더이상 불가능했다. 다시 말해 신학이 역사와 갈라섰기 때문이다. 오언의 시는 미사를 허물고 구멍을 내 이 곡을 파편의 연속으로 만든다. 피로 물든 20세기 역사로 기성 종교는 일종의 폐허가 되었다고 이 음악은 우리에게 말한다.

동시에 브리튼은 신학의 폐허를 보고 그냥 돌아서기에는 너무도 종교적인 사람이었다. 스펜스가 코번트리에서 그랬듯이, 그 역

애도하는 음악

시도 〈전쟁 레퀴엠〉에서 폐허를 보존하기로 했다. 그는 곡을 의뢰받으면서 "종교적이든 세속적이든" 어떤 텍스트도 마음껏 고를 자유를 인정받았지만 〈미사 프로 데푼크티스〉를 선택했고, 그의 음악은 빈정대며 거리를 두지 않고 파편들을 이어간다. 연민과 공감으로 말을 건네고 "진노의 날"에서는 진심 어린 공포를 선사한다. 전통적인 공동의 애도 의식도 여전히 자리를 차지하지만, 그것으로는 결코 충분하지 않다고 말한다. 요컨대 브리튼의 음악적 기념물에는 천사가 있다. 다만 허튼의 스크린에 새겨진 길쭉한 표본과 달리 우리는 그들을 "역사의 천사"라고 부른다.

이 용어는 발터 벤야민에게서 가져온 것이다. 1921년 그는 다소 별나고 어색하게 생긴 천사가 그려진 파울 클레의 그림을 구입했다. 날개는 부러지고 엉킨 것처럼 보여 하늘을 날기에는 적합해 보이지 않는다. 머리는 두루마리가 뭉친 모양이고, 몸은 어딘가 매달린 채로 떠 있다. 벤야민은 이 그림을 책상 옆에 두고 여기서 철학적이고 신비주의적인 영감을 얻었다. 1차 세계대전에 직접 참전했던 클레는 자신의 작품에 "새로운 천사"라는 제목을 붙였다. 벤야민에게 이것은 역사의 천사였다.

벤야민은 비시 프랑스를 탈출하려다 실패하여 자살하기 몇 달 전에 쓴 《역사철학테제》의 아홉 번째 글에서 이 천사가 과거를 향해 얼굴을 돌리고 있다고 썼다.[601] 천사는 눈을 뜨고 입을 벌린 채로 있다. 우리는 역사를 별개의 사건들의 연속으로 보겠지만, 천사는 폐허 위에 폐허가 쌓이는 "단일한 하나의 재앙"만을 본다고 벤야민은 말한다. 그는 천사가 "죽은 자들을 깨우고 부서진 것들을 복구하며" 망가진 이 세상을 되찾으려 한다고 본다. 하지만 그럴 수 없다. 왜냐하면 "천국에서 폭풍이 불어와 천사의 날개를 옴짝달싹 못 하게 하기 때문이다. 폭풍이 어찌나 거센지 천사는 날개를 더이상 접을 수 없다. 폭풍은 천사가 등을 돌리고 있는 미래로 그를 세차게 떠밀고, 그의 앞에 쌓인 잔해더미는 하늘을 향해 치솟는다." 벤야민은 통렬한 알레고리에 결정적인 한 방을 더한다. 인간은 이 폭풍에 이름을 붙였다. 우리는 이를 진보라고 부른다.

허튼의 천사가 유리에 새겨져서 보좌에 앉은 그리스도를 위해 기도한다면, 브리튼의 천사는 소리에 새겨져서 폐허를 위해 기도한다. 그의 역사의 천사는 두 차례 세계대전을 관련된 사건들의 연속이 아니라 "단일한 하나의 재앙"으로 본다. 그리고 부서진 것들을 복구하려는 꿈을 갖고 있다. 브리튼 본인의 말에 따르면 〈전쟁 레퀴엠〉 전체는 다름 아닌 바로 "세계의 잘못이나 세계의 고통을 꿈을 통해 수정하거나 해결하려는 시도"[602]였다. 이것은 작품이 진심을 담아 연주되고 청중이 진심으로 들을 때마다 계속 존재하는 항구적인 꿈이며, 아울러 휴대할 수 있는 꿈이기도 하다. 허튼의 천사를 보려면 코번트리로 가야 하지만, 브리튼의 천사는 〈전쟁 레퀴엠〉을 통해 여러분에게 찾아온다. 음악과 더불어 단일한 긴 순간에 걸쳐 지나간다. 과거를 향해 돌아보며 죽은 자들의 기억을 깨우고 (오언의 구절을 빌리자면) "더 큰 사랑을 사랑하라"고 우리에게 요청하는 동안 진보에 의해 앞으로 떠밀린다. 우리가 할 일은 그저 듣는 것이다.

내가 코번트리 성당을 다 둘러보았을 때 비가 그쳤고, 부드러운

애도하는 음악

잿빛이 하늘에서 걷히기 시작했다. 하지만 기차역으로 떠나기 전에 이곳에 아직 놀랄 게 하나 더 남았다는 것을 깨달았다. 남아 있는 중세의 탑에 종들이 달려 있었는데, 내가 교회를 나가 세인트 마이클 애비뉴에 들어서자마자 기분 좋은 쨍그랑 소리가 울리기 시작했다.

종소리가 돌에 반사되어 퍼지는 동안 그 자리에 가만히 서 있었다. 폐허로, 요새 같은 성당으로, 코번트리 거리로 퍼져나가는 종소리를 들으며 나는 더 오래된 종들의 반향을 그 안에서 느꼈다. 과거에 이곳에서 연주되었던 〈전쟁 레퀴엠〉의 불협화음 종소리를 생각했다. 옛 성당이 수백 년 동안 온전하게 있었을 때 울렸던 종소리를 생각했다. 폭격이 있던 밤을 생각했고 성당이 불타는 동안에도 계속해서 울렸던 종소리를 생각했다. 초연의 밤에 청중들이 존중의 마음으로 말없이 성당을 나오는 것을 보았다. 음악의 기억은 매혹적이었다. 잠깐 동안 소리는 사방에 있었다. 세월이 녹아내렸고, 과거가 시간의 통치에서 벗어나 자유롭게 떠돌았다.

애도하는 음악

9장

마지막 순간의 빛

이제 그들에게 모든 게 분명해졌다. 구덩이가 소용돌이처럼 입을 쫙 벌리고 있다. 지평선이 마지막 순간의 빛을 받아 밝아진다.[603]

− 레프 오제로프, 〈바비 야르〉

"서방에서와는 대단히 다른 싸움이 될 것이다." 독일 육군 참모총장 프란츠 할더가 1941년 초에 소련 침공을 준비하면서 한 말이다. 아울러 더이상 적군에게 "군인의 동지애"를 갖지 말도록 했다. 볼셰비키를(나아가 유대인도) 제압하는 것만이 아니라 아예 영원히 말살하는 것이 유일한 선택지였기 때문이다. 그는 "이것은 절멸의 전쟁"이라고 선언했다.[604]

나치 이데올로기는 볼셰비키에 대한 들끓는 반감을 항상 표명해왔으며, 히틀러는 동부 지역에 있는 거대한 자원과 생활공간Lebensraum을 차지하려는 야욕을 전혀 숨기지 않았다. 이제 미국의 참전이 임박해지자, 나치 지도부는 조급한 마음에 역사상 유례가 없는 규모의 침공을 준비했다. 300만 명의 병력, 3,000대의 전차, 2,500대의 전투기가 동원되는 군사 작전이었다. 히틀러는 허를 찌르는 작전도 준비했다. 독일과 소련은 1939년에 불가침 협정을 맺었는데, 이는 나치에게 도움이 되었다. 덕분에 소련 언론은 독일이 유럽에서 벌인 침략을 순화해서 보도했다. 러시아가 표명한 우정의 제스처는 음악의 영역으로도 확장되었다. 스탈린은 소비에트 영화의 선구자 세르게이 에이젠슈타인이 연출을 맡은 바그너의 오페라 〈발퀴레〉를 볼쇼이 극장 무대에 올림으로써 양국의 동맹을 다졌다. 여러 정보요원으로부터 이미 수차례 경고를 받았음에도 스탈린은 1941년 6월 22일 새벽에 공격을 받자 경악했다. 1941년 6월 22일 이른 아침, 불가침 조약을 협상했던 당사자인 외무장관 뱌체슬라프 몰로토프는 침공 소식을 전할 수 없거나 전하고 싶지 않았지만, 소비에트 인민에게 방송으로 이 사실을 알리는 임무를 명령받아 수행했다.[605]

그 무렵 독일군은 세 곳의 전선에서 동시에 작전을 펴고 있었다. 일주일도 안 되어 민스크의 밤하늘이 불길에 타올랐다. 벨라루스의 고멜에서 한 종군 특파원은 이렇게 전했다. "식자공들이 불타는 건물의 불빛에 의지하며 신문을 만들어야 했다."[606] 불시에 습격을 당한 붉은 군대는 탈영병이 속출했다. 승리의 가망이 없음을 알아차린 러시아 군인들이 전투를 피하려고 총으로 본인의 왼손을 쏘는 일들이 벌어졌다.[607]

애도하는 음악

독일군은 거침없이 영토를 장악해갔고 아인자츠그루펜Einsatzgru-ppen이라고 하는 친위대 학살 부대가 그 뒤를 따랐다. 그때까지 소련 언론은 전쟁에서 나치가 저지른 만행에 침묵으로 일관했으므로, 동쪽으로 대피하지 않으려는 유대인들도 있었다. 그들은 소비에트의 통치에 신물이 나서 독일이 점령하면 형편이 나아지리라 진심으로 믿었고,[608] 어떤 곳에서는 빵과 소금으로 침략자를 환영하기도 했다. 아인자츠그루펜은 독일군과 협력하여 지역 주민들의 이런 무지를 이용했다. 독일 육군 원수 발터 폰 라이헤나우는 "인간 이하 존재인 유대인에게 반드시 해야 하는 엄하지만 정당한 복수"[609]라면서 군인들에게 이미 지시를 내려둔 터였다. 이리하여 히틀러의 살인적인 반유대주의는 마침내 유럽에서 유대인 인구가 가장 많은 중심지 중 하나에 이르렀다.[610]

9월 19일, 독일군은 키이우를 손쉽게 점령했다. 베사랍스카 거리의 주요 도로에서 상점들을 약탈하는 일이 그날부터 시작되었다. 백주대낮에 시내에서 유대인을 겨냥한 공격이 벌어졌다. 키이우 음악원 교수 S. U. 사타노프스키는 집에서 가족과 함께 총에 맞았다. 유명한 작가·편집자·번역가인 사라 막시모바 에벤손은 3층 창문 밖으로 던져졌다. 9월 23일이 되자 드니프로 강에 시체들이 종교적 물품들과 함께 떠내려가기 시작했다. 9월 24일, 연이은 폭발음이 도시를 강타했다. 소련 군대가 퇴각하며 남겨둔 지뢰들이 폭발하기 시작하여 키이우 중심가에 거대한 불길이 일었다. 한 목격자의 말이다.

집들이 무너져 내렸고, 불길이 공중을 날아다녔어요. 돌덩어리와 자갈이 사람들 위로 쏟아지는가 하면 창문에서 유리가 가랑비처럼 흘러내렸어요. 사람들은 불에 그슬린 우리 안의 쥐처럼 마구 뛰어다녔습니다. 그야말로 사방에서 사람들의 울음소리와 비명이 들렸습니다.

독일군이 오고 나서 불과 일주일이 지난 9월 27일과 28일 이틀에 걸쳐 우크라이나 경찰은 러시아어·우크라이나어·독일어로 된 서명 없는 명령서 2천 부를 배포했다.

키이우 도시와 인근에 있는 모든 유대인은 1941년 9월 29일, 월요일 아침 8시까지 멜니크 가와 독토리브스카야 가가 만나는 모퉁이(묘지 옆)에 집합하라. 신분증과 돈, 귀중품과 더불어 따뜻한 옷과 속옷 등도 챙겨야 한다. 이 명령을 따르지 않고 다른 곳에 있다가 붙잡히는 유대인은 사살할 것이다. 유대인이 비워놓은 집에 들어가거나 무단으로 이용하는 시민도 사살할 것이다.[611]

Все жиды города Киева и его окрестностей должны явиться в понедельник 29 сентября 1941 года к 8 часам утра на угол Мельниковой и Доктеривской улицы (возле кладбищ).

Взять с собой документы, деньги и ценные вещи, а также теплую одежду, белье и пр.

Кто из жидов не выполнит этого распоряжения и будет найден в другом месте, будет расстрелян.

Кто из граждан проникнет в оставленные жидами квартиры и присвоит себе вещи, будет расстрелян.

Наказується всім жидам міста Києва і околиць зібратися в понеділок дня 29 вересня 1941 року до год. 8 ранку при вул. Мельника — Доктерівській (коло кладовища).

Всі повинні забрати з собою документи, гроші, білизну та інше.

Хто не підпорядкується цьому розпорядженню буде розстріляний.

Хто займе жидівське мешкання або розграбує предмети з тих

집합 장소가 기차역 부근이었고

돈과 신분증을 지참하라고 했기 때문에 많은 유대인은 피난을 가는 거라고 생각했다. 텔리아 오시노바라는 여인이 곧 떠날 여행을 위해 마지막 날 집에서 요리를 하고 빵을 굽고 있을 때, 키이우에서 유명한 시민인 그녀의 남편 게르쉬 아보비치 그린버그는 갈리츠키 시장에 갔다가 독일군에게 붙잡혀 물품을 털리고 옷이 벗겨지고 심한 구타를 당해 죽었다. 같은 시장 근처에서 아래의 일도 있었다.

한 유대인 가족이 며칠 동안 지하실에 숨어 있었습니다. 어머니는 두 아이를 데리고 나가 시골로 가야겠다고 생각했습니다. 술 취한 독일인들이 그들을 멈춰 세우더니… 잔혹하게 다루었습니다. 한 아이의 목을 잘랐고 다른 아이는 어머니가 보는 앞에서 죽인 겁니다. 어머니는 정신이 나가 죽은 아이들의 시신을 가슴에 꼭 끌어안았습니다. 히틀러 신봉자들은 그만하면 충분히 즐겼다고 생각해서 어머니도 살해했습니다.

9월 29일 아침, 도시에 사는 유대인들 모두가 집합 장소로 나온 것은 아니었다. 자신과 아이들에게 모르핀을 주사하여 독살한 의사들이 있었다고 한다. 코롤렌코 43번지의 아파트 13호에서 리바 카잔이라는 5학년 소녀와 어머니가 등유로 불을 질러 생을 마감했다. 1932~33년에 우크라이나를 덮친 대기근이 유대인 때문이라는 소문이 오래전부터 나돌았다. 우크라이나 주민 중 일부는 이제 적극적이든 수동적이든 나치가 유대인들을 검거하는 데 도움을 주었다. 사람들이 나간 아파트를 잽싸게 차지하거나 거주자를 서둘러 나가도록 몰아붙인 사람도 있었다. 누군가는 숨으려는 자들을 신고하기도 했다.

소피아 보리스노바 아이젠슈테인-돌구셰바라는 이름의 조산사가 남편과 짜고 집합 장소에 갔다고 속이고는 다락에 숨었다. 그 공간에서 더이상 버틸 수 없게 되자 남편은 그녀를 매트리스 안에 넣고 바느질로 봉한 다음 산 채로 관에 넣어 묻었다. 관에 작은 틈이 있어서 벽돌로 덮고 그 사이로 그가 음식물을 넣어주었다. 그녀는 그렇게 땅속에서 19개월을 살았다.

하지만 키이우의 나머지 유대인들은 고분고분하게 명령을 따랐다. 나치 지도부는 5천 명에서 6천 명 정도 모이리라 예상했지만, 실제로 그곳에 모인 유대인은 3만 명이 넘었다.[612] 거리를 따라 집합 장소까지 길게 이어진 유대인들 대열을 다른 키이우 시민들이 말없이 지켜보았다. 한 목격자의 말이다.

가족들은 여행을 위해 빵을 굽고 배낭을 만들고 수레를 빌렸습니다. 나이든 남자와 여자는 나란히 걸으며 서로를 격려했습니다. 어머니는 아기를 팔에 안거나 유모차에 태워 밀었습니다. 사람들은 자루나 꾸러미, 여행가방, 상자를 들고 있었습니다. 아이들은 부모 옆에서 타박타박 걸었습니다. 젊은 사람들은 아무것도 가져오지 않았지만, 노인들은 최대한 많은 것을 집에서 갖고 왔습니다. 손주는 안색이 창백하고 숨 쉬는 것도 어려운 노인의 손을 잡고 이끌었습니다. 아프거나 몸이 불편한 사람들은 담요와 시트를 두르고 들것에 실려 왔습니다.

그들은 오늘날 멜니코바 가와 도로호즈히츠카 가가 교차하는 곳에 모였다. 1941년에는 루키아니우카 유대인 묘지가 근처에 있었다. 거기서 그들은 기차역이 아니라 걸어서 10분 거리인 바빈 야르(러시아어로 바비 야르)로 가라는 지시를 받았다. 도시 외곽에 위치한 가파른 산골짜기로 경관이 수려하여 한때 키이우의 스위스[613]라는 별명으로 불렸고, 1940년부터는 스키 리조트 개발이 예정되어 있었다. 여러 차례 협곡을 휘감고 도는 길이어서 뒤에서 따라가는 사람은 앞에 무엇이 있는지 볼 수가 없었다. 그리고 기관총 소리가 틀림없다고 생각될 즈음이면 너무 늦었다. 파울 블로벨 사령관이 지휘한 나치 존더코만도 4a 부대가 이미 두 줄로 정렬하고 있었다. 신원 확인을 마친 유대인들은 신분증과 귀중품을 강제로 넘겨주고 옷을 다 벗고 병사들 사이를 지나야 했다. 곤봉으로 얻어맞고 개들의 공격을 받았는데, 이는 저항 의지를 꺾기 위함이었다. 그렇게 해서 협곡 가장자리에 이르면 기관총이 그들을 곡물 베듯 쓰러뜨렸다. 그들의 몸은 골짜기 바닥에 인산인해를 이루며 뒤엉켜 있는 죽은 사람들과 거의 죽은 사람들 위로 굴러떨어졌다. 어떤 희생자들은 얼굴을 아래로 보고 시체 위에 눕도록 하고는 총으로 쐈다. 아이들을 쏘았고, 갓난아기들은 부모로부터 빼앗아 골짜기로 던졌다. 독일 경찰 연대가 작전을 지원했고, 우크라이나 민족주의자 조직의 지휘하에 우크라이나 보조경찰 부대도 협력했다. 나치는 이것을 세심한 기록으로 남겼다. 총 33,771명의 유대인이 9월 29일

과 30일 이틀 동안 바빈 야르에서 살해되어 소련 영토에서 벌어진
최악의 유대인 대학살로 기록되었다. 하지만 우크라이나, 리투아
니아, 라트비아, 벨라루스 곳곳의 크고 작은 마을에서도 비슷한 학
살이 있었다. 포나리, 베르디체프, 카우나스의 제9요새, 민스크 외
곽의 말리 트로스티네츠, 리가 외곽의 룸블라 숲, 빈니차, 도마니
코바, 보그다노프카, 아크메체트카, 지토미르 등이 그 예다.

　독일 침공 6개월만인 1941년 말까지 60만 명의 유대인들이 점
령지에서 살해되었다. 전쟁 중에 소련에서 죽은 유대인들을 다 합
치면 250만 명에 이른다. 이것은 총탄에 의한 홀로코스트였다.[614]
사람들을 외진 수용소에 몰아넣고 비인격적으로 살해한 것이 아
니라, 대낮에 그들이 사는 지역에서 때로는 이웃의 도움을 받아가
며 가까운 거리에서 그들을 쳐다보며 죽인 것이었다. 서양에서 쇼
아의 이런 면은 아우슈비츠의 압도적인 이미지에 가려 제대로 주

목받지 못했다. 역사학자 티머시 스나이더가 강조했듯이, 서방 군대는 이런 도륙의 현장에 발을 들이지도 않았고,[615] 그래서 나중에 철의 장막 뒤에 가려진 채 흐지부지해졌다. 이 홀로코스트 생존자의 목소리는 전후에 수면으로 올라오지도 않았다. 살아남은 사람이 사실상 없었기 때문이다.

바빈 야르는 독일이 점령하고 있던 2년 동안 처형의 장소로 활용되었다. 정확한 숫자는 알려지지 않았지만 3만 명의 유대인이 추가로 이곳에서 죽었고, 그 외 집시, 우크라이나 민족주의자, 소비에트 전쟁 포로, 지역의 정신병동 환자, 키이우의 일반 시민을 포함한 3만 명이 더 희생되어, 총 사망자는 대략 10만 명에 이른다고 추산된다.[616] 1943년 8월, 소련의 붉은 군대가 영토를 탈환하기 시작하자 나치 점령군은 자신들의 악랄한 범죄를 은폐하려고 했다. 최초의 학살을 감독했던 블로벨 사령관은 증거물을 폐기하라는 두 번째 작전을 내렸다. 그리하여 근처의 시레츠 강제수용소 수감자 3백 명이 족쇄를 찬 채, 서둘러 파묻은 시체를 다시 파내고 얽힌 시신들을 따로 분리하고 소각하는 일을 맡았다. "거대한 모닥불이 밤낮으로 타올랐다"고 이 작전에 참여했던 사람이 말했다. 그들은 유서 깊은 루키야니우카 묘지에서 가져온 철창과 오래된 묘비로 화로를 만들어 사용했다. 태우고 남은 뼈는 "거대한 롤러로 빻고 모래와 섞어 인근 지역에 뿌렸다"고 한다. 그중 일부는 지역 정원에 사용된 것으로 드러났다.

"전쟁은 복잡하고 자욱하고 빽빽하다. 한 치 앞도 보이지 않는

숲과 같다. 전쟁은 그것을 묘사한 것과 닮지 않았다…. 전쟁의 참여자들은 그 존재를 느끼되 항상 이해하지는 못하며, 후대에 조사한 사람들은 전쟁을 이해하되 느끼지는 못한다."[617] 소련-유대인 작가 일리야 에렌부르크의 말이다.

독일군이 소련을 공격한 순간부터 에렌부르크는 전쟁의 판세를 불가사의하리만치 제대로 느끼고 동시에 이해도 한 것 같은 모습을 보였다. 키이우 태생의 소설가이자 시인인 그는 1차 세계대전, 스페인 내전, 2차 세계대전 현장에서 쓴 기사를 통해 유럽의 재앙의 실상과 분노를 가차 없이 전함으로써 존경받는 저널리스트로 이름을 떨쳤다. 1941년 독일 침공 이후로 에렌부르크는 누구보다 많은 전쟁 기사를 썼고, 그의 논쟁적인 글은 폭넓게 읽혔다.[618] 2천 개가 넘는 기사가 그의 손을 거쳤으며, 대부분이 붉은 군대의 신문 〈크라스나야 즈베즈다〉(붉은 별)에 실렸다. 그의 글은 워낙에 인기가 많아서 붉은 군대의 병사들이 그의 기사가 실린 신문으로 담배를 말아 피우는 것을 금지하는 명령이 내려졌을 정도였다.[619] 나치 장교들 또한 그의 글을 읽고 격분하여 연설에서 맹렬하게 비난했다.

전쟁 시절 에렌부르크의 문학계 전우로는 역시 우크라이나 태생의 소련-유대인 작가 바실리 그로스만이 있었다. 1941년에 자원하여 입대한 그로스만은 붉은 군대와 함께 곳곳을 돌아다니며 전장의 실상을 용감하게 보도하고 기적에 가까운 인터뷰 솜씨를 발휘하여 명성을 얻었다. 〈붉은 별〉, 〈기치〉, 이디시어 신문 〈통합〉에 실린 그의 기사는 전쟁의 행위자들—군인, 사령관, 민간인, 희생자—을 인간적으로 묘사하고 그들의 긴박한 상황과 도덕적 의

애도하는 음악

지력을 글로 전한 점에서 주목할 만하다. 그로스만은 훗날 20세기 러시아 소설의 대표작으로 자주 언급되는 대담한 필치의 걸작《삶과 운명》에서 이 시대를 불멸화했다. 그렇게 보자면 이런 저널리즘 작업은 일종의 사전 조사 작업이었던 셈이다.

에렌부르크와 그로스만이 전시에 쓴 글들은 거칠고 직접적인 묘사로 시시각각 다가오는 공포를 조금이나마 느끼게 하며 이해하기 어려운 비극의 차원을 헤아리려고 할 때 도움을 준다. 소련이 빼앗긴 우크라이나 도시들을 되찾고 난 뒤인 1943년 가을, 그로스만은 소련 영토에서 벌어진 종족 학살을 솔직하게 설명한 글을 누구보다 먼저 발표했다(아직 '종족 학살genocide'이라는 말이 생겨나기 전이었다). "유대인 없는 우크라이나"라는 제목의 날카롭게 날이 선 기사는 붉은 군대의 신문에서 싣기를 거부하여 이디시어로 번역된 글이 먼저 발표되었다. 그가 "인류 역사상 최악의 범죄"라고 칭한 추상적인 것을 독자들이 이해하는 데 어려워할 것임을 미리 내다보기라도 하듯, 그는 그 내용을 개인적인 차원에서 하나하나 나눠서 설명하려고 한다.

우크라이나에는 유대인이 하나도 없다…. 정적과 침묵만 있을 뿐. 한 민족이 살해되었다. 나이 많고 솜씨 좋은 장인들이 살해되었다. 재단사, 모자 제작자, 제화공, 대장장이, 보석 세공사, 도장공, 모피 제작자, 책 제본사. 노동자들인 짐꾼, 기계공, 전기공, 목수, 제철공, 열쇠공이 살해되었다. 짐수레꾼, 트랙터 운전사, 운전기사, 소목장이 살해되었다. 제분업자, 제빵사, 제과사, 요리사가 살해되었다. 내과의사, 치료사, 치과의사, 외과의사, 산부인과 의사가 살해되었다. 세균학과 생화학 전문가, 대학병원장, 역사· 대수학·삼각법을 가르치는 교사가 살해되었다. 강사, 학과 조교, 과학자 지망생과 박사가 살해되었다. 공학자, 야금학자, 교량 건설자, 건축가, 조선공이 살해되었다. 포장공, 농학자, 밭작물 재배자, 토지 측량사가 살해되었다. 회계사, 경리, 점원, 물품 공급자, 관리자, 비서, 야간경비가 살해되었다. 교사와 드레스 재단사가 살해되었다. 스타킹을 수선하고 맛있는 빵을 구울 줄 아는, 치킨수프를 만들고 호두와 사과를 넣은 파이를 구울 줄 아는 할머니가 살해되었다. 자식들과 손주들을 사랑하는 것 말고는 아무것도 할 줄 모르는 할머니가 살해되었다…. 바이올리니스트와 피아니스트가 살해되었다. 세 살배기와 두 살배기 아이가 살해되었다. 백내장으로 눈이 침침하고 손가락이 차갑고 투명하게 비쳐 보이고 목소리가 양피지처럼 바스락거리는 여든 살의 노인이 살해되었다. 마지막 순간까지 엄마의 젖을 탐욕스럽게 빨며 우는 갓난아기가 살해되었다. 모두가 살해되었다. 수십만, 수백만 명 모두가.

이것은 무기를 들고 전쟁터에 나간, 자신의 집과 가족, 밭, 노래, 책, 풍습, 민담을 두고 떠난 개인의 죽음이 아니다. 이것은 한 민족의 살해, 가정의 살해, 가족 전체와 책, 신념의 살해, 생명 나무의 살해다. 나뭇가지와 잎의 죽음이 아니라 뿌리의 죽음이다. 한 민족의 몸과 영혼을, 수세대에 걸쳐 수많은 영리하고 재능 있는 장인과 지식인을 배출한 생명을 살해한 것이다. 아버지에서 아

애도하는 음악

들로 계승된 한 민족의 도덕, 풍습, 이야기를 살해한 것이다. 좋았던 시절과 나빴던 시절을 담은 기억, 노래, 서사시를 살해한 것이다. 가족의 터전과 묻힐 장소를 파괴한 것이다. 이것은 우크라이나 사람들 옆에서 수백 년을 살았던 민족, 그들과 같은 땅에서 일하고 죄를 짓고 친절을 행하고 죽은 민족의 죽음이다.[620]

비록 그로스만의 기사가 두 해 동안(1942~44년) 억압을 받긴 했지만, 스탈린은 독일의 잔학함을 기록하고 알리면 소비에트 전쟁을 수행하는 데 필요한 국제적 지지와 자금을 얻을 수 있으리라 생각했다. 그리하여 소련 정권은 반파시스트 위원회를 여럿 만들었다. 그중 하나가 1942년 봄에 설립된 유대인 반파시스트 위원회(JAC)[621]였다. 당시 가장 유명한 이디시 배우이자 모스크바 국립 유대인 극장 감독인 솔로몬 미호엘스가 회장을 맡았고, 에렌부르크와 그로스만이 여기에 깊숙이 관여했다. 이들이 가장 먼저 역점을 둔 일은 1942년 5월 모스크바에서 가진 라디오 연설이었다. 전 세계 유대인들에게 소련이 1,000대의 전차와 500대의 전투기를 새로 마련하도록 기부금을 부탁하는 연설이었다. 미호엘스는 청취자들에게 가족의 일원으로서 호소했다. "이런 중차대한 시기에 나는 여러분에게 역사에서 유례가 없는 인간과 짐승의 대결에서 적극적인 역할을 해주시기를 청합니다. 여러분의 어머니와 자매들의 눈물을 모아 포탄을 만들어 파시스트 악당들의 머리에 비처럼 쏟아지게 합시다."[622]

1942년 말에 JAC는 알베르트 아인슈타인이 주축이 된 미국 유대인 작가·예술가·과학자 위원회로부터 전보를 받았다. 당시 상상할 수 없는 규모로 진행되고 있는 나치의 범죄를 증명하는 자료 모음집을 준비하자는 제안이었다. 미호엘스와 JAC는 이에 동의했고, 그리하여 에렌부르크는 "검은 책"이라 불리게 되는 책을 만드는 작업을 하게 되었다. 소련 전역에서 보내온 편지, 일기, 증언을 토대로 소련 유대인의 절멸을 실시간으로 기록하는 대단히 야심찬 시도였다.

자료 요청이 나가자, 군인들과 생존자들이 보낸 편지가 에렌부르크의 모스크바 아파트로 수천 통씩 쏟아져 들어왔다.[623] 리투아니아에서 그의 딸은 처형을 앞둔 프랑스 유대인들이 수용소 담장에 남긴 증언을 적어 보냈다.[624] 그로스만은 나중에 프로젝트에 합류하여 홀로코스트를 기록하는 추후 작업에 그림자처럼 따라붙는 핵심적인 역설을 명확히 했다.[625] 증언은 오로지 생존자만이 할 수 있는 것이며, 정의상 생존자는 규칙에 예외라는 점이다. 이런 사실을 염두에 둔 그로스만은《검은 책》이 "땅에 누워있어서 말할 수 없는 사람들의 이름으로 말해야 한다"고 강조했다. "우리는 도망친 다섯 명에게 무슨 일이 벌어졌는지가 아니라 바비 야르에 끌려간 99퍼센트의 사람들에게 무슨 일이 벌어졌는지를 설명해야 한다."[626]

그로스만은 자신의 주장을 일반적인 관점에 담았지만, 이런 이야기들을 모은 바탕에는 대단히 개인적인 동기도 작용했다. 땅에 누워 있는 수백만 명 가운데 한 명은 베르디체프에서 학살된 그의 어머니였던 것이다. 어머니의 운명은 그로스만을 괴롭혔고, 그는 어머니에게 피난하라고 고집하지 않은 자신을 자책했다.《검은

애도하는 음악

책》은 어머니의 개인적인 이야기를 전하지 않지만 《삶과 운명》에서 그로스만은 죽은 자들에게 말할 수 있는 기회를 준다. 그로스만처럼 러시아-유대인인 과학자 주인공은 어머니가 처형 바로 전날에 쓴 긴 편지를 받는다. 그로스만이 현실에서 결코 받아보지 못한 작별 편지다.

비탸, 나는 지금 심장이 멎을 것만 같은 공포에 사로잡혀 있다. 나는 죽게 될 거야. 너에게 소리쳐 도움을 청하고 싶다…. 아는 농부에게서 오늘 들은 말인데, 게토 담장을 지나다 보니 감자 캐러 보내진 유대인들이 비행장 근처 시내에서 도로를 따라 로마노프카까지 4베르스타(러시아에서 예전에 사용했던 거리 단위로 1베르스타는 1.067킬로미터—옮긴이)에 이르는 깊은 도랑을 파고 있다더구나. 그 이름을 기억해라. 그곳이 네 엄마가 묻히게 될 무덤이니까…. 지난밤 내 똑똑히 알게 되었다. 턱수염 기르고 걱정 가득한 아버지들과 벌꿀 케이크를 구우며 투덜거리는 할머니들의 소란스러운 이 세계가… 결혼 풍습과 속담과 안식일이 있는 이 세계 전체가 어떻게 땅속으로 영원히 사라지는지를 말이다. 전쟁이 끝나면 생명이 다시 싹을 틔우겠지만, 우리는 여기 없을 거야. 아즈텍 문명처럼 사라졌을 테니까…. 너에게 키스를 보낸다. 네 눈에, 네 이마에, 네 머리카락에. 네 어머니의 사랑이 슬플 때도 기쁠 때도 항상 곁에 있다는 것을 기억해라. 누구도 그것을 파괴할 힘은 없다. 비텐카… 이것이 내가 너에게 보내는 마지막 편지의 마지막 줄이다. 부디 오래오래 살아야 한다…. 엄마가.[627]

비극적이게도《삶과 운명》도《검은 책》도 원래 목표로 한 대중은 만나지 못했다. 스탈린 시대의 소련 사회를 가감 없이 솔직하게 묘사한《삶과 운명》은 정권이 극도로 위험하다고 여겨 1960년에 원고를 몰수했다(출간은 1988년에야 이루어졌다).《검은 책》은 해가 갈수록 작업이 복잡해졌고, 정권의 비공식적인 검열이 점차 거세졌다. 전쟁이 계속되자, 소련 선전의 필요성도 그만큼 커졌다. 그런데 검열관이 보기에 이 책에는 치명적인 결함이 있었다. 독일군이 소련 지역 주민들로부터 받은 협조를 기록했기 때문이다. 우크라이나만 하더라도 대략 3만 명에서 4만 명의 우크라이나인이 유대인 학살에 가담한 것으로 학자들은 추정한다.[628] 감독 위원회에 따르면, 그와 같은 보고는 "책의 단호한 일차적 목표여야 하는 독일군을 향한 집중적인 비판"[629]을 무디게 할 우려가 있었다.

그러자 그로스만은 지역 주민들이 유대인 이웃을 구하는 일에 영웅적인 노력을 기울인 에피소드들이 부각되도록 글을 다시 손봤다. 그리하여 1947년 여름, 우여곡절 끝에 러시아어판《검은 책》이 인쇄공에게 넘겨졌다. 그러나 8월 20일 인쇄기가 막 돌아가기 시작했을 때—바로 그 순간 수천 마일 떨어진 곳에서 아르놀트 쇤베르크는 로스앤젤레스 노스 로킹엄 애버뉴의 스튜디오에서 〈바르샤바의 생존자〉 작곡에 여념이 없었다—작업을 멈추라는 지시가 갑자기 높은 곳에서 내려왔다.《검은 책》은 고작 33장만이 인쇄된 참이었다.[630]

미호엘스는 프로젝트가 "시의성을 조금도 잃지 않았다"면서 "반동세력과의 투쟁에서 중요한 역선전 자료"가 될 것이라고 중앙위원회 선전부장 안드레이 즈다노프에게 간청했다.[631] 소용없었다. 최종 결정이 1947년 10월에 내려졌다. 《검은 책》에 "심각한 정치적 오류"가 있었다고 했고, 유대인의 고통을 더 큰 소련의 비극에서 분리했다는 것이 오류에 포함되었다. 아울러 유대인에 가해진 폭력을 전면에 내세움으로써 독자로 하여금 반유대주의가 파시즘 발흥에 결정적으로 작용했다는 그릇된 결론을 내리게 할 수 있다고 했다. 하지만 엄격한 사회주의 교리로 보면 그럴 수 없었다. 마르크스-레닌주의에 따르면 파시즘은 자본주의의 궁극적인 마지막 단계였다. 요컨대 핵심적인 주장은 이것이었다. 유대인이 2차 세계대전에서 살해된 것은 그저 소련인이 살해되었기 때문이다.[632] 그러니 "죽은 자를 나누지 말라!"[633] 에렌부르크와 그로스만이 살아 있을 때 소련에서 인쇄된 《검은 책》은 저 33장이 전부였다. 창고에 방치되었다가 1948년에 교정쇄 및 활판과 함께 폐기처분되었다.[634]

나치가 키이우를 점령했을 때의 상황을 내가 설명한 것은 거의 모두 《검은 책》에서 가져온 것이다. 사타노프스키 교수, 사라 막시모바나 이븐슨, 텔리아 오시노바와 그녀의 남편 게르쉬 아보비치 그린버그 , 어린 소녀 리바 카잔, 관 속에서 살았던 여인 소피아 보리스노바 아이젠슈타인-돌구셰바의 이야기, 그리고 바빈 야르 대학살의 자세한 정황까지. 이런 이야기들과 수백 가지의 다른 이야기들은 희생자들과 마찬가지로 소련의 나머지 존재들을 위해 역사에서 지워졌다.[635] 오늘날 우리가 그들을 아는 것은 용케 개인 소장품으로 남아 있던 완전한 교정쇄를 1990년에 발견했기 때문이다. 덕분에《검은 책》은 1993년에 원래 형식으로 리투아니아-유대인이 운영하는 출판사에서 러시아어로 출간되었고,[636] 2002년에 영어 번역본이 나왔다.

한편, 전후 초기에 스탈린은 새로운 반유대인 운동(공식적으로는 '반세계주의자' 운동)을 전개했다. 더이상 JAC가 쓸모없다고 판단한 그는 JAC 지도자들을 적극적으로 배척했다. "민족주의 활동"의 혐의를 그들에게 덮어씌웠는데, 터무니없는 아이러니가 아닐 수 없다.《검은 책》출간 중단이 결정되고 일 년도 채 되지 않아 스탈린은 민스크로 비밀첩보원을 파견했다.[637] 거기서 그들은 미호엘스를 붙잡아 한적한 곳으로 데려가서 살해했다. 그리고 나서 1948년 1월 13일 자정 무렵에 그의 시체를 조용한 시내 거리에 두고 트럭에 치이게 한 다음 눈 속에 버려 교통사고로 죽은 것처럼 보이게 했다. 사흘 뒤에 호화로운 국가 장례식이 열렸고, 〈프라우다〉는 음흉한 추모기사에서 미호엘스를 "영원히 우리 마음속에 살아 있을⋯ 위대한 예술가이자 대단한 공인公人"이라고 칭송했다.

바빈 야르는 완전하게 침묵했다. 먼저 나치가 나서서 증거를 파괴했고, 이어 소련이 기억을 파괴했다. 둘이 합심하여 완벽하게 입을 틀어막았다.

미호엘스가 살해된 다음 날, 드미트리 쇼스타코비치는 소련 음악 활동가들을 소집한 중앙위원회에 참석차 모스크바에 있었다. 안건은 '형식주의'였다. 낙관과 애국적 열의로 국가와 인민을 고취시킨다고 하는 사회주의 리얼리즘 예술의 이상을 충분히 구현하지 못한 음악을 공격할 때 편리하게 갖다 붙이는 말이었다. 이날 회의에서 쇼스타코비치와 프로코피예프 모두 형식주의자로 추궁당했다. "우리의 현실을 왜곡하고, 우리의 영광스러운 승리를 반영하지 않고, 우리의 적이 시키는 대로 한다"[638]는 이유였다. 미호엘스가 죽기 몇 달 전에 간청했던 공포의 문화 인민위원 안드레이 즈다노프는 이렇게 말했다. "오늘날 작곡가들의 작품 전체에 자연주의적인 소리가 깊고 과하게 침투해 있어서, 이런 우아하지 못한 표현은 내키지 않지만 도로 굴착기나 음악적 가스실을 떠올리지 않을 수 없소."[639]

다섯 시간의 회의가 끝나고 쇼스타코비치는 곧장 미호엘스의 딸 나탈리아 보브시-미호엘스와 남편 모이세이 바인베르크의 집으로 찾아갔다. 바인베르크는 작곡가로 쇼스타코비치의 가까운 친구이기도 했다. 그가 도착했을 때 문이 열려 있었고, 보브시-미호엘스가 훗날 회고한 바에 따르면 "망연자실한 사람들과 겁에 질린 사람들이 끊이지 않고" 조용히 아파트를 드나들며 그 자리에 있는 것만으로도 애도를 표했다. 쇼스타코비치는 남들 모르게 들어와 슬퍼하는 가족에게 다가가서는 말없이 그들을 껴안았다. 그러고는 다른 사람들을 등진 채 서서 조용한 목소리로 말했다. "나는 그가 부럽네."[640]

쇼스타코비치 자신도 오랫동안 스탈린의 공포 정치에, 그리고 한 음악가가 "철이 녹슬 듯이 사람을 부식시킨다"[641]고 표현한 정권으로부터 괴롭힘과 모멸을 당했다. 그는 당의 승인을 얻기 위해 타협하고 곡해되면서 안팎으로 망가졌다. 그러면서도 가능한 내면적으로 진정한 음악을 작곡했다. 쇼스타코비치는 1936년 1월부터 이런 쫓고 쫓기는 게임을 해왔다. 초창기 그의 명성이 절정이던 무렵, 당의 공식 입장을 대표하는 〈프라우다〉의 (이름이 적히지 않은) 사설에서 그의 오페라 〈므첸스크의 맥베스 부인〉을 혹평했다. "음악이 아니라 혼란"이라는 헤드라인을 내걸고 그의 오페라가 "불협화음과 두서없는 혼란한 소리의 연속"이라며 공격했고, 쇼스타코비치가 서양의 위험한 형식주의에 사로잡혀 있다고 보았다. 사설은 마지막 줄까지 공세를 늦추지 않고 이렇게 위협하며 마무리했다. "이것은⋯ 대단히 안 좋게 끝날 수도 있는 게임이다."[642]

스탈린의 공포 조직이 배후에서 관여한 이런 언론의 공격에 쇼스타코비치는 크나큰 상처를 받았다. 이 사설을 필두로 다음 주에 그를 공격한 기사가, 쇼스타코비치 전기를 쓴 로렐 페이의 말을 빌리자면, "급속히 늘어나 문화적 십자군 전쟁의 양상으로 번졌다."[643] 한 달도 못 되어 쇼스타코비치의 기사를 모은 스크랩북은 78페이지에 이르렀다. 게다가 그는 친구와 동료 들이 자신을 배신하고 당의 노선을 앵무새처럼 따라 하는 것을 보았다.[644] 예민한 그의 얼굴은 신경과민으로 긴장된 가면이 되었다. 소프라노 갈리나 비슈네프스카야는 "그의 피부가 그에게 씌운 낙인으로 인해 벌겋게 탔다"[645]고 회상했다.

그때부터 작곡가와 청중의 관계가 새롭고 다소 특이한 단계에 접어들었다. 당의 검열로 인해 해석의 분열이 일어났고, 이에 따라 쇼스타코비치의 음악은 종종 완전히 상반되는 평을 받았다. 대부분의 소련 관료들의 관점에서 볼 때, 그의 후속작인 교향곡 5번—"정

　　　　　　　　　　　　　　　애도하는 음악

당한 비판에 대한 소련 예술가의 응답"이라고 언론이 보도한—은 마땅히 긍정적인 어조로 돌아간 것으로 여겨졌다. 국가를 찬양하고 소련 인민의 위대한 운명을 찬양하는 작품이었다. 한편 폭정에 시달리는 일반 청중은 같은 작품에서—그리고 이어지는 많은 작품에서—어쩔 수 없이 겉으로는 주인을 즐겁게 하지만 예술을 통해, 들을 줄 아는 귀가 있는 사람들을 위해, 국가의 비인간적인 힘에 맞선 영웅적인 정신 투쟁과 비극적인 일상의 현실을 담아낸 고통 받는 동료 시민의 증언을 보았다. 이런 맥락에서 쇼스타코비치가 작곡한 열다섯 개의 교향곡은 "한 국가의 비밀 일기"[646]로 불리게 되었다. 그가 남긴 방대한 실내악곡은 성격상 대중의 눈을 덜 받았고 그래서 표현이 더 직접적이므로, 개인의 비밀 일기였다.

이런 작품이 그토록 많은 일을 할 수 있었다는 사실을, 문학뿐만 아니라 음악도 한 사회의 정신적 자양분으로서 그토록 필수적인 역할을 할 수 있었다는 사실을 외부인들이 이해하기란 쉬운 일이 아니었다. 1945년 영국 외무부는 리가 태생으로 옥스퍼드에서 공부한 정치 철학자 이사야 벌린을 소련에 보내 그곳의 문화적 상황을 알아보도록 했고, 그는 믿기 어려운 이야기들이 잔뜩 담긴 보고서를 가지고 돌아왔다. 여기 보면, 전쟁 당시 보리스 파스테르나크와 시인 안나 아흐마토바가 쓴 미발표 글을 전선의 군인들이 "소련 신문에 실린 에렌부르크의 기사를 읽을 때와 똑같은 열의와 애착으로" 손으로 베껴 써서 돌려가며 읽었다고 한다.[647] 파스테르나크의 시는 실제로 그의 숭배자들이 다 외우고 있어서 낭독회에서 시인이 종종 잠깐 멈출 때면 어김없이 "곧바로 그에게 단어를 알려주는 청중이 최소한 대여섯 명 있었고, 그들은 원하면 얼마든지 계속 암송할 수 있었다."

파스테르나크는 이렇듯 많은 사랑을 받았지만, 쇼스타코비치 청자들이 작곡가에게 갖고 있던 감사의 마음은 사뭇 다른 종류로 보인다. 열성 팬들이 공연을 보려고 연주회장의 환풍구를 타고 기어 올라갔다는 이야기가 나돌았다. 내가 아는 러시아 망명자는 연주회장이 한마디로 자신이 혼자가 아님을 느끼려고 가는 곳이라고 설명했다. 레닌그라드의 한 비올리스트는 내게 이렇게 말했다. "우리가 실제로 무엇을 생각하고 있었는지 말할 수는 없지만, 쇼스타코비치의 음악을 들으면 우리 마음과 정신 속에서 일어났던 모든 것이 설명되었어요."[648] 벌린이 소련을 방문하고 25년 후, 미국의 음악학자 리처드 타루스킨이 모스크바 음악원 대강당에서 열린 쇼스타코비치의 교향곡 15번 초연에 참석했다. 그는 나중에 이렇게 썼다.

햇쑥한 얼굴로 비틀거리며 걸어 나와 눈이 휘둥그레진 65세의 병약한 작곡가에게 사랑이 쏟아진 것은 뛰어난 소련 작곡가에게 그저 존경을 표한 것이 아니었다. 고통을 함께 겪은 소중한 삶의 동반자이자 동료 시민에게 고마움과 뜨거운 감정을 담아 고개를 숙인 것이다. 그가 청중과 서로를 떠받치는 관계를 이어 나간 것은 내가 사는 세계에서는 그 어떤 음악가도 경험하지 못한 것이다.[649]

애도하는 음악

이 주제와 관련하여 마지막 말은 당연히 러시아 시인의 몫이다. 아흐마토바는 "음악"이라는 시에서 이렇게 썼다. "다른 것이 눈을 돌릴 때, 오로지 음악만이 내게 말을 건다."[650] 이 시는 "쇼스타코비치의 시대를 살게 해준 드미트리 드미트리예비치 쇼스타코비치에게" 헌정되었다.

1941년 9월 29일, 바비 야르에서 학살이 시작된 날, 쇼스타코비치는 레닌그라드에 있었다. 그때까지 그는 가족을 데리고 포위된 도시에서 피난하라는 반복되는 요청을 무시했지만, 그날은 고집을 꺾었다. 3주 전, 나치는 악명 높은 봉쇄를 시작했는데, 이 포위 작전은 장장 900일이나 이어지게 된다. 도시를 지키는 일에 자신도 보탬이 되어야 한다는 생각에 쇼스타코비치는 처음에 자원병으로 나섰고, 결국 소방대에 배치되었다. 그가 소방대원의 헬멧을 쓰고 있는 사진은 나중에 〈타임〉지의 표지에 실리기도 했다. 그러나 화재 감시만이 그의 유일한 기여는 아니었다. 피난을 떠날 무렵 그는 레닌그라드 도시에 바치는 교향곡 7번[651]을 열심히 작곡하고 있었다. 모스크바에 무사히 도착한 그는 다시 기차를 타고 1,000킬로를 동쪽으로 달려 쿠이비셰프(현재 사마라)로 갔고 거기서 곡을 완성했다. 그곳에서 열린 초연은 대성공이었고 모스크바, 런던, 뉴욕에서도 공연되었다. 그러나 소련의 집단적 기억에 가장 크게 각인된 사건은 포위된 도시 레닌그라드에서 열린 초연이었다.

봉쇄가 거의 1년에 접어든 1942년 여름, 기근이 극에 달하여 고양이와 개가 레닌그라드 거리에서 자취를 감추었다. 생존자들은 인육을 먹는 광경을 보았다고 증언했다.[652] 교향곡 악보가 비밀리에 이곳으로 전달되었고, 각 악기의 파트보는 일일이 손으로 베껴졌다. 이제 연주를 위해 지역 라디오 오케스트라를 소집했는데, 첫 리허설에 열다섯 명만 왔다. 대부분이 살아남지 못한 것이다. 그날 참석한 연주자들은 지휘자 카를 엘리아스베르크의 지휘봉에 맞춰 어떻게든 연습을 계속해보려고 애썼지만 잘 되지 않았다. 트럼펫 독주가 시작되는 대목에 이르렀을 때, 아무 소리도 나지 않았다. 돌아보니 트럼펫 연주자가 무릎을 꿇고 있었다. "죄송합니다," 그가 지휘자에게 말했다. "폐에 힘이 들어가지 않아서요."[653]

소련 최고사령관 레오니드 고보로프가 악기를 다룰 줄 아는 군인을 전선에서 데려오라는 명령을 곧바로 내렸다. 은퇴한 음악가들이 합류했고, 그들에게는 리허설에서 충분히 힘을 내도록 추가 배급을 주었다. 1942년 8월 9일로 연주 날짜가 잡혔다. 널리 알려진 이야기에 따르면, 그 날짜는 도시가 훨씬 더 빠르게 무너질 것이라고 예상한 나치가 레닌그라드의 아스토리아 호텔에서 승전 축하 파티를 열려고 계획했던 날짜와 같았다고 한다. 결국 성급한 판단이었다. 초연 직전, 나치의 포병진지에 선제공격을 가해 연주가 열리는 동안 시끄러운 일이 없도록 했고, 궁극적으로 문화적 자부심을 표명하면서 동시에 소리를 통한 심리전도 노려, 독일군이 항복하지 않은 도시의 음악을 확실히 듣도록 독일 진지를 향해 스피커를 설치했다.

연주 자체는 대성공이었다. "연주회장, 집, 전선, 도시 전체가 영혼 없는 기계에 승리를 거둔 하나의 인간이었습니다." 엘리아스베르크의 말이다. 히틀러가 이제 붉은광장에 에렌부르크와 스탈린 뿐만 아니라 쇼스타코비치도 처형하여 목을 걸겠다고 약속했다는 소문이 돌았다.[654] 몇 년 후, 독일군으로 참전했던 몇몇 사람들이 엘리아스베르크를 찾아가 그날 밤 도시 바깥에 주둔하고 있었다고 설명했다.[655] 굶주린 도시에서 그토록 단호한 결의를 담은 음악이 흘러나오는 것을 듣고 자신들은 이 전쟁에서 이길 수 없다는 것을 깨달았다고 그에게 말했다.

전쟁 시절에 보다 내밀한 필치로 쓰인 실내악곡으로 눈을 돌리자면, 쇼스타코비치의 두 번째 피아노 3중주는 심원한 비가를 노래한다. 이 곡의 독보적인 분위기는 첫 마디에서부터 느껴진다. 첼로가 단순한 선율을 거의 들리지 않을 정도로 조용하게 하모닉스(4도 위 음을 동시에 살짝 눌러 두 옥타브 높은 음을 얻는 주법—옮긴이)로 연주하여 평소 음색보다 훨씬 높은 음역의 비현실적인 소리를 낸다. 마치 육신을 이탈한 듯한 소리여서, 크나큰 충격에 말을 잃은 애도객이 부르는 노래를 연상시킨다. 바이올린이 같은 주제를 받아서 들어오는데 첼로보다 낮은 음역에서 맴돌아 슬픔으로 인해 자연의 질서가 유예된 느낌이다. 피날레 악장에 이르면 애도의 분위기는 완전히 다른 모습을 취한다. 강박이 빠르게 이어지는 '죽음의 무도' 선율이 유대인 민속 음악의 확연한 억양으로 연주된다. 필사적이고 절박한 강렬함으로 고조되다가 마침내 힘을 다 소진하고 잠에 빠진다.

쇼스타코비치는 이 3중주곡을 친한 친구이자 음악학자, 비평가인 이반 솔레르틴스키를 기리며 작곡했지만, 더 넓은 의미에서 음악적 기념물로 볼 수도 있다.[656] 작곡가 본인은 명백한 연관성을 밝히지 않았지만, 많은 이들은 거칠게 울부짖는 유대인 주제의 피날레가 나치의 절멸 수용소를 발견한 것에 대한 응답으로 작곡된 것이라고 추정했다.[657] 각 악장의 완성 날짜로 보자면, 아마도 쇼스타코비치는 소련 언론에서 죽음의 수용소의 실체에 대한 충격적인 첫 보도를 했을 때 피날레 작곡을 시작했을 것이다.[658]

1944년 7월 말, 소련 붉은 군대가 폴란드 도시 루블린을 점령한 후, 소련 종군 기자 대표단이 새로 발견된 마이다네크의 수용소를 조사하기 위해 파견되었다. 작가 콘스탄틴 시모노프도 그중 한 명이었고, 그가 쓴 장문의 보고서 "절멸 수용소"가 8월 내내 붉은 군대의 신문에 연재기사로 보도되고 라디오로도 방송되었다.[659] 이어 1944년 8월 7일, 쇼스타코비치가 3중주곡을 아직 작곡하고 있을 때, 에렌부르크의 장문의 기사가 〈프라우다〉에 실려 독일의 야만성을 새롭게 폭로했다. 여기서 "유대인들을 실은 기차가 프랑스, 네덜란드, 벨기에로부터 도착한" "죽음의 공장"이 처음으로 보도되었다. 기사에서 에렌부르크는 독일인들이 한 노인을 구타하면서 "춤을 춰!" 하고 소리쳤다고 했다.[660]

이런 초창기 보도에서 에렌부르크와 시모노프 모두 참상을 제대로 전달하지 못하는 언어의 한계를 뼈저리게 느낀 것 같다. "나는 이런 끔찍한 실상을 묘사할 수 없다. 수백 년 동안 사람들은 이곳에 와서 고통의 전모를 이해하려고 노력할 것이다." 에렌부르크의 말이다. 이런 의미론적 간극을 메울 방법은 존재하지 않았지만—"우리의 언어는 이런 범죄를 표현할 단어를 갖고 있지 않다"[661]고 프리모 레비가 나중에 말했다— 음악은 적어도 이런 간극을 손으로 가리킬 수 있다는 것을 피아노 3중주 2번이 보여주었다. 이 곡이 모스크바 작곡가 연맹에 제출되었을 때, 소비에트 예술가가 그와 같은 비극적 주제를 다루어도 괜찮은지를 두고 논의가 벌어졌다. 한 비평가는 이런 시절에 예술이 고통을 표현하는 것을 금하는 것은 터무니없다고 지적했다. "우리는 신문에서 마이다네크의 절멸 수용소에 관해 읽지만, 예술가에게는 이에 관한 작품을 만드는 권리를 허락하지 않습니다."[662] 비평가들은 자신들이 영원한 생명력을 갖는 작품의 탄생을 목격한 것이라고 여겼다.[663] 1944년 11월 28일, 이 곡이 모스크바에서 초연되었을 때 청중 가운데 눈물을 흘리는 사람들이 있었다.

피아노 3중주 2번은 무신론자이며 유대인 혈통이 아닌 쇼스타코비치가 유대인 음악의 주제와 그들만의 독특한 선법을 활용한 일련의 작품 가운데 첫 번째 곡이 되었다. 그가 쓴 '유대인' 작품 중에 1948년에 작곡한 〈유대 민족의 시〉라고 하는 감동적인 연가곡이 있는데, 이 곡은 유대인 반파시스트 위원회에 밀어닥쳤던 바로 그 반세계주의자 운동에 곧 휘말려 고초를 겪었다. 쇼스타코비치가 이렇게 유대인 음악에 친밀감을 보인 이유를 두고 의견이 분분하지만, 미학적 이유를 넘어서는 것으로 보인다. 그는 스탈린의 탄압을 받는 친구들이나 동료들을 남몰래 돕는 일을 마다하지 않았으며, 유대인이 나치와 스탈린에 의해 차례로 박해의 표적이 되었던 바로 그 시대에 유대인의 주제와 억양을 음악에 가져옴으로써 상징적이면서 확실하게 윤리적 메시지를 전달했다. 이런 식으로 유대인 음악은 한 학자가 주장하듯이 쇼스타코비치에게 "숨겨진 저항의 언어"[664]가 되었을 것이다. 물론 다양한 표현의 범위를 아우르는 소리적 세계에도 확실히 매료되었다. 그는 이런 말을 한 적이 있다. "유대인 음악의 독특한 특징은 경쾌한 선율을 슬픈 억양에 실을 수 있다는 것이네. 어째서 남자는 경쾌한 노래를 연주하는가? 내심으로는 슬프기 때문이네."[665]

2차 세계대전은 다른 동맹국들보다 소련에 훨씬 큰 피해를 안겼다. 사망자가 군인과 민간인을 다 합해 무려 2,700만 명에 달한다는 추정이 있다. 게다가 전쟁에 휘말렸을 때 소련은 이미 기근과 집단화, 스탈린 폭정이라는 재앙을 겪은 터여서 유럽의 어느 나라보다 '초과' 사망자가 많은 상황이었다.[666]

소련에서도 국가의 필요에 따라 두 차례 세계대전을 공식적으로 어떻게 추모할지를 정했고, 그 결과 영국과는 정반대 방향으로 나아갔다. 영국은 '대전쟁'의 기억을 신성하게 여겼지만, 1920년대 말 소련 정권은 같은 전쟁에서 죽은 17,000명 이상이 잠들어 있는 모스크바의 브라츠코예 묘지를 없애고 그곳을 지하철역과 공원으로 만들었다.[667] 소련 전역의 다른 1차 세계대전 기념물과 묘지도 비슷한 운명을 맞이했다. 새 정권은 차르 시대 러시아와 차르의 이름으로 행한 '제국주의' 전쟁으로부터 거리를 두고자 쉽고 간편하게 그냥 없애는 방법을 택한 것이다. 한편 볼셰비키는 군의 전통적인 추모 의식으로 전몰자들을 기리기보다는, 똑같은 의식을 가져와 혁명의 영웅들을 기렸다.[668]

러시아에서 '대전쟁'의 칭호를 얻은 것은 **두 번째** 세계대전이었다. 조지 국왕이 황금빛 술을 잡아당겨 런던 위령비에 추가로 써넣은 새로운 연도를 공개하기 한참 전에, 스탈린은 1945년 5월 9일 모스크바에서 나치의 항복 소식을 자신이 직접 알리기로 했다. 그날 거리는 그야말로 축제였다. 에렌부르크는 환호하는 군중이 자신을 공중으로 던졌다고 했다. 그는 도시 전체가 "일종의 동료애 같은 상냥한 감정"[669]에 휩싸였다고 썼다. 다음 달, 붉은광장에서 스탈린이 레닌의 묘 꼭대기에 앉아 지켜보는 가운데 대대적인 전승 퍼레이드가 열렸다. 게오르기 주코프 원수는 스탈린을 대신한 연설에서 소련의 군인들이 "시들지 않는 영광의 후광"을 두르게 될 것이라고 했다. 붉은 군대의 승리는 궁극적으로 국가를 통합할 수 있는 막강한 새 건국 신화를 스탈린에게 선사했다. 학자들이 지적했듯이, 세대 간의 타이밍이 절묘했다. 러시아 혁명의 영광이 집단적 기억에서 시들해지는 상황에서 2차 세계대전에서 소련의 승리는 국가의 재도약으로 포장하기 좋았다. 하지만 이런 신화의 효력을 높이기 위해서는 천문학적인 인명 손실을 최소화해야 했다. 스탈린 정권은 사망자 수가 2,700만 명이 아니라 700만 명이라고 했고, 흐루쇼프는 나중에 2,000만 명이라고 인정했다.[670]

소련의 승리는 쇼스타코비치에게도 좋게 작용했다. 동정심 많은 작곡가를 설명하는 글들을 보면, 그가 정권과 충돌한 순간을 강조하여 그를 공포의 희생자로 묘사하는 경우가 대부분이다. 그의 삶에 그런 순간이 많기는 했지만, 전체를 제대로 보려면 그가 스탈린의 지원이라는 혜택을 받은 시절도 인정해야 한다.[671] 교향곡 7번이 큰 성공을 거두고 나자 쇼스타코비치는 소련에서 가장 유명한 작곡가였다. 그는 모스크바에 널찍한 새 아파트를 얻었고, 소련 음악계를 이끌어가는 새 지도자 역할을 맡게 되었다.

하지만 얼마 지나지 않아 1948년에 그의 발목을 잡는 일이 또다시 벌어졌다. 미호엘스가 살해되고 채 한 달도 되지 않았을 때 당의 가혹한 검열이 쇼스타코비치를 다시 겨냥했다. 중앙위원회에서 그의 음악이 "소비에트 인민에게 생경한" "형식주의적 타락과 비민주적 경향"을 보인다며 공격했다. "부르주아 문화의 치매"를 반영하는 음악, "예술의 파산"을 예고하는 음악이라는 것이다.[672] 결국 쇼스타코비치는 교수직에서 쫓겨났고, 그와 학생들 모두 자신의 견해를 철회해야 했으며, 그의 작품은 금지되었다. 공포의 시간이었다. 그는 체포될 때를 대비하여 칫솔과 갈아입을 속옷을 가방에 넣어 들고 다녔고, 밤이면 가족을 불안하게 하지 않고 조용히 떠나려고 승강기 옆에 나가 있었다.[673] 그의 두려움은 사실무근이 아니었다.[674] 한 출처에 따르면 소련의 최고정보기관(NKVD) 비밀경찰이 그를 트로츠키주의자, "시오니즘의 조력자"로 고발하는 서류를 준비해놓고 상부의 허가가 나기만을 기다렸다고 한다.

하지만 그의 시련은 이것으로 끝이 아니었다. 1949년 쇼스타코비치는 스탈린의 강요로 어쩔 수 없이 뉴욕 월도프 아스토리아에서 열린 세계 평화 대회에 참석하여 정권의 대변자로 나섰다. 그의 가족을 유형지로 보내고, 그의 동료들을 살해하고, 그를 자살 직전으로 내몰았던 정권을 찬양한 것이다. 극작가 아서 밀러 역시 이 대회에 참석했는데, 세계적으로 유명한 작곡가의 초췌한 모습이 오래도록 잊히지 않았다. "작고 노쇠하고 근시인 그는 인형처럼 뻣뻣하게 똑바로 서서는 손에 든 논문에서 한순간도 눈을 떼지 않았다."[675] 호텔 밖에서는 시위자들이 배반자라는 피켓을 들고 시위를 벌였고—"쇼스타코비치는 창문 밖으로 뛰어내려라!"라고 적힌 것도 있었다—, 회의장 안에서 작곡가는 다른 사람이 미리 준비해 간 연설문을 읽었다. 여기서 그는 "국가와 인민에 토대를 두지 않은 가짜 문화의 퇴보와 공허함"을 공격하면서 전후에 자신이 작곡한 작품을 비판했다. "나는 거대한 주제와 오늘날의 상황을 곡에 담지 못했습니다. 인민과 접촉하는 것을 잃었습니다. 나는 실패한 작곡가입니다."[676] 그는 떨리는 목소리로 연설문을 겨우 몇 문장 읽었고, 통역가가 나서자 말없이 자리에 앉았다.[677] 밀러는 이렇게 적었다. "그가 그 방에서 무슨 생각을 했는지 누가 알겠는가. 그의 정신이 어떻게 두 동강이 났는지, 그가 얼마나 소리를 지르고 싶었는지, 그것을 어떻게 자제하며 억눌렀는지는 신만이 아신다."[678]

전쟁 후, 스탈린의 '반세계주의자' 운동으로 수천 명이 숙청되었고, 이는 1951년에 악명 높은 '의사들의 음모'(유대인 의사들이 소련의 지도자들을 살해하려 한다는 음모를 조작한 사건—옮긴이)로 극에 달했다.[679] 이런 흐름에 발맞춰 소련 정권은 유대인들이 전시에 겪은 시련을 인정하기를 거부했다. 유대인이 단지 유대인이라는 이유만으로 나치의 표적이 되었다는 사실을 부인한 것이다. 이런 묵살의 정책은 이제 스탈린의 반유대주의와 소련의 승리라는 새로운 신화를 하나로 연결했다. 요컨대 소련의 인명 손실은 최소화해야 했을 뿐만 아니라 전체 인민의 고귀한 희생으로 통합해야 했다.

바빈 야르에서 학살이 일어난 장소는 당연히 아무 표시도 되어 있지 않았고, 지역 사회가 사건 3주기를 맞아 그곳에 모이려 하자 당 지도부에서 막았다.[680] 1953년 스탈린이 사망하고 나서도 상황은 달라지지 않았다. 그의 후계자 니키타 흐루쇼프는 우크라이나 공산당의 수장이었을 때, 유대인을 추모하는 상징이나 동조하는 행위에 대해 아주 강경한 입장을 취한 바가 있었다. 사무국 동료에게 이렇게 말했다고 한다. "우리 우크라이나에는 유대인이 필요하지 않네. 소비에트 권위의 회복을 유대인의 복귀로 해석하는 우크라이나 인민은 우리가 알 바 아니야."[681]

이렇듯 기념물도 없고 KGB가 감시했음에도 불구하고 대학살에 대한 지역 주민들의 기억을 지우기에는 역부족이었다. 피난을 갔다가 키이우로 돌아온 유대인들은 대체로 강권에 못 이겨 쥐 죽은 듯이 지냈지만, 산골짜기 자체는 일종의 유령의 장소가 되어 나치의 범죄와 많은 평범한 키이우 시민들의 공모를 계속 상기시켰다. 그러니 그곳은 도시 외곽에 위치한 어둑한 비존재였다. 골짜기를 보고 싶어 하는 방문객들은 종종 접근을 금지당했고, 그곳으로 데려가 달라고 요청받은 택시 운전자도 긍정의 뜻으로 고개를 끄덕이고는 전혀 다른 곳으로 손님을 데려갔다는 이야기도 돌았다.[682] 이 와중에 더 영구적인 해결책이 등장했다. 지형 자체가 이런 식으로 여전히 말하고 기억한다면, 그것을 침묵시키는 방법은 골짜기를 땅에서 지워버리는 것이었다.

1950년대 말에 그곳에 댐을 건설하여 지역 벽돌 공장에서 가져

애도하는 음악

온 토사와 흙탕물로 바빈 야르를 침수시켰다. 토사가 가라앉으면 지대가 충분히 평평해져서 그 위에 공원과 축구장을 지을 수 있으리라는 생각이었다. 키이우 출신 작가 아나톨리 쿠즈네초프는 이렇게 회상했다. "그곳에 가서 재와 뼈와 묘비 잔해를 집어삼키고 있는 진흙의 호수를 경이롭게 살펴보곤 했다. 호수의 물은 녹색이었고 고여 있어서 끔찍한 냄새가 났고, 파이프에서 걸쭉한 것이 쏟아지는 소리가 밤낮으로 이어졌다. 이런 상태가 몇 년 지속되었다. 해마다 댐이 강화되고 높아져서 1961년에는 6층짜리 건물 높이에 이르렀다."[683]

하지만 바빈 야르 골짜기는 순순히 물러나지 않았다. 마치 프로이트가 말한 억압된 것의 귀환이 비극적인 모습으로 벌어진 듯했다. 1961년 3월 13일, 그곳의 댐이 무너져서 13피트 높이 65피트 폭의 진흙벽이 키이우의 쿠레니우카 마을을 덮친 것이다.[684] 주민들이 일터로 가는 시간대에 재앙이 일어났고, 골짜기를 타고 흘러내린 흙은 모든 것을 덮쳐서 전차, 집, 전화박스, 그리고 병원의 대부분도 흙 속에 묻혔다. 해외 언론에서는 사망자가 145명이라고 보도했지만, 비공식적 기록에 따르면 1,500명에 달했을 것으로 추정한다. 몇 달 뒤인 1961년 여름, 시베리아 태생의 젊은 시인 예브게니 예브투셴코가 사고 소식을 듣고 현장을 직접 보고자 모스크바에서 키이우에 왔다. 쿠즈네초프의 안내를 받아 바빈 야르를 찾은 그는 자신이 본 것에 크게 흔들렸다. "그곳에 기념물이 없다는 것은 알았지만, 희생자를 기리는 표식 정도는 볼 줄 알았다."[685] 그가 나중에 한 말이다. 그 대신에 그가 본 것은 "악취를 풍기는 쓰레기가 여기저기 삐져나온 평범하기 그지없는 매립지"였다. "내 눈 앞에서 트럭들이 와서는 더 많은 쓰레기를 계속해서 버리고 있었다. 희생자들이 누워있는 그곳에 말이다." 대학살의 20주기가 코앞에 다가왔다. 예브투셴코는 자신의 말처럼 "내 피에는 유대인의 피가 흐르지 않는다"면서도 그날 밤 호텔 방에서 시를 쓰기 시작했다. "바비 야르"라는 제목이었고, 러시아의 반유대주의를 아주 오래된 폐단이라고 공개적으로 비난했다. 시는 이렇게 시작했다. "바비 야르 위에는 그 어떤 기념물도 없다."

이어지는 시는 유대인들이 과거에 겪었던 재앙을 하나하나 불러낸다. 역사학자 살로 바론이 유대인 역사의 "눈물 많은 서술 lachrymose conception"[686]이라고 칭한 바로 그 방식이다. 예브투셴코의 시에서 이런 고통의 연속은 유대인들이 고대 이집트 사막을 떠돈 것을 시작으로 그리스도의 십자가 처형, 드레퓌스 재판, 안네 프랑크가 맞닥뜨렸던 공포에까지 이른다. 하지만 시에서 가장 대담한 진술은 뭐니 뭐니 해도 러시아의 반유대주의 역사를 대담하게 까발린 것이다. 소련의 관점에서 볼 때, 유대인 박해는 혁명 이전 차르 시대에 있었던 달갑지 않은 사건일 뿐, 새로운 소련 질서가 들어서면서 사라진 현상이다. 그러나 예브투셴코의 시는 과거의 반유대주의와 현재의 반유대주의를 도발적으로 연결한다. 일례로 1906년 비아위스토크에서 벌어진 피비린내 나는 유대인 학살을 언급하는 대목을 보면, 보드카와 양파 냄새를 풍기는 사내들이 어머니를 공격하는 것을 아이의 눈으로 바라본다. 그리고 마지막에 이르면 시의 화자는 소련 전체를 산골짜기에서 살해된 유대인

애도하는 음악

들과 동일시하는 급진적인 관점을 표명한다.

다음 날 예브투셴코는 모스크바의 다른 시인에게 전화를 걸어 자신의 시를 들려주었고, 키이우의 한 레스토랑에서 몇몇 친구들에게 보여주었다. 그는 같은 주에 키이우의 10월 문화 궁전에서 낭독회를 가질 예정이었는데, 행사가 취소될 것이라는 말을 들었다. 표면적인 이유는 유행성 독감이었다. KGB가 '바비 야르'의 소문을 들은 것이라고 그는 짐작했지만, 어쨌든 주최측을 잘 설득해 원래대로 돌려놓았다. 그날 아침, 시인이 10월 문화 궁전에 도착했을 때 표는 매진되었을 뿐만 아니라 천여 명이 바깥에서 기다리고 있었다. 행여 스피커를 통해서라도 들으려 한 것이다. 행사장 안에서 청중은 예브투셴코의 시에 "침묵의 파도"로, 이어 "우레 같은 박수"로 화답했다.[687] 모스크바로 돌아온 그는 원고를 들고 〈문학관보 Literaturnaya Gazeta〉 사무실을 찾아갔다. 신문사 직원들 역시 불온한 메시지에 열광하여 그에게 베껴 써도 괜찮은지 물었다. 시를 지하출판물Samizdat처럼 유통시킬 생각이었던 것이다. "베껴 쓰다니요? 정식으로 게재해달라고 갖고 온 겁니다." 예브투셴코가 말했다.[688]

이런 오해는 흐루쇼프의 해빙기가 얼마나 불안정한 기준으로 작용했는지 보여준다. 많은 소련 시민들은 자신이 얼마나 많은 자유를 주장할 수 있는지 알지 못했다. 신문사 직원들은 마침내 "바비 야르" 원고를 편집장에게 가져갔다.[689] 그는 예브투셴코를 몇 시간 동안 기다리게 하고는 부인과 상의했다. 그는 "가족의 결정"이라고 설명했다. 신문에 시를 게재하면 해고될 수도 있었으니 말이다. 결국에는 시를 싣기로 했고—그래서 실제로 해고되었다—, 다음 날인 1961년 9월 19일 〈문학관보〉에 실리면서 "바비 야르"는 공적 기록물이 되었다.

반응은 뜨거웠다. 전국 각지의 신문가판대에서 신문이 날개 돋친 듯이 팔려나갔고, 시인은 2만 통의 편지를 받았다고 했다. 하지만 당의 공식 반응은 긍정적인 것과 거리가 멀었다. "바비 야르"를 부르주아적이고 역사의 날조라고 비난했으며, 무엇보다 전쟁 중에 러시아가 입은 비극적인 인명 손실을 욕되게 한 배신이라고 했다. 시인 알렉세이 마르코프는 불로써 불에 맞서는 러시아인답게 시를 써서 예브투셴코를 공격했다("그대의 영혼은 그대 바짓단만큼이나 좁고 / 층계참만큼이나 텅 비었소").[690] 러시아 작가 연맹 총회에서 한 연사는 이 문제와 관련해서 보다 노골적으로 나섰다. "우리 인민들은 예브투셴코를 이 땅에서 쓸어낼 것입니다."[691]

이 시를 읽고 크게 감동한 독자 중에 쇼스타코비치의 친한 친구인 러시아 문학 비평가 이삭 글리크만이 있었다. 시가 신문에 실리고 하루나 이틀 뒤에 그는 레닌그라드의 예브로페이스카야 호텔에서 쇼스타코비치를 만나 점심을 함께 들면서 9월 19일자 〈문학관보〉를 그에게 주었다.[692] 그날 밤 작곡가는 글리크만에게 연락해서 자신도 인상 깊게 읽었다면서 속히 음악을 붙이고 싶다고 했다. 그로부터 6개월 후, 쇼스타코비치는 모스크바에 있는 예브투셴코에게 전화를 걸어 허락을 구했다. 스물아홉 살의 시인은 존경받는 작곡가의 연락을 받고 기뻐서 어쩔 줄을 몰랐다. 엉겁결에 허락을 하고 나서야 그것이 그저 형식적인 질문이었다는 것을 알았다.[693] "좋소, 당신이 괜찮다니 기쁘오." 쇼스타코비치가 말했다. "음악은

애도하는 음악

이미 준비되었소. 지금 바로 와줄 수 있겠소?"

모스크바 아파트에서 쇼스타코비치는 자신이 작곡한 곡을 피아노로 연주해 보였고, 성악 파트를 힘이 있지만 쉰 목소리로 "마치 뭔가가 안에서 망가진 것처럼" 노래했다.[694] 시인은 자신이 쓴 언어의 표층 아래에 흐르는 불분명한 선율을 음악이 끄집어낸 것에 충격을 받았다. 게다가 곡이 더해지자 시의 의미 자체가 한층 넓고 깊게 바뀌었다.

쇼스타코비치는 "바비 야르"에 붙인 곡을 교향곡 13번의 첫 악장으로 정했다. 그리고 다른 악장에 사용할 텍스트로 예브투셴코가 예전에 쓴 시들을 골랐다. 풍자를 약자가 강자에게 대적하는 막강한 무기로 묘사한 "유머", 소비에트 여자들이 일상에서 발휘하는 용기와 영웅적 행위를 그린 "가게에서", 소비에트 삶에서 순응이 갖는 유독한 위력을 다룬 "출세"가 그것이다. 하지만 쇼스타코비치보다 한 세대 어린 예브투셴코가 아직 만족스럽게 다루지 못한 주제가 하나 있었다. 그것은 스탈린의 공포 정치가 소련 사회에 남긴 유산이었다. 그래서 예브투셴코는 작곡가의 특별한 요청으로 "공포"라는 시를 추가로 써서 익명의 비난과 문을 두드리는 소리가 있었던 시대를 묘사했다.

공포는 그림자처럼 끼어들지 않는 곳이 없으며
모든 바닥에 손을 뻗치네.
사람들을 조용하게 간교하게 길들이고
사방에 거짓말을 풀어놓았지.

그래서 침묵해야 할 때 소리 지르게 만들고

소리쳐야 할 때 입을 다물게 했네.[695]

쇼스타코비치가 이 교향곡에서 마지막 시를 얼마나 절실히 원했는지 예브투셴코는 아마 몰랐을 것이다. 스탈린이 사망하고 수년이 지났지만, 작곡가는 공포를 마음속에 담아두고 살았다. 그는 바이올린 협주곡 1번과 현악 4중주 8번 같은 지극히 개인적인 작품을 작곡하면서 자신의 공적인 페르소나와는 거의 분리된 삶을 살았던 것 같다. 그는 정치적 타협을 수없이 했고, 읽지도 않은 편지에 서명을 했으며, 국가를 찬양하는 음악을 작곡했다. CIA조차 우려를 나타냈을 정도다. "결박된 프로메테우스"라는 제목의 날짜 없는 내부 문서를 보면, 정치적 지도자들에게 "예속된" 소비에트 예술가들을 비난했고, 스탈린과 같은 날에 죽은 프로코피에프가 빼앗긴 창조적 세월을 한탄했으며, 마지막에 이런 핵심 질문을 던졌다. "쇼스타코비치의 천재성은 어떻게 될 것인가?"[696]

예브투셴코를 만나기 불과 1년 전인 1960년, 작곡가는 결정적인 선을 넘어 공산당에 입당 원서를 제출했다. 글리크만의 회상에 따르면 쇼스타코비치는 그 소식을 전하면서 "몹시 괴로운 듯 흐느껴 울기 시작했고" 마침내 "그들이 수년 동안 나를 뒤쫓으며 괴롭혔네" 하고 털어놓았다.[697] 사정을 모르는 친구들과 숭배자들에게는 충격이었다. 훨씬 더 위험한 시절에도 공산당원이 되기를 거절했던 그가 이제 패배를 인정했으니 말이다. "그와 같은 사람이 무너질 수 있다는 사실을, 우리의 체제가 그런 천재도 짓밟을 수 있

애도하는 음악

다는 사실을 나는 도무지 받아들일 수 없었다."[698] 작곡가 소피아 구바이둘리나의 말이다. 그가 어울렸던 음악가들 중에 오래전부터 당원이었던 이들이 많았지만, 학자 폴린 페어클로의 말처럼 쇼스타코비치에게 "그것은 도덕적 죽음처럼 느껴졌다."[699]

작곡가는 사실 "바비 야르"가 신문에 실리기 몇 주 전에 정식 당원으로 승격되었는데, 이는 이 곡의 탄생에 대한 설명에서 거의 언급되지 않는다. 하지만 교향곡 13번이 '공적'인 도덕성의 회복을 요청하게 된 바탕에 그의 정치적 타협의 세월이 놓여 있었다는 것은 확실해 보인다. 그가 당에 굴복함으로써 받은 모욕에 역설적이지만 공산당원이 됨으로써 새로 얻은 정치적 안정성이 더해져서, 마침내 소련 사회에 대한 비판의 수위를 높인 작품을 쓸 수 있었는지도 모른다. 그리고 그는 예브투셴코의 직설적인 텍스트를 활용함으로써, 이번에는 추상과 이중적 의미라는 베일을 걷어내고 음악을 통해 직접적으로 말할 수 있었다.

쇼스타코비치는 오른손을 괴롭힌 만성적인 질병을 치료하느라 어쩔 수 없이 병원에서 작곡했지만, 그 어느 때보다 높은 목적의식과 지칠 줄 모르는 에너지로 작곡에 임했으며, 그런 와중에도 텍스트의 불온한 본질을 제대로 알아보았다. 그는 글리크만에게 이렇게 썼다. "이 작품이 완전하게 이해되리라 기대하지는 않네. 하지만 작곡을 하지 **않을** 수가 없네."[700] 다른 사람에게 보낸 편지에서는 이런 말을 했다. "교향곡 13번이 온통 내 마음을 사로잡고 있어…. 다른 것은 모두 하찮게 여겨지네."[701]

작곡가가 느꼈다는 내적 필요성은 음악에서도 감지된다. 첫 악장 "바비 야르"는 적막한 종소리와 구슬픈 저음의 목관악기로 시작한다. 차분한 발걸음으로 음이 오르고 내리는 가운데 약음기를 낀 금관이 더 좁은 보폭으로 불협화음 음형을 연주하여 화음을 얼어붙게 하고 뒤숭숭하고 불안한 분위기를 만든다. 베이스 합창―쇼스타코비치는 40명에서 100명 사이가 필요하다고 말한다―이 한목소리로 시의 첫 구절("바비 야르 위에는 그 어떤 기념물도 없다")을 매끈하고 정제되게 노래하여 옛 종교 의식의 엄숙함을 전한다. 그리고 나서 베이스 독창이 마치 예언자처럼 1인칭 해설("이제 내가 유대인이라고 상상한다")을 떠맡는다. 이렇듯 독창자가 대규모 합창단과 나란히 배치되어 있어서 음악이 개인과 집단의 관점을 오갈 수 있게 한다. 악장 중간에 이르러 서두의 먹먹한 악절이 다시 돌아오면, 시의 화자는 청자에게 긴박하게 요청한다. "오 나의 러시아 인민이여! 그대들이 내심으로는 국제주의자들임을 내가 안다. 하지만 너무도 자주 손이 더러운 자들이 좋은 평판을 망치는구나."

음산하고 위협이 느껴지는 정적의 분위기에서 악장의 마지막 섹션이 시작한다. 거친 들풀과 위협적인 나무들이 자란 학살의 현장을 방문하는 대목이다. 베이스 독창이 침통한 종소리 너머로 외친다. "내 존재의 털끝 하나도 이것을 잊지 않을 것이다." 합창이 다시 합류하여 분위기를 끌어올린다. "이 땅의 마지막 반유대주의자가 죽어서 묻힐 때에야 / '인터내셔널' 노래가 힘차게 연주될 것이다." 악장 마지막은 희생자에 철저하게 공감하겠다는 다짐으로 끝난다. "이제 나는 영원히 소리 없는 외침이다…. 이제 나는 이곳에서 살해된 노인 한 명 한 명이다…. 내 안에는 유대인의 피가 흐르지 않지만 / 무정한 악의로 끓어오르는 모든 반유대주의자들이 / 마치 내가 유대인인 것처럼 증오하네. / 그렇기에 나는 진정한 러시아인이다!"

1세대 추모 예술에 미묘함은 어울리지 않는 덕목으로, 예브투셴코의 시 역시 직설적으로 진실을 크게 외친다. 쇤베르크에서 남성 합창이 반항적으로 소리 높여 "셰마 이스라엘"을 노래하는 대목과 상통한다. 쇼스타코비치의 음악은 박해받는 소수자와의 연대를 통해 더욱 진정성 있는 러시아성을 향한 호소를 무디게 하지 않으면서도 텍스트에 깊이와 품위를 더한다.

작곡가가 본인의 매체로 대중을 향해 날카롭게 발언하려는 욕망은 교향곡 13번의 첫 마디에서부터 진실하게 전해지며, 이 작품에 나름의 도덕적 권위를 실어준다. 말년에 성찰의 수단을 제공해 준 데 대해 작곡가가 자기보다 훨씬 어린 시인에게 고마움을 넘칠 정도로 표현한 것은 이런 이유다. 쇼스타코비치는 애틋한 겸손함으로 예브투셴코에게 이런 편지를 썼다.

"바비 야르"를 읽고 나서 뭔가가 되살아났다는 기분이 들었소…. 다시 빚을, 양심의 빚을 지게 되었소. 내가 꼭 갚아야 하는 빚이오…. 양심에 관해 몇 마디 말을 해야 한다고 생각했소. 잊고 있었지만 반드시 기억해야 하는 일이오…. 양심이 인간의 심장에서 살아가도록 중요한 자리를 내줘야 하오. 교향곡 13번을 마무리하면 내가 음악에서 양심의 문제를 '표현'하도록 도와준 그대

에게 크게 고개를 숙이겠소.[702]

쇼스타코비치의 다른 많은 교향곡들은 청자를 분투하는 음악의 장으로 끌어들여 환상이 걷힌 세상을 그것을 경험하는 사람의 눈으로 바라보는 느낌이다. 하지만 교향곡 13번은 이 공식을 뒤집어 소비에트의 삶을 위에서 비판적이고 객관적으로 내려다보는 듯하다. 쇼스타코비치의 교향곡 전체를 통틀어 소비에트의 삶을 가장 직접적으로 비판하는 작품이다. 양심을 되찾기 위한 심오한 수단이자 "인간의 심장에서 살아가도록 하는 중요한 자리"가 된다. 하지만 동시에 공식적으로 마련된 전쟁의 기억에 도전함으로써, 소련 역사에 거울을 비춰 신화가 아니라 살아낸 경험으로 보게 함으로써 양심을 자극하는 수단과 기념물의 존재를 넘어서는 것이 되었다. 요컨대 교향곡 13번은 위협이었다.

예브투셴코의 시가 어쨌든 세상에 나왔다는 사실은 문화적 해빙의 명백한 증거였지만, 이는 또 다른 혹독한 시절로 가는 간빙기였다. 시를 향한 공격이 계속되었고, 나아가 교향곡 13번도 연주되기 전부터 정치적으로 위험한 방사성 물질 취급을 받았다. 앞서 세르게이 쿠세비츠키가 쇤베르크의 〈바르샤바의 생존자〉를 맡기를 주저한 것이나 소련 정부가 갈리나 비슈네브스카야에게 브리튼의 〈전쟁 레퀴엠〉 초연을 불허한 것에서 보았듯이, 음악적 기념물은 그저 음악에 '관한' 것만이 아니라는 이유로 결실을 맺기까지 고된 길을 가는 경우가 많다. 쇼스타코비치 역시도 굳건한 예술적 우군들을

모아 이 곡을 초연하는 데 애를 먹었다.[703]

초연을 지휘하는 영예는 결국 모스크바 필하모니 오케스트라의 지휘자 키릴 콘드라신에게 돌아갔다. 그는 곧바로 수락했고 볼쇼이 극장 무대에 서는 베이스 가수 빅토르 네치파일로를 추천했다. 아울러 두 번째 가수 비탈리 그로마드스키에게 예기치 못한 사태를 대비하여 파트를 익히도록 했는데, 결과적으로 영리한 판단이었다.

초연 날짜가 모스크바에서 1962년 12월 18일로 잡혔다. 정치 상황이 갈수록 나빠져서 이례적인 긴장 속에서 리허설이 진행되었다. 곡이 공개되기 바로 전날 흐루쇼프가 400명의 작가들과 예술가들을 소집하여 공식적인 회의를 가졌다. 에렌부르크, 예브투셴코, 쇼스타코비치도 참석한 가운데 흐루쇼프는 소비에트 리얼리즘의 원칙에서 벗어난 자들을 비난했고, 특히 바비 야르를 다룬 예브투셴코를 공격했다. ("지금이 그와 같은 주제를 끄집어낼 때요? 대체 뭐가 문제요?")[704] 이어 흐루쇼프는 소련에 반유대주의가 존재한다는 것을 부인했고, 그러면서 1956년 헝가리 봉기를 유대인 탓으로 돌렸다.[705]

이 무렵 소련 정권은 폭력을 사용하여 문화를 길들이는 데 다소 신중한 입장이어서 교향곡 초연을 위에서 막지는 않았지만, 그럼에도 그날 밤 쇼스타코비치는 본인이 직접 연주를 취소하라는 말을 들었다. 집에 돌아갈 때 같은 회의에 참석했던 작곡가 드미트리 카발레프스키가 이 조언을 상기시켰다.[706] 하지만 작곡가는 소신을 굽히지 않았다.

다음 날 아침 드레스 리허설 때 모스크바 음악원 대강당의 분위기는 극도로 긴박했다. 지난밤 연설 후, 예브투셴코는 합창단 전체가 그만두지 않게 설득할 필요성을 느꼈다. 그런데 대강당에 구겨진 양복 차림의 모르는 사람들이 마치 밤새 거기 있었던 듯한 행색으로 자리를 차지하고 있었다. 이어진 타격은 리허설 시작 15분 전에 있었다. 예정된 베이스 독창자 네치파일로가 공연을 망치기로 작정이라도 하듯 "몸이 너무 아파서" 노래를 부를 수 없다고 알려왔다.[707] 설상가상으로 예비 독창자인 그로마드스키가 오케스트라로부터 그가 연주하지 **않을 거라는** 통보를 이미 받았다는 것이었다. 그래서 그가 리허설이나 본 공연에 올지 안 올지를 아무도 알 수 없었다. 게다가 그는 시내 중심가에서 먼 곳에 살았고 전화도 없었다. 쇼스타코비치는 글리크만의 표현대로 "피 말리는 긴장"[708] 속에서 기다렸다.

기적이 일어났다. 20분 뒤에 그로마드스키가 드레스 리허설을 참관하려고 나타난 것이다. 그는 곧장 무대로 올라갔고 덕분에 리허설을 진행할 수 있었지만, 관료들은 공연을 무산시키려는 생각을 아직 접지 않았다. 그날 콘드라신은 공연을 취소하라는 압박을 다시 받았지만 계속 굴하지 않았다. 그러자 쇼스타코비치는 중앙위원회 사람들에게 불려갔다. 50년이 지난 후 인터뷰에서 그 일을 회상하며 작곡가의 부인 이리나 쇼스타코비치는 그날의 감정에 젖었다. 그녀는 그가 불려가기 직전에 그와 가진 개인적인 순간을 이야기하며 눈을 반짝였다. 자신에게 어떤 압박이 닥칠지 알았고, 어쩌면 지난 수십 년의 기억이 떠올라 쇼스타코비치는 이리나

애도하는 음악

와 차 안에 앉아 울음을 터뜨렸다.[709]

어떤 면에서 그는 이런 순간이 오리라는 것을 알았고, 아마도 자신의 반응이 걱정되었던 모양이다. "공포"에서 쇼스타코비치는 예브투셴코의 텍스트를 자신의 방식으로 수정하여 자필 악보에서 원문 위에 새로운 글을 적어놓았다. 특히 "불신으로 다른 사람에게 모멸감을 주는 것이 두려워"라는 예브투셴코의 글을 "두려움을 모르는 용감무쌍한 존재가 못될까 봐 절박하게 두려워"라는 개인적인 해석으로 바꿨다.[710]

하지만 적어도 대단히 긴장된 그날의 만남에서는 용감무쌍한 존재였다. 쇼스타코비치는 소련 관료들의 마지막 공격을 견뎌냈고 이번에도 공연 취소를 거부했다. 작곡가와 지휘자 모두 압박에 저항하자, 관료들은 이제 피해를 줄이는 방향으로 전략을 바꿨다. 연주회장 주변의 거리에 특수 군인과 경찰을 파견하여 순찰을 돌도록 했고, 모여 있는 방송국 직원에게는 누군가가 귀가하라고 지시했다. 프로그램 노트에는 전통을 저버리고 예브투셴코의 텍스트를 싣지 않았다. 최대한 명료하게 음악을 붙인 쇼스타코비치의 선택이 선견지명을 발휘한 순간이었다. 그럼에도 작곡가는 최악의 상황에 대비했다. 공연이 시작하기 전에 그는 글리크만의 손을 잡고 이렇게 당부했다. "행여 연주가 끝나고[711] 청중이 야유하고 내게 침을 뱉더라도 나를 옹호하려고 들지 말게. 나는 견딜 수 있네." 이런 걱정은 괜한 것이었다.

"[그날 밤] 실제로 일어났던 일을 어떻게 말로 전할 수 있을지 모르겠다. 음악은 그야말로 고양된 예배나 마찬가지였다."[712] 글리크만의 말이다. "바비 야르" 악장이 끝나자 박수와 외침이 자연스럽게 터져 나왔다. 콘드라신은 환호가 자칫 정치적 시위로 인식될까 두려워서 청중을 조용하게 하고는 곧장 2악장 연주에 돌입했다. "피날레가 끝나자 청중이 다 같이 일어나 열렬하게 환호했다." 계속해서 글리크만의 말이다. 쇼스타코비치와 예브투셴코가 무대에 올라 함께 인사했다. 현장에 있었던 사람들에 따르면, 박수 소리가 그칠 줄을 몰랐고 연주회장 저 너머까지 환호성이 들렸다고 한다. 그동안 작곡가의 수많은 타협에 비판적이었던 피아니스트 마리야 유디나는 교향곡 13번으로 "쇼스타코비치가 다시 한번 '우리 곁으로' 돌아왔다"[713]고 썼다. 갈리나 비슈네프스카야의 남편으로 존경받는 첼리스트이자 쇼스타코비치의 열렬한 옹호자인 므스티슬라프 로스트로포비치 또한 찬사를 보냈다. "이 곡은 깊은 실망과 비극적 갈등에서부터 깨우침과 뿌듯한 희망에 이르기까지 우리가 살면서 겪는 모든 것을 풍부하게 담아낸다."[714]

소련 당국은 기분이 좋지 않았다. 짧고 진부한 언급이 신문에 실렸을 뿐이고, 일주일 뒤에야 〈소비에트 문화Sovietskaya Kultura〉에 이름이 적히지 않은 사설을 게재하여 교향곡 13번을 사회 비판을 가장한 해로운 허구라고 몰아붙였다. "작곡가가 우리의 현실에 대한 교향곡을 쓰기로 해놓고, 침울하고 사악하고 풍자적인 혹은 슬프고 비관적인 이미지에 주로 기댄다면, 그가 원했든 아니든 그 결과물은 우리의 삶을 잘못되고 왜곡된 묘사로 폄하한 것이다."[715]

작품이 대중적으로 대단한 성공작이고 공식적으로 실패작이라는 소문이 빠르게 퍼졌다. 곧바로 〈뉴욕 타임스〉 전면에 이런 머리

애도하는 음악

기사가 실렸다. "쇼스타코비치 13번, 이념적 오점으로 모스크바에서 공연 금지."[716] 침묵이 영원히 이어질 수 있다는 두려움을 느낀 예브투셴코는 압박에 굴복하여 "바비 야르"의 핵심적인 여덟 줄을 고치기로 했다. 새로 쓴 그의 언어는 유대인이 절멸의 표적이었음을 모호하게 가렸다("여기 러시아인과 우크라이나인이 / 유대인과 같은 땅에 잠들어 있다").[717] 그리고 희생자들과 강하게 동일시하는 원래의 구절("이제 나는 이곳에 묻힌 수천 명 위에서 / 소리 없는 기나긴 외침이 되려 한다")은 진부한 민족주의 상투어("나는 파시즘의 길을 막아선 / 러시아 영웅들의 위업을 생각한다")로 바뀌었다.

이런 양보가 못마땅했던 쇼스타코비치는 수정된 텍스트에 맞춰 음악을 손보거나 자필 악보에 새로운 글을 추가하지 않았다.[718] 초연 다음 달, 교향곡은 동일한 텍스트로 민스크에서 세 차례 공연되었고, 또다시 열광적인 대중의 반응을 끌어냈다. 하지만 열렬한 반응은 작품에 불운으로 작용했다. 교향곡 13번은 벨라루스 신문에서 신랄한 평을 받았고,[719] 곧바로 비공식적으로 금지곡이 되었다.

교향곡을 처리한 소련 정권은 바빈 야르에서 마무리하지 못한 일에 다시 매달렸다. 초연 몇 달 전부터 시작된 공사는 굴착기와 덤프트럭으로 마침내 댐이 하지 못한 일을 완수했다. 골짜기를 매립하여 풍경을 지우고 유대인 묘지의 남은 흔적을 다 없애 텔레비전 송신탑과 새 아파트 단지 등 새로운 건설 프로젝트를 위한 공간을 만든 것이다.[720] 1970년대 말, 이 지역은 '문화와 레크리에이션 공원'으로 지정되었다.[721]

그러나 압박은 누그러지지 않았다. 대학살 기념일마다 키이우

의 유대인 시민들은 아무 표시도 없는 현장에 계속 모였고, 당국은 이들을 해산했다. 그러다가 1966년 아나톨리 쿠즈네초프의 논픽션 《바비 야르》가 여러 나라에서 동시에 출간되었는데, 이 소설에는 대학살의 충격적인 새 사실들이 가득했다. 정권은 검열된 버전이 소련 내에서 출간되도록 허락했지만, 곧바로 후회하고는 도서관에서 책을 회수했다.[722] 1970년 소련에서 반이스라엘 선전이 최고조에 달했을 때 정권은 우크라이나 유대인 공동체를 시켜 믿기지 않는 성명서에 서명하게 했다. 〈프라우다〉에도 발표된 성명서 내용은 이렇다. "바비 야르의 비극은 히틀러 신봉자들의 만행을 보여줄 뿐만 아니라 그들의 공범과 추종자, 즉 시오니스트들의 지울 수 없는 수치의 증거로도 영원토록 남을 것이다."[723]

학살이 일어나고 30년이 지난 1976년, 마침내 현장에 기념비가 세워졌다. 물론 정권은 기억의 서사는 계속 엄격하게 통제했다. 넓은 오르막길을 오르면 정상에 사회주의 리얼리즘 양식으로 된 청동 조각상이 있다. 뒤틀린 희생자의 몸이 절벽 끝에 웅크리고 있는 모습이 눈에 띈다. 예상대로 청동상 아래의 명판은 절멸의 표적이 된 집단에 대해서는 언급하지 않고 살해만을 기록했다. "1941~43년 이곳에서 독일 파시스트 침략자들이 10만 명 이상의 키이우 시민과 전쟁 포로를 처형했다."

이 시기에 쇼스타코비치의 교향곡 13번은 소련에서 거의 연주되지 않았지만, 로스트로포비치 덕분에 서방에 소개되었다. 그는 제목 페이지를 찢은 악보를 몰래 빼돌려 필라델피아 오케스트라 지휘자인 유진 오먼디에게 건넸고, 그리하여 1970년에 서방에서 초연되었다.[724] 앞서 보았듯이 음악적 기념물의 초연은, 혹은 한 나라의 뛰어난 오케스트라가 처음으로 연주한 것은 그 자체로 의미 있는 기록이 된다. 한 나라가 자신의 전쟁 시절을 성찰하는 과정을 들여다보는 작은 창문이다. 그런 점에서 서독의 베를린 필하모닉이 1983년에 교향곡 13번을 초연한 것은 주목할 만하다.[725] 그리고 히틀러의 첫 번째 희생자라고 자처한 나라의 최고 악단인 빈 필하모닉은 지금까지 이 곡을 연주하지 않았다.[726]

비평가 라이어널 트릴링은 이런 말을 했다. "우리가 예술의 본질과 힘을 상기하고 싶다면, 반역적인 정부가 그 본질과 힘을 얼마나 정확하게 인식하고 있는지 생각해보면 된다."[727] 이런 점에서 교향곡 13번의 억압은 정권이 권력 유지에 핵심적인 요소로 전쟁의 기억에 집요하게 매달렸음을 증명하는 것이다. 소련 내에서 이 곡의 악보는 예브투셴코가 수정한 버전으로만 1971년과 1983년에 출간되었다. 원본 그대로의 모습으로 교향곡 13번이 러시아에서 출간된 것은 그 곡이 양심을 깨우치려고 했던 나라가 역사의 쓰레기통으로 사라지고 15년이 지난 2006년이었다.[728]

1991년 소련의 붕괴는 바빈 야르에도 급격한 변화를 가져왔다. 거대한 소련 기념물은 레닌과 스탈린의 수많은 동상처럼 받침대에서 끌어 내려지지는 않았지만, 소련의 지배적인 전쟁 서사의 상징물로서 영향력을 과시하는 일은 갑작스럽게 끝났다. 마치 이 순간을 기다리기라도 했듯이, 각양각색의 기념물이 이제 '국가 역사적 추모 지구 바빈 야르'라고 알려진, 사라진 산골짜기 곳곳에 들어서기 시작했다. 메노라(유대교 제식에 쓰이는 촛대—옮긴이) 모양을 한 기념물이 유대인 희생자들을 기리기 위해 세워졌다. 살해된 집시들을 위한 기념물, 살해된 아이들을 위한 기념물, 살해된 사제들을 위한 기념물이 새로 만들어졌다. 지금은 흙탕물에 쓸려간 희생자들을 기리는 기념물도 있다.

언뜻 보면 새로 들어선 이런 기념물들은 과거의 신화와 말끔하게 결별한 것으로 보이겠지만, 소련 시절의 기억상실의 흔적들도 바빈 야르에서 찾아볼 수 있다. 우크라이나 민족주의자 조직의 주요 인물들이 우크라이나의 다른 곳에서와 마찬가지로 여기서도 영웅 대접을 받고 있다. 유대인 학살을 부추겼고 나치의 범죄를 도운 바로 그 조직이 말이다.[729] 옛 소련 텔레비전 송신탑이 묘지에 여전히 거대한 모습으로 서 있고, 2000년에 개장한 도로호지히치 전철역이

애도하는 음악

추모 지구 한가운데에 어울리지 않게 자리 잡고 있다. 2018년 6월에 이곳을 방문했을 때, 이곳 전체는 비현실적일 만큼 아무렇지 않은 분위기였다. 여기가 아직도 문화와 레크리에이션 공원인 듯, 시민들은 포플러가 우거진 길을 걷고 개를 산책시키고 프리스비를 던지며 놀았다. 한 젊은 커플은 옛 묘지에서 구조해온 묘비가 전시된 곳 옆에 누워 일광욕을 즐기고 있었다.

하지만 가장 기묘한 것은 산골짜기 자체가 사라지고 없다는 사실이다. 벨기에 도시 이프르 인근 지역에 가면 1차 세계대전이 끝나고 한 세기가 지난 지금도 예전에 전쟁터였음을 보여주는 우묵한 자국들이 있고 참호를 메운 곳에서 자라는 풀들은 그 아래에 있는 환경 때문에 색깔이 다르다.[730] 그러나 바빈 야르에서 소련은 풍경과 기억 사이에 영구적인 쐐기를 박아 넣는 데 성공했다. 골짜기가 남아 있지 않을 뿐만 아니라, 내가 방문했을 때는 학살이 벌어진 정확한 장소도 아직 알려지지 않았다.[731]

이날 나의 안내를 맡은 사람은 목소리가 조용한 역사학자 안드리였는데, 우크라이나의 2차 세계대전 역사가 그의 전공이었다. 우크라이나 민족주의자들이 현대 국제 학계와 자주 충돌을 빚는 민감한 주제다. 우리가 함께 걸어가는 동안 안드리는 자신이 다큐멘터리 기록을 면밀히 연구하여 총격이 일어났을 법한 장소 한 곳을 찾아냈다고 했다. 그러더니 잘 가꾸어진 산책로를 벗어나 빼곡한 숲으로 나를 이끌었다. 기온이 갑자기 떨어졌고 내 맥박이 빨라졌다. 1분 정도 걷다가 우리는 10미터쯤 파인 마른 물길 끄트머리에 이르렀다. 그 안에만 나무들이 없었다. 주위에 아무도 없었는데도 그는 목소리를 낮추고는 처형이 이곳이나 이 근처에서 벌어졌을 가능성이 무척 높다고 했다.

나는 주위를 둘러보았다. 표식도 명판도 기념물도 여전히 없었다.[732] 땅에 파인 홈은 원래 있던 골짜기의 마지막 흔적 같았다. 기억을 완전히 지우려는 시도에 저항하는 자연의 작은 몸부림이었다. 하지만 전체 풍경은 기억의 혼돈을, 실책을 드러낼 뿐이었다. 불과 몇 미터 떨어진 곳에서는 기억을 상징적으로 잘 돌보고, 이곳에서는 말없이 썩게 내버려 두었다. 나는 고개를 들어 오래된 나무들을 보며 그들이 목격했던 것을 생각했다. 그런 다음 고개를 숙여 나뭇잎과 까맣게 탄 장작과 패스트푸드 포장지와 빈 술병이 나뒹구는 땅을 보았다. 다시 걸음을 옮기며 키이우를 떠나기 전에 이곳에 다시 돌아오겠다고 다짐했다. 하지만 이틀 후, 내가 걸었던 길을 다시 따라가려 했지만, 나는 그곳을 찾지 못했다.

전쟁의 기억을 연구하는 학자들이 '사라진 무덤 증후군'이라고 부르는 것이 있다. 죽은 자를 기릴 수 있는 아무리 작더라도 어떤 표식도 물리적 장소도 갖지 못한 남은 가족들이 겪을 수 있는 고통을 가리키는 말이다. 이런 점에서 상징적인 죽음의 집을 거부하는 것은 살아낸 삶을 지워버리는 것과 불편하리만치 비슷해 보인다. 마른 물길을 찾지 못한 채 두 번째로 바빈 야르를 떠나면서 나는 음악이 추상성, 비물질성, 시간과 장소에서 자유롭게 떠도는 특성 때문에 장소 없는 죽은 자들을 기리는 매체로 가장 적합할 수 있다는 생각을 했다.

바빈 야르의 역사는 사라진 무덤 증후군을 국가적 차원에서 보게 한다. 수십 년 간 비극의 장소를 감추려 한 것, 게다가 《검은책》과 같은 노력을 억압한 것은 이데올로기가 기억에 맞서 확실한 승리를 거두었음을 보여준다. 이 경우에는 나치 독일과 소련이 같은 편이 되어 싸운 승리였다.

아이러니하게도, 최근에 마리나 아브라모비치의 설치 작품이 추가되는 등 바빈 야르에 기념물이 자꾸 들어서는 현상은 소련이 기억과의 전쟁을 벌인 기억을 점차 희미하게 만들고 있는 듯하다. 하지만 쇼스타코비치의 교향곡 13번은, 그리고 그 곡이 만들어지게 된 이야기는 이런 역사를, 기억이 억압되었다는 기억을 담고 있다. 궁극적으로 그것은 희생자들을 기리는 것일 뿐만 아니라, 그들을 잊으려 했던 사회에 대한 고발이기도 하다. 쇼스타코비치는 "절멸을 망각하는 것도 절멸의 한 부분이다"[733]라고 말한 사회학자 장 보드리야르의 통찰을 직관적으로 알고 있었던 것 같다.

지금도 예전에 소련이었던 나라에서 2차 세계대전과 홀로코스트를 기억하는 것은 여전히 극도로 민감한 주제다. 보리스 옐친이 대통령으로 재임한 동안에는 정권의 과거 왜곡에 대해 상대적으로 터놓고 솔직하게 성찰했다. 모든 것은 블라디미르 푸틴에 이르러 바뀌었다. 그는 소련이 붕괴한 것을 두고 "20세기 최대의 지정학적 재앙"[734]이라고 했다. 그가 정권을 잡으면서 소련의 국가國歌가 (가사가 바뀐 채) 부활했고, 아울러 국가가 주관하는 2차 세계대전의 서사도 국가에 합법성을 부여하는 신성불가침한 신화로 부활했다.[735] 2014년부터는 이런 신화에 도전하는 것이 범죄 행위가 되었다.[736]

이 글을 쓰고 있는 2022년, 푸틴은 새로운 침략전쟁을 시작했다. 마치 지금이 1943년이고 제2차 세계대전이 여전히 격렬하게 벌어지고 있는 것처럼 우크라이나를 '탈나치화' 하겠다며 침략한 것이다. 이 침략은 잘못된 역사의 서사가 현재에 얼마나 막대한 결과를 초래할 수 있는지 보여줄 뿐이며, 인명 피해는 이미 말할 수 없이 심각한 상태다. 러시아 미사일이 민간인 지역을 계속 공습하는데, 바빈 야르 학살이 벌어진 현장 근처의 텔레비전 송신탑과 홀로코스트 추모 박물관으로 사용할 예정인 건물도 피해를 입었다.[737] "과거는 결코 죽지 않는다. 심지어 지나간 것도 아니다." 윌리엄 포크너의 말이다.

바빈 야르가 미사일 공격을 받았다는 사실은 아울러 지어진 기념물이, 물질적인 기억이 상대적으로 취약하다는 것을 보여준다. 이러한 기억은 그것들이 환기하고자 하는 파괴의 힘에 언제든지 굴복할 수 있다. 이와는 대조적으로, 음악이라고 하는 찰나의 예술은 가장 긍정적인 의미에서 난공불락이다. 교향곡 13번은 양심의 집이자, 두 배로 비극적인 전쟁 시절로 들어가는 입구이며, 흉측하게 입을 다문 세계에서 음악이 목격자로서 갖는 힘을 보여주는 증거로 굳건히 남아 있다. 1962년 12월 18일 저녁에 모스크바 음악원 대강당에서 합창단이 "바비 야르 위에는 그 어떤 기념물도 없다"고 노래했을 때, 음들이, 첫 번째 기념물이, 어쩌면 가장 불멸의 기념물이 허공에서 솟아올랐다.

10장

기념비

사람은 저마다 자신에게 기억으로 존재한다.[738]

— 윌리엄 워즈워스, 〈서곡〉

2차 세계대전이 끝나고 15년이 지나서 대중을 바라보며 양심을 호소하는 작품으로 만들어진 〈바비 야르〉 교향곡과 〈전쟁 레퀴엠〉은 가족처럼 닮았다. 브리튼의 표현에 따르면 "목적이 같은" 작품, "비슷한 아버지를 둔 자식들"[739]이다. 사실 두 아버지는 자식들을 통해, 특히 〈전쟁 레퀴엠〉을 통해 서로가 얼마나 비슷한지 깨닫게 되었다.

두 작품은 두 달의 터울을 두고 완성되었으며, 브리튼의 걸작은 〈바비 야르〉의 초연보다 7개월 앞선 1962년 5월에 초연되었다. 이듬해 〈전쟁 레퀴엠〉의 상업적인 음반이 데카 레이블에서 발매되

애도하는 음악

자, 브리튼은 이 음반을 악보와 함께 쇼스타코비치에게 보냈다. 그의 사절은 이제 서로의 친구가 된 로스트로포비치였다. 그를 통해 브리튼은 앞서 1960년 런던 공연에서 쇼스타코비치를 처음으로 만났다.

슬라바라는 애칭으로 통하는 첼리스트는 모스크바에 있는 쇼스타코비치에게 음반을 전하고는 바쁜 작곡가이니 2주 뒤에나 연락이 올 거라고 예상했다. 그런데 바로 며칠 뒤에 전화벨이 울렸고, 쇼스타코비치는 만나서 산책하자고 했다. 앞으로 무슨 일이 일어날지 확신하지 못했던 로스트로포비치는 작곡가가 거의 아이와 같은 열정으로 들떠 있는 것을 보았다. 그는 〈전쟁 레퀴엠〉을 여러 차례 들었다면서 본인의 의견을 털어놓았다. "슬라바, 내가 확언하건대 이 곡은 20세기를 통틀어 천재성이 가장 빛나는 작품이네."[740]

비슷한 의견을 쇼스타코비치는 가까운 친구들에게도 전했다. 일례로 글리크만에게 이렇게 말했다. "벤저민 브리튼의 〈전쟁 레퀴엠〉 음반을 받아서 듣고 있는데 지금도 들으면서 이 작품의 위대함에 전율을 느끼네. 말러의 〈대지의 노래〉나 인간 정신의 다른 걸작들과 같은 반열이라고 보네. 듣고 있으면 왠지 기운이 나고 삶의 기쁨이 더 차오르는 느낌이 들어."[741] 다른 편지에서는 브리튼의 이 곡을 모차르트의 〈레퀴엠〉보다 뛰어나다고 했는데, 대단한 칭찬이었다. 쇼스타코비치가 가장 좋아한 악장은 "아뉴스 데이"로 전해진다.[742] 현악이 저 아래에서 음악을 서서히 휘감고 도는 가운데 테너가 전쟁을 부추기는 언론을 매섭게 비판한다. "기자들이 모든 백성을 향해 / 국가에 충성하라고 윽박지르네. / 그러나 더 큰 사랑을 품은 자들은 / 자신의 목숨을 내려놓을지언정 증오하지 않네."

쇼스타코비치는 동시대를 사는 작곡가의 이 작품에 자신이 애착을 보인 이유를 정확히 설명하지 않았지만, 그의 반응은 크나큰 문화적·정치적 간극을 넘어 인도적인 두 예술가를 말없이 하나로 묶어주는 깊은 친연성에 기인했음이 틀림없다. 둘의 연결점은 많았다. 동시대 작곡가들이 더 넓은 대중으로부터 물러나 복잡한 모더니즘의 면포 뒤에서 예술의 피난처를 구했을 때, 두 사람은 진심이 담긴 음악을 계속해서 작곡했다(브리튼은 쇼스타코비치에 대해 말하기를 "부드러운 표층이지만… 안에 치열한 열정이 숨겨져 있다"고 했다).[743] 각자의 정치적 상황이 둘을 서로 다른 방식으로 부추기고 무너뜨렸지만, 그럼에도 브리튼과 쇼스타코비치는 사회에서 예술이 맡아야 하는 더 큰 사명이 있다는 생각을 공유했다. 그들은 시대의 느낌이 묻어나면서도 더 넓은 청중에게 다가가는 음악, 청자가 세상을, 혹은 세상에서 자신을 바라보는 방식을 바꾸도록 하는 힘이 있는 음악, 윤리적 전망의 핵심에 깊은 연민을 두는 음악을 사람들이 갈망한다는 것을 직관적으로 알았다. 두 사람 모두 자신들의 국제적인 명성을 의식했고, 말년에 이르러 대중 앞에 서는 주요 작곡가들 중에 자신들만 남았다는 것을 알았다. "오랜 세월 그대의 작품과 삶은 내게 용기와 올곧음, 인간에 대한 공감, 놀라운 창의력과 명확한 전망을 보여주는 본보기였습니다." 브리튼은 쇼스타코비치에게 이렇게 쓰면서 한마디 덧붙였다. "오늘날 내게 이와 같은 영향력을 행사하는 작곡가는 아무도 없다는 말을 해야겠습니다."[744]

다른 많은 동료들은 두 작곡가를 거리감이 느껴지고 뭔가 알 수 없는 성격의 소유자로 인식했다. 그들은 자국의 음악 문화에서 중심적인 인물이었지만, 본질적인 면에서는 두 사람 모두 스스로를 아웃사이더라고 여겼다. 브리튼은 동성애자와 평화주의자라는 점에서, 쇼스타코비치는 타고난 예민한 성품과, 얄팍한 거짓으로 점철된 사회에서 실존적으로 정직한 음악을 쓰려는 충동 때문에 그러했다. 이것은 그들 예술의 핵심에 거대한 고독감을 안겨주었다. 아마도 이런 이유에서 둘은 멀리서 서로의 말을 들어주는 것만으로도 서로에게 대단히 중요한 존재가 되었을 것이다. "그대가 이 땅에 살고 있다는 것이 좋습니다." 쇼스타코비치는 브리튼에게 소박하게 자신의 마음을 전했다. 실제로 둘이 주고받은 편지를 살펴보면 20세기 음악에서 둘도 없는 예술가들의 우정을 엿볼 수 있다.

그들의 편지에서 쇼스타코비치는 둘 중 더 따뜻한 마음을 표현한 사람이었는데, 평소 그가 극도의 경계심을 보였음을 생각하면 이는 더더욱 놀라운 일이다. 〈전쟁 레퀴엠〉을 알게 되고 이어 런던 여행에서 〈피터 그라임스〉를 듣고 난 후 그는 자신의 마음을 브리튼에게 털어놓았다. "그대의 음악을 접하는 것은 내게 커다란 행복입니다. 〈전쟁 레퀴엠〉을 얼마나 많이 들었는지 모릅니다. 훌륭한 작품입니다."[745] 계속해서 그의 말이다.

사람들은 그대가 무대 연주에 많은 시간을 쏟는다고 말합니다. 확실히 좋은 일입니다. 그러나 나는 그대가 되도록 많은 곡을 쓰면 좋겠습니다. 그대가 쓴 음악은 20세기를 통틀어 가장 돋보이는 현상이니 말입니다. 그리고 내게는 심오하고 강력한 영감을 주는 원천이지요. 그러니 되도록 많이 작곡해주시오. 인류를 위해서 꼭 필요한 일입니다. 그리고 나를 위해서도.[746]

쇼스타코비치는 당의 예술적 통제가 수십 년간 이어지고 사회가 근본적으로 경직되다 보니 자신의 창조적 삶의 여정이 돌이킬 수 없이 틀어졌다는 것을 모르지 않았다. 어쩌면 그는 브리튼의 예술에서 자신이 살아보지 못한 삶의 희미한 빛을 보았는지도 모른다. 어느덧 육십 대에 접어든 쇼스타코비치는 자신의 삶과 관련하여 회한에 사로잡혔다. 글리크만에게 이런 편지를 썼다.

내일이 내 예순두 번째 생일이네. 사람들은 그런 나이가 되면 "다시 태어나도 62년을 똑같은 방식으로 살게 될까?" 하는 질문을 하기 마련이네. 그러면 "물론이지, 비록 모든 게 완벽하지는 않았고 실망스러운 일도 있었지만, 전체적으로는 같은 삶을 다시 살 거야" 하고 말하겠지. 나는 아니네. 천 번을 물어도 아니라고 할 거네!

브리튼의 음악에 애착을 보인 이유가 무엇이든, 쇼스타코비치는 〈전쟁 레퀴엠〉에 그저 전에 없는 너그러운 편지로 반응한 것만이 아니었다. 그는 음악작품으로도 화답했다.[747] 〈전쟁 레퀴엠〉과 마찬가지로, 성악이 들어가는 곡으로, 규모는 교향곡이지만 매력적인 친밀함의 순간들이 있었다. 〈전쟁 레퀴엠〉과 마찬가지로, 그

애도하는 음악

바탕에는 갈등과 무의미한 인간의 고통으로 점철된 시대를 향해 말하는 시가 있었다. 〈전쟁 레퀴엠〉과 마찬가지로, 생과 사의 현실에 대한 궁극적인 진실을 전하는 곡이었다. 쇼스타코비치의 교향곡 14번은 영롱하게 빛나면서 대단히 개인적인 작품으로 "벤저민 브리튼에게" 공식적으로 헌정되었다.

1969년, 62세의 쇼스타코비치는 병세가 심상치 않아 모스크바의 크렘린 병원에 한 달을 입원하며 치료를 받았다. 전부터 그의 몸여기저기가 말썽이었다. 1966년에 첫 번째 심장발작이 있었고, 계속되는 호흡기 문제와 팔다리 근력 쇠약, 무엇보다 작곡과 피아노 연주에 중요한 오른손이 말을 듣지 않았다. (많은 질병은 나중에 진단받은 일종의 소아마비, 그리고 폐암으로 인한 것이었다.) 각종 주사와 요법, 요양원 치료를 받았지만, 그의 도피 수단은 한결같았다. "작곡은 통제할 수 없는 사랑, 열정이네."[748] 그의 말이다.

병원에 있는 동안 쇼스타코비치는 고립감을 느꼈다. 독감 발발을 늦추고자 시행된 격리조치로 인해 방문객을 받지 못한 것이다. 덕분에 그는 많은 시간 동안 책을 읽고 자신의 육신의 쇠약에 대해 생각하고 죽음의 심연을 응시했다. 그는 러시아어로 번역된 시집에서 죽음의 주제를 다룬 20세기 시 열 편—페데리코 로르카, 기욤 아폴리네르, 라이너 마리아 릴케—을 골랐고, 여기에 빌헬름 퀴헬베커가 예술가들의 우정에 관해 쓴 시 한 편을 더했다. 그런 다음 맹렬한 속도로 이 시들을 하나의 서로 연결된 노래 집합으로 만들었다. 너무도 독창적인 구성이어서 그가 "내 평생 처음으로 내

작품 중 하나를 뭐라고 불러야 할지 모르겠네"[749]라고 했을 정도다. 결국에는 교향곡 14번이 될 수밖에 없다는 것을 깨달았다.

이 곡은 두 명의 독창자(소프라노, 베이스)와 현악기, 타악기가 동원되는 소규모 편성이어서 다른 교향곡들처럼 거대한 집단의 목소리를 내는 것이 아니라 실내악곡의 친밀하고 사적인 영역에 속한다. 사실 소박하고 기품 있는 보컬 작법과 요약의 분위기로 보면, 쇼스타코비치가 알렉산드르 블로크의 시를 바탕으로 2년 전에 완성한 먹먹하고 아름다운 연가곡 〈낭만 가곡〉(작품번호 127)과 가장 닮았다. 두 작품에서 우리는 그동안 많은 가면을 썼던 작곡가가 순간적으로 모두 내려놓고 가식 없이 우리 앞에 서 있는 것을 본다. 두 작품의 초연에서 노래했던 갈리나 비슈네브스카야는 블로크의 〈낭만 가곡〉에서 쇼스타코비치가 "하늘의 지붕에서" 본인의 삶을 살펴보고 있다고 말했다(교향곡 14번에도 이런 순간들이 있다).

사실 교향곡 14번은 그렇게 제목이 붙지만 않았을 뿐, 일종의 레퀴엠이라고 해도 무방하다. 다들 상황은 다르지만 현대 전쟁의 희생자인 개별 시인들의 목소리를 이어받아 전하고 활기를 불어넣음으로써, 예술작품이 다른 예술작품을 어떻게 기억하는지를 아름답게 보여준다. 아울러 각 나라의 정치적 역사, 각 개인의 삶의 부침, 각 세대의 살아낸 기억, 이 모든 것을 아우르는, 그러면서 심오한 의미에서는 그와 무관한 일종의 연대기가 된다. 이런 과거의 목소리에 자신의 목소리를 더하면서, 쇼스타코비치는 죽음에 대한 비통한 항의에서 죽지 않는 음악 예술을 통한 초월의 전망에 이르기까지 다양한 표현을 껴안는다.

애도하는 음악

로르카가 쓴 두 편의 시가 교향곡 14번의 포문을 연다. 스페인 안달루시아 지방의 칸테 혼도cante jondo("깊은 노래")를 이상으로 삼는 시들이다. 로르카에게 칸테 혼도의 핵심은 두엔데duende라는 개념이다. 머나먼 시간과 공간의 벽을 허물고, 찰나의 것을 구체화하고, 죽은 자의 목소리를 소환하는 예술의 신비로운 힘을 가리키는, 다른 언어로 변역할 수 없는 말이다. 로르카는 이렇게 설명한다. "모든 예술이 두엔데의 능력을 갖지만, 이것이 최고로 발휘되는 것은 당연하게도 음악, 춤, 낭송시에서다." 그렇기에 이런 예술에는 해석자가 필요하다. 과거의 달아난 기억과 잊힌 고통을 "바로 현재"로 불러오는 살아 있는 몸이 필요하다.[750]

로르카의 《칸테 혼도의 시》의 핵심에 두엔데가 있다. 대부분 1920년대 초반에 쓴 시들을 모아놓은 시집으로, 교향곡 14번에 사용된 두 편의 시도 여기에 수록되어 있다. 첫 번째 시 "심연에서"[751]는 제목에서 시편 130장("깊은 곳에서 내가 주께 부르짖었나이다")을 가리킨다. 쇼스타코비치의 악장은 고요한 분위기로 시작한다. 마치 막이 올라 치열했던 전투가 끝난 아침의 전쟁터를 보여주는 듯하다. 날이 밝고, 빛은 환하며, 참화가 눈앞에 생생하다. 바이올린이 조용히 시작한다. 굽이치며 하강하는 선율은 죽은 자를 위한 "진노의 날" 성가와 유사한 윤곽이며, 조성의 논리를 유예시켜 다음에 어떤 음이 올지 예측할 수 없다. 이어 베이스 독창이 등장하여 엄숙한 목소리로 로르카의 짧은 시에 나오는 "사랑에 빠진 백 명이 메마른 대지 아래에 영원히 잠들어 있다"[752]고 노래한다. 안달루시아의 붉은 땅에 십자가로 표시된 무덤을 가리키는 것이다.

두 번째 악장 "말라게냐"는 이와 달리 불같고 날카로운 날을 세운다. 죽음 자체가 의인화되어 선술집에 드나드는 것으로 묘사된다. 쇼스타코비치는 여기서 과열된 춤곡의 리듬과 도약하는 소프라노 선율, 속사포 같은 캐스터네츠로 두엔데를 화려하게 풀어놓는다. 로르카의 시를 활용한 서두의 두 악장은 멋진 소리의 풍경뿐만 아니라 시가 시인 자신의 비극적 운명을 예시하는 것처럼 보인다는 점에서도 깊은 여운을 남긴다.

스페인 내전 초창기에, 프랑코에 충성한 군인들이 그라나다에서 로르카를 체포하여 사살했다.[753] 그가 공화파 지지를 밝힌 유명인이자 동성애자라는 것이 중요한 이유였다. 그의 시신은 인근 마을 외곽의 땅에 표시 없이 묻혔다고 한다. 그로부터 70여 년이 흐른 2009년, 마침내 로르카의 유해를 발굴하여 적절한 곳으로 옮기려는 시도가 있었는데, 현장에서는 바위와 흙밖에 나오지 않았다. 이후에도 몇 차례 비슷한 시도가 있었지만 똑같이 무위로 끝났다. 그리하여 20세기의 가장 유명한 스페인 시인은 지금까지 무덤이 없다. 하지만 적어도 한 사람은 놀라지 않을 것이다. 로르카가 죽기 7년 전인 1929년에 쓴 "돌림노래로 불리는 세 친구의 우화"라는 시가 있다. 마치 두엔데를 내면과 미래를 향해 동시에 발휘한 듯한 아래의 구절을 보라.

데이지 꽃이 찍찍거리며 우는 아래로
순수한 형태가 가라앉았을 때
나는 그들이 나를 살해했음을 알았네.

그들은 나를 찾아 카페와 묘지와 교회를 뒤졌지.

술통과 캐비닛을 열어젖히며…

그러나 그들은 더이상 나를 찾지 못했다.

나를 찾지 못했다.

절대로, 나를 찾지 못했다.[754]

교향곡 14번에서 쇼스타코비치는 장소 없이 죽은 자를 위해 또다시 자리를 마련해 로르카의 추억을 기리도록 했다.

아폴리네르의 시 여섯 편이 교향곡의 중심부를 이룬다. 20세기 초 아방가르드의 무대감독으로 불리며 활발하게 활동한 프랑스 시인이자 비평가는 1914년에 프랑스군에 입대했다. 2년 뒤 3월 중순 오후, 그가 베리오바크 근처의 참호에 앉아 문학지 〈메르퀴르 드 프랑스〉를 읽고 있을 때 근처에서 포탄이 터졌다.[755] 아폴리네르는 반사적으로 머리를 숙이고는 다시 책을 읽으려고 했다. 그 순간 눈앞의 페이지로 피가 떨어지는 것을 보았다. 파편 하나가 그의 헬멧을 뚫고 들어가 관자놀이 위쪽 피부에 박힌 것이다. 그는 회복했지만 힘을 완전히 되찾지 못했고, 결국 후유증으로 1918년에 사망했다.

쇼스타코비치가 고른 아폴리네르의 시 중에 "상테 감옥에서"가 있다. 시인이 〈모나리자〉 절도를 도왔다는 오해를 사서 이곳에 구금되었던 일을 상기시킨다(아폴리네르는 1911년에 이 사건의 용의자로 몰려 상테 감옥에 일주일간 구금된 적이 있다—옮긴이). 대량 감금의 비인간적인 면모에 예지적으로 항거하는 뜻이 담겨 있으며("여기서

나는 더이상 나로 느껴지지 않네. 11동에 구금된 15번 죄수일 뿐"), 쇼스타
코비치에게는 음악적 공감의 실험장이 된다. 바이올린과 비올라가
감옥의 한기와 적막함을 전하며, 한 대목에서 연주자들이 활을 거
꾸로 잡고 활대로 현을 때려('콜레뇨' 주법) 차디차고 불안한 광경을
재현한다. 다른 악장에 텍스트로 사용된 "콘스탄티노플의 군주에
게 보내는 자포로지 코사크의 답장"은 오스만 제국의 술탄 메흐메
트 4세에게 코사크들이 보냈다는 악담들로 가득 차 있으며, 아폴
리네르가 시로 만든 것이다. 쇼스타코비치의 냉혹한 음악은 이 같
은 도발의 바탕인 분노를 담아낸다. 마지막에서는 현악 오케스트
라가 벌떼처럼 들끓는 소리로 격하게 몰아붙인다. 여기에는 당연
히 정치적 공세의 의미도 있다. 작곡가는 막강한 권력자를 노골적
으로 모욕하는 시를 택함으로써, 청중이 가까이에 있는 다른 독재
자를 떠올리게 했다.

작품의 반대편 극단에는 아폴리네르의 어두운 초현실주의 시
"자살"을 바탕으로 하는 4악장이 있다. 가볍게 아른거리는 독주 첼
로 소리가 청자를 이 교향곡의 내밀한 고해실로 다정하게 데려간
다. 시인은 자신의 무덤에 누운 이름 없는 남자의 신비로운 초상을
묘사한다. 그의 필멸의 육신은 서서히 땅으로 돌아가고 있다. 소프
라노가 애절한 어조로 먼저 시작하면, 첼로가 "트리 릴리, 트리 릴
리, 릴리"(세 송이 백합, 세 송이 백합, 백합) 하는 단어를 받으며 합류
한다. 입을 크게 벌려 물 흐르듯 모음을 발음하므로 단어는 거의
순수한 소리로 녹아든다. 일종의 백색광처럼 환하게 빛난다. 그나
저나 신비로운 이 백합은 무엇을 나타낼까? 다른 단서가 없어도

쇼스타코비치가 여기에 붙인 환한 음악만으로도 대단히 개인적이고 심지어 고백적인 진술임을 짐작할 수 있지만, 음들에 각인된 암호로 연관성이 훨씬 명확하게 드러난다. 소프라노가 노래하는 첫 소절에 쇼스타코비치의 음악적 서명[756]을 이루는 네 음(D, E플랫, C, B)이 나온다. 음이름을 독일식으로 표기하면 작곡가의 이니셜인 DSCH가 된다. 소프라노는 노래한다. "십자가 없는 내 무덤에 세 송이 백합." 오랫동안 고초를 겪었던 작곡가—자살도 한 번 이상 생각했을 테고, 삶을 자신의 예술에, 그리고 고국의 비극적인 유토피아 실험에 내주었던—는 무덤에 누워 있는 남자를 묘사한 시에서 자신의 모습을 보았을 것이다. 초연에 참여하고 몇 년이 지나서도 갈리나 비슈네브스카야는 자신이 리허설에서 이 대목을 불렀을 때 쇼스타코비치가 지었던 "본인에게 한껏 몰입한 표정, 고통스러워하는 표정"[757]이 생각난다고 했다.

쇼스타코비치는 무신론자여서 관행적인 내세를 결코 믿지 않았지만, 음악이 창작자보다 생명력이 길다는 것을, 그러니 예술가 정신의 본질적인 뭔가를 미래에 전할 수 있다는 것을 굳게 믿었다. 그런 맥락에서 그는 교향곡 14번을 작곡하기 전에 푸시킨의 시 "나의 기념비를 세웠네"에 특별한 관심을 보였다. 마지막에서 두 번째 연이 눈길을 끈다.

인민들은 내 이름을 오래도록 기억하리.
그도 그럴 것이 나는 시로 따뜻한 감정을 일깨웠고,
잔혹한 시대에 자유의 대의를 노래했고,

쓰러진 자들에게 자비를 베풀 것을 호소했네.[758]

　작곡가는 푸시킨의 시에 음악을 붙이려고 무려 열 번이나 애썼지만 성과가 없었다.[759] 그의 내면의 결에 맞지 않았던 게 아닐까 싶다. 속내를 알기 어렵고, 나약하고 취약한 순간이 있고, 어두운 구석이 있는 그가 받아들이기에는 시에서 드러나는 작가의 내세에 대한 진술이 지나치게 승리에 찬 어조이고 지나치게 맹목적으로 보인다.

　하지만 아폴리네르의 시는 쇼스타코비치에게 완벽한 은유를 제공했다. 소프라노가 노래를 이어가면, 우리는 백합 세 송이가 죽은 자의 무덤에서 피어나는 아름다운 광경을 만나게 된다. 한 송이는 그의 입에서 피어나고, 한 송이는 그의 심장에서, 한 송이는 그의 상처에서 피어난다. 문득 우리는 백합이 상징하는 것을 깨달으

애도하는 음악

며 몸서리를 친다. 그것은 쇼스타코비치의 예술이다. 그의 시대에
서 우리 시대로 넘어오는 그의 음악이다. 그리고 죽음의 불가피함
을 다룬 교향곡이 이런 식으로 나름의 탈출을 시도했음이 분명해
진다. 이 예술은 그것을 만든 사람보다 오래 살아남아, 죽은 자의
목소리를 전하고, 역사를 기억으로 바꾸었다. 그러니 우리가 듣는
것은 불멸의 음악, 불멸에 관한 음악이다.

　"자살"이 교향곡에서 가장 예리한 개인의 목소리로 돌아보는 악
장이라면, "오 델비크, 델비크!"에서는 종류가 다른 기념비를 묘사
한다. 마음이 맞는 예술가들의 음악적 연대, "악인들과 우매한 자
들"의 옹졸한 획책을 넘어서는 동료 의식, "행복과 슬픔 속에서도
똑같이 굳건한" 동맹을 기리는 음악이다. 이 곡의 대본은 푸시킨
과 동시대 인물인 러시아-독일 데카브리스트(유럽의 자유주의 사상
에 영향을 받아 러시아를 개혁하고자 했던 청년 장교들—옮긴이) 시인 빌

헬름 퀴헬베커(1797~1846)가 썼는데, 그는 동료 시인이자 상트페테르부르크에서 어린 시절을 함께 보낸 친구 안톤 델비크에게 진심을 담아 쓴 시를 보냈다. 쇼스타코비치의 음악은 여기서 첫 마디부터 내적 숭고함으로 빛난다. 마치 나머지 악장에 스며든 죽음의 냉기에 홀로 맞서려는 듯, 비올라와 첼로가 온기와 서정성을 한껏 담아 연주한다. 이어 베이스가 위엄 있는 목소리로 서서히 오르고 내리는 악절에 가사를 실어 노래한다. 교향곡의 피헌정자는 틀림없이 감동했을 것이다. 이 악장은 명백히 브리튼에게 바쳐진 것이기 때문이다. 행여 자신의 뜻이 불확실하게 전해질까 봐 염려한 쇼스타코비치는 1972년에 브리튼에게 선물을 보냈다.[760] 안톤 델비크의 초상화였다.

릴케가 쓴 두 편의 시가 교향곡 14번을 마무리한다. 오스트리아의 시인 역시도 1차 세계대전에 (몸이 아니라 마음이) 큰 충격을 받아 1919년에 "내가 과연 살아남은 건지 정말로 모르겠네"[761]라고 편지에 썼다. 쇼스타코비치는 가장 세심하게 아로새긴 음악을 릴케의 첫 번째 시("시인의 죽음")에 붙였다. 시는 베개를 베고 생을 마감한 시인의 얼굴이 갑자기 무방비 상태가 되어 과일의 속살처럼 "상한 공기에 썩어가는"[762] 모습을 상상한다. 쇼스타코비치의 장례식으로 이 시는 선견지명이 있음이 증명되었다.

———

쇼스타코비치는 교향곡 14번을 완성하고 나서 6년을 더 살았지만, 그럼에도 이 곡이 세상에 온전히 안착하기 전에 죽을지도 모른다

애도하는 음악

는 공포에 극심하게 시달렸다. 루돌프 바르샤이와 모스크바 체임버 오케스트라의 초연을 준비하는 내내 쇼스타코비치는 동료들을 몰아붙였다. 그는 마치 예술과 삶을 갈라놓은 허약한 틈새로 음악이 묘사하고 있는 죽음이 새어들 수도 있다고 걱정했던 모양이다.

그리고 그의 걱정대로 틈새에 구멍이 숭숭 뚫려 있었음이 드러났다. 1969년 6월 21일, 모스크바 음악원 소강당에서 바르샤이는 초대한 청중들을 앞에 두고 이 작품을 비공개로 연주했다. 대부분이 소련의 관료들이었다. 아폴리네르 시를 바탕으로 하는 5악장 중간, 고국에 의해 죽음으로 내몰린 군인을 소프라노가 스산하게 노래하는 순간, 음악학자이자 중앙위원회 관료인 파벨 아포스톨로프가 갑자기 자리에서 일어나 요란하게 강당을 나갔다. 현장에 있던 많은 사람은 그가 못마땅한 기색을 투박하게 표출한 것이라고 보았다. 청중석의 한 여인은 이렇게 중얼거렸다. "몹쓸 자식, 그는 1948년에 쇼스타코비치를 없애려고 했는데 실패했지…. [그러자 이제] 고의로 망치려고 나간 거야."[763]

음악회의 참석자들은 강당을 나가서야 아포스톨로프가 들것에 실려 가는 것을 보았다. 뇌졸중 혹은 심장발작으로 쓰러진 것이었고 그는 한 달 뒤에 사망했다. 죽은 이가 쇼스타코비치를 오랫동안 비난하고 괴롭힌 사람이었다는 사실 때문에, 모스크바 음악계 사람들은 이를 천벌을 내린 사건으로 보았다. 공식적인 초연을 몇 달 앞두고 이런 일이 벌어지자, 한 동료가 브리튼에게 썼듯이, 교향곡 14번은 "마력魔力"[764]이 있다는 평을 얻게 되었다.

이런 우여곡절 속에 1969년 9월 29일, 교향곡의 공식적인 초연이 있었다. 예브투셴코는 레닌그라드 카펠라 콘서트홀에서 쇼스타코비치 옆자리에 앉았고, 나중에 회상하기를 작곡가가 잔뜩 긴장하여 자신의 손을 부여잡았다고 했다. 그러나 가장 생생하게 현장의 분위기를 전한 사람은 이번에도 글리크만이다.

표를 구하지 못했지만 어떻게든 연주를 들으려는 사람들이 서로 밀치면서 큰 소동이 벌어졌다. 안에서는 레닌그라드의 음악계 전체가 다 모였고, 새로운 교향곡과 관련한 소문이 돌면서 평소에는 교향곡을 들으러 음악회를 찾지 않던 사람들도 많이 왔다…. 기대감은 결코 실망으로 이어지지 않았다. 루돌프 바르샤이의 지휘하에 오케스트라가 멋진 연주를 들려주었다…. 말과 음악이 그야말로 하나가 되어 청중에게 불러일으킨 효과를 설명하기에는 '압도적'이라는 단어밖에 떠오르지 않는다. 개인적으로 나는 음악에 취해서 끝나고 한참 동안 자리를 뜨지 못했다. 마치 꿈속에서 교향곡에 나오는 영웅들을 보고, 그들의 목소리를 듣고, 고통으로 일그러진 그들의 얼굴을 보는 듯했다. 마지막 음이 잦아들자, 슬픔과 축하가 뒤섞인 침묵이 홀을 지배했다. 뭔가에 홀려 내가 [지휘자] 예브게니 므라빈스키가 앉아 있는 박스석으로 고개를 돌렸는데, 큰 키의 그가 자리에 서 있었다. 놀랍게도, 그가 지휘를 하듯 손을 움직이는 것처럼 보였는데, 착각이었다. 그는 그저 온 힘을 다해 박수를 치고 있었다. 그를 따라 청중 전체가 자리에서 일어나 환호하기 시작했다. 쇼스타코비치 자신도 방금 들은 음악에 소스라치게 놀랐다. 본인이 쓴 작품이었는데

애도하는 음악

도 말이다. 그는 다리에 힘이 없어서 힘겹게 무대 위로 올라가서
는 도무지 그칠 줄 모르는 청중의 갈채에 답했다.[765]

이런 이례적인 반응은 쇼스타코비치의 창조적 위업에 대한 인
정 이상의 의미가 있었다. 이 음악이 당시 청중의 분위기를 제대로
반영했음을 보여준다. 레오니트 브레즈네프가 흐루쇼프의 뒤를 이
어 서기장이 되면서 전임자의 많은 개혁적 조치들을 거꾸로 돌려
놓았다. 교향곡 14번이 세상에 나오기 불과 1년 전에 소련군은 프
라하의 봄으로 알려진 체코의 시위 물결을 무력으로 짓밟아 "인간
의 얼굴을 한 사회주의"[766]에 대한 절박한 희망에 종지부를 찍었다.
하지만 소련 시민들이 이런 깊은 퇴행을 일상에서 경험하는 동안,
당의 이데올로기는 낙관적인 전망을 강요했다. 그러므로 교향곡
14번은 한 관찰자의 말처럼 "시대의 절망을, 그리고 보다 인간적
인 사회를 갈구한 희망이 부서진 고통을 합법적으로 경험하는 기
회"가 되었다. "교향곡 14번은 아직은 완전히 금지되지 않은 눈물
을 쏟도록 길을 열어주었다."[767]

8개월 후, 교향곡 14번의 영국 초연 준비가 한창이었다. 소련 밖
에서는 처음 연주하는 것으로, 스네이프 몰팅스 콘서트홀에서 진
행되는 올드버러 페스티벌에서 피헌정자의 지휘로 공연될 예정
이었다. 브리튼은 쇼스타코비치에게 이 사실을 전하며 이렇게 썼
다. "며칠 뒤에 올드버러 페스티벌이 시작되면 나는 그대의—**우리
의**—14번 교향곡 리허설을 바로 시작할 것입니다. 그대의 역작을
맡게 되어 무척 기대가 큽니다. 부디 내가 제대로 해내기를 바랄

뿐입니다. 전에 해보지 않은 일이니 열심히 해야겠지요. 헌정의 문구를 읽을 때마다 내 가슴이 뜁니다. 한 작곡가가 다른 작곡가에게 보내는 선물로 이보다 큰 것은 결코 있을 수 없습니다!"[768]

영국 초연은 1970년 6월 14일에 있었다. 브리튼이 잉글리시 체임버 오케스트라를 지휘했고, 갈리나 비슈네브스카야와 마크 레셰틴이 독창자로 참여했다. 쇼스타코비치는 건강이 좋지 않아 소련을 떠날 수 없었지만, 그럼에도 브리튼은 특별한 마음으로 지휘에 임했다. 우리가 이것을 아는 것은 리뷰기사뿐만 아니라 이 행사를 녹음한 〈BBC〉 녹음팀 덕택이다. 첫 마디에서부터 브리튼은 으스스한 공간감과 높은 산에서 내려다보는 명료한 시야를 전한다. 로르카의 "심연에서"는 조용하고 장엄하게 말을 걸다가 브리튼의 지시로 현악이 걷잡을 수 없이 난폭하게 "말라게냐"에 달려든다. "자살"에서 비슈네브스카야가 부르는 세 송이 백합은 마치 달빛에 빛나듯 은은한 은빛 광채를 발한다. "코사크의 답장"으로 넘어가면 베이스가 부패한 권력을 고발할 때 오케스트라가 옆에서 해머로 강력하게 화음을 휘두른다.

하지만 브리튼의 연주에서 우리가 기대하는 것은 당연히 9악장 "오 델비크, 델비크!"로, 실망시키지 않는다. 브리튼이 사용한 악보가 그의 자료보관소에 남아 있는데, 연주를 위한 그의 실질적인 주석을 볼 수 있다. 델비크 악장 첫 페이지에 그는 "지나치게 느리지 않게!"라고 힘주어 적었다. 하지만 실황 연주를 들어보면 그는 자신의 고집을 다소 감정적으로 무시하고 템포를 극적으로 느리게 잡는다. 화성에 담긴 따스함을 음미하려는 듯이, 마치 그것이 핵심

애도하는 음악

이라는 듯이. 여기서 첼로 소리가 베이스의 숭고한 가사를 떠받치며 악장의 표현적 핵심을 이룬다. 후대를 위해 녹음된 이 음반에서 주목할 점이라면 첼로 섹션 어딘가에 아니타 라스커의 음색이 있다는 사실이다. 그녀는 잉글리시 체임버 오케스트라의 멤버로서 이 초연에 참여했다. 마지막 화음이 끝나고, 연주에 수긍하는 힘찬 박수갈채가 있었다. 그날 운 좋게 그곳에 있었던 사람들은 세기에 남을 멋진 쇼스타코비치 연주를 들은 것이다.

두 작곡가의 개인적 인연은 말년까지 이어졌다. 브리튼과 피어스가 1971년 4월에 레닌그라드를 방문했고, 쇼스타코비치는 부인 이리나와 함께 1972년 여름에 올드버러를 방문했다. 올드버러 방문에서 브리튼은 매우 이례적이게도 동료 작곡가에게 자신이 작업 중인 악보를 보도록 허락했다. 그의 마지막 오페라가 되는 〈베니스에서의 죽음〉이었다. 쇼스타코비치는 브리튼의 서재에 앉아 두 시간 동안 악보를 꼼꼼히 살폈고, 브리튼은 바깥에서 긴장 속에 기다리며 이리나와 대화를 주고받았는데, 마찬가지로 이례적으로 1945년 벨젠 수용소를 방문했던 이야기를 했다. 쇼스타코비치가 나왔을 때 한 목격자에 따르면 그의 얼굴이 환하게 빛났다고 한다.[769]

브리튼이 음악적 동지에게 보낸 마지막 편지는 타이핑되었다. 심장 판막 교체 수술과 경미한 뇌졸중으로 더이상 편하게 펜을 잡을 수가 없었다. "지난 2년 동안 건강이 지독히 나빠져서 거동이 거의 불가능한 상황이 되었습니다. 친애하는 드미트리, 그대는 여전히 대단한 에너지를 발휘하며 우리 모두가 즐기는 걸작을 쓰고 있는데 말입니다."[770] 브리튼은 쇼스타코비치가 그 무렵 두 번째 심장발작과 폐암으로 기력이 몰라보게 쇠했다는 것을 알지 못했을 수도 있다. 쇼스타코비치는 당시 조금이라도 가망이 있으면 아무리 이상한 요법도 마다하지 않았고, 심지어 손을 대고 안수기도를 하여 환자의 피부에 화상을 입힌다는 소문이 있는 심령술사도 찾아가겠다고 했다. "고통이 너무도 극심해서 그는 기적이라도 믿을 지경이었다."[771] 글리크만의 말이었다. 1975년 8월 9일 저녁 6시 반, 그의 고통은 마침내 끝났다.

닷새 후, 모스크바 음악원 대강당에서 공산당의 충실한 아들 쇼스타코비치를 기리는 호화로운 장례식이 거행되었다.[772] 작곡가가 평생 혐오했던 연설과 알맹이 없는 허식과 구경거리로 가득했다. 그의 많은 교향곡이 세계 초연을 했던 바로 그 무대 가장자리는 이제 열아홉 개의 거대한 화환으로 덮여 있었고, 바로 옆에 작곡가의 열린 관이 검은색 받침대 위에 놓여 있었다. 그의 얼굴은 과하게 붉은색으로 화장이 되어 릴케의 시인처럼 무방비 상태였고, 그의 팔은 가지런히 가슴에 포개졌으며, 그의 몸은 온통 꽃에 뒤덮여 간신히 보일 정도였다. 쇼스타코비치가 언젠가 음악을 붙이기도 했던, 노골적으로 보여주기 식인 국가 장례식을 묘사한 마리나 츠베타예바의 시를 떠올리게 하는 광경이었다. "내 조국이여, 여기를 보라, 세간의 인식과 달리 군주가 시인에게 배려했도다!"[773]

하지만 일반 대중의 입장이 허락되자, 분위기는 장엄한 소극笑劇에서 곧장 전혀 다른 것으로 바뀌었다. 밖에서 기다리던 수천 명의 시민들이 이제 안으로 들어와 차례로 관 옆을 지나가기 시작했다.

애도하는 음악

누군가가 쇼스타코비치의 비극적인 현악 4중주 8번 음반을 틀었다. 곡의 요란한 DSCH 모토는 외부인에게는 보이지 않는 암호이지만 아는 사람에게는 더이상 분명할 수 없는 것이다. "곧바로 음악, 관, 그리고 이 사람들 사이에서 진정한 '삼각관계'가 형성되었다."[774] 한 목격자의 말이다.

감동적일 만큼 각계각층, 다양한 연배의 사람들이 조문을 하러 왔음이 뉴스 필름으로 확인된다. 학생, 노동자, 안경 쓴 지식인, 걸음걸이가 불편한 노인, 머리에 스카프를 두른 할머니. 누군가가 꽃다발을 가져와 관 발치에 내려놓고 무릎을 꿇어 경의를 표했다. 소리 내어 우는 사람도 있었다. 바로 이곳에서 〈바비 야르〉 교향곡 초연을 이끌었던 지휘자 키릴 콘드라신은 특별히 집요했던 한 사람을 주목했다.

외양으로 보건대 유대인이 분명한 조문객이 앞으로 나서려다가 저지당했다. 그는 누군가의 가슴을 밀치고 나왔다. 경비원을 지나 계단을 올라 관 바로 옆에 섰다. 3분 동안 고인의 얼굴을 잠자코 보았다. 그런 다음 비러시아식 절을 하고 떠났다. 유대인을 대신하여 "감사합니다"라고 했다.[775]

이렇게 대중과의 작별을 마치자 운구 행렬이 모스크바를 돌았다. 화환을 가득 실은 트럭 네 대가 그 뒤를 따라 노보데비치 묘지까지 갔다. 정문에 '목요일은 묘지 방문 금지'라는 간판이 붙어 있었다.[776] 공교롭게도 목요일이었다. 1948년 작곡가 연맹 회장으로 쇼스타코비치 비판에 앞장섰던 티혼 흐레니코프가 관을 어깨에 메고 매장지까지 운반하는 사람들을 엄숙하게 이끌었다. 군악대가 쇼팽의 장송행진곡을 형편없이 연주했다. 가족들이 마지막으로 키스를 한 후, 관은 여섯 개의 못으로 봉인되고 땅에 내려졌다. 군악대가 소련 국가를 연주했고, 차가운 이슬비가 내리기 시작했다.

쇼스타코비치가 사망한 다음 해 여름, 올드버러 페스티벌은 그를 기리고자 피아노 3중주 2번과 교향곡 14번을 연주했다. 이번에는 로스트로포비치가 지휘했고, 브리튼은 쇠약해져 청중석에서 함께 했다. 몇 달 뒤인 1976년 12월 4일, 브리튼은 피어스의 팔에 안겨 편안하게 숨을 거두었다. 그의 장례식은 화창하고 맑은 겨울날 올드버러 교구 교회에서 열렸다.[777] 시내의 모든 상점이 그를 추모하는 뜻에서 문을 닫았고, 어부들은 각자의 깃발을 들고 교회 바깥에 모여 행렬이 지나갈 때마다 깃발을 내렸다. 수수하지만 기품 있는 장례식이 끝나고 작곡가는 교회 묘지에 묻혔고, 그의 묘는 스네이프 습지에서 가져온 갈대로 장식되었다. 울타리의 틈 사이로 바다가 살짝 보였다. 그날은 파도가 잔잔했고 날이 밝았다. 갈매기 울음소리가 들렸다.

교향곡 14번이 살았을 때의 두 작곡가를 연결해주었다면, 이상한 말이지만 죽었을 때도 둘을 이어주었다. 브리튼은 사람은 적절한 순간에 죽는다는 믿음을 갖고 있다고 작곡가 이모겐 홀스트에게 말한 적이 있다.[778] 정말로 때가 되었는지 아니면 기이한 우연의 일치인지 모르겠지만, 브리튼이 올드버러의 자택에서 마지막 시

애도하는 음악

간을 보내며 숨소리가 희미해질 때, 약 3,500마일 떨어진 곳에서
는 레너드 번스타인이 뉴욕 필을 이끌고 쇼스타코비치의 교향곡
14번을 진심을 다해 연주하고 있었다.[779]

다음 날 브리튼의 부고가 전해지자, 뉴욕 필은 남은 14번 연주
를 그에게 헌정하기로 했다. 번스타인은 그날 밤 애버리 피셔홀 무
대에서 청중에게 직접 그 소식을 알렸다. 그 현장이 녹음으로 남아
있는데,[780] 지휘자가 소식을 전하고 브리튼을 이 시대 조성음악의
마지막 거인이라고 소개하자 청중 사이에서 전율하는 소리가 일
었다. 번스타인은 피어스에게 편지로 그 광경을 전하며 이렇게 썼
다. "홀에서 사람들이 진심으로 눈물을 흘렸어요. 특히 무대 위 오
케스트라와 가수들이 말입니다. 벤은 아름다운 사람이었어요. 재

주와 연민이 많았고 정직했다는 것을 모두가 압니다."⁷⁸¹

몇 년 후, 특별한 묘비가 쇼스타코비치의 묘소에 세워졌다. 한 시대 전체를 이보다 더 확실하게 소환하는 석조 기념물을 나는 알지 못한다. 쇼스타코비치의 이름 아래에, 그리고 그의 출생연도(1906)와 사망연도(1975) 사이에 네 개의 음이 새겨져 있다. D, E플랫, C, B, 바로 작곡가의 이니셜이자 그의 모토다. 시간과 공간 너머로 날아오른 그의 백합이다. 마치 이 네 음 안에 쇼스타코비치의 변신의 마지막 모습이 담겨 있는 듯하다. 그의 삶은 이제 그의 예술이 되었고, 한 나라의 역사는 기억이 되었다. 그리고 기억은 음악이 되었다.

애도하는 음악

코다: 잃어버린 시간을 듣는다는 것

우리는 오로지 예술을 통해서만 자신으로부터 벗어나 우리 자신의 세계와 다른 우주를, 예술이 없다면 달에 존재하는 풍경만큼이나 우리에게 미지의 세계로 남을 우주를 다른 사람들이 어떻게 보는지 알 수 있다. 예술 덕분에 우리는 하나의 세계만을 보는 것이 아니라, 독창적인 예술가의 수만큼이나 많은 세계를, 무한한 공간에서 서로의 주위를 도는 세계보다 너무나 다른 세계를, 렘브란트라고 불리든 페르메이르라고 불리든, 첫 번째로 내보낸 빛이 꺼지고 수 세기가 지난 지금도 특별한 빛을 우리에게 보내오는 세계를 누리고 있다.[782]

— 마르셀 프루스트, 《되찾은 시간》

1932년, 발터 벤야민은 마흔 번째 생일을 맞아 프루스트와 무의식적 기억을 주제로 강연을 했다. 무의식적 기억이란 우리가 청하지 않았는데 과거에서 불쑥 떠오르는 기억을 말한다. 대체로 감각 자극이 이를 촉발하는 경우가 많으며 차에 적신 마들렌의 맛이 가장 유명한 예다. 하지만 벤야민의 흥미로운 주장에 따르면, 그런 기억은 소환만 무의식인 것이 아니라 형성도 무의식적이다. 이를 설명하면서 그는 빌드헨Bildchen('작은 이미지')이라는 용어를 만들어냈다. 그는 이것을 "우리의 가장 깊은 순간에 만들어지는 자신의 사진"이라고 설명한다. "죽어가는 사람의 눈앞에 빠르게 지나간다고 하는 '삶 전체'는 바로 이런 작은 이미지들로 이루어져 있다."[783]

벤야민이 말하는 빌드헨(강렬한 의미의 순간에 만들어지는 기억의 스냅사진)의 은유가 개인의 삶뿐만 아니라 문화의 삶, 혹은 개념이나 이상의 삶에도 적용될 수 있다면 어떨까? 이 책에서 우리는 빌둥의 역사를 살펴보면서 그와 같은 작은 이미지들을 많이 만났다. 젊은 모제스 멘델스존이 베를린 도시에 입성하고, 종교적 관용을 설파하고, 독일 계몽주의를 낭만주의의 문 앞까지 끌어올리는 데 기여한 장면. 불과 몇 년 후 베토벤이 실러의 송가에 곡을 붙여 자유·평등·형제애에 바탕을 둔 세상을 바라는 음악의 유토피아 꿈을 확고히 표명하는 장면. 괴테가 참나무에 기대어 황금잔으로 술을 마시며 자유의 풍경에 대해 말하는 장면. 모제스의 손자 펠릭스 멘델스존이 자신의 성을 바꾸기를 거부하면서도 바흐의 〈마태 수난곡〉을 무대에 다시 올려 유대교와 기독교 세계가 이상적으로 공존하는 새로운 문화민족Kulturnation의 초석을 마련하는 장면. 슈트라우스의 군트람이 자신의 리라를 부수고 형이상학과 도덕에 구애

되지 않는 새로운 현대적 예술을 찾아 길을 나서는 장면. 쇤베르크가 초기 작품들로 사상과 감정과 불협화음의 새로운 세계를 열고, 오페라 〈모세와 아론〉으로 빌둥의 이상을 이루는 독일의 측면과 유대인의 측면을 종합하고자 마지막으로 온 힘을 쏟는 장면. 정상적인 음악회 문화를 금지당한 1937년 베를린의 유대인들이 노이에 시나고게에서 열린 멘델스존의 오라토리오 〈엘리야〉 공연에 참석하여 마지막에 조용히 흐느껴 울고 차례로 공연장을 떠나는 장면. 실러의 책상을 선제적으로 보호하려고 부헨발트의 수감자들이 괴테의 참나무 그늘에서 똑같은 복제품을 만드는 장면. 키이우 주민들이 한 명씩 총에 맞아 산골짜기 아래로 떨어지면서 그들의 존재가 세상에서 완전히 지워지는 장면. 슈트라우스가 자신의 고향이 잿더미가 되자 괴테로 다시 돌아가 〈메타모르포젠〉으로 독일 문화에 기념비를 바치는 장면. 코번트리 대성당 종소리가 불길 너머로 울리는 장면. 젊은 평화주의자 벤저민 브리튼이 1945년 7월 벨젠난민 수용소에서 "의자와 건반 사이에 매달린" 장면. 뉴멕시코 시골의 카우보이들이 눈보라에 굴하지 않고 쇤베르크의 〈바르샤바의 생존자〉 초연에서 12음 기법의 "셰마 이스라엘"을 반항적으로 노래하는 장면. 브리튼이 윌프레드 오언의 글에 음악을 붙여 생명을 불어넣고 시인의 날카로운 운문을 오래된 예배의 전통 안으로 끌어들이는 장면. 쇼스타코비치가 교향곡 13번으로 자신의 사회의 의도적인 기억상실을 꾸짖고, 그런 다음 교향곡 14번으로 죽음의 심연을 응시하는 장면. 부헨발트에 있는 괴테의 참나무가 오늘날 말라붙은 그루터기로만 남아 추모의 돌들에 덮여 있는 모습.

수 세기에 걸쳐 모아놓은 이런 작은 이미지들, 이런 소리들과 이야기들 안에는 무수히 많은 의미가 여전히 들어 있지만, 그 의미가 항상 기꺼이 활용되는 것은 아니다. 프루스트의 또 다른 은유로 말하자면, 너무도 쉽게 어둑한 음화陰畫로 그냥 남아 있을 수 있다. 그러니까 우리 문화의 여러 기억의 창고에, 자료보관소에, 논문 페이지에 모셔져 있거나 혹은 엄지손가락으로 휴대폰 화면을 위로 넘기는 순간 망각 속으로 사라지는 것이다. 그러는 동안 20세기 한가운데서 재난을 겪었던 세대는 계속해서 사라져가고 그들과 함께 과거와의 연결점도 끊어진다.

　그러나 우리에게는 음화를 현상하는, 얼어붙은 땅을 녹이는, 정보를 지식으로 바꾸는 다른 수단들이 남아 있다. 프루스트가 말했듯이, 예술은 우리가 역사의 유령을, 과거의 존재를 안고 살아가게 하며, 모든 예술은 이를 저마다 다른 방식으로 행한다.[784] 이런 다층적인 과거와 진정으로 교감을 느끼게 하는 점에서, 음악은 기억과 특별한 관계를 갖는다. 수십 년 혹은 수백 년 전에 악보에 적어놓은 음들을 연주하는 연주자를 통해, 우리는 잃어버린 시간의 순간을 듣는다. 음악은 다른 시대가 기록하고 듣고 꿈꾸고 희망하고 애도했던 것을 저 너머에서 희미하게 불러낸다. 아울러 아직 도래하지 않았기에 오늘날에도 여전히 중요한 보다 공정하고 올바른 세계의 전망을 일깨워준다. 철학자 에른스트 블로흐는 희망으로 가득한 이런 잠재적 상태를 가리켜 '아직 아닌 존재das noch-nicht Sein'라고 불렀다.[785] 이 책에서 나는 음악이 과거의 아직 아닌 존재를, 가능성으로 여전히 빛나는 잉걸불을, 묻혀 있는 대안적인 미래의 전망을 후대로 전하는 여러 방법들을 알아보고자 했다.

음악적 기념물로 착안된 작품은 이런 일들을 **적극적으로** 행한다. 우리가 음악의 귀를 통해 과거에 귀 기울이고 재난의 역사에서 특정한 순간들을 떠올리게 한다. 그러고 나면 이런 기억은 우리가 미래로 계속 이어가려고 하는 가치들을 선택할 때 영향을 미친다. 이런 음악이 전하는 고통과 트라우마를 들으면 감수성이 깊어지고, 현재 고통에 재빠르게 반응하고, 과거와 지금의 연결고리를 보다 비판적으로 생각할 수 있다. 그러나 이런 식으로 과거의 반향을 의식하면서 듣는 것은 기념물로 만들어진 작품에만 한정될 필요가 없다. 오래된 음악은 무엇이든 이런 식으로 깊게 들으면 과거를 향한 공감의 행위가 된다. 그리고 모든 공감의 행위가 그렇듯이, 이는 자신의 한계를 넘어서게 해주고 세상 저 바깥으로 우리를 해방시킨다.

프로이트는 1915년에 쓴 아름다운 에세이 《덧없음에 관하여》에서 1차 세계대전으로 인해 산산이 부서진 이상들을 어떻게 할 것인가 하는 질문을 던졌다.[786] 그는 인간성이 야만 앞에서 민낯을 드러냈다고, 진보의 개념은 허상이라고 단정하고픈 유혹을 느꼈다. 그러나 실제로 전쟁은 우리의 어떤 이상도 당연하게 여겨져서는 안 되는 것임을 보여주었을 뿐이라고, 새롭게 드러난 허약함 때문에 이런 이상은 덜 소중한 것이 아니라 더 소중한 것이 되었다고 그는 주장한다. 이를 영원히 지속시키려면 사회가 매 순간 적극적으로 선택해야 한다. 이것은 베토벤, 멘델스존, 괴테가 후손들에게 전했던 도전이기도 하다. 음악의 독보적인 면은 연주될 때마다 실제적인 의미에서 이런 도전이 우리의 귀 앞에서 마치 원래의 모습인 양 다시 태어난다는 것이다. 음악은 이렇게 예술이 더 나은 세계를 위해 열어놓은 공간을 우리에게 보여준다. 물론 원래의 모습은 아니다. 우리가 듣는 음악은 과거에 들었던 음악과 같지 않다. 차이를 만드는 것은 시간이다.

시간을 초월한 걸작이라는 인식은 문화에 깊이 각인되어 있으며, 음악은 신비롭고 거의 기적과도 같은 방식으로 시간의 법칙을 무너뜨린다. 그러나 시인이자 홀로코스트 생존자 파울 첼란이 시에 관해 쓴 말은 음악작품에도 유효하다. 그는 시가 여전히 시간을 거쳐, 역사를 거쳐—"이를 넘어서는 것이 아니라 통과하여"—우리에게 온다고 했다.[787] 그리고 예술작품은 이런 여행을 아무런 상처도 입지 않고 해낼 수 없다. 일례로 베토벤의 음악은 아우슈비츠 이전과 이후에 똑같이 들려서는 안 된다. 같은 것을 의미할 수 없다. 교향곡 9번을 들으면서 그사이 여러 세기가 입힌 상처를 듣지 않는다면, 여기에 담긴 신실한 이상주의를 그저 기분 좋은 자유의 외침으로 바꾸는 셈이다. 요점은 이런 이상주의를 부정하거나 (만의 레버퀸이 그랬듯이) "철회"하라는 것이 아니라, 그것이 오늘날 우리에게 오기까지 (첼란의 표현으로) "천 개의 암흑"을 지나왔음을 기억하라는 것이다. 그리고 나면 이런 기억은 미래로, 현재의 행동으로 방향을 틀 수 있다. "미래는 망각했다고 우리를 심판하지 않는다. 너무도 잘 기억하면서 이런 기억에 어울리는 행동을 하지 않았다고 심판한다."[788] 학자이자 비평가 안드레아스 후이센의 말이다.

오랜 세월에 걸쳐 이런 기억에 어울리는 행동들이 조금씩 쌓여 유럽의 음악적 과거의 파편들을 다시 모았다. 기억recollection이라는 이름으로 재수집re-collection을 한 것이다. 빈의 슈바르첸베르크 광장에는 아르놀트 쇤베르크 센터가 있다. 밝고 현대적인 자료보관소로, 여기에는 쇤베르크의 모든 자료뿐만 아니라 그의 모든 책과 악보, 그가 미국에서 쓰던 가구, 심지어 망명지에 가져갔던 피아노까지 보관되어 있다. 모든 것이 빈으로 **다시** 돌아온 것이다.[789] 센터는 1998년 3월에 문을 열었다. 개관식에서 쇤베르크의 현악 4중주 2번이 연주되었다. 여기서 소프라노는 이런 구절을 노래한다. "오랜 여정에 내 몸이 지쳤네. 제단은 비었고 고통만 꽉 찼도다."

나는 최근에 그곳에 들러 쇤베르크의 서가의 책들을 살펴보았다. 중성지 문서 상자에 한 권씩 넣어 이상적인 기온에서 보관하고 있었다. 마치 생체조직 이식 샘플 같았다. 유리벽 뒤에 서서 세심하게 원래 크기대로 재구성한 쇤베르크의 로스앤젤레스 서재도 보았다. 원래 있던 것을 다 가져와 빈의 심장부에 전시해놓은 망명생활의 디오라마 같았다. 심지어 브렌트우드의 진입로가 내다보이는 광경을 그대로 재현하려고 사진 배경도 붙여놓았다. 캘리포니아 특유의 햇빛까지 세심하게 신경 쓴 것이다.

2008년 라이프치히에서 새로운 멘델스존 동상이 공개되었다. 최신 기술을 동원하여 1936년 11월 9일 밤에 철거된 동상을 정밀하게 재현한 것이었다. 내가 방문했을 때, 청동으로 만든 작곡가는 이번에도 받침대 위에 고귀한 모습으로 우뚝 서 있었다. 원래의 위치에서 살짝 떨어진 곳이었을 뿐, 내가 사진으로 보았던 예전의 동상과 으스스하리만치 똑같았다. 나는 살짝 주저하다가 뒤로 가서

이전 동상에 있던 문구도 그대로 새겨졌는지 확인했다. 과연 그대로였다.

"음악의 언어는 고귀한 것만을 담도록 하라." 하지만 그 순간 뭔가가 나를 멈칫하게 했다. 너무도 말끔하게 복원했다는 생각이 들었다. 마치 청동상 자체가 시간을 초월한 걸작인 것처럼, 원래의 파괴도 이토록 완벽하게 복원될 수 있다는 것처럼 보였다. 파괴된 기념물을 다시 만들든 인종차별적 기념물을 철거하든, 문제는 항상 과거의 죄에 맥락을 부여하는 것이다. 이 멘델스존 동상에는 그 오랜 여정을 설명하는 문구가 있어야 했다. 하지만 그런 명판은 없다. 오로지 우리가 동상과 음악에 대해 알고 있는 지식만 있을 뿐이다.

내가 근처 벤치에 앉아 멘델스존의 8중주 음반을 틀고 있을 때,

애도하는 음악

늦은 오후의 햇살이 나뭇잎 사이로 스며들었다. 헤드폰을 통해 밀려오는 소리는 실로 고귀한 것을, 그리고 더 많은 것을 말했다. 음악적 과거에서 온 이런 자갈들은 자르브뤼켄에 설치한 요헨 게르츠의 기념물처럼 거기에 새긴 것이 보이지 않았다. 그 순간 음악은 사라진 명판이었다. 그리고 그 어떤 동상보다도 풍부하게 설명했다.

마지막으로 동상을 한 바퀴 돌며, 나는 이것이 기념물을 기리는 기념물이라는 생각을 했다. 멘델스존이 죽고 40년도 더 지난 1892년에 세워진 첫 번째 동상은 현대 세계의 전야에 작곡가뿐만 아니라 그가 나타낸 모든 것을 기리려는 시도였다. 여기에는 문화적 과거를 미래를 위한 무한한 자원으로 여긴 그의 탁월한 관점도 포함된다. 그런 역사가 오늘날에 주는 의미가, 희망의 자락과 기억할 것이 있었다. 옛것인 동시에 새것인 동상을 마침내 떠날 때 해가 지기 시작했다. 나는 도시의 황혼에 잠긴 작곡가의 고귀한 모습을 마지막으로 보려고 고개를 들었다.

부록

감사의 말

이 책을 구상하고, 여기 들어가는 소리와 이야기를 조사하고, 음악과 기억, 역사와 장소를 하나로 엮기까지 오랜 시간이 걸렸다. 우선 영원한 고마움을 표하고 싶은 사람은 크노프 출판사의 편집자 조너선 시걸이다. 이 프로젝트에 가장 먼저 관심을 보여 작업이 이루어지도록 했고, 그러고 나서는 지성과 인간미를 발휘하며 참을성 있게 작업을 지켜보았다. 파버 출판사의 벨린다 매튜스는 중요한 시점에 이 책의 진행을 열정적으로 떠맡았다. 책이 최종 형태로 출간된 것은 그녀의 경험과 전문성 덕분이다. 와일리 에이전시의 세러 챌펀트, 제임스 풀런, 리베카 네이글, 크리스티나 무어는 전문적인 역량을 발휘하고 격려와 타당한 조언을 아끼지 않았다.

이 책은 내 삶을 이루는 구별되면서 서로 겹치는 두 갈래에서 자연스럽게 나왔다. 하나는 음악 비평가로서 듣고 쓰는 것이고, 다른 하나는 대학원에서 역사학을 전공한 것이다. 2000년대 초반 뉴욕에서 두 가지 일을 시작하면서 많은 편집자와 동료, 친구, 스승

애도하는 음악

에게 빚을 졌다. 컬럼비아 대학에서 아낌없는 지지를 보내준 폴커 베르크한 교수에게 특별히 고마움을 전한다. 2006년부터 나는 〈보스턴 글로브〉를 보금자리 삼아 글을 쓰기 시작했다. 이 책을 응원하고 내가 연구, 여행, 집필을 위해 시간을 내도록 허락해준 브라이언 맥그로리에게 진심으로 고마움을 전한다. 그와 같은 시간의 선물이 없었다면 이 프로젝트는 아예 불가능했다. 아울러 많은 동료와 편집자들, 마티 배런, 돈 어코인, 타이 버, 베로니카 차오, 폴 콜튼, 크리스티 드스미스, 마크 피니, 브룩 하우저, 스콧 헬러, 빌 허조그, A. Z. 마돈나, 짐 매트, 리베카 오스트리커, 재니스 페이지, 스티브 스미스, 데이비드 와이닝거에게 고마움을 전한다.

원고의 일부나 전부를 읽고 귀중한 의견을 준 작가와 학자로 조지프 아우너, 루이스 록우드, 조슈아 루빈스타인, 주디스 거윅, 앤 슈레플러, 브라이언 길리엄, 영국 역사학자 토니 커슈너가 있다. 남아 있는 결점은 당연히 내가 책임져야 하는 몫이다. 내가 연구한 것을 학회, 세미나, 강의를 통해 발표하도록 기회를 준 브랜다이스 대학, 하버드 대학, 터프츠 대학, 보스턴 대학, 베닝턴 칼리지, 보스턴 독일문화원, 하트퍼드 대학, 라이스 대학, 휴스턴 다카메라, 로스앤젤레스 콜번 스쿨의 되찾은 목소리를 위한 지어링-콘론 이니셔티브에 고마움을 전한다. 래드클리프 대학의 전 학장 리자베스 코언은 하버드의 줄리아 S. 펠프스 인문학 강의에 서도록 나를 초대했다. 덕분에 이 책에 들어가는 많은 아이디어를 초창기에 시험하는 중요한 기회가 되었다.

미국 국립인문재단의 공공 장학 프로그램은 이 책을 쓰기 위한 연구에 필요한 자금을 마련해주었다. 하버드 대학의 래드클리프 고등연구소 장학금도 연구에 큰 힘이 되었다. 아울러 아베니어 재단과 보츠티버 재단의 지원에 고마움을 전한다. 나는 하버드의 유럽연구소에서 객원 연구원으로 있으면서 지적 자극이 되는 대화를 나누고 대학 도서관을 마음껏 이용했다. 그리고 맥도웰에 입주하여 글쓰기에 이상적인 환경과 평온한 마음을 누렸고, 영감이 넘치는 작가들, 예술가들과 교류했다. 내 삼촌 제프리 스타인가튼과 숙모 캐론 스미스는 나를 뉴욕으로 수없이 초대해 미식의 모험을 누리게 했다. 키이우의 바빈 야르 홀로코스트 추모 센터에서 나를 따뜻하게 맞아준 안나 파블로바와 안드리 루카스에게 고마움을 전한다. 이 책과 관련하여 귀한 관심을 보여준 이리나 쇼스타코비치, 아니타 라스커-발피슈, 셰릴 밀른스, 로런스 쉰베르크, 누리아 쉰베르크-노노, 발레리아 쿠흐멘트, 비아체슬라프 우리츠키에게 고마움을 전한다. 바버라 쉰베르크와 로널드 쉰베르크는 아르놀트 쉰베르크의 로스앤젤레스 자택에서 나를 친절하게 맞아주었으며, E. 랜덜 쉰베르크는 가족의 역사와 관련하여 도움을 주었다. 바이런 데린저와 엘리자베스 영—쿠르트 프레데릭의 친척—은 가족의 기억을 너그럽게 공유했고, 지휘자의 서류를 보도록 했다. 이그나트 솔제니친은 이 책에서 쇼스타코비치 및 소련과 관련된 대목에 많은 도움을 주었다.

나의 질문에 답하거나 다른 도움을 준 학자, 작가, 번역가로 엘리셰바 칼바흐, 티머시 코르벳, 마틴 딘, 카티아 데르신, 폴린 페어클로, 디터 푹스, 빌헬름 퓌셀, 보리스 로만 기프하르트, 크리스토

애도하는 음악

퍼 헤일리, 제니퍼 호먼스, 폴 칼, 매리언 캐플런, 올리버 마투셰크, 툴리 포터, 할로 로빈슨, 에릭 라이딩, 닐 스털버그, 로즈 로젠가드 수보트닉, 프리츠 트륌피, 앤 엘리엇-골드슈미트, 이나 스몰로프, 리처드 피비어, 캐머런 파이크, 알로이스 슈바르츠뮐러, 매튜 윌리, 엘리자베스 윌슨, 사이먼 윈버그가 있다. 래드클리프에서 바쁜 공부 속에서도 연구 재능을 너그럽게 빌려준 샤론 브롬버그-립과 학부생들에게 고마움을 전한다. 특별하게 고마움을 표하고 싶은 사람은 캐롤라인 보이스, 도미니크 킴, 스테판 폴, 앤디 트로스카, 세라 본, 로잘린드 드로다. 크노프의 세라 페린은 인내와 관용으로 책의 후반 작업을 이끌었다. 잉그리드 스터너는 교열을 멋지게 해주었다. 로레인 하이랜드와 베티 루는 책 제작과 디자인을 맡았고, 존 갈은 표지 디자인을, 토드 포트노비츠는 페이퍼백 제작을 담당했다. 사진 연구원 클로에 그린버그는 책에 필요한 이미지를 선별하고 필요한 승인을 얻었다. 로레인 블룸은 만약을 위해 뉴욕의 유령 기념물 사진을 완벽하게 준비했다. 톰 케이츠는 능숙한 솜씨로 저자의 사진을 찍어주었다.

　수많은 자료보관소로부터 연구에 필요한 도움을 받았다. 특별히 고마움을 표하고 싶은 사람은 빈 아르놀트 쇤베르크 센터의 아이케 페스와 테레제 묵세네더, 가르미슈-파르텐키르헨 리하르트 슈트라우스 연구소의 도미니크 셰디비, 파리 쇼스타코비치 현대음악 정보센터의 엠마누엘 우트빌러, 브리튼 피어스 아츠의 니콜라스 클라크와 사시아 니우엥캄프다. 그 외에 보스턴 심포니 오케스트라 아카이브의 브리짓 카, 뉴욕 필하모닉 아카이브의 바버라 호스, 빌 르베이, 가브리엘 스미스, 알반 베르크 재단의 레지나 부슈, 빈 필하모닉 아카이브의 질피아 카르글, 웨스턴 온타리오 대학 구스타프 말러-알프레트 로제 컬렉션의 브라이언 맥밀런에게 고마움을 전한다. 아울러 레오 벡 연구소, 텍사스 공과 대학의 특별 컬렉션 도서관, 미국 홀로코스트 추모 박물관의 연구부서, 로스앤젤레스 홀로코스트 박물관, 어바나-샴페인 소재 일리노이 대학의 수자 아카이브와 미국 음악 센터, 부헨발트와 미텔바우-도라 기념관, 라이프치히 도시역사박물관, 라이프치히 멘델스존 생가, 바이에른 주립도서관, 런던 대학의 상원 도서관, 영국 국립 문서보관소로부터 도움을 받았다.

이 책이 세상에 나오도록 여러 명의 옛 친구들이 (본인들도 알아채지 못한) 다양한 방식으로 도움을 주었다. 세바스찬 루스는 30년 넘게 현명하고 멋진 친구로 남아 있다. 세바스찬 스미와 제임스 파커는 모닥불로 나를 불러내 음울한 팬데믹 겨울을 제정신으로 버티도록 했으며 동료 작가로서 나를 흔들리지 않게 붙잡아 주었다. 세러 거슈먼, 엘레나 박, 나하니 루스, 미나 최는 꾸준하게 나를 응원했다.

이 책은 워낙 오래전부터 구상했던 것이어서 초기에 응원을 해 준 두 사람은 출간을 보지 못했다. 잭 슈워츠는 〈뉴욕 타임스〉의 대단한 편집자이자 친구였고 다재다능한 현인이었다. 래드클리프에서 주디스 비크니악은 따뜻하고 지적으로 포용력 있는 통솔자였으며 탁월한 기관의 핵심 존재였다. 책의 창조적 여정에 깊이 관여한 이들이 있다. 잭 마일스는 한 장 한 장 읽고 나서 박식함과

애도하는 음악

인간미가 담긴 편지를 답장으로 보냈다. 편지 자체가 내게 영감을 주었다. 짐 로플은 오랫동안 나와 우정을 나누고 지적 모험을 함께 한 델비크 같은 존재다. 이 책은 독자로서 그가 보여준 통찰력과 격려, 역사학자로서 그가 발휘한 깊은 전문성, 기억의 음악과 음악의 기억에 대한 그의 세심한 감각에 크게 빚지고 있다.

마지막으로, 내가 이 책을 헌정한 가족 이야기를 해야겠다. 우선 내 부모님 로이스와 조엘로부터 시작하자. 그들의 사랑과 믿음과 모든 방면에서의 너그러움이 아니었다면 이 책은 시작도 못 했을 것이다. 가브리엘과 키아라, 그리고 그들의 아이들은 항상 내게 힘이 되고 기쁨이 되는 존재였다. 국경의 북쪽에 사는 내 가족, 덜시, 고디, 헨리, 바버라, 로레인, 데이비드, 개빈, 미셸, 그리고 조카들에게도 진심으로 고마움을 전한다.

내 아이들인 조나와 에즈라는 말 그대로 이 책과 함께 컸다. 미래를 순수하게 믿는 그들의 마음은 언제나 내게 깊은 감동을 주었다. 아버지가 밤마다 주말마다 일에 매달리느라 함께 놀아주지 못했어도 놀라운 참을성을 보여주었다. 마지막으로, 내 아내 캐런은 처음부터 이 책의 곁에 항상 있었다. 한 자도 빼놓지 않고 읽으며 중요한 의견을 냈고, 육아의 책임을 떠맡았다. 그녀의 지혜와 생기, 흔들림 없는 사랑과 응원 덕분에 이 모든 것이 가능했다.

서문: 참나무 그늘에서

1   *Conversations of Goethe with Johann Peter Eckermann*, trans. John Oxenford (Da Capo Press, 1998), 227~28. (《괴테와의 대화》, 요한 페터 에커만, 장희창 옮김, 민음사, 2008)

2   같은 책, 228.

3   에테르스베르크 내에 위치한 부헨발트 강제수용소의 부지와 지형, 지역의 역사는 *Buchenwald Concentration Camp, 1937-1945: A Guide to the Permanent Historical Exhibition* (Wallstein, 2004), 25 – 27을 보라.

4   괴테의 참나무와 관련된 전설과 여러 상징적인 의미는 Klaus Neumann, "Goethe, Buchenwald, and the New Germany," *German Politics and Society* 17 (1999): 55 – 83 을 보라. 그 외에 Gerhard Sauder, "Die Goethe-Eiche: Weimar und Buchenwald," in *Palmbaum: Literarisches Journal aus Thüringen* 2, no.3 (1994): 82 – 93; Volkhard Knigge, "'… sondern was die Seele gesehen hat': Die Goethe-Eiche: Eine Überlieferung," in *Gezeichneter Ort: Goetheblick auf Weimar und Thüringen*, ed. Volkhard Knigge and Jürgen Seifert, exhibition catalog (Weimar, 1999), 64 – 68을 보라. 에커만의 글은 특정한 참나무를 지칭하지 않으며, 괴테와 연관된 참나무가 어느 시점에 처음으로 확인되었는지는 확실하지 않다.

5   Neumann, "Goethe, Buchenwald, and the New Germany," 57. 오스트리아-유대인 작가 요제프 로트는 죽기 전에 쓴 마지막 단편이 된 글에서 이런 나치의 해석에 크게 반박했다. "상징적 의미가 오늘날처럼 터무니없이 해석된 적은 결코 없었다." Joseph Roth, "Goethe's Oak in Buchenwald," www.pwf.cz.

6   Neumann, "Goethe, Buchenwald, and the New Germany." 그 외에 Ernst Wiechert, *Forest of the Dead* (Gollancz, 1947), 78, 125; Prisoner No. 4935, "Über die Goethe-Eiche im Lager Buchenwald," *Neue Zürcher Zeitung*, Nov. 4, 2006, www.nzz.ch를 보라.

7   Prisoner No.4935, "Über die Goethe-Eiche im Lager Buchenwald."

8   *Buchenwald: Ostracism and Violence, 1937 to 1945: Guide to the Permanent Exhibition at the Buchenwald Memorial*, ed. Volkhard Knigge(Wallstein, 2017), 138 – 39.

9   *Buchenwald Concentration Camp, 1937-1945: A Guide to the Permanent Historical Exhibition*

(Wallstein, 2004), 209‐10.

10 〈메타모르포젠〉과 괴테의 시 "누구도 자신을 알지 못하네"에 대한 슈트라우스의 관심이 역사적으로 음악적으로 어떻게 연결되는지를 파헤친 고전적인 에세이로 Timothy Jackson, "The Metamorphosis of the *Metamorphosen*: New Analytical and Source‐Critical Discoveries," in *Richard Strauss: New Perspectives on the Composer and His Work*, ed. Bryan Gilliam (Duke University Press, 1992), 193‐242를 보라.

11 Amir Eshel, *Futurity: Contemporary Literature and the Quest for the Past* (University of Chicago Press, 2013), 2를 보라.

12 Jean‐François Lyotard, *The Differend: Phrases in Dispute* (University of Minnesota Press, 1988), 56‐58. (《쟁론》, 장프랑수아 리오타르, 진태원 옮김, 경성대학교 출판부, 2015)

13 Theodor Adorno, "Cultural Criticism and Society," in *Prisms*, trans. Samuel Weber and Shierry Weber (MIT Press, 1983), 34. (《프리즘: 문화비평과 사회》, 테오도어 W. 아도르노, 홍승용 옮김, 문학동네, 2004)

14 Theodor Adorno, "Jene zwanziger Jahre," in *Gesammelte Schriften (10.2: 506)*. 이 문장은 *Can One Live After Auschwitz? A Philosophical Reader*, ed. Rolf Tiedemann (Stanford University Press, 2003), xvi에서 인용했다. 강조는 내가 추가했다.

15 "만남의 공간"이라는 용어는 토드 프레스너에게서 빌려온 것이다. Todd Presner, *Mobile Modernity: Germans, Jews, Trains* (Columbia University Press, 2007), 16을 보라.

16 셰익스피어의 〈헛소동〉 2막 3장에 이런 말이 나온다. "이상하지 않소? 양의 창자가 사람의 영혼을 빼간다니 말이오."

17 Jean‐Jacques Rousseau, *A Complete Dictionary of Music*, trans. William Waring (J. Murray, 1779; reprint, 1975), 262‐67.

18 Yosef Hayim Yerushalmi, *Zakhor: Jewish History and Jewish Memory* (University of Washington Press, 1982), 79에서 인용. 강조는 원문의 것이다. 비슷한 의미로 T. S. 엘리엇은 〈바위〉라는 시에서 이렇게 질문했다. "지식 속에서 우리가 잃어버린 지혜는 어디에 있는가? / 정보 속에서 우리가 잃어버린 지식은 어디에 있는가?"

19 신명기 6장 4-5절.

20 Theodor Adorno, "The Relationship of Philosophy and Music," in *Essays on Music*, ed. Richard Leppert, trans. Susan H. Gillespie (University of California Press, 2002), 149‐50.

21 Adorno, "Arnold Schoenberg, 1874‐1951," in *Prisms*, 172.

22 Luigi Nono, *Texte: Studien zu seiner Musik*, ed. Jürg Stenzl (Atlantis, 1975), 47.

23 Robert Craft, *Down a Path of Wonder* (Naxos Books, 2006), 36.

24 Richard Taruskin, "A Sturdy Bridge to the 21st Century," *New York Times*, Aug. 24, 1997.

25 Jean Améry, *At the Mind's Limits: Contemplations by a Survivor on Auschwitz and Its Realities* (Schocken, 1986), xi. (《죄와 속죄의 저편》, 장 아메리, 안미현 옮김, 필로소픽, 2022)

26 John Berger, "Some Notes About Song," in *Confabulations* (Penguin Books, 2016), 105. 강조는 내가 추가했다. (《우리가 아는 모든 언어》, 존 버거, 김현우 옮김, 열화당, 2017)

27 Thomas Mann, *Doctor Faustus: The Life of the German Composer Adrian Leverkühn as Told by a Friend*, trans. John E. Woods (Vintage International, 1999), 515. (《파우스트 박사》, 토마스 만, 임홍배·박병덕 옮김, 민음사, 2010)

28 Svetlana Boym, *The Future of Nostalgia* (Basic Books, 2001), xviii.

29 W.G. Sebald, *On the Natural History of Destruction*, trans. Anthea Bell (Modern Library, 2004), ix. (《공중전과 문학》, W. G. 제발트, 이경진 옮김, 문학동네, 2018)

30 "시의 눈을 통해 보고 시의 귀를 통해 듣는다"는 시인 제인 허시필드의 구절에서 착안한 것이다. Jane Hirshfield, *Ten Windows: How Great Poems Transform the World* (Knopf, 2015), 7.

31 Jacques Derrida, *Specters of Marx: The State of the Debt, the Work of Mourning, and the New International*, trans. Peggy Kamuf (Routledge, 1994), xvii–xx를 보라. (《마르크스의 유령들》, 자크 데리다, 진태원 옮김, 그린비, 2014)

32 Pierre Nora, "Between Memory and History: *Les Lieux de Mémoire*," *Representations* 26 (1989): 12.(《기억의 장소 1》, 피에르 노라, 김인중·유희수 옮김, 나남출판, 2010)

33 Paul Hindemith, *A Composer's World: Horizons and Limitations* (Schott, 1952), 17.

34 *Friedrich Schlegel's "Lucinde" and the Fragments*, trans. Peter Firchow (University of Minnesota Press, 1971), 170.

35 Jürgen Habermas, "Historical Consciousness and Post-traditional Identity: Remarks on the Federal Republic's Orientation to the West," *Acta Sociologica* 31, no.1 (1988): 4.

36 이틀 동안 살해된 유대인의 정확한 숫자—33,771명—는 나치가 집계한 것이라는 사실이 중요하다. 아인자츠그루펜 학살 부대가 베를린에 올린 보고서에 나오는 것이다. *The Einsatzgruppen Reports: Selections from the Dispatches of the Nazi Death Squads' Campaign Against the Jews, July 1941–January 1943*, ed. Yitzhak Arad, Shmuel Krakowski, and Shmuel Spector, trans. Stella Schossberger (Holocaust Library, 1989)를 보라.

37 Jochen Gerz, "2146 Stones: A Monument Against Racism," jochengerz.eu.

38 James Young, "Memory and Counter-memory: Towards a Social Aesthetic of Holocaust Memorials," in *After Auschwitz: Responses to the Holocaust in Contemporary Art*, ed. Monica Bohm-Duchen (Lund Humphries, 1995), 80.

애도하는 음악

39 Walter Benjamin, "Berlin Chronicle," in *Selected Writings*, vol.2, part 2, *1931–1934*, ed. Michael W. Jennings, Howard Eiland, and Gary Smith, trans. Rodney Livingstone et al. (Belknap Press of Harvard University Press, 2005), 611. (《1900년경 베를린의 유년시절 / 베를린 연대기》, 발터 벤야민, 윤미애 옮김, 길, 2007)

40 Detlev J. K. Peukert, *The Weimar Republic: The Crisis of Classical Modernity*, trans. Richard Deveson (Hill and Wang, 1992), xi에서 인용.

41 체코의 HMV 레이블에서 처음으로 발매되었고 나중에 비덜프에서 CD(LAB 056)로 나왔다. 녹음의 정확한 날짜를 개인적으로 알려준 툴리 포터에게 고마움을 전한다.

42 롤랑 바르트는 사진의 맥락에서 이런 은유를 생각해냈다. "사라진 존재의 사진 은… 지연된 별빛처럼 내게 와 닿는다." Roland Barthes, *Camera Lucida: Reflections on Photography*, trans. Richard Howard (Hill and Wang, 2010), 80 – 81. (《밝은 방》, 롤랑 바르트, 김웅권 옮김, 동문선, 2006)

43 이 장에서 아르놀트 로제를 묘사하면서 참고한 자료는 Richard Newman and Karen Kirtley, *Alma Rosé: Vienna to Auschwitz* (Amadeus Press, 2003), 19 – 31; Bernadette Mayrhofer and Fritz Trümpi, *Orchestrierte Vertreibung: Unerwünschte Wiener Philharmoniker Verfolgung, Ermordung und Exil* (Mandelbaum, 2014); *The Memoirs of Carl Flesch*, trans. Hans Keller (Macmillan, 1958), 50 – 53; Bruno Walter, *Briefe, 1894–1962* (S. Fischer, 1969)이다. 아울러 웨스턴 온타리오 대학이 소장한 구스타프 말러-알프레트 로제 컬렉션에서 아르놀트 로제의 학생이었던 바이올리니스트 레일라 더블데이의 미출간 회고록("내 손주에게 보내는 편지")도 참고했다.

44 1933년까지 작곡가는 자신의 성을 Schönberg로 표기했지만 미국에 온 후에는 영어식인 Schoenberg로 바꾸었다. 혼란을 피하고자 이 책에서는 영어식 이름을 사용한다. 그와 관련하여 내가 '독일' 문화를 언급할 때는 독일어권 국가의 문화를 뜻하는 것이다. 쇤베르크는 오스트리아 태생이다.

45 Aleida Assmann, *Arbeit am nationalen Gedächtnis: Ein kurze Geschichte der deutschen Bildungsidee* (Campus, 1993); Paul Mendes-Flohr, *German Jews: A Dual Identity* (Yale University Press, 1999), 25 – 44; George L. Mosse, *German Jews Beyond Judaism* (Hebrew Union College Press, 1985), 1 – 20; Carl Schorske, *Fin-de-Siècle Vienna: Politics and Culture* (Vintage, 1981)를 보라. (《세기말 빈》, 칼 쇼르스케, 김병화 옮김, 글항아리, 2014)

46 Mendes-Flohr, *German Jews*, 27.

47 Gershom Scholem, "Against the Myth of the German-Jewish Dialogue," in *On Jews and Judaism in Crisis: Selected Essays* (Schocken Books, 1976), 61 – 64. 더 넓은 맥락은 Amir Engel, *Gershom Scholem: An Intellectual Biography* (University of Chicago Press, 2019)를 보라.

48 Peter Gay, *Freud, Jews, and Other Germans: Masters and Victims in Modernist Culture* (Oxford University Press, 1978), 9.

49 Arnold Schoenberg, "Jeder Junge Jude," *Journal of the Arnold Schoenberg Institute* 17 (June and Nov. 1994): 451–55. 번역된 글은 Julie Brown, *Schoenberg and Redemption* (Cambridge University Press, 2014), 197 부록에 나온다. 강조는 내가 추가했다.

50 모제스 멘델스존의 생애는 Alexander Altmann, *Moses Mendelssohn: A Biographical Study* (University of Alabama Press, 1973); Shmuel Feiner, *Moses Mendelssohn: Sage of Modernity*, trans. Anthony Berris (Yale University Press, 2010); R. Larry Todd, *Mendelssohn: A Life in Music* (Oxford University Press, 2003), 1–26을 참고했다.

51 Moses Mendelssohn, *Jerusalem: Or on Religious Power and Judaism*, trans. Allan Arkush (Brandeis University Press, 2013), 138–39.

52 돌을 던진 사건은 Feiner, *Moses Mendelssohn*, 3에 나온다.

53 같은 책, 68에서 인용.

54 Maynard Solomon, *Beethoven Essays* (Harvard University Press, 1990), 205.

55 Eduard Gans, Presidential Address Before the Verein für Kultur und Wissenschaft der Juden, April 28, 1822. 이 문장은 Mendes-Flohr, *German Jews*, 41에서 인용했다.

56 1820년 아브라함 멘델스존이 파니 멘델스존에게 쓴 편지, in Sebastian Hensel, *The Mendelssohn Family: From Letters and Journals*, trans. Carl Klingemann, 2nd ed. (Harper, 1882), 1:80.

57 Todd, *Mendelssohn*, 14를 보라. 농장은 프리드리히 크리스티안 폰 바르톨디라는 프로이센 남작이 원래 소유했다가 다니엘 이치히에게 넘어갔다. 아브라함 멘델스존은 이치히의 손녀 레아와 결혼했고, 레아는 '바르톨디'라는 성을 처음으로 채택한 형제 제이콥의 설득으로 본인도 그렇게 했다는 것이 토드의 추정이다.

58 Michael Steinberg, "Mendelssohn and Judaism," in *Cambridge Companion to Mendelssohn*, ed. Peter Mercer-Taylor (Cambridge University Press, 2004), 35에서 인용.

59 Todd, *Mendelssohn*, 208에서 인용.

60 Celia Applegate and Pamela Potter, "Germans as the 'People of Music': Genealogy of an Identity," in *Music and German National Identity*, ed. Celia Applegate and Pamela Potter (University of Chicago Press, 2002), 9.

61 Friedrich Schiller and Johann Wolfgang von Goethe, "Das Deutsche Reich," *Xenien*, in Friedrich Schiller, *Gesamtausgabe* (Deutscher Taschenbuch, 1965–66), 2:30.

62 포르켈이 쓴 바흐 전기의 정치적 의의는 Applegate and Potter, "Germans as the 'People of Music,'" 5를 보라. '독일 음악'이라는 관념이 만들어지게 된 과정을 서술한 대목은 애플게이트와 포터의 연구가 많은 도움이 되었다. 그 외에 Celia Applegate, "How German Is It? Nationalism and the Idea of Serious Music in the Early Nineteenth

Century," *19th-Century Music* 21, no.3 (1998)도 보라.

63 Johann Nikolaus Forkel, *Johann Sebastian Bach: His Life, Art, and Work* (Constable, 1920), xxv–xxvi. (《바흐의 생애와 예술 그리고 작품》, 요한 니콜라우스 포르켈, 강해근 옮김, 한양대학교 출판부, 2020)

64 E.T.A. Hoffmann, "Review of Beethoven's Fifth Symphony," in *E.T.A. Hoffmann's Musical Writings*, ed. David Charlton, trans. Martyn Clarke (Cambridge University Press, 1989), 236.

65 Applegate, "How German Is It?," 295에서 인용.

66 Forkel, *Johann Sebastian Bach*, xxviii.

67 1821년 10월 23일, 첼터가 괴테에게 쓴 편지, Todd, *Mendelssohn*, 30에서 인용. 카를 첼터는 베를린에서 벽돌공의 아들로 태어났다. 나중에 음악 개혁가, 작곡가, 합창 감독이 되었고 괴테의 친구였다. 첼터의 언급이 누락되었던 것에 대해서는 Todd, *Mendelssohn*, 577n15를 보라.

68 Felix Mendelssohn-Bartholdy, *Sämtliche Briefe*, ed. Anja Morgenstern and Uta Wald (Bärenreiter, 2008), 1:194. 라이프치히의 멘델스존 생가에서 상설 전시로 볼 수 있다.

69 아돌프 베른하르트 마르크스, Celia Applegate, *Bach in Berlin: Nation and Culture in Mendelssohn's Revival of the "St. Matthew Passion"* (Cornell University Press, 2014), 1에서 인용. 이날 청중석에는 헤겔도 있었다.

70 Eduard Devrient, *Meine Erinnerungen an Felix Mendelssohn-Bartholdy und seine Briefe an mich* (Leipzig, 1869), 62. 자주 인용되는 이 문장은 다양하게 번역되었는데, 여기서 나는 루스 하코헨의 번역을 수정해서 사용했다. 그녀는 '유대인 소년Judenjunge'이라는 용어가 갖는 경멸의 함의에 주목했다. 멘델스존이 독일의 문화적 삶에서 주도적인 역할을 했음에도 타자로 내면화되었음을 보여주는 증거라고 말한다. Ruth HaCohen, *The Music Libel Against the Jews* (Yale University Press, 2011), 84, 414n.

71 Todd, *Mendelssohn*, 452.

72 Judith Chernaik, "Mendelssohn Reconsidered," *Musical Times* 154, no.1922 (Spring 2013): 48에서 인용.

73 멘델스존의 장례식과 관련하여 내가 설명한 정보는 Todd, *Mendelssohn*, 567–69를 보라.

74 Jürgen Ernst, Stefan Voerkel, and Christiane Schmidt, *Das Leipziger Mendelssohn-Denkmal* (Mendelssohn-Haus Leipzig, 2009), 57에서 인용.

75 Stefan Zweig, *The World of Yesterday*, trans. Anthea Bell (University of Nebraska Press, 2013), xiii. (《어제의 세계》, 슈테판 츠바이크, 곽복록 옮김, 지식공작소, 2014)

76 같은 책, 37-38. 츠바이크의 설명은 어쩌면 과장되었을 수도 있지만, 집단적인 슬픔에 깊이 젖어 있었음은 당시의 언론 보도에서도 접할 수 있다. 예를 들어 "Der

Abschied vom alten Burgtheater: Der letzte Einlass," *Neues Wiener Tagblatt*, Oct. 13, 1888, 6을 보라.

77 "Die Jungwiener Tondichter," *Die Musik* 9, no.7 (Jan. 1910), as reprinted and translated in Therese Muxeneder, *Arnold Schönberg & Jung-Wien* (Arnold Schönberg Center Privatstiftung, 2018), 182–85.

78 같은 책, 168에서 인용.

79 Arnold Schoenberg, "Two Speeches on the Jewish Situation," in *Style and Idea: Selected Writings of Arnold Schoenberg*, ed. Leonard Stein, trans. Leo Black (University of California Press, 1984), 502–3.

80 Leon Botstein, "German Jews and Wagner," in *Richard Wagner and His World*, ed. Thomas S. Grey (Princeton University Press, 2009), 156에서 인용.

81 Schoenberg, *Style and Idea*, 503.

82 Muxeneder, *Arnold Schönberg & Jung-Wien*, 234–35.

83 Walter Hartenau [pseud], "Hoere, Israel!," *Zukunft*, March 16, 1897, in *The Jew in the Modern World: A Documentary History*, ed. Paul Mendes-Flohr and Jehuda Reinharz (Oxford University Press, 1995), 231–33.

84 Schoenberg, "Jeder Junge Jude," 452; Brown, *Schoenberg and Redemption*, 198.

85 Arnold Schoenberg, "How One Becomes Lonely," in *Style and Idea*, 42.

86 *Arnold Schoenberg, Wassily Kandinsky: Letters, Pictures, and Documents*, ed. Jelena Hahl-Koch, trans. John C. Crawford (Faber & Faber, 1984), 21.

87 Ruth HaCohen, *The Music Libel Against the Jews*에서 유대인의 '소음'과 기독교의 화음의 문화적 구성에 관한 루스 하코헨의 통찰력 넘치는 논의를 보라.

88 Aphorism from *Die Musik*, 1909, in *A Schoenberg Reader: Documents of a Life*, ed. Joseph Auner (Yale University Press, 2003), 64.

89 Zweig, *World of Yesterday*, 38.

90 Anita Lasker-Wallfisch, *Inherit the Truth, 1939–1945* (Giles de la Mare, 1996), 78.

91 Barthes, *Camera Lucida*, 26–27.

2장: 가시덤불에서 춤추기

92 1824년 3월 7일, 하이네가 루돌프 크리스티아니에게 쓴 편지.

93 그림 형제가 쓴 이 동화는 *The German-Jewish Dialogue: An Anthology of Literary Texts*, ed. Ritchie Robertson (Oxford University Press, 1999), 63–67에서 볼 수 있다. (《그림형제 동화전집》, 그림 형제, 김열규 옮김, 현대지성, 2015) 처음으로 출간된 것은 1815년이지만, 유대인을 희화화하는 몇 가지 대목은 1837년 세 번째 판본에서 처음으로 등장했다.

94. 슈트라우스의 어린 시절과 초창기 활동과 관련하여 나는 작곡가의 표준적인 전기인 Bryan Gilliam, *The Life of Richard Strauss* (Cambridge University Press, 1999)와 Norman Del Mar, *Richard Strauss: A Critical Commentary on His Life and Works* (Cornell University Press, 1986)를 참고했다.

95 말러와 슈트라우스의 관계를 생생하게 묘사한 책으로 Alex Ross, *The Rest Is Noise: Listening to the Twentieth Century* (Farrar, Straus and Giroux, 2007), 3 – 32; Charles Youmans, *Mahler and Strauss: In Dialogue* (Indiana University Press, 2016)를 보라. (《나머지는 소음이다》, 알렉스 로스, 김병화 옮김, 21세기북스, 2010)

96. Gilliam, *Life of Richard Strauss*, 43에서 인용.

97 〈군트람〉의 기원과 발전에 대해서는 위에서 언급한 델 마의 전기 외에 Bryan Gilliam, *Rounding Wagner's Mountain: Richard Strauss and Modern German Opera* (Cambridge University Press, 2014); Charles Dowell Youmans, "Richard Strauss's 'Guntram' and the Dismantling of Wagnerian Musical Metaphysics" (PhD diss., Duke University, 1996)를 참고했다.

98 〈군트람〉 3막 3장: "Meine Schuld sühnt nur / Die Busse meiner Wahl / Mein Leben bestimmt / Meines Geistes Gesetz / Mein Gott spricht / Durch mich selbst nur zu mir."

99 Del Mar, *Richard Strauss*, 1:112에서 인용.

100 길리엄과 유먼스 모두 〈군트람〉을 슈트라우스의 예술적 세계관을 엿보게 하는 핵심적인 작품으로 이해한다. Gilliam, *Rounding Wagner's Mountain*, 10 – 38을 보라.

101 음악학자이자 작가 로맹 롤랑이 예외적 존재로, 그는 이미 1908년에 〈군트람〉의 윤리적 의미를 예리하게 간파했다. Romain Rolland, *Musiciens d'aujourd'hui* (Hachette, 1919), 126 – 29를 보라. (《위대한 음악가》, 로맹 롤랑, 임희근 옮김, 포노, 2024)

102 1909년 9월 2일, 슈트라우스가 쇤베르크에게 쓴 편지, Craig de Wilde, "Arnold Schoenberg and Richard Strauss," in *The Cambridge Companion to Schoenberg*, ed. Joseph Auner and Jennifer Robin Shaw (Cambridge University Press, 2010), 73에서 인용.

103 Willi Reich, *Schoenberg: A Critical Biography* (Longman, 1971), 86에서 인용.

104 브라이언 길리엄의 말을 가져오자면, 슈트라우스는 "현대의 삶에서 극심한 분열을 보았고 음악도 이와 달라야 할 이유가 없다고 보았다." Gilliam, *Life of Richard Strauss*, 4를 보라.

105 같은 책, 1 – 6을 보라.

106. 슈트라우스의 발언을 전한 사람은 오토 클렘페러였다. Otto Klemperer, *Klemperer on Music* (Toccata Press, 1986), 148. 슈트라우스가 독일 음악의 윤리적, 형이상학적 전제를 거부한 것은 Charles Youmans, *Richard Strauss's Orchestral Music and the German Intellectual Tradition* (Indiana University Press, 2005), 4 – 6; Gilliam, *Rounding Wagner's Mountain*, 11을 보라.

107 Friedrich Nietzsche, *Beyond Good and Evil*, trans. Marion Faber (Oxford University Press, 2008), 147–48. 강조는 원문의 것이다. (《선악의 저편》, 프리드리히 니체, 박찬국 옮김, 아카넷, 2018) 슈트라우스의 음악을 니체의 이 구절과 연관시킨 당대의 평자는 로맹 롤랑이었다.

108 Walter Benjamin, "The Storyteller," in *Illuminations*, trans. Harry Zohn (Schocken Books, 1968), 83. (《서사 기억 비평의 자리》, 발터 벤야민, 최성만 옮김, 길, 2012)

109 Glenn Watkins, *Proof Through the Night: Music and the Great War* (University of California Press, 2003), 14에서 인용.

110 914년 12월 24일, 만이 리하르트 데멜에게 쓴 편지, in *The Letters of Thomas Mann, 1889–1955*, trans. Richard Winston and Clara Winston (University of California Press, 1970), 69.

111 Thomas Mann, "Gedanken im Kriege," *Die neue Rundschau*, Nov. 1914, 1475.

112 1914년 8월 28일, 쇤베르크가 알마 말러에게 쓴 편지, in Auner, *Schoenberg Reader*, 125–26.

113 Ernest Jones, *The Life and Work of Sigmund Freud* (Basic Books, 1953), 2:171에서 인용.

114 *Music and Nazism: Art Under Tyranny, 1933–1945*, ed. Michael H. Kater and Albrecht Riethmüller (Laaber, 2003), 9에서 인용.

115 이 성명서는 1914년 10월 여러 신문에 게재되었고, *The North American Review* 210, no.765 (Aug. 1919): 284–87에 다시 수록되었다.

116 Peter Jelavich, "German Culture in the Great War," in *European Culture in the Great War*, ed. Aviel Roshwald and Richard Stites (Cambridge University Press, 1999), 44에서 인용.

117 Fritz Kreisler, *Four Weeks in the Trenches: The War Story of a Violinist* (Houghton Mifflin, 1915), 25–29.

118 Alexander Waugh, *The House of Wittgenstein: A Family at War* (Anchor Books, 2010), 71–72. (《비트겐슈타인 가문》, 알렉산더 워, 서민아 옮김, 필로소픽, 2014)

119 Sigmund Freud, "On Transience," trans. James Strachey, in *Civilisation, War, and Death*, ed. John Rickman (Hogarth Press and the Institute of Psychoanalysis, 1953), 101. (《예술, 문학, 정신분석》, 지크문트 프로이트, 정장진 옮김, 열린책들, 2020)

120 1914년 프로이트가 안드레아스 살로메에게 쓴 편지, Jones, *Life and Work of Sigmund Freud*, 2:177에서 인용.

121 1915년 1월 9일, 쇤베르크가 쳄린스키에게 쓴 편지, in Auner, *Schoenberg Reader*, 130.

122 Watkins, *Proof Through the Night*, 220에서 인용.

123 1922년 7월 20일, 쇤베르크가 칸딘스키에게 쓴 편지, in Arnold Schoenberg, *Letters*, ed. Erwin Stein, trans. Eithne Wilkins and Ernst Kaiser (St. Martin's Press, 1965), 70–71.

124. Auner, *Schoenberg Reader*, 146–47.

125 Wilfred Owen, "Anthem for Doomed Youth," in *Poems* (Chatto & Windus, 1920), 11.

126 휴 퀴글리, David Cannadine, "War and Death, Grief and Mourning in Modern Britain," in *Mirrors of Mortality: Studies in the Social History of Death*, ed. Joachim Whaley (Europa, 1981), 212에서 인용.

127 작곡가이자 신지학자 시릴 스콧, James G. Mansell, "Musical Modernity and Contested Commemoration at the Festival of Remembrance, 1923 – 1927," *Historical Journal* 52, no.2 (2009): 439에서 인용.

128 프로그램 노트의 저자는 제임스 슈미트이다. James Schmidt, "Cenotaphs in Sound: Catastrophe, Memory, and Musical Memorials," *Proceedings of the European Society for Aesthetics* 2 (2010): 456.

129 John Herbert Foulds, *A World Requiem*, Chandos CD CHSA 5058(2), 2008의 라이너 노트.

130 *Musical Times*, Schmidt, "Cenotaphs in Sound," 458에서 인용.

131 Mansell, "Musical Modernity and Contested Commemoration at the Festival of Remembrance," 444.

132 같은 글.

133 Foulds, *World Requiem*의 라이너노트에서 인용.

134 Martin Jay, "Against Consolation: Walter Benjamin and the Refusal to Mourn," in *War and Remembrance in the Twentieth Century*, ed. Jay Winter and Emmanuel Sivan (Cambridge University Press, 1999), 221 – 39를 보라.

135 George Mosse's chapter "The Brutalization of German Politics," in *Fallen Soldiers: Reshaping the Memory of the World Wars* (Oxford University Press, 1990), 159 – 81을 보라.

136 Shulamit Volkov, *Walter Rathenau: Weimar's Fallen Statesman* (Yale University Press, 2012), vii – viii을 보라.

137 Ernst von Salomon, *The Outlaws* (Arktos Media, 2013), 270 – 71. 잘로몬의 책은 다큐멘터리 소설로도 회고록으로도 분류되므로, 역사 관련 정보의 정확성을 판단할 때는 주의가 필요하다.

138 펠릭스 그라이슬레, interview by George Perle, Satellite Collection G8, Arnold Schönberg Center, Vienna.

139 1923년 4월 20일, 쇤베르크가 칸딘스키에게 쓴 편지, in Schoenberg, *Letters*, 88.

140 같은 글, 88 – 93.

141 Reich, *Schoenberg*, 130에서 인용.

142 같은 책, 149에서 인용.

143 1932년 9월 23일, 쇤베르크가 베르크에게 쓴 편지, in *The Berg-Schoenberg Correspondence: Selected Letters*, ed. Juliane Brand, Christopher Hailey, and Donald Harris (W. W.

Norton, 1987), 435 - 36.

144 1904년 12월 12일, 쇤베르크가 구스타프 말러에게 쓴 편지, in Alma Mahler, *Gustav Mahler: Memories and Letters*, trans. Basil Creighton (Viking Press, 1946), 220.

145 Daniel Libeskind, *Breaking Ground: Adventures in Life and Architecture* (Riverhead Books, 2004), 93.

146 1945년 1월 22일, 쇤베르크가 헨리 앨런 모에게 쓴 편지, in Schoenberg, *Letters*, 231 - 33.

147 "Aus dem Leipziger Musikleben," *Zeitschrift für Musik*, Jan. 4, 1923. 이 문장은 Joel Sachs, "Some Aspects of Musical Politics in Pre-Nazi Germany," *Perspectives of New Music* 9, no.1 (1970): 81에서 인용했다.

148 Malcolm MacDonald, *Schoenberg* (Oxford University Press, 2008), 71에서 인용.

149. 1933년 3월 20일, 쇤베르크가 프로이센 예술 아카데미에게 쓴 편지, in Josef Rufer, *The Works of Arnold Schoenberg: A Catalogue of His Compositions, Writings, and Paintings*, trans. Dika Newlin (Faber and Faber, 1962), 209.

150 Bruno Walter, *Theme and Variations* (Alfred A. Knopf, 1947), 299.

151 사건의 전모에 대해 더 자세히 알고 싶으면 Erik Ryding and Rebecca Pechefsky, *Bruno Walter: A World Elsewhere* (Yale University Press, 2001), 219 - 23을 보라.

152 David Clay Large, *Berlin* (Basic Books, 2000), 189에서 인용.

153 Scan of Schoenberg's datebook of 1933, Schönberg Center.

154 1947년 6월, 쇤베르크가 미국 국립 예술문학 연구소에 쓴 편지, in Auner, *Schoenberg Reader*, 218.

3장: 찢어진 반쪽

155 "Um ein Mendelssohn-Bartholdy-Denkmal," Jüdische Rundschau, Oct. 7, 1936, 5를 보라.

156 Claudius Böhm, *Neue Chronik des Gewandhausorchesters, 1893-2018*, 2:169를 보라. 바리톤 게르하르트 휘슈의 슈베르트 공연은 멘델스존 자신이 1843년에 설립한 근처의 음악원에서 열렸다.

157 잘 알려진 비첨의 이 일화는 진실성을 의심해야 한다. 이 이야기가 나오는 가장 오래된 자료 중 하나가 쿠르트 자바츠키의 회고록(Kurt Sabatzk, *Meine Erinnerungen an den Nationalsozialismus*, Leo Baeck Institute Archives, 32)인데, 그의 설명이 조지 마렉이 쓴 멘델스존 전기 등에 소개되면서 널리 퍼졌다. 그러나 런던 필하모닉의 투어 기록을 보면 자바츠키의 원래 설명에 의구심이 든다. 자바츠키는 비첨과 런던 필하모닉 대표단이 게반트하우스에서 공연한 다음 날 아침 청동상에 경의를 표하려고 나가보니 이미 전날 밤에 철거되었다고 했다. 그러나 청동상이 철거된 것은 11월 9일 밤이고, 런던 필하모닉 자료보관소에 있는 한 서류에 따르면 그들은 11월 15일에야 라이프치

히에서 공연을 했다. 이 날짜는 비첨의 서기였던 베르타 가이스마어의 자서전에서도 확인된다. 가이스마어와 런던 필하모닉의 서류 둘 다 청동상이 철거된 직후인 11월 12-13일에 오케스트라가 베를린에 도착했다고 했으며, 가이스마어는 라이프치히 음악회가 청동상이 철거되고 난 후에 있었다고 설명한다. 또한 그녀는 그날 음악회에서 며칠 전에 있었던 철거로 화가 난 독일인들이 비첨에게 여러 통의 편지를 건넸다고도 했다. Berta Geissmar, *The Baton and the Jackboot: Recollections of Musical Life* (Columbus, 1988), 233, 238 - 39를 보라.

158 Thomas Schinköth, "Der Abriss des Mendelssohn-Denkmals," in *Das Leipziger Musik-Viertel* (Verlag im Wissenschaftszentrum Leipzig), 27 - 29. Courtesy of the Bayerische Staatsbibliothek.

159 "A Tribute to Genius," *New York Times*, Nov. 23, 1936, 20.

160 Thomas Lackmann, "Ehren in Erz," *Jüdische Allgemeine*, Oct. 16, 2008; Kirrily Freeman, *Bronze to Bullets: Vichy and the Destruction of French Public Statuary, 1941-1944* (Stanford University Press, 2008)를 보라.

161 Fritz Busch, *Pages from a Musician's Life*, trans. Marjorie Strachey (Hogarth Press, 1953), 136.

162 Karl Blessinger, *Judentum und Musik* (Berlin, 1944), 57. 이 문장은 Erik Levi, *Music in the Third Reich* (St. Martin's Press, 1994), 69에서 인용했다.

163 Herbert F. Peyser, "Mendelssohn in Germany," *New York Times*, Dec. 2, 1934, 7.

164. Michael H. Kater, *Composers of the Nazi Era: Eight Portraits* (Oxford University Press, 2000), 125 - 27.

165 Lily E. Hirsch, *A Jewish Orchestra in Nazi Germany: Musical Politics and the Berlin Jewish Culture League* (University of Michigan Press, 2010), 134.

166 같은 책.

167 "Speech for the Düsseldorf Music Festival (1938)," *Source Readings in Music History*, ed. Oliver Strunk, rev. ed. (Norton, 1998), 1396.

168 Levi, *Music in the Third Reich*, 169 - 70.

169 "Der Künstler und der Staat," *Deutsche Allgemeine Zeitung*, Dec. 7, 1934. 강조는 내가 추가했다. Kater and Riethmüller, *Music and Nazism*, 64에서 인용.

170 *Deutsche Allgemeine Zeitung*, April 11, 1933, as translated in Jeremy Noakes and Geoffrey Pridham, eds., *Nazism, 1919-1945* (University of Exeter Press, 2000), 2:214. 예술과 국가 간의 경계가 허물어지는 것은 그 외에 Michael Steinberg, "Richard Strauss and the Question," in *Richard Strauss and His World*, ed. Bryan Gilliam (Princeton University Press, 1992), 169ff를 보라.

171 Joseph Goebbels, "Führergeburtstag 1942: Rundfunkrede zum Geburtstag des Führers," in

Das eherne Herz: Reden und Aufsätze aus den Jahren 1941–42 (Zentralverlag der NSDAP, 1943), 286 – 94, as translated in the German Propaganda Archive, research.calvin.edu.

172 Gilliam, *Life of Richard Strauss*, 135에서 인용.

173 Klaus Mann, "Death Meant Escape from Outraged World for Hitler," *Stars and Stripes*, May 6, 1945, 4 – 5.

174 같은 글.

175 Zweig, *World of Yesterday*, 387.

176 Mendes-Flohr, *German Jews*, 105; Assmann, *Arbeit am nationalen Gedächtnis*, 35ff를 보라.

177 Harry Zohn, "The Burning Secret of Stephen Branch, or a Cautionary Tale About a Physician Who Could Not Heal Himself," in *Stefan Zweig: The World of Yesterday's Humanist Today*, ed. Marion Sonnenfeld (State University of New York Press, 1983), 308 에서 인용.

178 이 단락에 나오는 내용과 인용은 아래의 글들을 참고했다. Zweig, *World of Yesterday*, 378 – 81; George Prochnik, *The Impossible Exile: Stefan Zweig at the End of the World* (Other Press, 2014), 47; *Stefan and Friderike Zweig: Their Correspondence, 1912–1942*, trans. Henry G. Alsberg (Hastings House, 1954), 337; Oliver Matuschek, *Three Lives: A Biography of Stefan Zweig*, trans. Allan Blunden (Pushkin Press, 2013), 183 – 84, 인용문은 263쪽.

179 Stefan Zweig, *Messages from a Lost World*, trans. Will Stone (Pushkin Press, 2016), 203. 그 외에 Harry Zohn, "Stefan Zweig as a Collector of Manuscripts," *Germany Quarterly* 25, no.3 (May 1952): 182 – 91을 보라.

180 Translation by Richard Wigmore, in Graham Johnson, *Franz Schubert: The Complete Songs* (Yale University Press, 2014), 1:175.

181 Walter Benjamin, "Unpacking My Library," trans. Harry Zohn, in *Selected Writings*, vol.2, part 2, 1931 – 1934, 492, 강조는 내가 추가했다. 츠바이크의 수집품과 수집가의 면모 는 Stefan Zweig Collection: Music Manuscripts, British Library, Zweig MS 1–131: 1671– 1999; Matuschek, *Three Lives*, 291 – 92, 325; Zweig, *World of Yesterday*, 372 – 78을 보라.

182 Stefan Zweig, "Die Geschichte als Dichterin," *Neues Wiener Tagblatt*, Nov. 22, 1931, as published in Zweig, *Messages from a Lost World*, 82 – 83.

183 Stephan Zweig, "European Thought in Its Historical Development," in *Messages from a Lost World*, 96.

184 같은 글, 99.

185 Zweig, *World of Yesterday*, 393.

186 1932년 6월 24일, 슈트라우스가 츠바이크에게 쓴 편지, in *A Confidential Matter: The Letters of Richard Strauss and Stefan Zweig, 1931–1935*, trans. Max Knight (University of California Press, 1977), 10 – 11 (이후로는 Strauss and Zweig, *Letters*로 표기).

187 1933년 4월 4일, 슈트라우스가 츠바이크에게 쓴 편지, 같은 책, 33.

188 1933년 4월 5일, 츠바이크가 슈트라우스에게 쓴 편지, 같은 책, 35.

189 Thomas Mann, *Germany and the Germans* (address in the Coolidge Auditorium, Library of Congress, May 29, 1945) (U.S. Government Printing House, 1945), 14. (《예술과 정치》, 토마스 만, 홍성광 옮김, 청송재, 2020)

190 같은 책, 13-14; Walter, *Theme and Variations*, 340을 보라. 만은 이런 말도 했다. "음악은… 세계의 상황이 이미 마지막 단계에 이르렀을 때 항상 가장 나중에 그 상황을 표현하는 예술이다."

191 Stefan Zweig, *Erasmus of Rotterdam*, trans. Eden Paul and Cedar Paul (Viking Press, 1934), 8. (《에라스무스 평전》, 슈테판 츠바이크, 정민영 옮김, 원더박스, 2022)

192 같은 책, 5.

193 같은 책, 13.

194 같은 책, 14.

195 1934년 8월 27일, 츠바이크가 르네 시켈레에게 쓴 편지, D.A. Prater, *European of Yesterday: A Biography of Stefan Zweig* (Oxford University Press, 1972), 229 – 30에서 인용.

196 1933년 3월 26일, 로트가 츠바이크에게 쓴 편지, in *Joseph Roth: A Life in Letters*, trans. Michael Hofmann (Granta, 2013), 248 – 50.

197 Youmans, *Richard Strauss's Orchestral Music and the German Intellectual Tradition*, 131 – 32를 보라.

198 Michael Kennedy, *Richard Strauss: Man, Musician, Enigma* (Cambridge University Press, 1999), 217에서 인용.

199 Kater, *Composers of the Nazi Era*, 219에서 인용.

200 "Memorandum from the Organization of Independent Orthodox Communities to the German Chancellor, October 1933," in *Documents on the Holocaust* (Yad Vashem, 1981), 61 – 62.

201 자신이 뮌헨 대학에서 바그너에 대해 강의한 것을 걸고넘어지면서 공박하는 글을 읽었을 때, 만은 "혐오와 공포로 격렬한 충격"을 받았다고 했다. 한스 바게트는 "이 사건 전체는 한마디로 문필가로서의 인생을 통틀어 가장 큰 충격을 만에게 안긴 개인적 경험 가운데 하나로 봐야 한다"고 했다. Hans Vaget, "The Spell of Salome: Thomas Mann and Richard Strauss," in *German Literature and Music: An Aesthetic Fusion, 1890–1989*, ed. Claus Reschke and Howard Pollack (Wilhelm Fink, 1982), 39 – 60을 보라.

202 Richard Strauss, "Speech at the Opening of the Reich Music Chamber," in *The Third Reich Sourcebook*, ed. Anson Rabinbach and Sander L. Gilman (University of California Press, 2013), 529.

203 Richard Strauss, "The History of *Die Schweigsame Frau*," in Strauss and Zweig, *Letters*, 108.

204 1935년 2월 20일, 슈트라우스가 츠바이크에게 쓴 편지, in Strauss and Zweig, *Letters*, 67.

205 1935년 2월 23일, 츠바이크가 슈트라우스에게 쓴 편지, 같은 책, 67-68.

206 1935년 2월 26일, 슈트라우스가 츠바이크에게 쓴 편지, 같은 책, 67.

207 1935년 4월 13일, 슈트라우스가 츠바이크에게 쓴 편지, 같은 책, 75.

208 1935년 5월 24일, 슈트라우스가 츠바이크에게 쓴 편지, 같은 책, 95.

209 1935년 6월 22일, 슈트라우스가 츠바이크에게 쓴 편지, 같은 책, 100.

210 Albrecht Riethmüller, "Stefan Zweig and the Fall of the Reich Music Chamber President Richard Strauss," in Kater and Riethmüller, *Music and Nazism*, 273 (이후로는 Riethmüller, "Stefan Zweig"로 표기)을 보라.

211 Zweig, *World of Yesterday*, 389를 보라.

212 1934년 2월 25일, 츠바이크가 로맹 롤랑에게 쓴 편지, Matuschek, *Three Lives*, 275에서 인용.

213 Riethmüller, "Stefan Zweig," 283에서 인용.

214 예를 들어 Edward E. Lowinsky's foreword to Strauss and Zweig, *Letters*, xxiv를 보라.

215 1935년 6월 17일, 슈트라우스가 츠바이크에게 쓴 편지, 같은 책, 99-100. 번역은 수정했다. 맨 처음 출간된 슈트라우스-츠바이크 편지—*Briefwechsel [zwischen] Richard Strauss und Stefan Zweig*, ed. Willi Schuh (S. Fischer, 1957)—에는 슈트라우스가 브루노 발터를 가리켜 "아첨이나 떠는 비열한 악당"(schmieriger Lauselump)이라고 묘사한 것이 누락되어 있다. 영어로 번역된 *A Confidential Matter*에 수록된 해당 편지도 마찬가지다. 추가적인 맥락은 Riethmüller, "Stefan Zweig," 277, 279, 286 - 87을 보라.

216 Joseph Goebbels, diary entry dated July 5, 1935, in *Die Tagebücher von Joseph Goebbels*, ed. Elke Fröhlich, part 1, vol.3/1 (K. G. Saur, 2005), 257.

217 편지를 몰래 열어본 것은 슈트라우스를 강제로 사임시키려는 핑계였을 뿐, 몇 달 전부터 그를 끌어내리려는 움직임이 막후에서 있었음을 가리키는 증거가 있다. 마이클 케이터에 따르면, 음악국 총재로서 슈트라우스의 결점에는 "잦은 결근, 전략적인 실수"가 포함되며, 결국 그는 "충분히 독재적이지 못한 정책"을 폈다. 케이터는 이렇게 말했다. "슈트라우스는 1933년 1월 이후에 벌어진 상황에서 독재의 도구들이 반짝거리는 것을 보고 좋아했던 우익 보수주의자였지만, 그럼에도 일차원적, 혁명적-전체주의적 세계가 아니라 넓은 정치적 스펙트럼을 포괄하는 전통적인 부르주아 세계에 너무도 익숙해 있었기에 나치의 본심을 간파하고 이런 도구들을 직접 효과적으로 활용하지 못했다." Kater, *Composers of the Nazi Era*, 234; Michael Walter, "Strauss in the Third Reich," in *The Cambridge Companion to Richard Strauss*, ed. Charles Youmans (Cambridge University Press, 2010), 237을 보라.

218 1935년 7월 13일, 슈트라우스가 히틀러에게 쓴 편지, in *Third Reich Sourcebook*, 530.

219 Riethmüller, "Stefan Zweig," 284를 보라.

220 The editor's notes of Strauss and Zweig, *Letters*, 119.

221 Thomas Mann, "Culture and Politics," in *Order of the Day: Political Essays and Speeches of Two Decades*, trans. H.T. Lowe-Porter (A.A. Knopf, 1942), 236. (《예술과 정치》, 토마스 만, 홍성광 옮김, 청송재, 2020)

222 Walter, "Strauss in the Third Reich," 238.

223 1935년 6월 27일, 카타리나 키펜베르크가 츠바이크에게 쓴 편지, Stefan Zweig Collection, SUNY Fredonia. 이 편지를 찾는 데 도움을 준 올리버 마투셰크에게 고마움을 전한다. 번역된 글은 *Three Lives*, 289에 나온다.

224 *Richard Strauss Handbuch*, ed. Walter Werbeck (Springer, 2014), 254.

225 예를 들어 Gilliam, *Rounding Wagner's Mountain*, 225; Michael P. Steinberg, "Politics and Psychology of *Die Schweigsame Frau*," in Sonnenfeld, *Stefan Zweig*, 227–35를 보라.

226 Hirsch, *Jewish Orchestra in Nazi Germany*, 29–30을 보라.

227 노이에 시나고게의 역사와 건축은 John Efron, *German Jewry and the Allure of the Sephardic* (Princeton University Press, 2016), 149–59를 보라.

228 "Die 'Elias'-Aufführung," *Jüdische Rundschau*, March 12, 1937, 16. 번역과 관련하여 조언을 준 디터 푹스에게 고마움을 전한다.

229 Alexander Ringer, "From Mendelssohn to Lewandowski and Beyond" (annotated manuscript draft of lecture presented at the "Voice of Ashkenaz Conference," New York, 1997), series 4, box 99, folder 5, Alexander L. Ringer Papers, Sousa Archives and Center for American Music, University of Illinois at Urbana-Champaign.

4장: 파도 아래에서

230 프로그램은 Klaus Schultz, *Münchner Theaterzettel, 1807–1982: Altes Residenztheater, Nationaltheater, Prinzregenten-Theater, Odeon: Eine Auswahl* (K.G. Saur, 1982)에 나온다.

231 Night Operations Sheet, National Archives (UK), AIR 14:2677.

232 "20 German Aircraft Shot Down Yesterday," *Scotsman*, Oct. 4, 1943, 5.

233 Imtraud Permooser, *Der Luftkrieg über München, 1942–1945: Bomben auf die Hauptstadt der Bewegung* (Aviatic, 1997), 175.

234 Ulrike Hessler, *The Munich National Theatre: From Royal Court Theatre to the Bavarian State Opera* (Bruckmann München, 1991), 43–44를 보라.

235 Bomber Command Summary of Operations, NA, AIR 14:2677.

236 실러의 책상과 관련하여 보다 자세한 정황은 Dieter Kühn, *Schillers Schreibtisch in Buchenwald: Bericht* (S. Fischer, 2005)를 보라.

237 빌리 베르트라고 하는 소목장이 이 작업을 감독했다. 수감자 번호 647번의 베르트는

수용소 공간을 마련하려고 1937년 7월에 에테르스베르크 숲을 벌채했을 때도 동원된 바 있었다. 같은 책, 191-93.

238 실러의 시는 1785년에 처음 출간되었고, 그는 1803년에 이것을 수정했다. 수정 작업이 이 책상에서 이루어졌다고 단언할 수는 없지만, 작업이 행해진 시기에 그는 바이마르의 이 집에 살았고 이 책상이 있었던 서재에서 작업했다. 실러의 마지막 두 희극 〈메시나 신부〉와 〈빌헬름 텔〉은 이 책상에서 작업한 것이다. 이 문제에 관한 질문들을 처리해준 보리스 로만 기브하르트 박사에게 고마움을 전한다. 그 외에 www.klassik-stiftung.de.를 보라.

239 Jane Caplan, *Nazi Germany* (Oxford University Press, 2019), 130.

240 1946년에 실러의 원래 책상은 실러 하우스 박물관으로 돌아갔다. 하지만 실러의 피아노는 부헨발트에서 만든 복제품이 1998년까지도 진품으로 전시되었다. 마찬가지로 www.klassik-stiftung.de.를 보라.

241 1943년 10월 3일, 슈트라우스가 요한나 슈트라우스에게 쓴 편지, Del Mar, *Richard Strauss*, 3:419에서 인용.

242 1943년 10월 8일, 슈트라우스가 슈에게 쓴 편지, in *Richard Strauss: Briefwechsel mit Willi Schuh* (Atlantis, 1969), 50.

243 Kater, *Composers of the Nazi Era*, 254를 보라.

244 "Eidesstattlichen Verpflichtung," Marktarchiv Garmisch-Partenkirchen. 이 문장은 Alois Schwarzmüller, "'Juden sind hier nicht erwünscht!': Zur Geschichte der jüdischen Bürger in Garmisch-Partenkirchen von 1933 bis 1945," in *Mohr, Löwe, Raute: Beiträge zur Geschichte des Landkreises Garmisch-Partenkirchen*, vol.3 (1995)에서 인용했다.

245 "Nun sind wir wieder unter Deutschen," *Garmisch-Partenkirchner Tagblatt*, Nov. 14, 1938, www.gapgeschichte.de; Kater, *Composers of the Nazi Era*, 253을 보라. 가르미슈-파르텐키르헨에 살았던 유대인 공동체의 운명을 재구성하도록 아낌없이 도움을 준 알로이스 슈바르츠뮐러에게 고마움을 전한다.

246 Kater, *Composers of the Nazi Era*, 253.

247 Gilliam, *Life of Richard Strauss*, 175; Kater, *Composers of the Nazi Era*, 257을 보라.

248 Kurt Wilhelm, *Richard Strauss: An Intimate Portrait*, trans. Mary Whittall (Rizzoli, 1989), 263-64.

249 슈트라우스가 테레진을 찾아간 이야기는 널리 회자되었지만, 가족의 일화로 전해지는 것 말고 기록으로 남은 것은 없다. Brigitte Hamann, *Winifred Wagner: A Life at the Heart of Hitler's Bayreuth*, trans. Alan Bance (Harcourt, 2005), 359; Wilhelm, *Richard Strauss*, 264를 보라.

250 Doc. No.5106805#1, International Tracing Service (ITS) Archive, accessed with the assistance of the Research Division of the U.S. Holocaust Memorial Museum.

251 Wilhelm, *Richard Strauss*, 264.

252 Gisella Selden-Roth, "Stefan Zweig, Lover of Music," *Books Abroad* 20, no.2 (Spring 1946): 150.

253 *Das kollektive Sammler-Empfinden: Stefan Zweig als Sammler und Vermittler von Beethoveniana*, ed. Michael Ladenburger (Beethoven-Haus Bonn, 2015), 6에서 인용.

254 Prater, *European of Yesterday*, 338.

255 같은 책, 339에서 인용.

256 Franz Trenner and Florian Trenner, *Richard Strauss: Chronik zu Leben und Werk* (R. Strauss, 2003), 613.

257 Walter, "Strauss in the Third Reich," 235에서 인용.

258 1944년 11월 24일, 슈트라우스가 만프레트 마우트너 마르코프에게 쓴 편지, 같은 글, 240에서 인용.

259 Kennedy, *Richard Strauss*, 357에서 인용.

260 Goethe, *Zahme Xenien 7*. 독일어 원문은 이렇다. "Niemand wird sich selber kennen / Sich von seinem Selbst-Ich trennen; / Doch probier' er jeden Tag / Was nach aussen endlich, klar, / Was er ist und was er war, / Was er kann und was er mag."

261 슈트라우스가 괴테의 시로 작업한 합창곡과 〈메타모르포젠〉의 관련성을 파헤친 사람은 티머시 잭슨이었다. Timothy Jackson, "Metamorphosis of the *Metamorphosen*," 193-242를 보라.

262 슈트라우스의 스케치를 보면 그가 처음에 구상했던 것은 고작 7개의 현악기가 동원되는 작품이었다. Jürgen May, "Last Works," in Youmans, *Cambridge Companion to Richard Strauss*, 187을 보라.

263 Jackson, "Metamorphosis of the *Metamorphosen*," 201을 보라.

264 Willi Schuh, "Gruelmärchen um Richard Strauss' Metamorphosen," *Schweizerische Musikzeitung* 87 (1947): 438을 보라. 그 외에 Jackson, "Metamorphosis of the *Metamorphosen*," 213을 보라.

265 Romain Rolland, *Musicians of To-Day*, trans. Mary Blaiklock (Kegan Paul, Trench, Trubner, 1917), 163.

266 Youmans, *Richard Strauss's Orchestral Music and the German Intellectual Tradition*, 55에서 인용.

267 Matthijs Vermeulen, "Een dubbel Schandaal, Het Concertgebouw herdenkt Hitler," *De Groene Amsterdammer*, Oct. 11, 1947, 7을 보라.

268 Walter, *Briefe, 1894-1962*, 299를 보라.

269 Jackson, "Metamorphosis of the *Metamorphosen*," 202; Youmans, *Richard Strauss's Orchestral Music and the German Intellectual Tradition*, 130을 보라.

270 Neil Gregor, "Music, Memory, Emotion: Richard Strauss and the Legacies of War," *Music and Letters* 96, no.1 (2015): 55 - 76을 보라.

271 알렉스 로스는 묘하게 의미심장한 이 만남을 철저하게 파헤쳤다. Alex Ross, "Monument Man," *New Yorker*, July 24, 2014를 보라. 그 외에 Kater, *Composers of the Nazi Era*, 259를 보라.

272 Schoenberg's statement "On Strauss and Furtwängler," included among the documents reproduced in H.H. Stuckenschmidt, *Arnold Schoenberg: His Life, World, and Work*, trans. Humphrey Searle (Schirmer Books, 1977), 544 - 45를 보라.

273 Riethmüller, "Stefan Zweig," 286을 보라.

274 May, "Last Works," 191에서 인용.

275 여기에 묘사된 몇 가지 내용은 저자가 직접 티머시 잭슨에게 제공한 것이다. Timothy Jackson, "Metamorphosis of the *Metamorphosen*," 200을 보라.

276 1935년 2월 23일, 츠바이크가 슈트라우스에게 쓴 편지, in Strauss and Zweig, *Letters*, 67 - 68.

277 Barthes, *Camera Lucida*, 19.

278 예를 들어 Omer Bartov, *Hitler's Army: Soldiers, Nazis, and War in the Third Reich* (Oxford University Press, 1991)를 보라.

279 관련 연구는 1995년 많은 관객이 찾은 "절멸의 전쟁: 독일 국방군의 범죄"라는 제목의 전시회로 이어졌다(2001년 보강된 버전으로 다시 열렸다). Jan Philipp Reemtsma and Ulrike Jureit, *Verbrechen der Wehrmacht: Dimensionen des Vernichtungskrieges 1941-1944*, exhibition catalog (Hamburger Edition, 2002)를 보라. 전시회가 일으킨 어마어마한 대중의 반향은 Susan Neiman, *Learning from the Germans: Race and the Memory of Evil* (Farrar, Straus and Giroux, 2019), 73 - 76을 보라.

280 2차 세계대전 때 폴란드에 배치된 독일 101 예비경찰대대를 연구한 Christopher Browning, *Ordinary Men* (HarperCollins, 1992)은 전혀 특별할 것 없는 독일 시민이 어떻게 하여 말할 수 없이 잔혹한 만행을 저지르게 되었는지 설명한 책으로 여전히 독보적이다. (《아주 평범한 사람들》, 크리스토퍼 R. 브라우닝, 이진모 옮김, 책과함께, 2023)

281 예를 들어 Susan Neiman, "There Are No Nostalgic Nazi Memorials," *Atlantic*, Sept. 14, 2019, www.theatlantic.com을 보라.

282 Harold Marcuse, "Holocaust Memorials: The Emergence of a Genre," *American Historical Review* 115, no.1 (2010): 53.

283 마을의 홀로코스트 기념물 사진을 제공하고 자신이 지역 역사를 연구하면서 모은 자료를 활용하도록 해준 가르미슈-파르텐키르헨의 역사학자 알로이스 슈바르츠뮐러에게 깊은 고마움을 전한다. www.gapgeschichte.de를 보라.

애도하는 음악

284 "Denkmal für jüdische Nazi-Opfer eingeweiht," *Münchner Merkur*, Nov. 10, 2010, www. merkur.de.

285 Samuel Moyn, "Silence and the Shoah," Aug. 7, 2013, www.canisa.org.

286 Matthias Köpf, "Ein Ehrenbürger, der sehr spät gewürdigt wird," *Süddeutsche Zeitung*, May 4, 2020; Matthias Köpf, "Das Unehrengrab von Partenkirchen," *Süddeutsche Zeitung*, July 19, 2018을 보라. 언론 보도에 따르면 파르텐키르헨의 이름 없는 한 공원에 레비의 이름을 붙여 그를 기리려는 비슷한 시도가 있었는데 시의회에서 두 차례 부결되었다고 한다.

287 Sabine Reithmaier, "Späte Würdigung eines Vergessen," *Süddeutsche Zeitung*, July 5, 2021.

288 Richard Strauss, "Letzte Aufzeichnung," in *Betrachtungen und Erinnerungen*, ed. Willi Schuh (Atlantis, 1981), 182; Gilliam, *Rounding Wagner's Mountain*, 11.

289 Gilliam, *Life of Richard Strauss*, 189.

290 Pamela M. Potter, "Strauss and the National Socialists: The Debate and Its Relevance," in Gilliam, *Richard Strauss*, 93 – 113을 보라.

291 이 편지의 존재에 관심을 갖게 해준 알렉스 로스에게 고마움을 전한다.

292 슈트라우스가 테레진을 찾았음을 입증하는 자료 증거가 부족한 것에 대해서는 Matthew Werley, "'Hab ich euch denn je geraten, wie ihr Kriege führen solltet?': Reframing the Biographical in Richard Strauss's Metamorphosen," in *Massen Sterben: Wege des Erinnerns an zwei Weltkriege aus europäischer Perspektive* (Bäßler, 2021), 93 – 100을 보라.

293 출판된 노래 순서는 작곡된 순서와는 다르며 출판업자가 정한 것이다.

294 Gilliam, *Life of Richard Strauss*, 182.

295 W.G. Sebald, *Austerlitz*, trans. Anthea Bell (Modern Library, 2011), 24. (《아우스터리츠》, W. G. 제발트, 안미현 옮김, 을유문화사, 2009)

296 슈네벨 부부의 이 인용문과 그 밖의 자료는 "Garmisch-Partkenkirchen und seine jüdische Bürger, 1933 – 1945," in Alois Schwarzmüller, *Beiträge zur Geschichte des Marktes Garmisch-Partenkirchen im 20. Jahrhundert*, www.gapgeschichte.de를 보라.

297 Sebald, *Austerlitz*, 13을 보라. 소설에서 해설자는 주인공의 접근 방식을 설명하면서 제발트 본인의 방법을 가리키는 단어들을 사용하여 "기억된 사건들을 삶으로 다시 불러오는 역사적 형이상학"이라고 묘사한다.

298 W. G. Sebald and Jan Peter Tripp, *Unrecounted*, trans. Michael Hamburger (New Directions, 2004), 81.

299 Horst Uhr, *Lovis Corinth* (University of California Press, 1990), 245 – 46.

300 1879년 8월 26일, 슈트라우스가 루드비히 투일레에게 쓴 편지, in "Selections from the Strauss-Thuille Correspondence," in Gilliam, *Strauss and His World*, 227.

301 *The Diary of Richard Wagner, 1865–1882: The Brown Book*, trans. George Bird (Cambridge

University Press, 1980), 42 - 43. 번역은 수정했다.

302 호수에 가라앉은 랭커스터 폭격기에 관한 정보는 Lino von Gartzen, "Das Wrackpuzzle im Walchensee—Lancaster und Aero Commander," *Flugzeug Classic*, Jan. 2012, abtauchen. com을 보라.

5장: 기억의 해방

303 Wolfgang Schivelbusch, *The Culture of Defeat: On National Trauma, Mourning, and Recovery*, trans. Jefferson Chase (Picador, 2004), 1에서 인용.

304 쇤베르크 〈모세와 아론〉 1막 1장, as translated in Auner, *Schoenberg Reader*, 213.

305 Nicholas Martin, "Images of Schiller in National Socialist Germany," in *Schiller: National Poet—Poet of Nations: A Birmingham Symposium* (Rodopi, 2006), 283을 보라.

306 같은 책에서 (독일어로) 인용. 그 외에 Michael Kater, *Weimar: From Enlightenment to the Present* (Yale University Press, 2014), 244를 보라.

307 이와 관련한 배경 정보는 Wilhelm Füßl, "Schönberg, Artur," in *Neue Deutsche Biographie* (2007), 23:389 - 90, www.deutsche-biographie.de를 보라.

308 1934년 11월 10일, 쇤베르크가 뮌헨 시의회에 쓴 편지, Schönberg Family Collection, Holocaust Museum LA. 내 번역이다.

309 Ziegmunt Bauman, *Modernity and the Holocaust* (Polity Press, 1989), 117 - 50을 보라. (《현대성과 홀로코스트》, 지그문트 바우만, 정일준 옮김, 새물결, 2013)

310 Robert Weltsch, "Tragt ihn mit Stolz, den gelben Fleck!," *Jüdische Rundschau*, April 4, 1933.

311 의식 자체는 유대교 교리로 볼 때 불필요한 것이었다. 애초에 쇤베르크가 개신교도로 개종한 것이 유대교 교리에서 인정되지 않는 일이기 때문이다.

312 1933년 8월 4일, 쇤베르크가 베베른에게 쓴 편지, *Reich, Schoenberg*, 189에서 인용. 번역은 수정했다.

313 Stuckenschmidt, *Arnold Schoenberg*, 370에서 인용.

314 "Jewry's Offer of Peace to Germany," doc. T15.10, Schönberg Center.

315 E. Randol Schoenberg, "Arnold Schoenberg and Albert Einstein: Their Relationship and Views on Zionism," *Journal of the Arnold Schoenberg Institute* 10, no.2 (Nov. 1987)에서 인용.

316 Arnold Schoenberg, "Judenfrage," doc. T15.09, Schönberg Center.

317 "Letter on the Jewish Question," in Stuckenschmidt, *Arnold Schoenberg*, 541 - 42.

318 Arnold Schoenberg, typescript of *A Four-Point Program for Jewry*, doc. T24.11, Schönberg Center.

319 Arnold Schoenberg, "Aufruf zur Hilfeleistung," doc. T15.10, Schönberg Center. 그 외에 Alexander Ringer, *Arnold Schoenberg: The Composer as Jew* (Oxford University Press, 1990),

131 – 38을 보라.

320 Arnold Schoenberg, "Thanks for Birthday Wishes," Oct. 1934, in Stein, *Arnold Schoenberg Letters*, 191.

321 MacDonald, *Schoenberg*, 73.

322 1933년 12월 6일, 베르크가 쇤베르크에게 쓴 편지, in *Berg-Schoenberg Correspondence*, 450.

323 1934년 1월 1일, 쇤베르크가 베베른에게 쓴 편지, *The "Doctor Faustus" Dossier: Arnold Schoenberg, Thomas Mann, and Their Contemporaries, 1930–1951*, ed. E. Randol Schoenberg, trans. Adrian Feuchtwanger and Barbara Zeisl Schoenberg (University of California Press, 2018), 43에서 인용.

324 Lovina May Knight, "Classes with Schoenberg," *Journal of the Arnold Schoenberg Institute* 13, no.2 (Nov. 1990): 137 – 63, 153.

325. Alma Mahler Werfel, *And the Bridge Is Love* (Harcourt, Brace, 1958), 266.

326 Arnold Schoenberg, "Circular to My Friends on My Sixtieth Birthday," Nov. 1934, in *Style and Idea*, 25 – 29.

327 Sabine Feisst, *Schoenberg's New World: The American Years* (Oxford University Press, 2017), 49.

328 Theodor Adorno, *Minima Moralia: Reflections from Damaged Life*, trans E.F.N. Jephcott (Verso, 2002), 33. (《미니마 모랄리아: 상처받은 삶에서 나온 성찰》, 테오도르 아도르노, 김유동 옮김, 길, 2005)

329 Feisst, *Schoenberg's New World*, 114. 그 외에 Nuria Schoenberg Nono, "The Role of Extra-musical Pursuits in Arnold Schoenberg's Creative Life," *Journal of the Arnold Schoenberg Institute* 5, no.1 (June 1981)을 보라.

330 Stuckenschmidt, *Arnold Schoenberg*, 452.

331 로런스 쇤베르크, 2003년 9월 5일 로스앤젤레스에서 내가 진행한 인터뷰.

332 Feisst, *Schoenberg's New World*, 114.

333 Dika Newlin, *Schoenberg Remembered: Diaries and Recollections* (Pendragon, 1980), 42.

334 1947년 5월 12일, 쇤베르크가 한스 로스바우트에게 쓴 편지, in Schoenberg, *Letters*, 243.

335 로런스 쇤베르크, 2003년 9월 5일 내가 진행한 인터뷰.

336 Salka Viertel, *The Kindness of Strangers* (Holt, Rinehart, and Winston, 1969), 206 – 8을 보라.

337 로런스 쇤베르크, 2003년 9월 5일 내가 진행한 인터뷰.

338 Carl Zuckmayer, *A Part of Myself*, in *Hitler's Exiles: Personal Stories of the Flight from Nazi Germany to America*, ed. Mark M. Anderson (New Press, 1998), 276. 그 외에 Erhard

Bahr, *Weimar on the Pacific: German Exile Culture in Los Angeles and the Crisis of Modernism* (University of California Press, 2007), 10 – 11을 보라.

339 Anderson, *Hitler's Exiles*, 276.

340 Bertolt Brecht, "To Those Born Later" ("An die Nachgeborenen"), in *Bertolt Brecht Poems*, ed. John Willett et al. (Eyre Methuen, 1976), 318. (《서정시를 쓰기 힘든 시대》, 베르톨트 브레히트, 박찬일 옮김, 민음사, 2018)

341 Adrian Daub, "California Haunting: Mann, Schoenberg, Faustus," in E. Randol Schoenberg, *"Doctor Faustus"* Dossier, 17.

342 Bertolt Brecht, *Journals*, trans. Hugh Rorrison (Routledge, 1996), 193.

343 1935년 3월 13일, 쇤베르크가 다비트 바흐에게 쓴 편지, in Auner, *Schoenberg Reader*, 258.

344 Schoenberg, *Four-Point Program for Jewry*.

345 〈유대인을 위한 네 가지 계획〉에서 쇤베르크의 가장 혹독한 비판은 1903년 우간다에 임시 유대인 정착지를 세우자는 테오도르 헤르츨의 제안에 반대했던 유대교 지도자들을 겨냥했다. 당시에 그와 같은 거주지가 마련되었다면 유럽의 유대인들 처지가 훨씬 더 나아졌을 것이라고 작곡가는 믿었다.

346 Camille Crittenden, "Texts and Contexts of *A Survivor from Warsaw*, Op.46," in *Political and Religious Ideas in the Works of Arnold Schoenberg*, ed. Charlotte Cross and Russell Berman (Garland, 2000), 234 – 35를 보라.

347 같은 책, 234에서 인용.

348 콘라트 켈렌, 2003년 9월 2일 내가 진행한 인터뷰.

349 1938년 12월 28일, 쇤베르크가 만에게 쓴 편지, in E. Randol Schoenberg, *"Doctor Faustus"* Dossier, 42.

350 1939년 1월 9일, 만이 쇤베르크에게 쓴 편지, 같은 책, 44.

351 1939년 1월 15일, 쇤베르크가 만에게 쓴 편지, 같은 책, 46.

352 〈유대인을 위한 네 가지 계획〉은 마침내 1979년에 *Journal of the Arnold Schoenberg Institute*에 발표되었다.

353 Crittenden, "Texts and Contexts of *A Survivor from Warsaw*, Op.46," 236 – 38을 보라.

354 1947년 8월 19일, 쇤베르크가 게르트루트 그라이슬레에게 쓴 편지. 쇤베르크가 쓴 편지의 대부분은 워싱턴 DC 의회 도서관의 음악 부서(Arnold Schoenberg Collection)에 보관되어 있다. Arnold Schönberg Center Correspondence collection(이후로는 ASCC로 표기)을 통해 디지털 문서로 변환된 많은 편지를 볼 수 있다.

355 1947년 4월 2일, 초켐이 쇤베르크에게 쓴 편지, ASCC. 초켐과의 관련성을 최초로 밝힌 글은 Michael Strasser, "'A Survivor from Warsaw' as Personal Parable," *Music & Letters* 76, no.1 (1995)이다. 같은 글에서 슈트라서는 작품 의뢰와 관련하여 쿠세비츠키와 주

고받은 서신도 최초로 상세히 설명했다. 노래 제목은 Amy Wlodarski, *Musical Witness and Holocaust Representation* (Cambridge University Press, 2015), 14에서 인용.

356 1947년 4월, 쇤베르크가 초켐에게 쓴 편지, ASCC.

357 1944년 4월 1일, 세르게이 쿠세비츠키가 쇤베르크에게 쓴 편지, ASCC.

358 Strasser, "'Survivor from Warsaw' as Personal Parable," 54에서 인용.

359 Arnold Schoenberg, "Heart and Brain in Music," in *Style and Idea*, 54.

360 많은 평자가 지적했듯이, 이 작품의 제목은 모호하고 오해의 소지가 있다. 여기서 해설자가 묘사하는 사건—가스실에 보낼 수감자들을 고르는 일—이 바르샤바 게토에서 일어나지 않았기 때문이다. Strasser, "'Survivor from Warsaw' as Personal Parable," 58 – 59; David Isadore Lieberman, "Schoenberg Rewrites His Will: A Survivor from Warsaw, Op.46," in Cross and Berman, *Political and Religious Ideas in the Works of Arnold Schoenberg*, 212 – 13을 보라.

361 텍스트는 Auner, *Schoenberg Reader*, 319 – 20에 나오는 것을 사용했다. 독일어와 히브리어 대목의 번역을 살짝 수정했다. Belmont Music Publishers, Los Angeles의 허락을 받았다.

362 세릴 밀른스, 2021년 4월 8일 내가 전화로 진행한 인터뷰.

363 에이미 린 블로다스키는 "12음렬 자체가 트라우마 회상에 관한 악상을 암호화하고 있어서" 기억에 대한 성찰이 구조적 수준에서 이 작품에 내재되어 있음을 보여주었다. Amy Lynn Wlodarski, *Musical Witness and Holocaust Representation*, 11 – 35를 보라.

364 날카롭고 표현주의적인 제스처가 담긴 쇤베르크의 모노드라마 〈기대〉가 여기에 가장 잘 부합하는 사례다.

365 상세한 음악학적 분석을 다룬 글로 Christian Martin Schmidt, "Schönbergs Kantate 'Ein Überlebender aus Warschau' Op.46," *Archiv für Musikwissenschaft* 33, no.3 (1976): 174 – 88; Beat A. Föllmi, "'I Cannot Remember Ev'rything': Eine narratologische Analyse von Arnold Schönbergs Kantate 'A Survivor from Warsaw' Op.46," *Archiv für Musikwissenschaft* 55, no.1 (1998): 28 – 56; David Schiller, *Bloch, Schoenberg, and Bernstein: Assimilating Jewish Music* (Oxford University Press, 2003), 73 – 126을 보라.

366 Maynard Solomon, "Beethoven and Schiller," in *Beethoven Essays* (Harvard University Press, 1988), 205 – 15.

367 Friedrich Schiller, "On the Use of the Chorus in Tragedy," in *The Works of Friedrich Schiller*, trans. Sir Theodore Martin et al. (Wyman-Fogg, 1902), 230.

368 〈바르샤바의 생존자〉에서 쇤베르크는 역사와 기억을 "구분하기를 단념하지 않는다"고 한 스티브 칸의 의견을 바탕으로 한 것이다. Steven Cahn, "On the Representation of Jewish Identity and Historical Consciousness in Schönberg's Religious Thought," *Journal of the Arnold Schönberg Center* 5 (2003): 93 – 108; Gabrielle Spiegel, "Memory and History: Liturgical Time and Historical Time," *History and Theory* 41, no.2 (2009): 149 – 62를 보라.

369 Reich, *Schoenberg*, 222 – 23에서 인용. 그 외에 "Destiny & Digestion," *Time*, Nov. 15, 1948을 보라.

370 생존자들의 인터뷰를 담은 David P. Boder, *I Could Not Interview the Dead*는 영어로 출간된 첫 번째 생존자 증언 책인데 1948년에 출간되었다. Annette Wieviorka, "On Testimony," in *Holocaust Remembrance: The Shapes of Memory*, ed. Geoffrey H. Hartman (Blackwell, 1994)을 보라.

371 Crittenden, "Texts and Contexts of *A Survivor from Warsaw*, Op.46," 232 – 33을 보라.

372 1948년 11월 1일, 쇤베르크가 리스트에게 쓴 편지, ASCC.

373 1930년 8월 9일, 쇤베르크가 베르크에게 쓴 편지, in Schoenberg, *Letters*, 143.

374 1947년 8월 6일, 쇤베르크가 제이콥 제이틀린에게 쓴 편지, ASCC.

375 쇤베르크는 UCLA로부터 매달 38달러의 연금을 받았다고 했다. 1945년 1월 22일, 쇤베르크가 헨리 앨런 모에게 쓴 편지, in Schoenberg, *Letters*, 231을 보라.

376 노노의 발언은 그의 부인(이자 쇤베르크의 딸) 누리아 쇤베르크-노노가 나중에 회고한 것이다. 복원판으로 출간된 *A Survivor from Warsaw* (Laaber, 2014) 서문을 보라.

377 발터 벤야민은 현상이 새로운 관계로 배치되어 의미를 바꾸거나 드러내는 것을 나타내고자 '성좌'라는 용어를 사용했다. Walter Benjamin, *The Origin of German Tragic Drama*, trans. John Osborne (NLB, 1977), 34; Richard Wolin, *Walter Benjamin: An Aesthetic of Redemption* (University of California Press), 90을 보라. 《독일 비애극의 원천》, 발터 벤야민, 김유동·최성만 옮김, 한길사, 2009)

378 Thomas Mann, *Story of a Novel: The Genesis of "Doctor Faustus*," trans. Richard Winston and Clara Winston (Alfred A. Knopf, 1961), 38.

379 같은 책, 123.

380 만의 이른바 '미적 흡혈vampirism'에 대한 논의로 Adrian Daub, "California Haunting," 23을 보라.

381 1945년 12월 30일, 만이 아도르노에게 쓴 편지, in E. Randol Schoenberg, *"Doctor Faustus" Dossier*, 91을 보라.

382 Thomas Mann, *Doctor Faustus: The Life of the German Composer Adrian Leverkühn as Told by a Friend*, trans. John E. Woods (Vintage International, 1999), 505.

383 *Listen, Germany! Twenty-Five Radio Messages to the German People over BBC* (Knopf, 1943)을 보라.

384 Mann, *Germany and the Germans*, 18.

385 그의 전기는 Stephen Müller-Doohm, *Adorno*, trans. Rodney Livingstone (Polity, 2005)을 보라. 그가 남긴 유산에 대한 최근의 비평적 평가와 폭넓은 탐구가 알고 싶다면 *A*

Companion to Adorno, ed. Peter E. Gordon, Espen Hammer, and Max Pensky (John Wiley & Sons, 2020)를 보라. 아도르노에 대한 나의 생각은 조지프 R. 윈터스의 작업에서 영향을 받기도 했다. 그의 글은 고통의 기억을 저항과 우울한 희망이 들어설 수 있는 거처로 여긴다. Joseph R. Winters, "Theodor Adorno and the Unhopeless Work of the Negative," *Journal for Cultural and Religious Theory* 14, no.1 (Fall 2014): 171 – 200을 보라.

386 Georg Lukács, *The Theory of the Novel*, trans. Anna Bostock (MIT Press, 1971), 22. (《소설의 이론》, 게오르크 루카치, 김경식 옮김, 문예출판사, 2007)

387 Theodor Adorno, *Negative Dialectics*, trans. E. B. Ashton (Continuum, 1983), 366 – 67. (《부정변증법》, 테오도르 아도르노, 홍승용 옮김, 한길사, 1999)

388 Adorno, *Minima Moralia*, 247.

389 세 명의 망명자(쇤베르크, 만, 아도르노)의 삶과 예술, 철학의 복잡한 관계는 수많은 독일 학자들이 매달려 분석했다. 내가 주로 참고한 자료는 아래와 같다. Daub, "California Haunting"; James Schmidt, "Mephistopheles in Hollywood: Adorno, Mann, and Schoenberg," in *The Cambridge Companion to Adorno*, ed. Thomas Huhn (Cambridge University Press, 2010), 148 – 80; Hans Rudolf Vaget, "German Music and German Catastrophe: A Rereading of 'Doctor Faustus,'" in *A Companion to the Works of Thomas Mann*, ed. Herbert Lehnert and Eva Wessell (Camden House, 2009), 221 – 44; Marc A. Weiner, *Undertones of Insurrection: Music, Politics, and the Social Sphere in the Modern German Narrative* (University of Nebraska Press, 1993), 211 – 46.

390 Theodor Adorno, *Philosophy of New Music*, trans. Robert Hullot-Kentor (University of Minnesota Press, 2006), 101. (《신음악의 철학》, T. W. 아도르노, 문병호·김방현 옮김, 세창출판사, 2012)

391 Rose Rosengard Subotnik, "Adorno's Diagnosis of Beethoven's Late Style: Early Symptom of a Fatal Condition," *Journal of the American Musicological Society* 29, no.2 (Summer 1976): 244. 수보트닉은 아도르노의 음악에 관한 저작을 1970년대에 영어권 독자들에게 처음으로 소개한 사람 중 한 명이었다. 그녀의 설명을 짧은 이 문장에 담았지만, 그녀의 명료한 논문은 여기서 소개하는 것보다 아도르노의 음악적 사상을 훨씬 더 풍부하게 다룬다.

392 Theodor Adorno, *Aesthetic Theory*, trans. Robert Hullot-Kentor (Bloomsbury, 2013), 151. (《미학이론》, T. W. 아도르노, 홍승용 옮김, 문학과지성사, 1997)

393 Karl Linke, "Zur Einführung," in *Arnold Schönberg: Mit Beiträgen von Alban Berg et al.* (Piper, 1912), as translated and reproduced in *Schoenberg and His World*, ed. Walter Frisch (Princeton University Press, 1999), 208. 번역은 수정했다. 강조는 내가 추가했다.

394 Theodor Adorno, "Arnold Schoenberg, 1874 – 1951," in *Prisms*, 151.

395 Alexander Ringer, "Assimilation and the Emancipation of Historical Dissonance," in

Constructive Dissonance: Arnold Schoenberg and the Transformations of Twentieth-Century Culture, ed. Juliane Brand and Christopher Hailey (University of California Press, 1997), 23 - 34를 보라.

396 Linke, "Zur Einführung," 208.

397 Vaget, "German Music and German Catastrophe," 238 - 39; 그 외에 Todd Kontje, *Thomas Mann's World: Empire, Race, and the Jewish Question* (University of Michigan Press, 2011), 168 - 73을 보라.

398 쇤베르크가 소설에서 문제가 될 수 있는 다른 측면들을 놔두고 만의 '표절'을 걸고넘어진 이유에 대해서는 Daub, "California Haunting," 23 - 24를 보라.

399 HaCohen, *Music Libel Against the Jews*, 358 - 60.

400 Hanns Eisler, *A Rebel in Music: Selected Writings*, ed. Manfred Grabs, trans. Marjorie Meyer (Seven Seas Books, 1978), 161.

401 Adorno, "The Relationship on Philosophy and Music," 150.

6장: 앨버커키의 모세

402 Italo Svevo, "Death," in *Short Sentimental Journey, and Other Stories*, trans. Ben Johnson (University of California Press, 1967), 302. 이 문장은 Aleida Assmann, *Cultural Memory and Western Civilization: Functions, Media, Archives* (Cambridge University Press, 2011), 8 에서 인용했다.

403 Franz Kafka, *Nachgelassene Schriften und Fragmente II*, ed. Jost Schillemeit (S. Fischer, 1992), 348. (《꿈 같은 삶의 기록》, 프란츠 카프카, 이주동 옮김, 솔, 2017)

404 "O'Dwyer to Place Cornerstone of Jewish Memorial Tomorrow," *New York Herald Tribune*, Oct. 18, 1947, 7; "Cornerstone Set Here for Memorial to 6,000,000 Jews Killed by Nazis," *New York Times*, Oct. 20, 1947, 1; "Memorial to the Martyred," *New York Times*, Oct. 21, 1947, 22; "Einstein Sends Message," *New York Times*, Oct. 16, 1947, 30.

405 이 기념물의 불운한 사연은 James Young, *The Texture of Memory: Holocaust Memorials and Meaning* (Yale University Press, 1993), 287 - 94를 보라.

406 David G. Roskies and Naomi Diamant, *Holocaust Literature: A History and Guide* (Brandeis University Press, 2012), 121 - 22.

407 Rachel Donadio, "The Story of 'Night,'" *New York Times*, Jan. 20, 2008.

408 Domenico Scarpa, "Notes on the Texts," in *The Complete Works of Primo Levi* (Liveright, 2015), 3:2828.

409 Robert Weill, "Primo Levi in America," 같은 책, 3:2795에서 인용.

410 Tony Judt, *Postwar: A History of Europe Since 1945* (Penguin Press, 2005), 816. (《전후 유럽 1945~2005》, 토니 주트, 조행복 옮김, 열린책들, 2019) 여러 국가들이 전후에 벌

인 망각의 전략에 대해서는 주트의 에세이 "From the House of the Dead," 같은 책, 803 - 31을 보라.

411 Henry Rousso, *The Vichy Syndrome: History and Memory in France Since 1944* (Harvard University Press, 1991). (《비시 신드롬》, 앙리 루소, 이학수 옮김, 휴머니스트, 2006)

412 Aleida Assmann, "To Remember or to Forget: Which Way Out of a Shared History of Violence?," in *Memory and Political Change*, ed. Aleida Assmann and Linda Shortt (Palgrave Macmillan, 2012), 58 - 59에서 인용.

413 Young, *Texture of Memory*, 130에서 인용.

414 1947년 8월 24일, 쇤베르크가 쿠세비츠키에게 쓴 편지, ASCC.

415 1948년 1월 1일, 쇤베르크가 쿠세비츠키에게 쓴 편지, ASCC.

416 쿠세비츠키는 25년을 보스턴 심포니 오케스트라의 음악감독으로 재직하면서 본인의 영향력을 활용하여 전례 없이 많은 생존 작곡가들의 작품을 의뢰했으며 그들을 대신하여 대중에게 그들의 음악을 옹호했다. 예를 들어 Serge Koussevitzky, "American Composers," *Life*, April 24, 1944를 보라.

417 자비네 파이스트에 따르면 "1942년부터 1947년까지 쿠세비츠키가 의뢰한 다른 오케스트라 작품들은 버릴 필립스의 〈톰 페인〉 서곡을 제외하면 모두가 보스턴에서 초연했다." Sabine Feisst, *Schoenberg's New World*, 289 - 90.

418 Allen Shawn, *Leonard Bernstein: An American Musician* (Yale University Press, 2014), 56. 이것은 물론 당시 음악가들과 다른 분야의 유대인들이 일반적으로 취하는 노선이었다. 번스타인은 쿠세비츠키의 조언을 거절했지만, 레너드와 아무 관계도 아닌 망명 지휘자 한스 번스타인은 해럴드 번스로 이름을 바꾸었다.

419 Peggy Daniel, *Tanglewood: A Group Memoir* (Amadeus Press, 2008), 69에서 인용.

420 이 인용문은 쿠세비츠키가 사망하고 1년이 지난 1952년에 레너드 번스타인의 비서 헬렌 코츠가 쓴 편지에 나오는 말이다. 편지에서 코츠는 쿠세비츠키가 왜 그 작품을 초연하지 않았는지와 관련하여 그의 부인 올가가 설명해준 것이라며 전하고 있다. 1952년 1월 25일, 코츠가 번스타인과 펠리시아 몬테알레그레에게 쓴 편지, Library of Congress를 보라. (이 편지의 존재에 관심을 갖게 해준 쇤베르크 센터의 테레제 묵세네더에게 고마움을 전한다.) 보스턴 심포니 오케스트라는 1969년에야 당시 음악감독이던 빈-유대인 지휘자 에리히 라인스도르프의 지휘하에 〈바르샤바의 생존자〉를 연주했다.

421 1948년 3월 12일, 프레데릭이 쇤베르크에게 쓴 편지, ASCC.

422 "당신의 열정과 자질이 기적을 만든 것 같소." 1948년 11월 12일, 쇤베르크가 프레데릭에게 쓴 편지, Kurt Frederick Papers, Houghton Library, Harvard University.

423 Ernst Krenek, "An Exceptional Musician: Kurt Frederick," *New Mexico Quarterly* 21, no.1 (1951): 30.

424 Isaac Babel, "How Things Were Done in Odessa," in *The Complete Works of Isaac Babel,* trans. Peter Constantine (W.W. Norton, 2002), 146.

425 프레데릭의 삶과 관련한 내용들은 그의 경력 소개서(Frederick Papers), 1968년 9월 16일 데이비드 그레이시가 진행한 인터뷰(online transcription, Southwest Collection/ Special Collections Library, Texas Tech University), 1979년 11월 10일 KHFM의 라디오 인터뷰를 참고했다.

426 이 기관은 역사를 거치면서 여러 이름으로 불렸다. 프레데릭은 '국립 아카데미'라고 했고, 오늘날에는 '빈 음악공연예술 대학'이라고 한다.

427 엘리자베스 영(쿠르트 프레데릭의 딸), 2014년 12월 22일 내가 진행한 인터뷰.

428 1948년 11월 8일, 프레데릭이 쇤베르크에게 쓴 편지, ASCC; 그 외에 "Schönberg in Albuquerque," *Newsweek*, Nov. 15, 1948을 보라.

429 Krenek, "Exceptional Musician," 27에 나오는 자료와 서술을 참고했다.

430 Ross Parmenter, "The World of Music: Schoenberg in Albuquerque," *New York Times*, Oct. 31, 1948; "Schönberg in Albuquerque," *Newsweek*.

431 공연 준비와 초연에 관한 내용은 1948년 11월 8일, 프레데릭이 쇤베르크에게 쓴 편지, 1948년 11월 8일, 이사벨 그리어가 쇤베르크에게 쓴 편지, ASCC, 프레데릭이 H.W. 하인샤이머에게 쓴 편지 초안, Kurt Frederick Papers, Houghton Library, Harvard University, 그 외에 위에서 언급한 인터뷰들과 언론 보도들을 참고했다.

432 1948년 11월 28일, 리처드 호프만이 프레데릭에게 쓴 편지, Frederick Papers.

433 1948년 11월 4일, 프레데릭이 쇤베르크에게 쓴 편지, ASCC.

434 "Destiny & Digestion." 아쉽게도 초연의 녹음은 남아 있지 않다.

435 "Schönberg in Albuquerque," *Newsweek*.

436 "Civic Symphony Gives First Playing of Exciting New Schoenberg Work," *Albuquerque Journal*, Nov. 5, 1948.

437 1948년 11월 4일, 프레데릭이 쇤베르크에게 쓴 편지, ASCC.

438 1948년 11월 20일, 어나 퍼거슨이 쇤베르크에게 쓴 편지, ASCC.

439 1948년 11월 12일, 쇤베르크가 프레데릭에게 쓴 편지. 쇤베르크가 잠시나마 공통된 모국어를 사용한 유일한 편지다.

440 1948년 11월 13일, 쇤베르크가 이사벨 그리어에게 쓴 편지, Frederick Papers.

441 프로그램 노트는 Frederick Papers에서 볼 수 있다.

442 Reich, *Schoenberg*, 222–23에서 인용.

443 Alexander Mitscherlich and Margarete Mitscherlich, *Die Unfähigkeit zu trauern: Grundlagen kollektiven Verhaltens* (Piper, 1967); 그 외에 Peter Homans, ed., *Symbolic Loss: The Ambiguity of Mourning and Memory at Century's End* (University Press of Virginia, 2000), 11–13을 보라.

애도하는 음악

444 공연은 1950년 8월 20일, 다름슈타트 슈타트할레에서 헤르만 셰르헨이 지휘한 란데스테아터 오케스트라의 연주로 열렸다. Joy H. Calico, *Arnold Schoenberg's "A Survivor from Warsaw" in Postwar Europe* (University of California Press, 2014), 26을 보라.

445 같은 책, 40.

446 같은 책, 26.

447 같은 책, 27-28에서 인용.

448 같은 책, 31-32.

449 당시 뉴욕 필하모닉의 공식적 이름은 뉴욕 필하모닉-심포니 소사이어티였다.

450 1950년 5월 16일, 뉴욕 필하모닉 관리자가 쇤베르크에게 쓴 편지, Complaints and Compliments, Sept. 13, 1949 – June 14, 1950, New York Philharmonic Archives.

451 1949년 6월 2일, 뉴욕 필하모닉 관리자가 미트로풀로스에게 쓴 편지를 보라. 이 문제 조사에 아낌없이 도움을 준 뉴욕 필하모닉 자료보관소의 바버라 호스와 가브리엘 스미스에게 고마움을 전한다. 사실 라디오 방송은 〈바르샤바의 생존자〉의 뉴욕 초연과 관련하여 논란이 된 유일한 사건이 아니었다. 두 차례 실황 연주에서 미트로풀로스는 해설자가 상황을 설명하는 동안 남성 합창단에게 한 명씩 서 있도록 했고 일어날 때 코트를 벗도록 지시함으로써 연극적인 요소를 더했다. 〈뉴욕 타임스〉의 비평가 올린 다운스는 리뷰 기사에 쓰기를 "과잉 연기"였다며 무시했다. 쇤베르크가 미트로풀로스에게 편지를 써서 사건에 대해 따져 물었고, 지휘자는 감정을 한껏 담은 사과의 답장을 썼다. 뉴욕 초연에서 합창단의 일원으로 노래했고 2022년 9월 29일 내가 진행한 인터뷰에서 그 사건에 대한 기억을 털어놓은 윌리엄 러딕에게 고마움을 전한다.

452 Henry Cowell, "Current Chronicle," *Musical Quarterly* 36 (1950).

453 Louis Biancolli, "Schoenberg's 'Survivor from Warsaw' Stirring," *New York World Telegram and Sun*, April 14, 1950; Harriett Johnson, "'A Survivor' Played by Philharmonic," *New York Post*, April 14, 1950.

454 Paul Affelder, "Hebraic Concerto, Warsaw Narrative Premiered by Philharmonic at Carnegie," *Berkshire Eagle*, April 14, 1950.

455 Olin Downes, "Schoenberg Work Is Presented Here," *New York Times*, April 14, 1950, 27.

456 Artur Holde, "Welt der Musik," *Aufbau*, April 21, 1950.

457 Theodor Adorno, "Commitment," in *Notes to Literature*, trans. Shierry Weber Nicholsen (Columbia University Press, 2019), 358.

458 〈바르샤바의 생존자〉의 엔딩을 "정치적 종말론"의 긍정적 제스처로, "현대의 〈환희의 송가〉"로 되찾고자 하는 최근의 글은 Reinhold Brinkmann, "Schoenberg the Contemporary: A View from Behind," in Brand and Hailey, *Constructive Dissonance*, 211–14를 보라.

459 Dori Laub, "Bearing Witness or the Vicissitudes of Listening," in Shoshana Felman and

Dori Laub, *Testimony: Crises of Witnessing in Literature, Psychoanalysis, and History* (Taylor & Francis, 1992), 57 – 74. 이 인용문은 57쪽에 나온다.

460 James E. Young, "Against Redemption: The Arts of Countermemory in Germany Today," in Homans, *Symbolic Loss*, 126 – 27을 보라. 그 외에 Andreas Huyssen, "The Monument in a Post-modern Age," in *The Art of Memory: Holocaust Memorials in History*, ed. James E. Young (Munich, 1994), 9 – 17을 보라.

461 Gavriel D. Rosenfeld, *Hi Hitler!: How the Nazi Past Is Being Normalized in Contemporary Culture* (Cambridge University Press, 2014)를 보라.

462 Robert Musil, *Posthumous Papers of a Living Author* (Eridanos Press, 1987), 61. (《생전 유고 / 어리석음에 대하여》, 로베르트 무질, 신지영 옮김, 워크룸프레스, 2015) 이 문장은 Young, *Texture of Memory*, 13에서 인용했다. 홀로코스트 기념물을 이해하는 영의 선구자적 관점은 이 책에서 내가 기념물과 그 의미를 '읽어내는' 방식에 많은 영향을 주었다. 특히 같은 책, 2-15를 보라.

463 R. Murray Schafer, *The Soundscape: Our Sonic Environment and the Tuning of the World* (Destiny Books, 1994), 3 – 12. 강조는 내가 추가했다. (《사운드스케이프》, 머레이 쉐이퍼, 한명호·오양기 옮김, 그물코, 2008)

464 Walter Benjamin, "On the Concept of History"(also known as "Theses on the Philosophy of History"), in *Selected Writings*, vol.4, 1938 – 1940, ed. Howard Eiland and Michael W. Jennings, trans. Edmund Jephcott et al. (Belknap Press of Harvard University Press, 2003), 388 – 400. (《역사의 개념에 대하여 / 폭력비판을 위하여 / 초현실주의 외》, 발터 벤야민, 최성만 옮김, 길, 2008)

465 잘카 피어텔, Donna Rifkind, *The Sun and Her Stars: Salka Viertel and Hitler's Exiles in the Golden Age of Hollywood* (Other Press, 2021), 318에서 인용.

466 〈바르샤바의 생존자〉 외에 그가 말년에 작곡한 중요한 두 작품이 있다. 〈나폴레옹 보나파르트를 위한 송가〉(1942)는 로드 바이런의 신랄한 텍스트를 바탕으로 하는 전시의 작품이며, 〈현악 3중주〉(1946)는 미국 시절에 쇤베르크가 작곡한 가장 힘이 넘치는 순수 기악곡이다.

467 1951년 7월 6일, 셰르헨이 쇤베르크에게 쓴 편지, ASCC.

468 Arnold Schoenberg, "Why for Children?," Modern Psalm (unnumbered), in Auner, *Schoenberg Reader*, 352.

469 Sebald, *Austerlitz*, 185.

470 나는 중앙묘지의 역사적 배경과 그곳의 관리를 둘러싼 현재의 논란과 관련하여 역사학자 팀 코르벳으로부터 많은 도움을 받았다. Tim Corbett, "Culture, Community, and Belonging in the Jewish Sections of Vienna's Central Cemetery," *Austrian Studies* 24 (2016): 124 – 39; Tim Corbett, *Die Grabstätten meiner Väter: Die jüdischen Friedhöfe in*

Wien (Böhlau, 2021)을 보라.

471 예를 들어 Benedikt Mandl, "A schöne Leich," *Der Spiegel*, Aug. 1, 2007, www.spiegel.de; Linda Ardito, "Vienna's Musical Deathscape," in *Symbolic Landscapes*, ed. Gary Backhaus and John Murungi (Springer, 2009), 339 – 61을 보라.

472 "Speech Given at the Reburial of Ludwig van Beethoven in the Central Cemetery in Vienna on June 22, 1888," *Beethoven Journal* 20, no.1/2 (Summer 2005): 56. 베토벤과 슈베르트는 사실 유해를 파헤치고 다시 묻는 일을 두 차례나 당했다. 그중 첫 번째 행사로 1863년 당시 골상학이라는 유사과학이 기세를 떨치자 그들의 두개골을 꺼내 면밀히 살피고 정밀하게 측정하여 그들 예술의 본질을 반영하는 특성이 거기 있다고 최종적으로 판단했다. (한 의사의 말이다. "베토벤의 두개골 외벽이 단단하고 두꺼운 특성을 내보인다면, 슈베르트의 뼈는 여성스러운 연약함을 드러낸다.") 베토벤과 슈베르트의 두개골은 Gerhard von Brüning, "Die Schädel Beethovens und Schuberts," in Alfred Kalischer, *Aus dem Schwarzspanierhause* (Schuster & Loeffler, 1907)를 보라. 영어 번역본은 Hannah Liebmann in *The Beethoven Journal* 20, no.1/2 (Summer 2005): 58 – 60. 베토벤의 장례식은 Christopher H. Gibbs, "Performances of Grief: Vienna's Response to the Death of Beethoven," in *Beethoven and His World*, ed. Scott Burnham and Michael P. Steinberg (Princeton University Press, 2000), 227 – 85를 보라.

473 모차르트의 유해는 확인되지 않아 신그리스neo-Grecian 양식의 기념비를 세워 그를 기렸다.

474 1974년 쇤베르크 이장식의 공식 프로그램을 내게 알려준 로널드 쇤베르크와 바버라 자이슬 쇤베르크에게 고마움을 전한다.

475 콜리슈의 연설은 Rudolf Kolisch Papers, Houghton Library, Harvard University에서 볼 수 있다. 강조는 내가 추가했다.

7장: 다른 해안에서

476 몬터규 슬레이터가 쓴 〈피터 그라임스〉의 대본. 인용한 구절은 매기 햄블링이 2003년 올드버러 해변에 설치한 조각품 〈가리비〉의 비문으로도 사용되었다.

477 John Stow, "Chronicle." 이 문장은 Norman Scarfe, "Dunwich," in *Aldeburgh Anthology*, ed. Ronald Blythe (Snape Maltings Foundation in association with Faber Music, 1972), 338에서 인용했다.

478 W. G. Sebald, *The Rings of Saturn*, trans. Michael Hulse (New Directions, 2016), 158. 《토성의 고리》, W. G. 제발트, 이재영 옮김, 창비, 2019) 제발트는 근처의 이스트앵글리아 대학에서 오랫동안 유럽 문학을 가르쳤다.

479 Daniel Defoe, *A Tour Through Great Britain*. 이 문장은 Nicholas Comfort, *The Lost City of Dunwich* (Terence Dalton, 1994), iii에서 인용했다.

480 Henry James, *English Hours* (Houghton, Mifflin, 1905), 320 – 22.

481 Comfort, *Lost City of Dunwich*, 189.

482 올 세인츠 교회의 맨 마지막 귀퉁이는 1923년 무너지기 직전, 근처의 세인트 제임스 교회로 옮겨졌다.

483 번스타인의 이 말은 토니 파머의 영화 〈Benjamin Britten: A Time There Was…〉에 나온다.

484 Beth Britten, *My Brother Benjamin* (Faber and Faber, 2013), 18.

485 같은 책, 35.

486 Donald Mitchell, "Violent Climates," in *The Cambridge Companion to Benjamin Britten*, ed. Mervyn Cooke (Cambridge University Press, 2005), 188 – 216을 보라.

487 Paul Kildea, *Benjamin Britten: A Life in the Twentieth Century* (Allen Lane, 2013), 38.

488 같은 책에서 인용. 그 외에 Brian McMahon, "Why Did Benjamin Britten Return to Wartime England?," in *Benjamin Britten: New Perspectives on His Life and Work*, ed. Lucy Walker (Boydell & Brewer, 2009), 174를 보라.

489 John Bridcut, *Britten's Children* (Faber, 2006), 5.

490 Paul Kildea, ed., *Britten on Music* (Oxford University Press, 2003), 110.

491 Bridcut, *Britten's Children*, xii. 브리튼의 성적 취향을 그의 전기에서 어떻게 다루었는지 넓은 관점으로 보려면 Paul Kildea, "Britten's Biographers," in *Britten's Century: Celebrating 100 Years of Benjamin Britten*, ed. Mark Bostridge (Bloomsbury, 2013), 3 – 15를 보라.

492 Kildea, *Britten on Music*, 232.

493 Oscar A. H. Schmitz, *Das Land ohne Musik: Englische Gesellschaftsprobleme* (G. Müller, 1914).

494 Paul Kildea, "A Wolf in Tweed Clothing," in *New Aldeburgh Anthology*, comp. Ariane Bankes and Jonathan Reekie (Boydell Press, 2009), 140 – 42를 보라.

495 T.S. Eliot, "Tradition and the Individual Talent," in *Selected Essays* (Harcourt, Brace & World, 1964), 3 – 11. 이 인용문은 10쪽에 나온다. (《성스러운 숲》, T.S. 엘리엇, 장경렬 옮김, 화인북스, 2022)

496 Benjamin Britten, "Freeman of Lowestoft" (1951), in Kildea, *Britten on Music*, 110 – 11.

497 Benjamin Britten, "American Impressions" (1940), 같은 책, 22.

498 Matthew Arnold, *Culture and Anarchy*, ed. Samuel Lipman (Yale University Press, 1994), 33. (《교양과 무질서》, 매슈 아널드, 윤지관 옮김, 한길사, 2016)

499 Benjamin Britten, "On Receiving the First Aspen Award," in Kildea, *Britten on Music*, 262.

500 Penny Summerfield, "Dunkirk and the Popular Memory of Britain at War, 1940 – 1958," *Journal of Contemporary History* 45, no.4 (2010): 788 – 811을 보라.

501 Angus Calder, *The Myth of the Blitz* (Pimlico, 1991)를 보라.

502 Kildea, *Benjamin Britten*, 171‒73을 보라.

503 영국 비밀정보국 항공정보 부장으로 복무했던 F. W. 윈터보섬이 1974년에 〈울트라의 비밀〉이라는 책을 출간하여 영국의 암호분석가들이 사실은 공습이 있기 전에 코번트 리가 표적임을 알아냈지만, 영국이 나치의 암호를 해독했음이 밝혀지는 것이 두려워 처칠이 행동에 나서지 않았다고 주장했다. 이와 관련한 상세한 내용과 이런 음모론 배후의 증거를 타당하게 회의적으로 분석한 글로 Frederick Taylor, *Coventry: Thursday, 14 November 1940* (Bloomsbury, 2015), 112‒19를 보라.

504 공습의 묘사는 주로 Taylor, *Coventry*; R.T. Howard, *Ruined and Rebuilt: The Story of Coventry Cathedral, 1939–1962* (Council of Coventry Cathedral, 1962); Carol Harris, *Blitz Diary: Life Under Fire in World War II* (History Press, 2010); Karen Farrington, *The Blitzed City: The Destruction of Coventry, 1940* (Aurum Press, 2016)을 참고했다.

505 Harris, *Blitz Diary*, 85.

506 Howard, *Ruined and Rebuilt*, 14.

507 Louise Campbell, *Coventry Cathedral: Art and Architecture in Postwar Britain* (Clarendon Press, 1996), 9.

508 Howard, *Ruined and Rebuilt*, 18에서 인용.

509 Benjamin Britten, "Statement to the Local Tribunal for the Registration of Conscientious Objectors," in Kildea, *Britten on Music*, 40.

510 브리튼, R. 머리 샤퍼가 진행한 인터뷰, 같은 책, 226.

511 Yehudi Menuhin, *Unfinished Journey: Twenty Years Later* (Fromm International, 1997), 185; "Yehudi Menuhin Interviewed by Donald Mitchell," Britten Pears Archive, Red House, Aldeburgh.

512 Yehudi Menuhin, *Unfinished Journey* (Macdonald and Jane's, 1976), 178‒79.

513 Abby Anderton, *Rubble Music: Occupying the Ruins of Postwar Berlin, 1945–1950* (Indiana University Press, 2019), 16.

514 Abby Anderton, "Music Among the Ruins: Classical Music, Propaganda, and the American Cultural Agenda in West Berlin (1945‒1949)" (PhD diss., University of Michigan, 2012), 153에서 인용.

515 Stephen Spender, *European Witness* (Reynal & Hitchcock, 1946), 15‒16.

516 리사이틀 투어는 당시에 음악회 입장 기준, 레퍼토리 선정, 심지어 두 사람의 무대 의상과 관련하여 논란을 빚었다. Sophie Fetthauer, *Musik und Theater im DP-Camp Bergen-Belsen zum Kulturleben der jüdischen Displaced Persons, 1945–1950* (von Bockel, 2012), 323 을 보라.

517 이 공연의 정황은 아니타 라스커와 예후디 메뉴인의 회고록, 도널드 미첼이 진행

한 메뉴인의 인터뷰(Britten Pears Archive), 2021년 8월 26일 내가 진행한 아니타 라스커-발피슈의 전화 인터뷰, Fetthauer, *Musik und Theater im DP-Camp Bergen-Belsen*, 323-48을 통해 재구성한 것이다.

518 드뷔시와 프리츠 크라이슬러의 작품도 프로그램에 포함되었다. Fetthauer, *Musik und Theater im DP-Camp Bergen-Belsen*, 330을 보라.

519 1979년 도널드 미첼이 진행한 출간되지 않은 메뉴인 인터뷰 원고에서 인용했다. 인용을 허락한 브리튼-피어스 재단과 토니 파머에게 고마움을 전한다.

520 같은 글.

521 같은 글.

522 Humphrey Carpenter, *Benjamin Britten: A Biography* (Faber and Faber, 1993), 228.

523 라스커가 이모에게 쓴 편지는 *Letters from a Life: The Selected Letters and Diaries of Benjamin Britten*, ed. Donald Mitchell (Faber and Faber, 1991), 2:1273-74에서 볼 수 있다.

524 라스커-발피슈의 회고록(*Inherit the Truth*)에서 많은 것을 참고했다.

525 Szymon Laks, *Music of Another World*, trans. Chester A. Kisiel (Northwestern University Press, 1989), 27. 여기서 아우슈비츠라는 이름은 라스커의 오케스트라가 있었던 비르케나우 여성 수용소를 포함하여 수용소 전체를 포괄하는 것이다. 아우슈비츠에는 남성 오케스트라도 있었다. Guido Fackler, "Music in Concentration Camps, 1933-1945," *Music and Politics* 1, no.1 (2007)을 보라.

526 Benjamin, *Selected Writings*, 4:391.

527 Charlotte Delbo, *None of Us Will Return*, trans. John Githens (Grove, 1968), 119. (《우리 중 그 누구도 돌아오지 못할 것이다》, 샤를로트 델보, 류재화 옮김, 가망서사, 2024)

528 Primo Levi, *If This Is a Man*, trans. Stuart Woolf, in *Complete Works of Primo Levi*, 1:48. (《이것이 인간인가》, 프리모 레비, 이현경 옮김, 돌베개, 2007) 레비는 시종일관 수용소를 나타낼 때 독일어 단어 'Lager'를 사용한다. 그는 1944년 2월부터 1945년 1월까지 아우슈비츠에 억류되어 있었다.

529 정확한 사인은 확인되지 않았다. 그녀의 전기를 쓴 리처드 뉴먼은 보툴리누스 식중독을 유력한 원인으로 본다. Newman and Kirtley, *Alma Rosé*, 305를 보라. 알마 로제가 여성 오케스트라의 리더로서 어떤 존재였는지를 두고 오랫동안 불편한 기억의 논란이 벌어졌다. 파니아 페넬롱의 회고록(*Playing for Time*)이 논란의 주범이다. 1976년 프랑스에서 처음 출간되었고 곧 페넬롱의 회고를 바탕으로 아서 밀러가 극본을 써서 CBS 영화로 만들어지기도 했던 이 책은 로제와 앙상블 전체를 대단히 부정적으로 묘사했다. 페넬롱이 전한 사건들의 묘사에 맞서 오케스트라의 생존 멤버들이 대대적으로 반론을 폈고, 라스커는 이 책을 가리켜 "그야말로 터무니없는 진실의 왜곡"(*Inherit the Truth*, 122)을 담고 있다고 했다. 그 외에 Susan Eischeid, *The Truth About Fania Fénelon*

애도하는 음악

and the Women's Orchestra of Auschwitz (Palgrave Macmillan, 2016)를 보라.

530 T.S. Eliot, "The Metaphysical Poets," in *Selected Essays*, 247, 250.

531 David Fuller, "Sin, Death, and Love: Britten's 'The Holy Sonnets of John Donne,'" in *Literary Britten: Words and Music in Britten's Vocal Works*, ed. Kate Kennedy (Boydell Press, 2018), 243.

532 Hans Keller, Britten: *Essays, Letters, and Opera Guides*, ed. Christopher Wintle and A. M. Garnham (Plumbago Books, 2013), 144.

533 재밌는 사실은 브리튼은 던의 소네트 "에필로그"에도 음악을 붙여 총 열 개 악장을 만들었지만 결국 포함하지 않았다는 것이다. 이 곡이 마지막에 있었다면 연가곡은 훨씬 낙관적인 분위기로 마무리되었을 것이다. Justin Vickers, "Britten's Donne Meditation," in Kennedy, *Literary Britten*, 256–73을 보라.

534 Berger, *Confabulations*, 105, 96. (《우리가 아는 모든 언어》, 존 버거)

535 Lasker-Wallfisch, *Inherit the Truth*; 2021년 8월 26일 내가 진행한 아니타 라스커-발피슈의 전화 인터뷰.

536 1947년 1월 3일 앵글로-오스트리안 뮤직 소사이어티 주최로 열린 이 음악회에 소프라노 마르가레테 크라우스, 바리톤 파울 쇠플러, 브루노 발터, 블레히 현악 4중주단이 참여했다. 로제 4중주단의 마지막 생존 멤버인 첼리스트 프리드리히 북스바움도 연주를 했다. 프로그램과 음악회 포스터는 Senate House Library, University of London과 "Weekend Concerts: Tribute to Arnold Rosé," *Times* (London), Jan. 6, 1947, 6에서 볼 수 있다.

537 1903년 1월 16일, 발터가 한스 피츠너에게 쓴 편지, in Walter, *Briefe, 1894–1962*, 62.

8장: 역사의 천사

538 Marc Bloch, *The Historian's Craft*, trans. Peter Putnam (Vintage Books, 1953), 41–42. (《역사를 위한 변명》, 마르크 블로크, 고봉만 옮김, 한길사, 2007)

539 추도식에 대한 묘사는 "In Remembrance of Two Wars," *Times* (London), Nov. 11, 1946, 4; "Remembrance Day," *Times* (London), Nov. 8, 1946, 2; "Remembrance," *Times* (London), Nov. 9, 1946, 5를 참고했다.

540 "Remembrance," *Times* (London), Nov. 9, 1946, 5.

541 "In Remembrance of Two Wars."

542 20세기 영국의 전쟁 추모를 다룬 방대한 문헌 중에서 내가 이 장을 서술할 때 가장 실질적인 도움을 받은 것은 아래와 같다. Paul Fussell, *The Great War and Modern Memory* (Oxford University Press, 1977); George Mosse, *Fallen Soldiers: Reshaping the Memory of the World Wars* (Oxford University Press, 1990); Jay Winter, *Remembering War: The Great War Between Memory and History in the Twentieth Century* (Yale University Press,

2006): Cannadine, "War and Death, Grief and Mourning in Modern Britain," 187 – 242:
Geoff Dyer, *The Missing of the Somme* (Vintage Books, 2011): Nick Hewitt, "A Sceptical
Generation? War Memorials and the Collective Memory of the Second World War in
Britain, 1945 – 2000," in *The Postwar Challenge: Cultural, Social, and Political Change in
Western Europe, 1945–58,* ed. Dominik Geppert (Oxford University Press, 2003): Nataliya
Danilova, *The Politics of War Commemoration in the UK and Russia* (Palgrave Macmillan,
2015). (《전사자 숭배》, 조지 L. 모스, 오윤성 옮김, 문학동네, 2015)

543 Hewitt, "Sceptical Generation?," 82를 보라. 추모를 묻는 설문 조사는 1944년 6월에
Royal Society of Arts가 주최한 학술대회에서도 있었고, 그 결과가 거의 글자 하나 바
꾸지 않고 "지면의 제약이 허용하는 한 충실하게" 출간되었다. "Conference on War
Memorials," *Journal of the Royal Society of Arts,* June 9, 1944, 322 – 40을 보라.

544 Danilova, *Politics of War Commemoration in the UK and Russia,* 55를 보라.

545 Cannadine, "War and Death, Grief and Mourning in Modern Britain," 231 – 34를 보라.

546 제국 전쟁 박물관에 영국 전역의 9만 개가 넘는 기념물이 상세하게 등록되어 있다.
이런 예들을 더 보고 싶으면 WM Reference Nos.54793 and 40591을 보라.

547 세인트 제임스 교회 명판의 비문은 Hewitt, "Sceptical Generation?," 89에서 인용.

548 Ted Hughes, "National Ghost," *Listener,* Aug. 5, 1965, in Ted Hughes, *Winter Pollen:
Occasional Prose,* ed. William Scammell (Picador, 1995), 70.

549 테드 휴즈의 미출간 시, in Helen Melody, "Hughes and War," in *Ted Hughes in Context,*
ed. Terry Gifford (Cambridge University Press, 2018), 231에서 인용.

550 National Archives, www.nationalarchives.gov.uk. 이런 숫자가 세대 간에 미친 충격은
Jay Winter, "Some Aspects of the Demographic Consequences of the First World War in
Britain," *Population Studies* 30, no.3 (Nov. 1976): 539 – 52를 보라.

551 A.J.P. 테일러, Cannadine, "War and Death, Grief and Mourning in Modern Britain," 196
에서 인용.

552 Hughes, *Winter Pollen,* 73.

553 1961년 2월 16일, 브리튼이 디트리히 피셔-디스카우에게 쓴 편지, in Britten, *Letters
from a Life,* 5:313.

554 Howard, *Ruined and Rebuilt,* 20.

555 www.coventrycathedral.org.uk의 제국 방송 녹음. 그 외에 Campbell, *Coventry Cathedral,*
9를 보라.

556 자일스 길버트 스콧이 처음에 새로운 대성당의 건축가로 선정되었지만, 디자인과 관
련하여 정치적, 이데올로기적, 미적 의견 차이를 보이며 1946년에 사임했다. 이런 논
란은 Campbell, *Coventry Cathedral,* 22 – 70을 보라.

557 "Ruined City Churches," *Times* (London), Aug. 15, 1944, 5. 이 문장은 Heather Wiebe,

Britten's Unquiet Pasts: Sound and Memory in Postwar Reconstruction (Cambridge University Press, 2012), 204에서 인용했다.

558 Basil Spence, *Phoenix at Coventry: The Building of a Cathedral* (Fontana Books, 1964), 16에서 인용.

559 같은 책, 18–19.

560 Hans Keller, "The Musical Character" (1952), in *Britten*, 79.

561 1963년 7월 피어스가 브리튼에게 쓴 편지, in *Letters from a Life*, 5:484. 피어스의 편지는 Philip Brett et al., "Britten, (Edward) Benjamin," *Grove Music Online*, 2001, accessed Sept. 22, 2021에서 인용했다.

562 Brett, "Britten."

563 Dominic Hibberd, *Wilfred Owen: A New Biography* (Ivan R. Dee, 2003), 240에서 인용.

564 1917년 5월 8일, 윌프레드 오언이 메리 오언에게 쓴 편지, in *Wilfred Owen: Selected Letters*, ed. John Bell (Oxford University Press, 1985), 241–42.

565 1918년 10월 4일, 윌프레드 오언이 수전 오언에게 쓴 편지, in 같은 책, 351.

566 Fussell, *Great War and Modern Memory*, 291.

567 1914년 8월 28일, 윌프레드 오언이 수전 오언에게 쓴 편지, in *Wilfred Owen: Selected Letters*, 118–19.

568 1917년 5월 (16일?), 윌프레드 오언이 수전 오언에게 쓴 편지, in 같은 책, 246.

569 Friedrich Nietzsche, *Genealogy of Morals*, in *Complete Works of Friedrich Nietzsche*, trans. J. M. Kennedy (T. N. Foulis, 1913), 8:66. (《도덕의 계보》, 프리드리히 니체, 박찬국 옮김, 아카넷, 2021)

570 브리튼의 이 구절은 (아마도) 베를린 오페라극장을 위해 그가 직접 쓴 (날짜를 확인할 수 없는) 프로그램 노트에 나온다. Britten Pears Archive.

571 한스 켈러는 모차르트와 브리튼에게 이런 표현을 썼고, 그들과 대조적으로 베토벤과 쇤베르크를 "보수적 혁명파"라고 불렀다. Keller, *Britten*, 80.

572 예를 들어 퍼셀의 고전적 연구 *Great War and Modern Memory*, 286–99를 보라.

573 Hibberd, *Wilfred Owen*, 239.

574 Samuel Hynes, *A War Imagined: The First World War and English Culture* (Maxwell Macmillan International, 1991), 284에서 인용.

575 음악학자 헤더 위브는 코번트리의 맥락에서 물러나 브리튼의 〈전쟁 레퀴엠〉을 공적 음악 문화에 대해 작곡가가 생각한 바와 연관 지어 전후 국가 재건에 공헌한 것으로 설명한다. Heather Wiebe, *Britten's Unquiet Pasts*, 191–225를 보라.

576 예를 들어 1961년 2월 16일, 브리튼이 디트리히 피셔-디스카우에게 쓴 편지, in *Letters from a Life*, 5:313을 보라.

577 국가가 여러 덕목을 동원하여 전쟁의 현실을 가리는 것을 나타내고자 조지 모스는

"전쟁 경험의 신화"라는 개념을 만들어냈다. Mosse, *Fallen Soldiers*를 보라. 그 외에 Danilova, *Politics of War Commemoration in the UK and Russia*를 보라.

578 Alex Ross, "Diary of an Aesthete," *New Yorker*, April 23, 2012에서 인용.

579 Galina Vishnevskaya, *Galina: A Russian Story* (Harcourt Brace Jovanovich, 1984), 366.

580 William Mann, "Britten's Masterpiece Denounces War," *Times* (London), May 25, 1962.

581 소년 합창단은 레밍턴의 홀리트리니티 교회와 스트랫퍼드의 홀리트리니티 교회 소년들로 이루어졌다.

582 William Mann, "Britten's War Requiem Unforgettable," *Times* (London), May 31, 1962.

583 Peter Shaffer, "The Pity War Distilled," *Time & Tide*, June 7, 1962, 23.

584 Dietrich Fischer-Dieskau, *Echoes of a Lifetime*, trans. Ruth Hein (Macmillan, 1989), 258. 그 외에 1962년 6월 5일, 브리튼이 윌리엄 플로머에게 쓴 편지를 보라. Mervyn Cooke, *Britten: War Requiem* (Cambridge University Press, 1996), 80에서 인용.

585 Cooke, *Britten: War Requiem*, 107을 보라.

586 전쟁과 연관되는 브리튼의 다른 작품으로 〈칸티클 3번: 아직도 비는 내리고〉와 〈진혼 교향곡〉이 있다.

587 죽은 자를 위한 전통적인 라틴어 미사곡 텍스트에는 구약성서 구절이 들어가며 "아브라함과 그 후손에게 약속하셨던 것처럼"도 여기에 포함된다. 하지만 브리튼은 의도치 않은 쓸쓸한 아이러니로 오언의 시 "노인과 젊은이의 우화"가 들어가는 악장에 이 구절을 집어넣는다. 앞서 보았듯이, 오언은 여기서 이삭을 제물로 바치는 성서 이야기를 다시 가져와 아들을 위험한 곳으로 기꺼이 보내려는 전쟁광 아버지들을 고발한다. 〈전쟁 레퀴엠〉에 이 시를 집어넣음으로써 아브라함은 "유럽의 후손 절반을 하나씩" 살해한 사람으로 그려진다. (10년 전 브리튼은 〈칸티클 2번: 아브라함과 이삭〉에서 같은 이야기를 상당히 다른 각도로 접근했다. 아울러 그는 이 곡의 음악적 재료를 〈전쟁 레퀴엠〉에서도 활용했다.)

588 Tony Kushner, "Too Little, Too Late? Reflections on Britain's Holocaust Memorial Day," *Journal of Israeli History* 23, no.1 (Spring 2004): 116.

589 Tony Kushner, "Belsen for Beginners: The Holocaust in British Heritage," in *The Lasting War: Society and Identity in Britain, France, and Germany After 1945*, ed. Monica Riera and Gavin Schaffer (Palgrave Macmillan, 2008), 228에서 인용.

590 같은 책, 227에서 인용.

591 Hannah Caven, "Horror in Our Time: Images of the Concentration Camps in the British Media, 1945," *Historical Journal of Film, Radio, and Television* 21, no.3 (2001): 209, 같은 책에서 인용.

592 Judith Petersen, "Belsen and a British Broadcasting Icon," *Holocaust Studies* 13, no.1 (Summer 2007): 26, 27; Rainer Schulze, "Immediate Images: British Narratives of the

Liberation of Bergen-Belsen," in *Bergen-Belsen: Neue Forschungen*, ed. Habbo Knoch and Thomas Rahe (Wallstein, 2014), 284를 보라. 딤블비는 여러 버전을 녹음하여 보냈고, 이로 인해 혼란이 계속 벌어졌다. 1945년에 방송된 버전은 가끔 다큐멘터리에 나오는 버전과 다를 때가 있다. 이 부분을 명확하게 해준 토니 커슈너에게 고마움을 전한다.

593 *After the Holocaust: Challenging the Myth of Silence*, ed. David Cesarani and Eric J. Sundquist (Routledge, 2012)를 보라.

594 2021년 8월 26일 내가 진행한 라스커-발피슈의 전화 인터뷰.

595 Denis Diderot, "The Salon of 1767," in *Diderot on Art*, trans. John Goodman (Yale University Press, 1995), 2:197.

596 Anthony Vidler, "Air War and Architecture," in *Ruins of Modernity*, ed. Julia Hell and Andreas Schönle (Duke University Press, 2010), 29 – 40을 보라.

597 Spence, *Phoenix at Coventry*, 26.

598 T. J. Clark, *Farewell to an Idea: Episodes from a History of Modernism* (Yale University Press, 1999), 3.

599 Campbell, *Coventry Cathedral*, 263.

600 Howard, *Ruined and Rebuilt*, 16 – 17.

601 Benjamin, *Selected Writings*, 4:392. (《역사의 개념에 대하여 / 폭력비판을 위하여 / 초현실주의 외》, 발터 벤야민)

602 Kildea, *Benjamin Britten*, 453에서 인용.

9장: 마지막 순간의 빛

603 Lev Ozerov, "Babi Yar," in *An Anthology of Jewish-Russian Literature: Two Centuries of Dual Identity in Prose and Poetry*, ed. Maxim D. Shrayer (M. E. Sharpe, 2007), 1:576 – 77. 리처드 셸던의 번역을 수정했다.

604 Saul Friedlander, *The Years of Extermination: Nazi Germany and the Jews, 1939–1945* (Harper, 2007), 132에서 인용.

605 Karel C. Berkhoff, *Harvest of Despair: Life and Death in Ukraine Under Nazi Rule* (Belknap Press of Harvard University Press, 2004), 11.

606 *A Writer at War: Vasily Grossman with the Red Army, 1941–1945*, ed. and trans. Antony Beevor and Luba Vinogradova (Pantheon Books, 2006), 9.

607 같은 책, 19.

608 Berkhoff, *Harvest of Despair*, 61 – 62.

609 *Bitter Legacy: Confronting the Holocaust in the USSR*, ed. Zvi Gitelman (Indiana University Press, 1997), 16에서 인용.

610 4,100만 명의 우크라이나 인구 가운데 유대인은 대략 250만 명이었다(폴란드와 루마

니아에서 새로 합병된 영토의 인구 포함). 이중 대략 100만 명의 유대인이 독일 침공 이후에 서둘러 조직된 피난 행렬에 합류했다. 남아 있었던 사람들은 거의 한 명도 살아남지 못했다. John-Paul Himka, "The Reception of the Holocaust in Postcommunist Ukraine," in *Bringing the Dark Past to Light: The Reception of the Holocaust in Postcommunist Europe*, ed. John-Paul Himka and Joanna Beata Michlic (University of Nebraska Press, 2013), 628을 보라.

611 번역된 글은 *The Unknown Black Book: The Holocaust in the German-Occupied Soviet Territories*, ed. Joshua Rubenstein and Ilya Altman (Indiana University Press, 2008), 72에 나온다.

612 Beevor and Vinogradova, *Writer at War*, 250.

613 Mykhailo Kalnytskyi, "Babyn Yar in Space and Time," in *Babyn Yar: History and Memory*, ed. Vladyslav Hrynevych and Paul Robert Magocsi (Dukh i Litera, 2016), 31.

614 Patrick Desbois, *The Holocaust by Bullets: A Priest's Journey to Uncover the Truth Behind the Murder of 1.5 Million Jews* (Palgrave Macmillan, 2008)를 보라.

615 Timothy Snyder, *Bloodlands: Europe Between Hitler and Stalin* (Basic Books, 2010), xiii – xiv를 보라. (《피에 젖은 땅》, 티머시 스나이더, 함규진 옮김, 글항아리, 2021)

616 Hrynevych and Magocsi, *Babyn Yar*, 8.

617 "The Soul of Russia," *Krasnaya Zvezda*, Nov. 11, 1943, in Ilya Ehrenburg and Konstantin Simonov, In *One Newspaper: A Chronicle of Unforgettable Years*, trans. Anatol Kagan (Sphinx Press, 1985), 355.

618 Joshua Rubenstein, *Tangled Loyalties: The Life and Times of Ilya Ehrenburg* (Basic Books, 1996)를 보라.

619 같은 책, 193.

620 그로스만이 러시아어로 쓴 기사 "유대인 없는 우크라이나"는 그의 생전에 러시아에서 발표되지 못했다. 번역가 폴리 자바디프커에 따르면, 이 기사는 처음에 붉은 군대 관영 신문 〈크라스나야 즈베즈다〉에서 거부당했고, 상당 부분 축약되고 이디시어로 번역되어 유대인 반파시스트 위원회 저널 〈아이니카이트Einikeit〉에 실렸다. 1990년에 러시아어 원본이 발견되어 〈베크Vek〉에 게재되었다. 여기서 인용한 영어 판본은 2011년에 자바디프커가 편집하고 번역하여 *Jewish Quarterly* 58, no.1 (2011): 12 – 18에 소개한 것이다.

621 JAC의 역사는 Joshua Rubenstein's introduction to *Stalin's Secret Pogrom: The Postwar Inquisition of the Jewish Anti-fascist Committee*, ed. Joshua Rubenstein and Vladimir Naumov (Yale University Press, 2001), 1 – 64를 보라.

622 Shimon Redlich, *War, Holocaust, and Stalinism: A Documented Study of the Jewish Anti-fascist Committee in the USSR* (Harwood Academic, 1995). 1942년 5월의 라디오 연설을 설명

한 대목은 25쪽에 나오며 발췌한 연설문은 202-6쪽을 보라.

623 Rubenstein, *Tangled Loyalties*, 215.

624 같은 책, 213.

625 40년 뒤에 프리모 레비가 《가라앉은 자와 구조된 자》에서 비슷한 혜안을 보였다. "우리 생존자들은 이례적이고 미미한 소수일 뿐이다. 일탈하거나 능력이 있거나 운이 좋아서 바닥을 치지 않은 사람들이다. 바닥을 친 사람들, 고르곤을 본 사람들은 돌아와서 이야기를 전하지 못하거나 말을 잃고 말았다. 그러나 바로 그들이 '무젤만Muselmann'(굶주림과 허약함이 극에 달해 죽음이 임박한 수감자들을 가리키는 은어—옮긴이), 가라앉은 자들, 모든 것을 본 증인이다. 포괄적인 의미를 갖는 것은 바로 그들의 증언이다. 그들이 규칙이고 우리는 예외적 존재다." Primo Levi, *The Drowned and the Saved*, trans. Michael F. Moore, in *Complete Works of Primo Levi*, 3:2468. (《가라앉은 자와 구조된 자》, 프리모 레비, 이소영 옮김, 돌베개, 2014)

626 "Minutes of the Meeting of the Black Book Literary Commission" (Oct. 13, 1944), published as doc. 124 in Redlich, *War, Holocaust, and Stalinism*, 352.

627 Vasily Grossman, *Life and Fate*, trans. Robert Chandler (New York Review Books, 2006), 80–93. (《삶과 운명》, 바실리 그로스만, 최선 옮김, 창비, 2024)

628 Himka, "Reception of the Holocaust in Postcommunist Ukraine," 629.

629 "Conclusion and Recommendations of the Black Book Review Commission" (Feb. 26, 1945), published as doc. 126 in Redlich, *War, Holocaust, and Stalinism*, 355–56.

630 《검은 책》의 불운한 역사는 일리야 알트만이 서문에 쓴 Rubenstein and Altman, *Unknown Black Book*, xix–xl을 보라.

631 "Mikhoels' Letter to Zhdanov Concerning the Black Book" (Sept. 18, 1947), published as doc. 132, in Redlich, *War, Holocaust, and Stalinism*, 367.

632 전후 소련이 홀로코스트를 인정하지 않으려 한 것을 두고 정부 정책의 차원과 소련 역사의 관점에서 많은 해석이 있었다. 즈비 기텔만이 살펴본 이런 해석에는 2차 세계대전이 혁명을 대신하여 "소련 정권에 정당성을 부여하는 기초"로서 작용했다는 해석도 포함된다. 유대인들은 소련의 다른 희생자들과 달리 그들이 한 행동이 아니라 존재 때문에 살해된 것이므로, "위대한 애국 전쟁"을 통합적으로 숭상하는 분위기에는 나치의 유대인 박해를 인정할 여지가 없었다. Gitelman, *Bitter Legacy*, 17–21, 23–42를 보라.

633 Robert Chandler's introduction to *Life and Fate*, by Grossman, xiii에서 인용.

634 Gitelman, *Bitter Legacy*, 19. 주목할 점은 나치에 절멸된 유대인이 소련의 공식적인 추모 서사에서 배제된 유일한 집단이 아니었다는 사실이다. 예를 들어 1932-33년 혹독한 대기근으로 대략 800만 명이 목숨을 잃었지만, 당시에는 인정되지 않았다. 인육을 먹었다는 사례가 폭넓게 보도되었을 만큼 아주 심각한 상황이었음에도 불구하고 말

이다. Catherine Merridale, "War, Death, and Remembrance in Soviet Russia," in Winter and Sivan, *War and Remembrance in the Twentieth Century*, 62, 65를 보라.

635 이스라엘로 빼돌린 원고를 바탕으로 재구성한 《검은 책》이 1980년 이스라엘의 야드 바솀 출판사에서 출간되었다.

636 《검은 책》이 1993년 마침내 빌니우스 출판사에서 출간되도록 일리야 에렌부르크의 딸 이리나 에렌부르크(1911-97)가 많은 힘을 쏟았다. 《검은 책》의 일부 내용이 예전에 여러 판본으로 러시아 밖에서 출간되었지만, 완전한 것은 없었다. 프로젝트의 출간과 관련한 복잡한 역사를 간결하게 설명한 글은 Ilya Ehrenburg and Vasily Grossman, *The Complete Black Book of Russian Jewry*, trans. and ed. David Patterson (Transaction, 2002), xiii - xv에 실린 헬렌 시걸의 글을 보라. 예전에 원본에서 배제되었던 대목에 대해서는 Rubenstein and Altman, *Unknown Black Book*을 보라.

637 Redlich, *War, Holocaust, and Stalinism*, 129 - 31, 442 - 43을 보라.

638 Natalya Vovsi-Mikhoels, "Reminiscences of Shostakovich," in Elizabeth Wilson, *Shostakovich: A Life Remembered* (Faber and Faber, 2006), 260에서 인용 (이후로는 EWS 로 표기). 《쇼스타코비치: 시대와 음악 사이에서》, 엘리자베스 윌슨, 장호연 옮김, 돌베개, 2023) 600쪽에 달하는 윌슨의 필수불가결한 이 책(개정판)은 작곡가를 가장 잘 알았던 사람들의 방대한 회상을 통해 쇼스타코비치의 모습을 세밀하게 그려낸다.

639 Yuri Levitin, "The Year 1948," in EWS, 242에서 인용.

640 Vovsi-Mikhoels, "Reminiscences of Shostakovich," 259 - 60에서 인용.

641 Rostislav Dubinsky, "A Note to the Reader," in *Stormy Applause: Making Music in a Worker's State* (Northeastern University Press, 1992).

642 Laurel E. Fay, *Shostakovich: A Life* (Oxford University Press, 2000), 84 - 85에서 인용 (이후로는 LFS로 표기). 페이의 깊이 있는 연구는 영어로 쓰인 독보적인 쇼스타코비치 전기다.

643 같은 책, 88.

644 친구들과 동료들이 1936년에 쇼스타코비치로부터 등을 돌렸다는 것은 일부 자료에서 과장된 면이 있는 것 같다. NKVD의 비밀경찰은 소련 예술가들이 문제의 사설에 대해 보인 반응을 엄중하게 감시하여 작곡가를 이렇게 표적으로 삼은 기사에 부정적으로 반응한 사람들 목록을 작성했다. 그중에는 바실리 그로스만("내가 볼 때는 기사를 이런 식으로 써서는 안 되네")과 사태의 중대성을 불길하게도 일축한 이사크 바벨("아무것도 아닌 일로 호들갑 떨 필요는 없어")이 있었다. 가장 신랄한 반응은 작가 A. 레즈네프로부터 나왔다. "나는 쇼스타코비치 사건을 독일에서 책을 불사른 사건과 같은 범주로 보네." "Report from the GUGB NKVD SSSR Secret Political Department on Responses from Writers and Arts Workers to Articles in *Pravda* About the Composer D. D. Shostakovich," in *Soviet Culture and Power: A History in Documents, 1917-1953*,

애도하는 음악

ed. Katerina Clark and Evgeny Dobrenko with Andrei Artizov and Oleg Naumov, trans. Marian Schwartz (Yale University Press, 2007), 231 – 36을 보라.

645 Vishnevskaya, *Galina*, 225.

646 Richard Taruskin, "When Serious Music Mattered," *New Republic*, Dec. 24, 2001, in Richard Taruskin, *On Russian Music* (University of California Press, 2008), 302. 그 외에 Taruskin, "Public Lies and Unspeakable Truth: Interpreting Shostakovich's Fifth Symphony," in *Shostakovich Studies*, ed. David Fanning (Cambridge University Press, 1995), 17 – 56을 보라.

647 Isaiah Berlin, "The Arts in Russia Under Stalin," in *The Soviet Mind: Russian Culture Under Communism*, ed. Henry Hardy (Brookings Institution Press, 2016), 9, 13.

648 레오니트 게신, 2006년 3월 19일 내가 진행한 인터뷰.

649 Taruskin, *On Russian Music*, 305.

650 시의 전문은 *The Complete Poems of Anna Akhmatova*, trans. Judith Hemschemeyer (Zephyr Press, 1997), 476에 나온다. 이 책에서 나는 *The Stray Dog Cabaret: A Book of Russian Poems* (New York Review Books, 2007), 115에 나오는 폴 슈미트의 번역을 사용했다. 헌사는 로렐 페이의 번역(LFS, 344)을 사용했으며, 이 책에서의 일관성을 위해 작곡가의 성의 영어 표기를 수정했다.

651 교향곡의 레닌그라드 초연을 설명한 대목은 주로 LFS, 132 – 33; Pauline Fairclough, *Dmitry Shostakovich* (Reaktion Books, 2019), 76 – 77; Ed Vulliamy, "Orchestral Maneuvers," *Guardian*, Nov. 24 and 25, 2001(많은 연주자의 설명을 통해 공연을 재구성한 뛰어난 2부작 보고서)을 참고했다. 그 외에 M. T. Anderson, "The Flight of the Seventh: The Voyage of Dmitri Shostakovich's 'Leningrad' Symphony to the West," *Musical Quarterly* 102, no.2 – 3 (Summer – Fall 2019): 200 – 255를 보라.

652 소련의 공식적인 기록에는 식인 행위의 보고가 빠져 있지만 학자들의 설명은 다르다. 일례로 윌리엄 모스코프는 "부패한 시신을 음식으로 사용했다"고 설명한 레닌그라드의 한 탈영 장교의 말을 인용한다. 이런 사례들은 William Moskoff, *Bread of Affliction: The Food Supply in the USSR During World War II* (Cambridge University Press, 1990), 196 – 97을 보라.

653 Vulliamy, "Orchestral Maneuvers."

654 Rubenstein, *Tangled Loyalties*, 218 – 19.

655 지휘자 세묜 비치코프가 2015년 7월 31일, 〈BBC〉 "뉴스아워"와의 인터뷰에서 군인들이 찾아간 이야기를 털어놓았다. 비치코프가 전한 바에 따르면, 군인들은 엘리아스베르크를 만나 "그토록 강한 영혼을 가진 사람들은 결코 항복하지 않는다"는 것을 깨달았다고 말했다.

656 로버트 마지도프는 1945년 작곡가와 만난 인터뷰 비슷한 자리에서 "죽은 친구를 기

리고자 작곡한 3중주곡이 무자비하고 가학적인 적에게 희생된 모두를 위한 애가로 승화되었다"고 솔직하게 이야기했다. Robert Magidoff, "Shostakovich Listens for Victory," *New York Times*, March 18, 1945.

657 예를 들어 Ian MacDonald, *The New Shostakovich* (Northeastern University Press, 1990), 173 – 74를 보라.

658 Manashir Iakubov's note in the *New Collected Works* edition of the Piano Trios (98:119) 에 보면 2악장의 완전한 사본은 8월 4일에 마련되었고, 3악장은 날짜가 적혀 있지 않으며, 피날레는 8월 10일에 초고가 완성되었다고 한다. 쇼스타코비치가 남긴 이런 몇 안 되는 단서로 볼 때, 그가 피날레 작곡을 언제부터 시작했는지 정확히 알 수는 없지만, 수용소에 관한 보도가 처음 나기 시작했던 8월 초로 짐작된다.

659 Jeremy Hicks, "'Too Gruesome to Be Fully Taken In': Konstantin Simonov's 'The Extermination Camp' as Holocaust Literature," *Russian Review* 72, no.2 (April 2013): 242 – 59를 보라.

660 조슈아 루빈스타인이 발췌하고 번역한 "On the Eve," in Joshua Rubenstein, "Il'ia Ehrenburg and the Holocaust in the Soviet Press," in *Soviet Jews in World War II: Fighting, Witnessing, Remembering*, ed. Harriet Murav and Gennady Estraikh (Academic Studies Press, 2014), 36 – 56.

661 Levi, *Complete Works*, 1:22.

662 Iakubov's introductory essay in the *New Collected Works* edition of Shostakovich Piano Trios, Nos.1 and 2에서 인용.

663 비평가들의 논의에서 피아노 3중주 2번은 그의 현악 4중주 2번과 같은 반열로 평가된다. 비평가 V. 트람비츠키는 이렇게 단언했다. "우리는 영원한 두 작품의 탄생을 목격하고 있다." 같은 책에서 인용.

664 Joachim Braun, "On the Double Meaning of Jewish Elements in Dmitri Shostakovich's Music," in *On Jewish Music Past and Present* (Peter Lang, 2011), 276.

665 EWS, 268에서 인용.

666 Merridale, "War, Death, and Remembrance in Soviet Russia," 65.

667 Danilova, *Politics of War Commemoration in the UK and Russia*, 148.

668 Merridale, "War, Death, and Remembrance in Soviet Russia," 67.

669 Ilya Ehrenburg, *Men, Years—Life*, vol.5, *The War: 1941–1945*, trans. Tatiana Shebunina (World Publishing, 1964), 192.

670 Merridale, "War, Death, and Remembrance in Soviet Russia," 62.

671 1980년대와 1990년대에 작곡가의 실제 정치적 충성도를 둘러싼 논쟁과 1979년 그의 회고록으로 출간된 책의 진위에 관한 논쟁이 격렬하게 일어 '쇼스타코비치 전쟁'이라는 말까지 얻었다. 개략적인 설명은 Paul Mitchinson, "The Shostakovich Variations," as reprinted in *A Shostakovich Casebook*, ed. Malcolm Hamrick Brown (Indiana University Press, 2004), 303 - 24를 보라. 보다 최근의 연구들은 낡은 환원적 이분법을 넘어 공산당의 '충성스러운 아들'의 면과 평생 은밀하게 반체제 인사로 활동한 면의 가능성을 동시에 열어두고 있다. 대표적인 예로 Fairclough, *Dmitry Shostakovich*; Marina Frolova-Walker, *Stalin's Music Prize: Soviet Culture and Politics* (Yale University Press, 2016), 90 - 135를 보라.

672 1948년의 결의문은 1948년 2월 11일 〈프라우다〉 전면에 "V. 무라델리의 오페라 〈위대한 우정〉에 대하여"라는 머리기사로 실렸다. 무라델리와 쇼스타코비치 외에 프로코피예프, 미야스콥스키 등 다른 러시아 작곡가들도 비판의 표적이었지만, 쇼스타코비치가 소련을 대표하는 작곡가로서 가장 가혹한 공격을 당했다. 2003년 2월 22일 카네기홀에서 열린 심포지엄 "Music and Dictatorship: Russia Under Stalin"에서 발표된 Jonathan Walker and Marina Frolova-Walker, "Newly Translated Source Documents"에서 번역을 가져왔다. Posted by the Sergei Prokofiev Foundation at www.sprkfv.net.

673 유리 류비모프, 엘리자베스 윌슨의 인터뷰 in EWS, 211.

674 Fairclough, *Dmitry Shostakovich*, 92.

675 Arthur Miller, *Timebends: A Life* (Grove Press, 1987), 235.

676 Daniel S. Gillmore, ed., *Speaking of Peace: An Edited Report of the Cultural and Scientific Congress for World Peace, New York, March 25, 26, and 27 Under the Auspices of National Council of the Arts, Sciences, and Professions* (1949), 97 - 98.

677 "Shostakovich Bids All Artists Lead War on New 'Fascists,'" *New York Times*, March 28, 1949, 1. 전면에 실린 이 기사에서 주목할 점은 쇼스타코비치 연설문이 그의 말과 신념을 곧이곧대로 반영한 것으로 보도되었다는 점이다. 블라디미르 나보코프의 사촌인 작곡가 니콜라스 나보코프도 현장에 있었는데, 그는 쇼스타코비치의 연설문이 "명백히 '당 기관지'에서 준비한 것"임을 바로 알아보았다. 나보코프는 나중에 이렇게 썼다. "나는 인간이 이렇게 고통과 굴욕을 당하는 광경을 보고 앉은 자리에서 얼어붙고 말았다⋯. 그의 연설은, 이런 평화 사절단 임무는 [쇼스타코비치가] 사면을 다시 받기에 앞서 겪어야 했던 처벌의 일부, 속죄 의식의 일부였던 것이다. 그는 자신을 너무도 사랑한 퇴폐적이고 부르주아적인 세계를 향해⋯ 그 유명한 러시아 작곡가 쇼스타코비치는 자유로운 사람이 아니라 정부에 순응하는 도구라고 자신의 입으로 직접 말한 셈이었다." Nicolas Nabokov, *Old Friends and New Music*, 203 - 5, EWS, 275 - 76에서 인용.

678 Miller, *Timebends*, 239.

679 반형식주의 운동이 절정이던 1953년 2월에 작곡가 모이세이 바인베르크(미호엘스의 사위이자 쇼스타코비치의 가까운 친구 겸 동료)가 체포되었다. 쇼스타코비치는 스탈린의 악명 높은 비밀경찰국장 라브렌티 베리야에게 바인베르크의 성품과 믿음을 보

증하는 편지를 보내 사태에 개입했다. 한편 쇼스타코비치와 그의 첫 번째 부인 니나 바실리예브나는 바인베르크 부부 모두 구금되거나 살해되는 일이 벌어지면 그들의 딸을 자신들이 맡기로 했다. 결국은 1953년 3월 5일에 스탈린이 죽으면서 바인베르크의 석방이 이루어졌다. Vovsi-Mikhoels, "Reminiscences of Shostakovich," 260 - 65를 보라. '의사들의 음모'로 주로 유대인들인 의사 집단이 공산주의 지도자들을 독살하려고 공모했다며 부당하게 잡혀 들어갔다.

680 Aleksandr Burakovskiy, "Holocaust Remembrance in Ukraine: Memorialization of the Jewish Tragedy at Babi Yar," *Nationalities Papers* 39, no.3 (May 2011): 372.

681 흐루쇼프의 발언은 마리아 크헬민스카야가 나중에 전한 것이다. 같은 책, 374에서 인용.

682 Elie Wiesel, *The Jews of Silence: A Personal Report on Soviet Jewry*, trans. Neal Kozodoy (Schocken Books, 1987), 31 - 32; 그 외에 Karel C. Berkhoff, *Babi Yar: Site of Mass Murder, Ravine of Oblivion* (J. B. and Maurice C. Shapiro Annual Lecture, U.S. Holocaust Memorial Museum, 2012), 16n30을 보라.

683 Anatoli Kuznetsov, *Babi Yar*, trans. David Floyd (Pocket Books, 1970), 402.

684 같은 책, 400; Hrynevych and Magocsi, *Babyn Yar*, 127; "Soviet Bares Death of 145 in Mud Slide," *New York Times*, April 1, 1961을 보라.

685 Hrynevych and Magocsi, *Babyn Yar*, 127 - 28에서 인용.

686 Salo W. Baron, "Newer Emphases in Jewish History," *Jewish Social Studies* 25, no.4 (1963): 245 - 58, in Salo W. Baron, *History and Jewish Historians: Essays and Addresses* (Jewish Publication Society, 1964), 90 - 106. 바론은 유대인 역사를 다루면서 문화적 교류가 복잡하고 때로는 활기차게 일어났던 3차원적인 이야기를 순전히 슬픔으로 얼룩진 2차원적인 이야기로 축소하는 이런 일반적인 방식을 비판했다.

687 청중의 반응은 예브투셴코가 〈다운타운 익스프레스〉와 가진 인터뷰에 나온다. Berkhoff in *Babi Yar*, 11에서 인용.

688 Yevgeny Yevtushenko, *A Precocious Autobiography*, trans. Andrew R. MacAndrew (E. P. Dutton, 1963), 118.

689 Yevgeny Yevtushenko, "Remembering Shostakovich," *DSCH Journal*, no.15 (July 2001): 13 - 14. 편집장 이름은 발레리 코솔라포프였다. 그는 최종 결정은 결코 쉽게 내려진 것이 아니었다. 불과 일 년 전인 1960년, 바실리 그로스만이 《삶과 운명》의 원고를 저널 〈깃발Znamya〉에 제출했을 때, 그곳의 편집장은 그것을 곧바로 KGB에게 넘겼다. 그리하여 소설은 압수되었고 그로스만이 사망할 때까지 출간이 금지되었다.

690 EWS, 412에서 인용. 그 외에 Harry Schwartz, "Popular Poet Is Accused of Slandering Russians by Hint That Bigotry Continues in Soviet Union," *New York Times*, Sept. 28, 1961을 보라.

691 Manashir Iakubov's essay "Shostakovich's Thirteenth Symphony: On Publication of the

애도하는 음악

Facsimile of the Score," in Dmitri Shostakovich, *Symphony No.13*, Facsimile Score (DSCH, 2006), 11에서 인용.

692 Isaak Glikman, *Story of a Friendship: The Letters of Dmitry Shostakovich to Isaak Glikman, 1941-1975*, trans. Anthony Phillips (Cornell University Press, 2001), 279.

693 Yevgeny Yevtushenko, "Reminiscences of Shostakovich and His Thirteenth Symphony," in EWS, 413.

694 Yevgeny Yevtushenko, *Fatal Half Measures: The Culture of Democracy in the Soviet Union*, trans. Antonina W. Bouis (Little, Brown, 1991), 294.

695 교향곡 13번에 사용된 모든 시의 번역은 할로 로빈슨의 번역이다.

696 "Prometheus Bound: The Control of Intellectuals in the Communist State," undated CIA memorandum approved for release Aug. 24, 1999, Freedom of Information Act Electronic Reading Room, www.cia.gov.

697 Glikman, *Story of a Friendship*, 91 - 92. 로렐 페이는 "다모클레스의 검"이 더이상 그의 머리 위에 매달려 있지 않았던 1960년에 쇼스타코비치가 돌연 공산당 입당 원서를 제출한 것을 두고 "그의 생애를 통틀어 가장 당혹스러운 에피소드 중 하나"라고 했다. 그녀는 자발적인 행동이 아니었다고 주장했고 과음과 협박을 포함하여 여러 설명을 내놓았다. LFS, 216 - 19.

698 소피아 구바이둘리나, in EWS, 348.

699 Fairclough, *Dmitry Shostakovich*, 92.

700 1962년 7월 2일, 쇼스타코비치가 글리크만에게 쓴 편지, in *Story of a Friendship*, 103. 강조는 내가 추가했다.

701 1962년 8월 26일, 쇼스타코비치가 레프 레베딘스키에게 쓴 편지, LFS, 231에서 인용.

702 Iakubov, "Shostakovich's Thirteenth Symphony," 8 - 9에서 인용. 번역은 수정했다.

703 그가 염두에 둔 베이스(보리스 그미랴)도 그가 선호한 지휘자(예브게니 므라빈스키) 도 무대에 서지 않았다. 그미랴는 전시에 적국에 협력한 적이 있어서 연주에 참여하지 말라는 당의 압력에 저항하기가 어려웠다. 그리고 쇼스타코비치의 다른 여섯 교향곡의 세계 초연을 맡았던 므라빈스키는 참여를 거절하면서 이유를 명확하게 밝히지 않았다. 쇼스타코비치의 동료 이사크 슈바르츠는 므라빈스키를 주저하게 만든 것이 예브투셴코의 텍스트였다고 말했다. 첼리스트 므스티슬라프 로스트로포비치는 엘리자베스 윌슨과의 인터뷰에서 이렇게 말했다. "쇼스타코비치는 나중에 므라빈스키와 화해했지만, 그럼에도 나는 교향곡 13번 사건에서 내보인 비겁함 때문에 작곡가가 그를 인간으로서 경멸했다고 믿습니다." EWS, 415 - 16. 2018년 6월 5일, 파리에서 나와 인터뷰하면서 그미랴, 므라빈스키, 교향곡 13번과 관련하여 추가적 정보를 준 작곡가의 세 번째 부인 이리나 쇼스타코비치에게 고마움을 전한다.

704 EWS, 404에서 인용.

705 Richard Sheldon, "The Transformations of Babi Yar," in *Soviet Society and Culture: Essays in Honor of Vera S. Dunham*, ed. Terry L. Thompson and Richard Sheldon (Westview Press, 1988), 139 – 40.

706 카발레프스키의 경고와 초연 아침 대강당의 분위기는 이리나 쇼스타코비치가 인터뷰에서 알려준 것이다. 한편 모스크바 필하모니 오케스트라의 제1바이올리니스트였던 비아체슬라프 우리츠키도 도움을 주었다. 초연에 직접 참여했던 우리츠키는 2018년 7월 12일 보스턴에서 나와 인터뷰하면서 그때의 경험을 이야기했다.

707 어떤 자료를 보면, 네치파일로의 불참은 같은 날 볼쇼이 극장에서 공연하라는 새로운 소환 때문이었다고 한다.

708 Glikman, *Story of a Friendship*, 282.

709 이리나 쇼스타코비치, 2018년 6월 5일 내가 진행한 인터뷰.

710 이유는 알려지지 않았지만, 그가 고친 글은 1972년과 1984년에 출간된 판본에 포함되지 않았다. Maria Karachevskaya, "Explanatory Notes," in Symphony No.13, Author's Arrangement for Voice and Piano (DSCH, 2012), 427 – 28을 보라.

711 Glikman, *Story of a Friendship*, 282.

712 같은 책, 283. 번역은 수정했다.

713 Elizabeth Wilson, *Shostakovich: A Life Remembered* (original edition, Princeton University Press, 1994), 356에서 인용.

714 로스트로포비치, Hrynevych and Magocsi, *Babyn Yar*, 279에서 인용.

715 LFS, 235에서 인용.

716 "Shostakovich's 13th Is Silenced in Moscow for Ideological Taint," *New York Times*, Jan. 12, 1963, 1.

717 LFS, 236에서 인용.

718 "예브투셴코가 새로 쓴 시가 마음에 들지 않소." 쇼스타코비치는 마리에타 샤기난에게 쓴 편지에서 이렇게 말했다. 2006년 복원판으로 출간된 교향곡 13번 악보에 수록된 에세이에서 마나쉬르 야쿠보프는 쇼스타코비치가 콘드라신의 제안을 받아, 그리고 연주를 어떻게든 이어가려는 마음에서 예브투셴코가 고친 두 대목을 독창자 악보에 써넣었고 음악은 손대지 않았다고 한다. 그는 이렇게 바꾼 것을 원래 악보에는 기입하지 않았고 가급적 원본 그대로 녹음하기를 희망했다. Iakubov, "Shostakovich's Thirteenth Symphony," 15 – 16, 19를 보라.

719 1963년 4월 2일, 〈소비에트 벨라루스Sovetskaya Belorussia〉에 민스크 공연에 대한 장문의 비판적인 리뷰기사가 실렸다. 저자는 교향곡의 음악을 칭찬하면서 "실질적인 (이데올로기적인) 결점들"을 하나하나 열거했다. 무엇보다 "옛 계급 사회의 유산으로 이미 오래전에 해결된 문제들을 제기하고자 이른바 유대인 문제를 인위적으로" 다시 들고나온 것을 지적했다. 기사는 이렇게 마무리한다. "D. 쇼스타코비치는 사회가 무

엇을 필요로 하는지, 객관적으로 무엇이 소련 인민들에게 도움이 되고 공산주의 투쟁 의식을 고취하는지, 무엇이 방해물인지, 이데올로기적 걸림돌인지, 바람직하지 않은 욕망을 부추기는 수단이 되는지 아직 이해하지 못하고 있다." *Current Digest of the Soviet Press*, April 24, 1963, 1 – 4.

720 Kuznetsov, *Babi Yar*, 401; Sheldon, "Transformations of Babi Yar," 142를 보라.

721 Berkhoff, *Babi Yar*, 11.

722 같은 책, 9.

723 같은 책, 10에서 인용.

724 "Western Premiere: Shostakovich's 13th," *Christian Science Monitor*, Jan. 21, 1970. 로스트로포비치가 악보를 빼돌린 이야기는 "Notes on People; Musical Score," *New York Times*, Feb. 7, 1981을 보라.

725 베를린 필하모닉 재단, 2019년 4월 3일 내게 보낸 이메일.

726 곡의 연주 역사와 관련하여 도움을 준 빈 필하모닉 역사 아카이브의 질피아 카르글 박사에게 고마움을 전한다.

727 Lionel Trilling, "Isaac Babel," in *The Moral Obligation to Be Intelligent: Selected Essays* (Farrar, Straus and Giroux, 2000), 315.

728 Iakubov, "Shostakovich's Thirteenth Symphony," 19.

729 Catherine Merridale, *Ivan's War: Life and Death in the Red Army, 1939–1945* (Metropolitan Books, 2006), 254를 보라. 사울 프리드랜더는 "갈리치아 동부에서 우크라이나 민족주의자 조직이 [독일 침공] 첫날에 자체적으로 유대인 학살을 시작했다"고 적었다. Friedlander, *Years of Extermination*, 223. 우크라이나의 협력에 대해서는 Gitelman, *Bitter Legacy*, 33 – 34를 보라.

730 "Belgians Share Their Land with War's Reminders," *New York Times*, June 26, 2014.

731 2018년 내가 추모 지구를 방문하고 난 이후에 연구자들이 학살이 벌어진 주요 장소를 "상당한 정도로 확실하게" 알아냈다. Martin Dean, "Explaining the Location of the Mass Shootings at Babi Yar on September 29 – 30, 1941" (2020), published on the website of the Babyn Yar Holocaust Memorial Center, babynyar.org를 보라.

732 위의 글에서 인용된 연구 덕분에 추모 지구의 다른 곳에 많은 '수석水石들'이 최근에 놓였다. 2021년 마리나 아브라모비치가 기념물로 만든 〈눈물의 수정벽〉이 이곳에 설치되었다.

733 Young, *Texture of Memory*, 1에서 인용.

734 "Putin Says He Wishes the Soviet Union Had Not Collapsed. Many Russians Agree," *Washington Post*, March 3, 2018을 보라. 푸틴은 이 말을 2005년에 했다.

735 Arfon Rees, "Managing the History of the Past in the Former Communist States," in *A European Memory? Contested Histories and Politics of Remembrance*, ed. Małgorzata Pakier and Bo Strath (Berghahn Books, 2010), 219 – 32.

736 Nikolay Koposov, Memory Laws, *Memory Wars: The Politics of the Past in Europe and Russia* (Cambridge University Press, 2018).

737 Tiffany Wertheimer, "Babyn Yar: Anger as Kyiv's Holocaust Memorial Is Damaged," BBC News, March 3, 2022, www.bbc.com.

10장: 기념비

738 Aleida Assmann, "Wordsworth and the Wound of Time," in *Cultural Memory and Western Civilization*, 79 – 100을 보라. 이 문장도 여기서 인용했다.

739 Benjamin Britten, "Tribute to Dmitri Shostakovich" (1966), in Kildea, *Britten on Music*, 300.

740 므스티슬라프 로스트로포비치, 2006년 3월 19일 샌프란시스코에서 내가 진행한 인터뷰. 로스트로포비치의 영어는 내가 읽기 좋게 수정했다.

741 1963년 8월 1일, 쇼스타코비치가 글리크만에게 쓴 편지, in Glikman, *Story of a Friendship*, 114. 1966년 4월에 쇼스타코비치는 데카 음반을 글리크만에게 선물로 주고 증정한다는 서명을 했다. 같은 책, 286을 보라.

742 이 정보는 로스트로포비치가 2006년 3월 19일 샌프란시스코에서 내게 알려준 것이다. 그는 오언의 시("앙크르 근처의 갈보리에서")를 특별히 언급하지는 않았고, 하강하고 상승하는 악장 서두의 주제를 쇼스타코비치가 무척 좋아했다고 강조했다.

743 Benjamin Britten, introductory note to Shostakovich String Quartet No.13, Op.138, in Kildea, *Britten on Music*, 43.

744 1963년 12월 26일, 브리튼이 쇼스타코비치에게 쓴 편지, in Britten, *Letters from a Life*, 5:543.

745 1963년 12월 5일, 쇼스타코비치가 브리튼에게 쓴 편지, 같은 책, 5:543 – 44.

746 1968년 9월 24일, 쇼스타코비치가 글리크만에게 쓴 편지, in Glikman, *Story of a Friendship*, 154 – 55.

747 이들 두 작품은 여러 평자의 글에서 사려 깊게 비교되었다. Eric Roseberry, "A Debt Repaid? Some Observations on Shostakovich and His Late-Period Recognition of Britten," in Fanning, *Shostakovich Studies*, 229 – 53; Liudmila Kovnatskaya, "Shostakovich and Britten: Some Parallels," in *Shostakovich in Context*, ed. Rosamund Bartlett (Oxford University Press, 2000), 175 – 89; Cameron Pyke, "Shostakovich's Fourteenth Symphony: A Response to *War Requiem*," in Walker, *Benjamin Britten*, 27 – 45를 보라.

748 1967년 2월 3일, 쇼스타코비치가 글리크만에게 쓴 편지, Manashir Iakubov's introduction to Dmitri Shostakovich, *New Collected Works*, vol.91 (DSCH, 2010), 172에서 인용.

749 1969년 2월 17일, 쇼스타코비치가 글리크만에게 쓴 편지, in Glikman, *Story of a*

Friendship, 159.

750 Federico García Lorca, *In Search of Duende*, trans. Christopher Maurer et al. (New Directions, 1998), 54.

751 아르놀트 쇤베르크의 마지막 완성작 제목도 이와 똑같다는 사실을 쇼스타코비치는 당시에 몰랐던 것 같다. 다소 이례적이게도 12음렬이 등장하는 쇼스타코비치 곡이다.

752 Federico García Lorca, "De Profundis," trans. Robert Nasatir, in *Collected Poems*, trans. Catherine Brown et al. (Farrar, Straus and Giroux, 2002), 133.

753 추가적인 사실은 2015년에야 밝혀졌다. Ashifa Kassam, "Federico García Lorca Was Killed on Official Orders, Say 1960s Police Files," *Guardian*, April 23, 2015를 보라.

754 Federico García Lorca, "Fable of Three Friends to Be Sung in Rounds," trans. Greg Simon and Steven F. White, in *Collected Poems*, 642 - 47. (《로르카 시 선집》, 페데리코 가르시아 로르카, 민용태 옮김, 을유문화사, 2008)

755 아폴리네르가 부상을 입은 장면은 Roger Shattuck, *The Banquet Years: The Origins of the Avant-Garde in France, 1885 to World War I* (Vintage Books, 1968), 291을 참고했다. 아폴리네르에게 "아방가르드의 무대감독"이라는 별명을 붙여준 사람도 샤톡이었다.

756 독일의 음이름 체계에서 E플랫은 Es(S)로, B내추럴은 H로 표기된다. 그러므로 D, E 플랫, C, B는 DSCH로 적을 수 있다. 독일어로 적은 작곡가 이름(D. SCHostakowitch) 의 이니셜이다. 쇼스타코비치는 특별한 이 음악적 모토를 자전적인 현악 4중주 8번과 교향곡 10번을 포함하여 여러 곡에서 사용했다. dschjournal.com을 보라.

757 Vishnevskaya, *Galina*, 400.

758 Alexander Pushkin, *The Queen of Spades and Selected Works*, trans. Anthony Briggs (Pushkin Press, 2012), 153 - 54.

759 1967년 3월 10일, 쇼스타코비치가 글리크만에게 쓴 편지, in Glikman, *Letters to a Friend*, 142.

760 Cameron Pyke, *Benjamin Britten and Russia* (Boydell & Brewer, 2016), 263.

761 1919년 1월 5일, 릴케가 슈바인스베르크의 엘리자베스 셍크에게 쓴 편지, in *Wartime Letters of Rainer Maria Rilke, 1914–1921*, trans. M. D. Herter Norton (W. W. Norton, 1940), 109 - 11.

762 Rainer Maria Rilke, "The Death of the Poet," in *Poems*, trans. Len Krisak (Boydell & Brewer), 37 - 38. (《형상시집 외》, 라이너 마리아 릴케, 구기성 옮김, 민음사, 2001)

763 바이올리니스트 마르크 루보츠키의 미출간 회고록, in EWS, 471 - 72.

764 1969년 7월 10일, 던컨 윌슨 경(모스크바 주재 영국 대사)이 브리튼에게 쓴 편지, in Britten, *Letters from a Life*, 6:275.

765 Glikman, *Story of a Friendship*, 308.

766 체코슬로바키아 공산당 서기장 알렉산드레 둡체크를 비롯하여 프라하의 봄의 지도자

들이 자유화 운동을 나타내는 슬로건으로 택한 문구였다.

767 Yulia Kreinin, "Alfred Schnittke as the Successor to Dmitri Shostakovich: To Be Yourself in Soviet Russia," in *Shostakovich and the Consequences: Russian Music Between Adaptation and Protest*, ed. Ernst Kuhn, Jascha Nemtsov, and Andreas Wehrmeyer (Ernst Kuhn, 2003), 163.

768 1970년 6월 1일, 브리튼이 쇼스타코비치에게 쓴 편지, in Britten, *Letters from a Life*, 6:368.

769 목격자는 로자먼드 스트로드였다. Britten, *Letters*, 6:488.

770 1974년 12월 2일, 브리튼이 쇼스타코비치에게 쓴 편지, 같은 책 6:661.

771 Glikman, *Story of a Friendship*, 201–2.

772 별도의 표기를 한 곳을 제외하면 장례식 묘사는 전기(EWS, LFS)와 국제 언론 보도 ("Shostakovich Funeral Is Held; Thousands File Past His Coffin," *New York Times*, Aug. 15, 1975), 뉴스 필름(www.net-film.ru)을 참고했다.

773 마리나 츠베타예바의 시 "아니, 북소리가 울렸네"에 나오는 구절이다. 쇼스타코비치는 〈마리나 츠베타예바의 시에 의한 여섯 개의 노래〉 op.143에서 이 시에 음악을 붙였다. 나는 *Shostakovich: Complete Songs, Volume 2* (Delos International, 2002)의 라이너노트에 나오는 세르게이 수슬로프의 번역을 사용했다.

774 마르크 루보츠키의 미출간 회고록, in EWS, 533–37.

775 Vladimir Rashnikov, *Kirill Kondrashin rasskazyvaet o muzyke i zhizni* (Sovetskii Kompozitor, 1989), 198. 콘드라신의 회상에 관심을 갖게 해주고 번역을 해준 학자 리베카 미첼에게 고마움을 전한다.

776 루보츠키의 회고록, in EWS, 536.

777 장례식 묘사는 헤센-라인 공국의 마가렛 공주가 남긴 긴 설명(*Letters from a Life*, 6:735–37)을 참고했다.

778 Alan Blythe, *Remembering Britten* (Hutchinson, 1981), 59.

779 이런 우연한 일치는 1976년 12월 5일, 번스타인이 피어스에게 쓴 편지(Britten Pears Archive)에 나온다. 리뷰기사에서 레이먼드 에릭슨은 번스타인이 "명백한 사랑"으로 교향곡 14번을 이끌었다고 썼다. Raymond Ericson, "Music: Death," *New York Times*, Dec. 5, 1976.

780 번스타인의 말을 포함하여 그날 저녁의 공연 녹음을 제공한 뉴욕 필하모닉 디지털 아카이브의 빌 르베이에게 고마움을 전한다.

781 1976년 12월 5일, 번스타인이 피어스에게 쓴 편지, Britten Pears Archive.

코다: 잃어버린 시간을 듣는다는 것

782 Marcel Proust, *Remembrance of Things Past*, trans. C. K. Scott Moncrieff, Terence

애도하는 음악

Kilmartin, and Andreas Mayor (Vintage Books, 1982), 3:932. (《잃어버린 시간을 찾아서 12》, 마르셀 프루스트, 김희영 옮김, 민음사, 2022)

783 John McCole, *Walter Benjamin and the Antinomies of Tradition* (Cornell University Press, 1993), 273에서 인용.

784 Assmann, *Cultural Memory and Western Civilization*, 11을 보라.

785 Paul Mendes-Flohr, "Lament's Hope," in *Catastrophe and Meaning: The Holocaust and the Twentieth Century*, ed Moishe Postone and Eric Santner (University of Chicago Press, 2003), 250–56을 보라.

786 Freud, "On Transience," 98–102. (《예술, 문학, 정신분석》, 지크문트 프로이트)

787 Paul Celan, "Speech on the Occasion of Receiving the Literature Prize of the Free Hanseatic City of Bremen," in *Selected Poems and Prose of Paul Celan*, trans. John Felstiner (W. W. Norton, 2001), 395–96. (《파울 첼란 전집 3》, 파울 첼란, 허수경 옮김, 문학동네, 2022)

788 Andreas Huyssen, "Memory and Holocaust Monuments in a Media Age," in *Twilight Memories: Marking Time in a Culture of Amnesia* (Routledge, 1995), 275.

789 쇤베르크의 상속자들과 아카이브가 있었던 서던 캘리포니아 대학 사이에 분쟁이 일어나면서 이루어진 조치였다. Judith Miller, "Schoenberg Archives to Leave U.S.C.," *New York Times*, July 12, 1996, 21; Robert Scheinberg, "Archives of Jewish Composer to Move from U.S. to Austria," Jewish Telegraphic Agency, June 5, 1997을 보라.

찾아보기

애도하는 음악

애도하는 음악

이 책에는 20세기 서구의 가장 어두운 역사를 관통하는 네 곡의
음악이 나온다. 슈트라우스의 〈메타모르포젠〉, 쇤베르크의 〈바르
샤바의 생존자〉, 브리튼의 〈전쟁 레퀴엠〉, 쇼스타코비치의 〈바비
야르〉 교향곡이다. 하나같이 음악사에 길이 남는 작곡가들이 만든
역작이지만, 죽음을 전면적으로 다루는 곡인 만큼 인기 있는 곡은
아니며 실연으로 자주 접하기 어렵다. 그리고 제사題辭에 나오는
아도르노와 제발트(여기에 또 한 명 추가하자면 벤야민)가 글의 길잡
이로 나선다.

이렇게 써놓고 보니 벌써 숨이 막히는 느낌이지만 의외로 담담
하게 읽힌다. 마지막으로 교정을 보면서 깨달았다. 글에는 감정과
거리를 두고 묵직하게 밀고 나가는 힘이 있다는 것을. 음악은 정반
대다. 감정에 직접 와 닿는다. 우리의 존재를 말 그대로 휘젓는다.
그래서 좋은 음악은 일단은 잘 통제된 음악이다. 의도가 있고 구조
가 있고 목표가 있는 음악이다. 듣는 이의 감정을 의도대로 구조에

따라 잘 끌어가는 음악이 좋은 음악의 요건이다.

감정에 질서가 가장 필요한 때가 애도의 순간이다. 걷잡을 수 없는 감정에 길을 터주는 음악이 곁에 있어야 한다. 애도에 음악이 항상 함께하는 이유다. 음악 없는 애도는 상상할 수 없다. 추모의 장소에 공식처럼 흘러나오는 음악이 있다. 베토벤, 쇼팽, 바버, 말러, 엘튼 존 등등. 곡이 쓰인 원래의 맥락을 넘어 보편적인 애도의 음악으로 승화된 것이다.

이런 음악의 존재 이유는 슬픔을 위로하고 견디고 잊기 위함일까? 그런데 여기 나오는 네 곡은 적어도 그렇지 않다. 슬픔을 영원히 마음속에 새기고 다시는 비극이 되풀이되지 않게 하려는 것이다. 이 책은 음악으로 애도한다는 것이 어떤 의미인지, 어떤 애도가 올바른 애도인지 묻는다. 나아가 음악과 기억, 특히 역사의 기억이 어떤 관계여야 하는지 묻는다. 그 과정에서 음악의 본질에 그 어떤 글보다 가깝게 다가간다.

음악만큼이나 역사에 관한 책이기도 하다. 실제로 저자는 글을 쓰면서 비평가의 귀와 역사가의 도구를 활용했다고 서문에서 밝히고 있다. 역사는 궁극적으로 이야기다. 실로 많은 이야기가 이 책에 담겨 있다. 음악을 만들고 연주한 사람 이야기, 음악이나 기억에 관한 글을 남긴 작가 이야기, 유대인과 독일의 역사 이야기, 여러 장소의 이야기가 나온다. 익숙한 이야기도, 처음 들어보는 이야기도 있다. 알려진 이름뿐만 아니라 아무도 기억하지 않는 이름도 나온다. 이런 이야기를, 이런 이름을 고고학자처럼 발굴하여 하나의 줄기로 엮어가는 저자의 솜씨가 돋보인다. 예기치 못한 방식

애도하는 음악

으로 이야기가 연결되는 것이 흥미진진하다. 게다가 글 전체가 확고한 방향을 가리킨다. 저자의 관점이 자연스럽게 글에 녹아 있다. 공들여 조사하고 세심하게 쓴 글이다. 그래서 우리도 공들여 읽어야 한다. 마지막 각주까지 다 읽어야 완전한 독서가 된다.

2025년 가을

장호연

애도하는 음악

첫판 1쇄 펴낸날 2025년 11월 18일

지은이 | 제러미 아이클러
옮긴이 | 장호연
펴낸이 | 박남주
편집 | 박헌우
마케팅 | 김이준

펴낸곳 | (주)뮤진트리
출판등록 | 2007년 11월 28일 제2015-000059호
주소 | 서울시 마포구 토정로 135 (상수동) M빌딩
전화 | (02)2676-7117 팩스 | (02)2676-5261
전자우편 | geist6@hanmail.net
홈페이지 | www.mujintree.com

ISBN 979-11-6111-154-4 03670

• 책값은 뒤표지에 있습니다.